Social Engineering und Human Hacking

Erfan Koza · Asiye Öztürk · Michael Willer

Social Engineering und Human Hacking

Strategien zur Prävention und Abwehr
von Manipulationstechniken in der IT

 Springer Vieweg

Dr.-Ing. Erfan Koza
Mönchengladbach, Deutschland

Asiye Öztürk
Köln, Deutschland

Michael Willer
Bad Wildungen, Deutschland

ISBN 978-3-662-69387-2   ISBN 978-3-662-69388-9   (eBook)
https://doi.org/10.1007/978-3-662-69388-9

Die Deutsche Nationalbibliothek verzeichnet diese Publikation in der Deutschen Nationalbibliografie; detaillierte bibliografische Daten sind im Internet über https://portal.dnb.de abrufbar.

Planung/Lektorat: Leonardo Milla
Springer Vieweg ist ein Imprint der eingetragenen Gesellschaft Springer-Verlag GmbH, DE und ist ein Teil von Springer Nature.
Die Anschrift der Gesellschaft ist: Heidelberger Platz 3, 14197 Berlin, Germany

Wenn Sie dieses Produkt entsorgen, geben Sie das Papier bitte zum Recycling.

Vorwort

Wir heißen Sie willkommen zu einer fesselnden Entdeckungsreise in die Welt des „Social Engineering und Human Hacking". In einer Ära, in der menschliche Interaktionen und digitale Kommunikation nahtlos ineinander übergehen, wird deutlich, dass das Verständnis für die menschliche und technische Komponente in Kombinatorik einen entscheidenden Einfluss auf unsere Informationssicherheit hat.

„In der faszinierenden Sphäre der Informationssicherheit hallt also das Mantra wider:

‚Informationssicherheit geht ohne Menschen, ist jedoch unvollständig und fragil.'

Dieser Satz ist mehr als eine Erkenntnis – er ist der Schlüssel zu einem tiefgreifenden Verständnis. Hier treffen die digitale Welt und die menschliche Relevanz aufeinander, enthüllen eine Wahrheit, die unsere Perspektive auf Sicherheit transformiert. Denn ohne die Mitwirkung und das Verständnis der Menschen bleibt jede Schutzmaßnahme ein brüchiges Fragment in der weiten Landschaft der Informationssicherheit."

Dieses Buch ist daher nicht nur eine umfassende Abhandlung über die Techniken des Social Engineering, sondern es lädt Sie auch dazu ein, diese Kenntnisse als universelle Werkzeuge und Techniken für eine verbesserte zwischenmenschliche Kommunikation zu nutzen. Es ist ein Blick hinter die Kulissen, der nicht nur aufzeigt, wie Sicherheitssysteme überlistet werden können, sondern auch, wie diese Techniken für ein tieferes Verständnis zur Abwehr menschenzentrierter Angriffe eingesetzt werden können.

Die Autoren dieses Buches bringen eine neue Perspektive ein, indem sie sowohl aus der universitären Forschung als auch aus den Praxisfeldern wie Human Intelligence mit militärischen Kenntnissen stammen. Diese Kombination aus akademischer Expertise und praktischer Erfahrung verleiht diesem Werk eine facettenreiche und tiefe praxisnahe Dimension.

Wir teilen nicht nur unsere Erkenntnisse über die Methoden des Social Engineering, sondern auch darüber, wie dieselben Prinzipien auf positive Weise wirksam entfaltet werden können. Erfahren Sie, wie die gleichen psychologischen Mechanismen, die für Hackerangriffe genutzt werden, auch dazu dienen können, sich nachhaltig zu verteidigen, sich vor derartigen Angriffen zu schützen, aber auch Vertrauen aufzubauen, Teamarbeit zu fördern und effektive Kommunikation zu ermöglichen. Wir glauben daher fest daran, dass Wissen eine doppelte Wirkung haben kann. Indem Sie die Taktiken des Social Engineering verstehen, werden Sie nicht nur besser vor möglichen Bedrohungen geschützt, sondern Sie können auch aktiv dazu beitragen, die Qualität der zwischenmenschlichen Beziehungen zu verbessern.

Dieses Buch soll Sie nicht nur für die Fallstricke des Social Engineering und Human Hacking sensibilisieren, sondern Ihnen auch die Werkzeuge an die Hand geben, um bewusster, aufgeschlossener und sicherer mit anderen zu interagieren. Die Techniken, die in diesem Buch behandelt werden, sollen nicht nur als Abwehrmittel dienen, sondern auch dazu inspirieren, die eigene Kommunikation zu optimieren und Verbindungen zu stärken.

Wir versuchen, die spezifischen Angriffstechniken im Sinne der Kausalitätskette und des Ursache-Wirkungsprinzips mithilfe unterschiedlicher Erklärungsansätze aus dem Forschungsbereich der Kommunikation und Sprachwissenschaften, Psychologie und Wirtschaftswissenschaften, Verhaltenspsychologie, Philosophie, Anthropologie, Neurologie und Sicherheitstechnik zu beleuchten. Durch diese breite Perspektive schaffen wir eine umfassende Grundlage, um die vielschichtigen Aspekte des Social Engineering zu verstehen.

Dieses Buch ist keine Anleitung zum Infiltrieren fremder Netzwerke. Wir sind der Ansicht, dass nur, wer die Denkweise von Hackern versteht, sich effektiv schützen und im Fall eines Angriffs angemessen reagieren kann.

Genießen Sie die Entdeckung der Vielschichtigkeit des „Social Engineering und Human Hacking". Möge dieses Buch nicht nur Ihr Verständnis für digitale Sicherheit erweitern, sondern auch Ihre zwischenmenschlichen Beziehungen bereichern.

Erfan Koza
Asiye Öztürk
Michael Willer

Ethik des Buchs

„Auf egoistischem Boden kann das Ethische nicht wachsen" (Albert Schweitzer).

Bevor wir uns den Tiefen des Themas Social Engineering widmen, möchten wir Folgendes klarstellen: Unser Ziel ist es nicht, Sie zu Meistern im Human Hacking zu machen. Dieses Buch ist nicht darauf ausgerichtet. Vielmehr widmet sich dieses Buch der wissenschaftlichen und praxisorientierten Vermittlung von Kenntnissen und Techniken im Bereich des Social Engineering, Human Hacking, der physischen Penetrationstests und Manipulationstechniken im Kontext der Informationssicherheit.

Unser Ziel ist es, Ihnen dabei zu helfen, den holistischen und komplementären Schutz von soziotechnischen Systemen – bestehend aus der Mensch-Maschine-Interaktion – durch den Einsatz analytischer und methodischer Untersuchungstechniken nach dem Kausalitätsprinzip und durch Einbettung integrativer präventiver, korrektiver, reaktiver und detektierender Maßnahmen zu optimieren. Sie werden befähigt, potenzielle menschliche und physische Schwachstellen und Verwundbarkeiten frühzeitig zu identifizieren, zu klassifizieren und nachhaltig zu beheben. Das Endziel besteht darin, die menschliche Firewall zu aktivieren, um die Widerstandsfähigkeit von Benutzern und Systemen im Einklang mit der holistischen Informationssicherheit in der digitalisierten Welt zu erhöhen.

Im Rahmen dieses Buchs umfasst der Begriff „Schutz" somit zwei wesentliche Dimensionen.

Erstens handelt es sich um das analytische Verständnis und die taktische und operative Bestimmung sowie Anwendung von Maßnahmen zur Sicherung von Organisationen und IT-Systemen, insbesondere im Bereich der menschlich zentrierten Informationssicherheit. Das primäre Ziel besteht darin, die Vertraulichkeit, Integrität, Verfügbarkeit und Authentizität, das sogenannte VIVA-Prinzip, von Daten und Informationen und den damit verbundenen organisatorischen, technischen und menschlichen Ressourcen zu gewährleisten. Diese Maxime umfasst die Fähigkeit, potenzielle menschenzentrierte Bedrohungen und Schwachstellen zu erkennen, zu bewerten und geeignete Schutz- und Abwehrmaßnahmen zu ergreifen, um diese zu minimieren oder zu beseitigen.

Zweitens bezieht sich „Schutz" auf die Entwicklung von individuellen Fähigkeiten und Bewusstsein, um sich selbst vor potenziellen menschenzentrierten Bedrohungen und Angriffen zu schützen. Wir sprechen von „Selbstschutz".

Dieser Aspekt des Selbstschutzes erstreckt sich auf das Verständnis von intrinsischem und extrinsischem Verhalten, psychologischen Mechanismen und der Wirkung von gezielten Manipulationstechniken, die von Angreifern angewendet werden können. Das Ziel besteht darin, sich der fortwährenden Gefahren bewusst zu werden und die Fähigkeit zu erlangen, sich selbst, aber auch andere vor diesen Gefahren zu schützen, sei es im digitalen oder im physischen Kontext.

Um das zu erreichen, ist es unerlässlich zu verstehen, wie Cyberkriminelle, oder auch allgemeiner ausgedrückt Feinde, denken, planen und handeln. Erst dann sind Sie in der Lage, Gefahren- und Verhaltensmuster im Sinne der Situational Awareness (Lagebewusstsein)[1] frühzeitig zu erkennen und entsprechend auf erlernte präventive, korrektive, reaktive und detektierende Taktiken und Werkzeuge zurückzugreifen.

Wie auch Sun Tzu einst in „The art of war" [1] feststellte:

> „Wenn du dich und den Feind kennst, brauchst du den Ausgang von hundert Schlachten nicht zu fürchten. Wenn du dich selbst kennst, doch nicht den Feind, wirst du für jeden Sieg, den du erringst, eine Niederlage erleiden. Wenn du weder den Feind noch dich selbst kennst, wirst du in jeder Schlacht unterliegen."

Ausgehend von dieser taktischen Weisheit, geht es in diesem Buch nicht nur darum, theoretische Strategien, Techniken und Werkzeuge kennenzulernen, die von Social Engineers in der realen Welt eingesetzt werden, um Schaden anzurichten. Dieses Buch bietet Ihnen darüber hinaus die Gelegenheit, sich selbst eingehender zu erforschen, Ihre eigenen Schwächen zu erkennen und ein tieferes Verständnis für die Persönlichkeitsmerkmale anderer zu entwickeln. Dieses vertiefte Selbstverständnis und die Kenntnis über menschliches Verhalten sind entscheidende Elemente, um sich vor potenziellen und sich laufend verändernden Angriffen und Bedrohungen zu schützen.

Wir legen daher besonderen Wert auf die herausragende Bedeutung unseres Anliegens, diese erworbenen Fähigkeiten ausschließlich zum Wohl und Schutz von Individuen und Systemen einzusetzen und ethische Grundsätze kontinuierlich zu wahren. Wir ermutigen Sie, Ihr erworbenes Wissen auf positive und konstruktive Weise als „Ethical Hacker" anzuwenden. Ethical Hacking bezieht sich auf den legitimen und verantwortungsbewussten Einsatz von Hacking-Techniken und -Fähigkeiten, um Sicherheitslücken in soziotechnischen Systemen zu identifizieren und sie von Missbrauch zu beseitigen.

Der nachhaltige Schutz von Menschen und Systemen ist und bleibt unser Bestreben nach einer sichereren und verantwortungsbewussteren digitalen Welt.

---

[1] Situational Awareness beschreibt die bewusste Wahrnehmung einer Person über ihre Umgebung und die damit verbundenen Ereignisse und Bedrohungen. Sie ist eine wichtige Fähigkeit im Militär, in Notfallsituationen, in der Luftfahrt oder aber auch im Alltag. Auf Grundlage der Wahrnehmung erfolgen Entscheidungen, Reaktionen oder schnelle Anpassungen an sich verändernde Situationen.

Im Gegensatz zu böswilligen Hackern, die mit krimineller Absicht handeln, sind Sie als „Ethical Human Hacker" bestrebt, Schwachstellen aufzudecken und die Sicherheit zu stärken, um potenziellen Schaden abzuwehren. Es liegt in Ihrer Verantwortung, das erlangte Wissen verantwortungsbewusst anzuwenden und Ihre ethischen Prinzipien stets zu wahren.

Bitte beachten Sie auch, dass die Informationen in diesem Buch auf dem aktuellen Stand der Technik und des Wissens bis zum Zeitpunkt der Veröffentlichung basieren. Angesichts der sich ständig weiterentwickelnden Natur des Themas kann es jedoch zu Veränderungen kommen. Stellen Sie sicher, dass Sie Ihre Kenntnisse regelmäßig aktualisieren, um den neuesten Entwicklungen und Best Practices folgen zu können.

Wir wünschen Ihnen viel Erfolg und ethisches Handeln bei Ihren Bemühungen, die Informationssicherheit zu stärken und die Herausforderungen des digitalen Zeitalters zu bewältigen. Nun, da Sie Ihren ethischen Kompass fest in der Hand halten, können wir beginnen …

Literatur

1. Sun Tzu, Die Kunst des Krieges, Nikol, 2008.

Inhaltsverzeichnis

Über die Autoren

Erfan Koza hat seine Promotion erfolgreich im Bereich der Informationssicherheit mit dem Schwerpunkt auf mathematischer Modellierung von Entscheidungsbäumen und Priorisierungstechniken im technischen Vulnerability Management in industriellen Computernetzwerken an der Bergischen Universität Wuppertal abgeschlossen. Als holistischer Forscher widmet er sich zusätzlich der Forschung mit dem Schwerpunkt „Human Factors in der Informationssicherheit". Seine herausragenden Leistungen als Doktorand wurden 2022 mit dem BSI Best Student Award gewürdigt, insbesondere für seine Forschungsarbeit zu Intrusion-Detection-Systemen für Akteure in der Energiewirtschaft. Seit 2019 lehrt Erfan Koza an unterschiedlichen deutschen Hochschulen. Seine Lehrtätigkeiten umfassen die Lehrmodule im Bereich Cyber Security Management, mit Schwerpunkten wie „Menschliche Aspekte der Informationssicherheit" sowie „ISM-Systeme und KRITIS". Zudem engagiert sich Erfan Koza aktiv im Kampf gegen Pädosexualität und Cybergrooming, besonders in seiner Heimatstadt Mönchengladbach. In Zusammenarbeit mit verschiedenen Schulen setzt er auf Gamification und führt sein selbst entwickeltes Brettspiel „Safe Schools" ein. Durch spielerische Methoden werden Digital Natives nicht nur sensibilisiert, sondern auch befähigt, Anomalien zu erkennen und sich präventiv dagegen zu wehren. Diese Initiative trägt dazu bei, Schülerinnen und Schüler sowie die Schulgemeinschaft insgesamt für die Gefahren im digitalen Raum zu sensibilisieren und ihnen wirksame Strategien zur Selbstverteidigung zu vermitteln.

Asiye Öztürk Forscherin und Dozentin, ist Expertin auf dem Gebiet der präventiven Informationssicherheit, Cyber Defense in der Operation-Technologie sowie im Bereich des Human Factor. Als Forscherin und Autorin hat sie am Gutachten „Präventive Informationssicherheit in der Wasserwirtschaft" gearbeitet, welches im Auftrag des Deutschen Bundestags erstellt wurde. Ihre herausragende Forschungsarbeit wurde ebenfalls auf dem 18. IT-Sicherheitskongress mit dem BSI Best Student Award 2022 ausgezeichnet. Parallel zu ihrer akademischen Tätigkeit setzt sich Asiye Öztürk aktiv in ihrer Heimatstadt Köln gegen Cybergrooming und Pädosexualität ein. Gemeinsam mit Erfan Koza engagiert sie sich durch die Initiative „Safe Schools" für Kinder, Eltern und Lehrer, um für mehr Sicherheit im digitalen Raum zu sorgen. Zudem promoviert sie an der Fakultät für Maschinenbau und Sicherheitstechnik an der Bergischen Universität Wuppertal mit dem Schwerpunkt CERT-OT-Modelle. Asiye Öztürk berät seit 2017 kritische Infrastrukturen in Fragen der integrierten Sicherheit und fungiert als Lead-Auditorin in zahlreichen Sicherheitsprojekten. Ihr Tätigkeitsfeld erstreckt sich über verschiedene Sektoren, darunter die Energie- und Wasserwirtschaft, das Finanzwesen, die medizinische Versorgung sowie die Informations- und Kommunikationstechnologie.

Michael (Mike) Willer mit über 15 Jahren Dienst im militärischen Nachrichtenwesen der Bundeswehr, hat sich auf die Informationsgewinnung durch menschliche Quellen (HUMINT – Human Intelligence) spezialisiert. Seine umfassende Expertise wurde während verschiedener Auslandseinsätze besonders deutlich, insbesondere in der engen Zusammenarbeit mit deutschen und internationalen Militärspezialeinheiten. Neben der Informationsgewinnung war Mike jahrelang Ausbilder für militärische Befragungs- und Vernehmungstechniken, wo er seine Kenntnisse in der menschlichen Verhaltenspsychologie immer weiter vertiefen konnte. Neben seiner Hauptaufgabe im militärischen Nachrichtenwesen bildete er auch Angehörige von NATO-Militärspezialeinheiten im Verhalten und Überleben in Geiselhaft aus. Seit 2012 hat Mike einen bedeutenden Wechsel vollzogen und ist in die Privatwirtschaft als selbstständiger Sicherheitsberater gewechselt. Zunächst als Sicherheitsberater im privaten Sektor und ab 2015 durch die Gründung der Human Risk Consulting GmbH. Dort spezialisiert er sich mit seinem Team auf den Sicherheitsfaktor „Mensch", insbesondere auf das Human Hacking und Social Engineering. Sein vorrangiges Ziel besteht darin, Privatpersonen, Unternehmen und Behörden vor Social-Engineering-Angriffen durch Wirtschaftsspionage, organisierte Kriminalität und Cybercrime zu beraten und zu schützen. Zudem engagiert er sich aktiv gemeinsam mit Freunden und Kollegen im Kampf gegen Cybermobbing und Cybergrooming. In Zusammenarbeit mit verschiedenen Schulen setzt er auf Gamification und führt sein selbst entwickeltes Brettspiel „Safe Schools" ein. Durch spielerische Methoden werden Digital Natives nicht nur sensibilisiert, sondern auch befähigt, Anomalien zu erkennen und sich präventiv dagegen zu wehren. Diese Initiative trägt dazu bei, Schülerinnen und Schüler sowie die Schulgemeinschaft insgesamt für die Gefahren im digitalen Raum zu sensibilisieren und ihnen wirksame Strategien zur Selbstverteidigung zu vermitteln.

Abkürzungsverzeichnis

BaFin	Bundesanstalt für Finanzdienstleistungsaufsicht
BKA	Bundeskriminalamt
BSI	Bundesamt für Sicherheit in der Informationstechnik
COA	Course of Action
DISC	Dominanz, Einfluss, Stetigkeit und Gewissenhaftigkeit. Auf Englisch: (D)ominance, (I)nfluence, (S)teadiness and (C)onscientiousness
DKIM	DomainKeys Identified Mail
DLP	Data Loss Prevention
DMARC	Domain-based Message Authentication, Reporting, and Conformance
DNS	Domain Name System
EAC	Email Account Compromise
FBI	Federal Bureau of Investigation
HUMINT	Human Intelligence
IAM	Identity Access Management
IBM	Integrated Behavior Model
IMINT	Imagery Intelligence
IT	Informationstechnik
KI	künstliche Intelligenz
LLM	Large Language Model
MBTI	Myers-Briggs Type Indicator
MDM	Mobile Device Management
MFA	Multifaktor-Authentifizierung
NLP	Natural Language Processing
OT	Operational Technology
OTP	One-Time Password
OODA	Observe, Orient, Decide, Act
OSINT	Open Source Intelligence
RBAC	Role-based Access Control
RFI	Request for Information
SOC	Security Operation Center
SPF	Sender Policy Framework
SCCM	System Center Configuration Manager

SOCMINT   Social Media Intelligence
SIGINT   Signal Intelligence
VISHING   Voice Phishing
VIVA   Verfügbarkeit, Integrität, Vertraulichkeit, Authentizität
VUKA   Volatilität, Unsicherheit, Komplexität, Ambiguität
WSUS   Windows Server Update Services

Ursprung und Chroniken des Human Hacking

Was ist, wenn wir Ihnen erzählen, dass Sie ein Human Hacker sind? Vermutlich werden Sie überrascht sein. Denn die Geschichte des Human Hacking und des Social Engineering ist ein reiches Geflecht, das vermutlich so alt ist wie die Menschheit selbst. Schon in den frühesten Epochen der Zivilisation begannen Menschen nicht nur Werkzeuge aus Stein und Feuer zu schmieden, sondern auch subtile Techniken zu entwickeln, um ihre Mitmenschen zu überzeugen, zu manipulieren und zu beeinflussen.

1.1 Socratic Questioning und das Trojanische Pferd

Unsere Reise zum Ursprung und zu den Chroniken des Human Hacking beginnt im antiken Griechenland, wo wir dem berühmten griechischen Philosophen Sokrates begegnen. Er war ein Meister des „Socratic Questioning", einer Methode, bei der er geschickt Fragen stellte, um das Denken seiner Schüler zu lenken, und sie dazu brachte, ihre eigenen Überzeugungen kritisch zu überdenken. Sokrates war ein früher Pionier des Social Engineering, der die Kunst des Überzeugens und Infragestellens beherrschte, lange bevor Computer und globale Vernetzung in den Fokus dieser Betrachtung rückten. Ein weiteres frühes Beispiel für Social Engineering findet sich auch in der griechischen Mythologie, genauer gesagt im Epos *Die Ilias* von Homer wieder, das etwa 1184 v. Chr. verfasst wurde. Hier tritt das berühmte *Trojanische Pferd* (Abb. 1.1) in Erscheinung, als das Heer der Griechen die Stadt Troja belagerte.

Odysseus, der Hauptprotagonist, erkannte, dass die Stadtmauern von Troja gut befestigt waren und eine direkte militärische Eroberung nahezu unmöglich war. Also entschied sich Odysseus für die Macht der Täuschung und beendete die Schlacht, zumindest vordergründig. Gemeinsam mit seinen Verbündeten baute er ein großes hölzernes Pferd, das wie ein „Geschenk" aussah. Im Inneren

E. Koza et al., *Social Engineering und Human Hacking*,
https://doi.org/10.1007/978-3-662-69388-9_1

Abb. 1.1 Trojanisches Pferd als (Ur-)Symbol der Täuschung

versteckten sich bewaffnete Krieger. Sie ließen das Trojanische Pferd vor den Toren der Stadt stehen und zogen ab. Die Trojaner, die glaubten, sie hätten gesiegt, zogen das Pferd in die Stadt als Siegestrophäe. Doch in dieser Nacht verloren sie die Schlacht, denn sie wurden getäuscht. Das Trojanische Pferd war eine der frühesten dokumentierten Anwendungen von Social Engineering in der Geschichte, eine List, die auf Manipulation und Täuschung basierte, um unautorisierten Zutritt zu einem bestimmten kritischen Ziel zu erhalten.

Die **Macht der Täuschung**, sich als jemand oder etwas auszugeben und andere zu täuschen, ist also älter, als wir zuerst annahmen. Die Trojaner wurden getäuscht und dadurch besiegt. Ihre menschlichen Emotionen und Gefühle wie Überzeugung und ihre mentalen Muster[1] haben ihre Wahrnehmung und Aufmerksamkeit gehemmt [1].

Ein archetypisches Beispiel dafür, das zeigt, wie Täuschung und Manipulation seit Jahrtausenden erfolgreich verwendet werden. Die Parallelen tragen noch heute zum Verständnis des Social Engineering bei.

Schauen wir uns kurz diese Parallelen genauer an. Die *Macht der Täuschung* in der Welt des Social Engineering und in verwandten Taktiken basiert auf einem tiefen Verständnis der menschlichen Psychologie und Verhaltensmuster. Täuschung

---

[1] In „Patterns of conflict" aus dem Jahr 1986 erklärt U. S. Air Force John Boyd, Amerikas größter Militärtheoretiker, dass mentale Muster in der Regel kulturell geprägt, vererbt und sogar genetisch bedingt sind. Im Prinzip sagt Boyd aus, dass Menschen in neuen Situationen mit „veralteten" festgefahrenen Denkmodellen (mentalen Mustern) arbeiten, diese sich jedoch möglicherweise nicht für die neue Situation eignen.

funktioniert aus verschiedenen Gründen. Zunächst einmal sind Menschen von Natur aus geneigt, anderen zu vertrauen und wohlwollend zu sein. Dieses (Ur-) Vertrauen bildet den Nährboden für Täuschung, da Angreifer dieses Vertrauen ausnutzen, um Zugang zu Informationen oder Ressourcen zu erhalten.

Bei Täuschung können beispielsweise Techniken wie Schmeichelei, Sympathie oder Druck eingesetzt werden, um das Opfer dazu zu bringen, Informationen preiszugeben oder Handlungen auszuführen, die es normalerweise nicht tun würde.

Diese psychologischen Komponenten sind äußerst wirkungsvoll und können dazu führen, dass Menschen gegen ihren gesunden Menschenverstand handeln. Täuschung zielt daher primär darauf ab, Schwachstellen in der festverankerten menschlichen Psyche auszunutzen. Dies können Neugier, Angst oder das Bedürfnis nach Bestätigung sein. Diese menschlichen instinktiven Emotionen und Gefühle machen es für Angreifer einfacher, Opfer zu täuschen und dazu zu bewegen, unüberlegte Handlungen auszuführen.

Ein weiterer Aspekt innerhalb dieser Betrachtung ist zudem die Schaffung von Überraschung und Ablenkung. Oftmals wird Täuschung durch die Erzeugung von Ablenkungen oder Überraschungen begünstigt, die das Opfer verwirren und von der eigentlichen Absicht ablenken.

Damit wird unsere **Wahrnehmung** gezielt manipuliert und unser Fokus auf das gelenkt, was der Täuscher beabsichtigt. Dies kann dazu führen, dass das Opfer nicht mehr in der Lage ist, die wahren bösen Absichten des Gegners zu erkennen, und in die gestellte Falle tappt, was dazu führt, dass es falsche Handlungen durchführt und anfälliger für Manipulation wird. Die Glaubwürdigkeit und Autorität des Angreifers spielen ebenfalls eine große Rolle. Täuschung kann dazu führen, dass der Angreifer als eine glaubwürdige Figur erscheint. Das kann beispielsweise geschehen, indem er vorgibt, ein Mitarbeiter, ein Techniker oder eine andere vertrauenswürdige Person zu sein. Menschen sind oft geneigt, Anweisungen von vermeintlichen Autoritäten zu befolgen, ohne diese weiter zu hinterfragen. Schließlich kann Täuschung starke emotionale Reaktionen hervorrufen. Diese emotionalen Reaktionen können die Fähigkeit des Opfers, rational zu handeln, erheblich beeinträchtigen. Dies macht es für den Angreifer leicht, das Opfer in die gewünschte Richtung zu lenken. Die *Macht der Täuschung* in der Welt des Social Engineering ist daher das Ergebnis eines geschickten Einsatzes von psychologischem Wissen und Manipulationstechniken in einem sehr komplexen und vielfältigen Umfeld.

In Abschn. 4.2 des White Chapter werden wir detaillierter auf die psychischen Aspekte eingehen und in einem Deep Dive aufzeigen, wie beispielsweise Normen, Rollen und Werte unser Verhalten entscheidend beeinflussen.

> *Wie lässt sich jedoch die Macht der Täuschung im Kontext des Trojanischen Pferdes definieren?*

Lassen Sie uns dies durch einen Selbstversuch verdeutlichen: Die *Macht der Täuschung,* die auch in der Geschichte von Troja deutlich wird, basiert auf mehreren entscheidenden Elementen.

Zunächst einmal spielte die **Ablenkung** eine zentrale Rolle. In einer List entschieden sich die Griechen dazu, den Eindruck zu erwecken, sie würden die Belagerung aufgeben und abziehen. Sie hinterließen das riesige hölzerne Trojanische Pferd vor den Toren von Troja als vermeintliches Friedensangebot oder Opfer für die Götter. Die Trojaner, die davon ausgingen, dass die Griechen wirklich abziehen würden, glaubten, dass das Pferd ein Zeichen des Friedens sei. Sie öffneten die Stadttore und ließen das Pferd ein. Ein klassischer Fall für ein Ablenkungsmanöver. **Ablenkungsmanöver** sind strategische Mittel, die dazu dienen, die Wahrnehmung, Aufmerksamkeit und Wachsamkeit eines Ziels von einem entscheidenden Punkt abzulenken, während gleichzeitig eine andere, oft verborgene Absicht verfolgt wird. In der Geschichte des Trojanischen Pferdes erweckte man den Eindruck, die Belagerung aufzulösen und sich zurückzuziehen.

Die Trojaner hefteten zudem **Vertrauen** an das überdimensionale Geschenk aufgrund der geschickten Präsentation durch die vermeintlichen Autoritäten, die griechischen Belagerer. Dieses Vertrauen wurde zusätzlich durch die religiöse Dimension verstärkt, da das Geschenk als Opfer für die Götter dargebracht wurde.

Die kombinierte Wirkung der vermeintlichen Autorität und des Glaubens an göttliche Absichten bewirkte eine vertiefte Überzeugung bei den Trojanern und führte zu ihrer Unachtsamkeit gegenüber der eigentlichen Absicht der Griechen. Wir nennen dieses taktische Mittel das **Konzept zur Wahrnehmungstäuschung.** Unsere Sinnesorgane arbeiten dabei in Übereinstimmung mit ihren festen und unveränderlichen Regeln und weisen keine Abweichungen auf. Unsere Irrtümer entstehen jedoch oft aus einem falschen Verständnis der Art und Weise, wie diese Sinnesempfindungen interpretiert werden [2].

Die Trojaner wurden in ihrer Wahrnehmung getäuscht und vermochten nicht zu erkennen, dass das Geschenk in Wirklichkeit eine ausgeklügelte Täuschung darstellte, unter dessen Oberfläche sich das verdeckte griechische Heer verbarg. Dieses Beispiel illustriert eindrucksvoll, wie Angreifer durch raffinierte Täuschung und Manipulation das Vertrauen in vermeintliche Autoritäten und göttliche Intentionen ausnutzen können, um ihre Ziele zu erreichen.

Aus Sicht der Wahrnehmungspsychologie sind jedoch sogenannte Wahrnehmungstäuschungen nicht zwangsläufig komplexer zu erklären als der als zu betrachtende Wahrnehmungsprozess. Die faszinierende Wirkung von Wahrnehmungstäuschungen resultiert aus unserer starken Vertrautheit mit alltäglichen Annahmen über die Welt und kann uns daran hindern, tiefere Einsichten in die grundlegenden Prinzipien der Wahrnehmung zu gewinnen. Die Wirksamkeit von Wahrnehmungstäuschungen erfordert in der Regel aber auch keine aufwendigen Vorbereitungen oder elaborierten Umsetzungen. Oftmals genügt allein die Schaffung einer bestimmten Situation, ohne dass spezifische Merkmale vonnöten sind, und dennoch funktionieren Wahrnehmungstäuschungen einwandfrei. Dies ist hauptsächlich auf unsere selektive Wahrnehmung zurückzuführen.

Die **selektive Wahrnehmung** ist ein psychologisches Phänomen, bei dem Menschen dazu tendieren, Informationen und Reize in ihrer Umgebung auf eine *bestimmte Weise* wahrzunehmen und zu interpretieren, die ihren eigenen **Erwartungen, Überzeugungen und Interessen** entspricht. Dies bedeutet, dass Menschen dazu neigen, selektiv auf Informationen zu achten, die ihren bestehenden Vorstellungen und Einstellungen entsprechen, während sie Informationen, die diesen widersprechen, weniger Beachtung schenken oder sie sogar ignorieren. Die selektive Wahrnehmung kann auf verschiedene Arten auftreten. Hier sind einige Beispiele:

Bestätigungsfehler Dies ist ein häufiges Beispiel für selektive Wahrnehmung. Menschen neigen dazu, Informationen zu akzeptieren, die ihre bestehenden Überzeugungen und Meinungen bestätigen, während sie widersprüchliche Informationen ablehnen oder herunterspielen.

Mustererkennung Menschen suchen oft nach Mustern und Zusammenhängen in Informationen. Dies kann dazu führen, dass sie Muster sehen, auch wenn sie nicht vorhanden sind, oder dass sie Informationen so interpretieren, dass sie zu einem erwarteten Muster passen.

Bestätigungsbias Menschen suchen gezielt nach Informationen, die ihre eigenen Vorurteile und Vorlieben bestätigen. Zum Beispiel könnten sie Nachrichtenquellen auswählen, die ihre politischen Überzeugungen unterstützen, anstatt vielfältige Quellen zu konsultieren.

Vernachlässigung von Gegenbeweisen Menschen tendieren dazu, Gegenbeweise oder Informationen, die ihren Meinungen widersprechen, zu vernachlässigen oder zu minimieren.

Die selektive Wahrnehmung kann somit dazu führen, dass Menschen Informationen und Ereignisse verzerrt wahrnehmen und dazu neigen, in ihrer eigenen Meinungsblase zu verharren. Das Beispiel des Trojanischen Pferdes bietet uns hierbei eine interessante Veranschaulichung für die selektive Wahrnehmung. Die Trojaner waren in ihren Denkmustern und Erwartungen, insbesondere in Bezug auf Götter und Geschenke, gefangen. Als ihnen das riesige hölzerne Pferd angeboten wurde, ignorierten sie möglicherweise kritische Anzeichen und Informationen, die auf eine versteckte Bedrohung hinwiesen. Ihre selektive Wahrnehmung könnte dazu geführt haben, dass sie nur die Aspekte beachteten, die ihren bestehenden Überzeugungen und Hoffnungen entsprachen. Andere Informationen, die auf die wahre Natur des Pferdes hinwiesen, wurden möglicherweise ignoriert oder heruntergespielt. Diese kognitive Voreingenommenheit trug dazu bei, dass die Bewohner von Troja das Trojanische Pferd als Geschenk akzeptierten, was letztendlich dann zu ihrer Niederlage führte.

Die Geschichte von Troja veranschaulicht somit auf transparente Weise, wie die **Macht der Täuschung** auf die menschliche selektive Wahrnehmung, Schwächen und Verhaltensmuster abzielt. Sie verdeutlicht, wie Menschen in die Falle tappen können, wenn sie das Gefühl haben, in einer vermeintlich sicheren oder vertrauten Umgebung zu sein.

1.2   Verschwörung des Catilina im antiken Rom

Setzen wir nun unsere historische Reise fort. Nicht weit entfernt von der Ära des Sokrates und der griechischen Mythologie entwickelten Politiker und Diplomaten im alten Rom ebenfalls taktische Fähigkeiten im Umgang mit Menschen. Sie erkannten die Macht des mentalen und psychologischen Einflusses sowie der geschickten Manipulation. Die Geschichten von Intrigen und taktischen Täuschungen in den antiken römischen Senaten bieten frühe Beispiele für die Anwendung von verwandten Taktiken zum Social Engineering im politischen und gesellschaftlichen Kontext.

Die *Verschwörung des Catilina* im Jahr 63 v. Chr. in der antiken römischen Republik ist ein bezeichnendes Beispiel dafür. Lucius Sergius Catilina nutzte psychologische Manipulation, Desinformationen und Verschwörungstheorien geschickt, um Anhänger zu gewinnen und seine politischen Ambitionen zu fördern.

Durch das Versprechen von Landreformen, Schuldenerlass und politischen Veränderungen gewann er die Unterstützung der sozial Benachteiligten und Unzufriedenen, während er gleichzeitig Unruhen schürte, um eine politische Krise zu erzeugen.

Diese Episode verdeutlicht, wie geschickte soziale und politische Täuschung als Mittel zur Erlangung politischer Macht genutzt wurde, und stellt ein faszinierendes Beispiel für politische Intrigen in der Antike dar. Jetzt, da Sie sich in unsere historische Reise durch die Anwendung von Social-Engineering-Techniken vertieft haben, lohnt es sich, einen Moment innezuhalten und über eine wichtige Erkenntnis nachzudenken: Die Methoden zu Manipulationstechniken sind **zeitlos.** Ob in der antiken römischen Politik, im modernen politischen Diskurs oder im digitalen Zeitalter – die Grundprinzipien der Beeinflussung und Täuschung haben über Jahrhunderte hinweg Bestand. Indem wir die Geschichte zur Entstehung und Entwicklung von Social Engineering verstehen, können wir besser erkennen, wie diese Methoden in der Gegenwart und der Zukunft wirken. Die Verschwörung des *Catilina* im Jahr 63 v. Chr. und das Verhalten von *Donald Trump* vor und während seiner Amtszeit dienen als herausragende Beispiele, die verdeutlichen, dass Manipulationstechniken und -methoden zeitloser Natur sind.

Sowohl Catilina als auch Donald Trump sind zwei historische Figuren, die in unterschiedlichen Kontexten und Epochen agierten, aber dennoch Parallelen in der Art ihres politischen Auftretens und ihrem Bezug zur Macht haben. Beide Akteure nutzten in ihren politischen Strategien die Kunst der Überzeugung, um die Gunst des Publikums und der Wähler zu gewinnen. Sowohl Catilina als auch Donald Trump versprachen Veränderungen und Reformen in ihren Reden. Diese Versprechungen wurden gezielt verwendet, um die Bedürfnisse und Wünsche ihrer Anhänger anzusprechen.

Durch die geschickte Formulierung von Botschaften und das Ansprechen von sozialen und politischen Themen versuchten sie die Unterstützung ihrer Anhängerschaft zu gewinnen und ihre Loyalität zu festigen.

Eine weitere Gemeinsamkeit bestand darin, synthetische Narrative, Unzufriedenheit und Unruhen zu schüren, um eine politische Krise oder Unsicherheit zu erzeugen. Diese Krisen wurden von beiden Akteuren als Beweis für die Notwendigkeit ihrer politischen Agenda präsentiert.

Beide zögerten nicht, auf Techniken der Manipulation und Propaganda zurückzugreifen, die auf nicht wissenschaftlich belegbarer Empirie beruhen, wie beispielsweise die Ideen des „Deep State" oder die Nutzung von Verschwörungstheorien wie „QAnon". Diese Techniken sollten dazu dienen, Unterstützung zu gewinnen und den Eindruck zu erwecken, dass alleine sie die Lösung für die bestehenden Probleme in den Händen halten. Zusätzlich hielten sowohl Catilina als auch Donald Trump ihre wahren Absichten und Pläne oft vor der Öffentlichkeit verborgen. Dies wies auf den Einsatz von Täuschung und Geheimhaltung hin, um politische Ziele zu verfolgen.

Die Parallelen zwischen Catilina und Donald Trump in Bezug auf den Einsatz von Propaganda und manipulativen Reden und Techniken zur Beeinflussung der Öffentlichkeit sind interessante Beispiele für die historische zeitlose Anwendung von Social-Engineering-Techniken in der Politik und Gesellschaft.

Es ist jedoch wichtig zu betonen, dass die genauen Motivationen und Absichten der Akteure Gegenstand der wissenschaftlichen Debatte und Interpretation sind, da politische Kommunikation oft komplex, widersprüchlich und mehrdeutig ist.

1.3   Von Hofnarren bis hin zur Druckerpresse

Während unserer historischen Reise gelangen wir nun ins Mittelalter, in eine Zeit der Ritter, *Höflinge und Hofnarren.* Selbst die Hofnarren bedienten sich subtiler Manipulationstechniken, um die Stimmung ihrer königlichen Herren zu beeinflussen. Mit Humor und Spott lenkten sie auf unterhaltsame und indirekte Weise politische Diskussionen. Sie zeigten uns, dass Social Engineering nicht nur ernst und manipulativ sein muss. Es kann auch auf humorvolle und intelligente Weise angewendet werden, um Botschaften zu vermitteln und die Macht der Täuschung in neuen Facetten zu enthüllen.

Unsere Reise setzt sich nun fort und wir verlassen das frühe Mittelalter, um im Spätmittelalter im 15. Jahrhundert anzukommen. Hier erwartet uns die bahnbrechende Erfindung von Johannes Gutenberg: *die Druckerpresse*, die nicht nur die Verbreitung von Informationen revolutionierte, sondern auch neue Möglichkeiten für die Anwendung von Manipulations- und Täuschungstechniken eröffnete. Zunächst führte diese Errungenschaft zu einer verstärkten Verbreitung von Wissen und Ideen, ermöglichte jedoch auch die Verbreitung von religiöser und politischer Literatur, um die öffentliche Meinung zu beeinflussen. Infolgedessen ergab sich eine signifikante Veränderung in der Möglichkeit der Informationsverbreitung, Kommunikation und Manipulation. Frühere Manipulationstechniken waren stark auf direkte Kommunikation und persönliche Interaktionen angewiesen. Mit der Einführung der Druckerpresse wurde erstmals ermöglicht, manipulative Inhalte einmalig zu definieren und in großen Mengen zu verbreiten, unabhängig von der Notwendigkeit direkter verbaler Kommunikation zwischen den Beteiligten. Dies führte zu einer breit angelegten Beeinflussung der öffentlichen Meinung.

Die **Quintessenz** dieser Betrachtung zeigt sich im Zusammenhang mit der Zweckmäßigkeit der Nutzung einer Technologie. Die Fähigkeit, eine Technologie sowohl für positive als auch für negative Zwecke (aus-) zu nutzen, wird oft als **Zweckmäßigkeit** oder **Zweckgebundenheit** bezeichnet. Das bedeutet, dass Technologien und Innovationen so gestaltet sind, dass sie vielfältige Anwendungen und Interpretationen ermöglichen.

Diese Technologien können je nach Absicht und Ziel der Nutzer sowohl für wohltätige als auch für schädliche Zwecke eingesetzt werden. Es liegt oft an den ethischen und moralischen Entscheidungen der Individuen oder Gruppen, wie und wofür sie die Technologien einsetzen. Diese Quintessenz verdeutlicht, dass neue Erfindungen und Technologien oft als zweischneidiges Schwert betrachtet werden müssen. Einerseits ermöglichten in unserem Beispiel Druckerpressen die Massenverbreitung von Wissen und Ideen, was zu einer breiteren Bildung und einem verbesserten Informationsaustausch führte.

Andererseits eröffneten sie auch Wege für die Verbreitung von religiöser und politischer Literatur und Propaganda, um die öffentliche Meinung zu beeinflussen.

Diese universelle Erkenntnis zieht sich bis in die heutige Zeit. Moderne Technologien, das Internet und die künstliche Intelligenz **(KI)** bieten zwar beträchtliche Möglichkeiten zur Informationsverbreitung, gleichzeitig sind sie jedoch anfällig für Desinformation und Manipulation oder lassen sich als Angriffsvektoren missbrauchen. Allen voraus hat die KI in verschiedenen Bereichen transformative Möglichkeiten eröffnet [3].

In der Medizin kann KI genutzt werden, um medizinische Bilder schneller und genauer zu analysieren, was Ärzten bei der Diagnose, Behandlung und Therapie von Krankheiten hilft. Im Bildungsbereich kann KI personalisierte Lernpläne erstellen und Schülern dabei helfen, individuell zu lernen. Im Bereich der Energie kann KI dazu beitragen, den Energieverbrauch zu optimieren und erneuerbare Energien effizienter zu nutzen. Allerdings birgt KI auch das Potenzial für Missbrauch und Manipulation. Deepfake-Technologien ermöglichen die Erstellung überzeugender, gefälschter Videos oder Audiodateien, die für betrügerische oder schädliche Zwecke verwendet werden können. In sozialen Medien und im Internet können Desinformationskampagnen mithilfe von Bots und Algorithmen leicht verbreitet werden, um die öffentliche Meinung zu beeinflussen. In Bezug auf Sextortion (Sexerpressung) kann KI verwendet werden, um gewöhnliche Bilder von realen Menschen in Nacktbilder umzuwandeln, was eine Verletzung der Privatsphäre und Erpressung zur Folge hat. KI-Systeme nutzen auch das Konzept des Prompt Engineering, um Programmcode automatisch zu generieren. Durch das Festlegen spezifischer Eingabeaufforderungen oder „Prompts" können diese Systeme Anweisungen erhalten, wie der Code erstellt werden soll, und daraufhin programm technisch tätig werden. So kann Schadcode mit wenig technischem Fachwissen ganz einfach erstellt werden.

Die Verwendung von KI in Kombination mit Social Engineering ermöglicht es sogar Personen ohne spezielle Kenntnisse in diesem Bereich, potenziell gefährliche Angriffe durchzuführen. Dies hat weitreichende Auswirkungen auf das gesamte Feld der Cyberkriminalität sowie auf die Modelle der menschlichen und technischen Cyberabwehr, die sich in einem direkten Wechselspiel von Aktion und Reaktion befinden. Die fortschreitende Automatisierung und Intelligenz von KI-Systemen führt dazu, dass immer mehr Aufgaben, die zuvor spezialisiertes Wissen und Fähigkeiten erforderten, von nahezu jedem durchgeführt werden können. Beispielsweise können automatisierte KI-Tools verwendet werden, um Schwachstellen in Systemen und Anwendungen zu identifizieren und entsprechende Exploit-Codes zur Ausnutzung dieser Schwachstellen zu erstellen.

Dieser Ansatz verringert die Einstiegshürden erheblich und ermöglicht es Personen, die zuvor möglicherweise keine Programmierkenntnisse besaßen, nun weitreichende und gefährliche Angriffe durchzuführen. **KI-gestütztes Spear-Phishing** stellt ebenfalls eine besonders bedrohliche Entwicklung dar, da KI dazu verwendet werden kann, personalisierte und täuschend echte Nachrichten zu erstellen, die von herkömmlichen Sicherheitsmaßnahmen nur schwer erkannt werden können.

Mit der Verfügbarkeit von KI-Tools können Angreifer Massen-Phishing-Kampagnen starten und Millionen von potenziellen Opfern gleichzeitig über die E-Mail-Adressen, Social Media Accounts, Instant-Messaging wie WhatsApp oder auch per SMS erreichen. Zudem können die erstellten Phishing-Nachrichten auf spezifische Zielgruppen zugeschnitten sein und persönliche Informationen enthalten, die durch öffentlich zugängliche soziale Medien und andere Online-Quellen gesammelt wurden. Dies erhöht die Erfolgschancen solcher Angriffe erheblich. Diese Beispiele verdeutlichen das Verständnis, dass KI-Technologien sowohl für positive als auch für negative Zwecke genutzt werden können, abhängig von den Absichten und ethischen Prinzipien derjenigen, die sie einsetzen.

1.4   Geburtsstunde der globalen intelligenten Services

Nehmen wir unsere **Quintessenz** mit und machen in unserer historischen Zeitreise einen deutlichen Sprung in das 20. Jahrhundert. Im 20. Jahrhundert begann die Welt einen weiteren einschneidenden Wandel in der Art und Weise zu erleben, wie Menschen Informationen sammelten, teilten und schützten. Die Einführung von analogen Telefonie- und Funktechnologien revolutionierte die Kommunikation und ermöglichte es den Menschen, über noch weitere Entfernungen hinweg nahezu in Echtzeit miteinander zu sprechen und Informationen auszutauschen.

Zeitgleich tauchten neue ideologische, politische und ethnopolitische Einstellungen auf, wie beispielsweise imperialistische, nationalsozialistische und rassistische Ideologien. Diese Ideologien nutzten ebenfalls die Macht der neuen Errungenschaften in der Kommunikation aus. Ein prominenter Akteur, der diese Entwicklungen maßgeblich ausnutzte, war Joseph Goebbels, der Propagandaminister im nationalsozialistischen Deutschland. Er erkannte die Bedeutung von Massenmedien wie Radio, Kinos und politischen Werbekampagnen. Diese Medien ermöglichten es, Ideologien und politische Botschaften auf breiter Ebene zu verteilen und die öffentliche Meinung zu beeinflussen. Goebbels' geschickter Einsatz von Propaganda und Massenkommunikation spielte eine entscheidende Rolle in der Verbreitung der nationalsozialistischen Ideologie und in der Mobilisierung der Bevölkerung für die Ziele des Regimes. Dies verdeutlicht, wie die Macht der Kommunikationstechnologien nicht nur für positive Zwecke genutzt werden kann, sondern auch zur Manipulation und Beeinflussung von Menschen und Gesellschaften. Die Veränderungen in der Kommunikation haben aber auch gleichzeitig zu neuen Möglichkeiten der Informationsbeschaffung geführt. Schauen wir uns diese Entwicklung genauer an.

Menschen und Institutionen, darunter auch Regierungen, haben ihre Art der Kommunikation modifiziert. Die damals modernen Kommunikationsmöglichkeiten erlaubten es, unterschiedliche analoge und technische Wege zur Kommunikation zu nutzen.

Dies bedeutete jedoch auch, dass Informationen nicht nur direkt von Personen ermittelt werden konnten, sondern auch durch das Abfangen der jeweils eingesetzten Datenträger wie Briefe oder durch das Abhören von analogen Techniken preisgegeben werden konnten.

Genau in dieser Zeit etablierten verschiedene Nationen offizielle Geheimdienste **(Intelligence Services),** um ihre nationalen Interessen lokal und global zu schützen und sich gegen potenzielle Bedrohungen aus dem Inland und Ausland zu wappnen. Ein bemerkenswertes Beispiel ist die Gründung des britischen **Geheimdienstes MI6** (Military Intelligence, Section 6) im Jahr 1909. Der britische Geheimdienst spielte eine entscheidende Rolle während des Ersten Weltkrieges und des Zweiten Weltkrieges, indem er Informationen über feindliche Aktivitäten sammelte und diese Informationen zur Unterstützung der Kriegsanstrengungen verwendete.

MI6 trug dazu bei, wichtige Erkenntnisse über feindliche Strategien, Truppenbewegungen und geplante Operationen zu gewinnen, was letztendlich zur Stärkung der Alliierten und zur erfolgreichen Bewältigung der Herausforderungen des Zweiten Weltkrieges beitrug.

Die Etablierung von Geheimdiensten setzte sich jedoch auch in anderen Ländern fort. In dieser Zeit entstanden in vielen Ländern vergleichbare Organisationen, die sich auf die Sammlung und Analyse von Informationen spezialisierten. Diese Entwicklungen trugen dazu bei, die Spionagetechniken und -taktiken zu professionalisieren. Dies markierte einen bedeutenden Schritt in der Geschichte der Spionage und der Informationsbeschaffung. Diese Geheimdienste waren von nun an darauf ausgerichtet, nicht nur geheime Informationen zu sammeln, sondern auch feindliche Aktivitäten aufzudecken und die nationale Sicherheit zu gewährleisten. Neben dem Einsatz von Technologien wurden auch Spione und Agenten eingesetzt, um sowohl im Inland als auch in den ausländischen Ländern zu operieren und wertvolle Informationen zu beschaffen. Der Begriff **Human Intelligence (HUMINT)** wurde in dieser Zeit geprägt und bezieht sich auf die Beschaffung von Informationen durch den Einsatz menschlicher Quellen und Agenten. Die Entwicklung von HUMINT bildete die Grundlage für viele Aspekte des Human Hacking und des Social Engineering. Diese Disziplinen nutzen ebenfalls menschliche Interaktionen und soziale manipulative Mechanismen, um Informationen zu beschaffen, Beeinflussungstechniken anzuwenden und die regulären Sicherheitsmechanismen zu überwinden. In gewisser Weise sind Human Hacking, Social Engineering und HUMINT verwandte Bereiche, die sich auf die Kunst der zwischenmenschlichen Kommunikation und Manipulation konzentrieren, um bestimmte Ziele zu erreichen. Dabei steht die effektive Nutzung menschlicher Quellen als Informationsgewinnungsquelle und die Beeinflussung menschlichen Verhaltens im Mittelpunkt.

Die Zusammenführung von HUMINT, Human Hacking und Social Engineering verdeutlicht, wie diese Disziplinen in verschiedenen Kontexten miteinander verknüpft sind und wie die Prinzipien und Techniken der einen wiederum in der anderen angewendet werden können. Die Verbindung zwischen diesen Bereichen unterstreicht die Vielseitigkeit und Bedeutung menschlicher Interaktion in der Informationsbeschaffung, im Sicherheitsmanagement und in der Beeinflussung von Entscheidungen und Verhalten von Menschen.

In der Mitte des 20. Jahrhunderts angekommen, erlebten Human Hacking und Social Engineering eine Blütezeit, die eng mit der Welt der Spionage und den Geheimdiensten von Ländern wie den USA und der UdSSR während des Kalten Krieges verknüpft war.

In dieser Ära, geprägt von intensiven geopolitischen Spannungen und einem anhaltenden Wettbewerb um strategische Vorteile, wurden diese Manipulations- und Informationsbeschaffungstechniken verstärkt eingesetzt. Lassen Sie uns einige bemerkenswerte Beispiele und Anekdoten aus dieser Ära erkunden:

Die Kunst der Täuschung im Kalten Krieg Während des Kalten Krieges setzten sowohl die USA als auch die UdSSR umfangreiche Ressourcen ein, um Informationen und Vorteile zu gewinnen. Spionage und Geheimdienstaktivitäten florierten. Eine der berühmtesten Täuschungsaktionen dieser Zeit war die „Operation Fortitude" der Alliierten im Zweiten Weltkrieg. Dabei wurden gefälschte Informationen über eine bevorstehende Invasion in Pas-de-Calais verbreitet, um die deutschen Truppen von der tatsächlichen Landung in der Normandie abzulenken.

Das Rosenholz-Dossier Ein bemerkenswertes Beispiel für die Bedeutung menschlicher Quellen und Informationsbeschaffung ist das „Rosenholz-Dossier". Dabei handelte es sich um eine Sammlung von Dokumenten, die der CIA von einem sowjetischen Überläufer übergeben wurden. Diese Dokumente enthielten wertvolle Informationen über sowjetische Spionageaktivitäten und Agenten weltweit.

Der Fall von Kim Philby Kim Philby, ein hochrangiger britischer Geheimdienstoffizier, entpuppte sich als Doppelagent für die UdSSR. Er war jahrelang in der Lage, geheime Informationen an die Sowjets weiterzugeben, und galt als einer der gefährlichsten Verräter des Kalten Krieges.

Der „Maulwurf" Aldrich Ames Ein weiteres bekanntes Beispiel ist der Fall von
Aldrich Ames, einem hochrangigen Mitarbeiter der CIA. Er verriet geheime In-
formationen an den sowjetischen Geheimdienst KGB und später an den russischen
FSB (Inlandsgeheimdienst). Seine Tätigkeit führte zur Enttarnung mehrerer CIA-
Agenten und hatte schwerwiegende Folgen für die US-Spionagebemühungen.

1.5   Beginn des Zeitalters des Internets

Mit dem Ende des Kalten Krieges trat zeitgleich auch der verstärkte und globale
Einzug der **Informations- und Kommunikationstechnologie** in die Strukturen von Unternehmen und Organisationen ein. Giganten wie IBM, Microsoft und
Apple revolutionierten sukzessive die Unternehmenslandschaft, die zunehmend di-
gitalisiert wurde. Diese Digitalisierung eröffnete nicht nur der ideologischen Spionage (Osten gegen Westen), sondern auch der wirtschaftlich motivierten Spionage
völlig neue Perspektiven, um beispielsweise Wettbewerbsvorteile durch Know-
how-Diebstahl zu erlangen.

Dazu gehörte das Stehlen von Patenten, Technologien und Marktstrategien, um
im Geschäftsumfeld die Nase vorn zu haben. Was zuvor hauptsächlich politisch
oder ideologisch motiviert war, wurde nun um wirtschaftliche Motive erweitert.
Schließlich hat die globale Einführung des Mediums **Internet** die Art und Weise,
wie wir Menschen miteinander interagieren, erheblich verändert. Dieser technologische Fortschritt hat große Vorteile mit sich gebracht. Informationen können
schneller und leichter ausgetauscht werden und die Vernetzung zwischen Menschen erstreckt sich über globale Grenzen hinweg.

Die Welt wurde kleiner und die menschliche Kommunikation wurde vielfältiger
und effizienter.

Allerdings brachte die Verfügbarkeit des Internets auch neue Herausforderungen und Bedenken in Bezug auf die Privatsphäre von Menschen mit sich.
Die modifizierte digitale Fähigkeit zur Abhörung und Überwachung von Menschen war eine der unmittelbaren Folgen. Die gleiche Technologie, die es möglich machte, miteinander in Echtzeit zu schreiben und zu sprechen, ermöglichte
zudem, dass diese Unterhaltungen und Gespräche abgehört werden können. Damit
wurde die Privatsphäre der Menschen und Geheimhaltung der Organisationen ver-
wundbar. Was zuvor nur über analoge Methoden wie persönliche Informationsbeschaffung oder Face-to-face-Manipulation möglich war, wurde durch die Erfindung des Telefons und der vernetzten Computertechnologie und des Internets
sukzessive revolutioniert.

Diese neue Modifikation erforderte auch eine Anpassung der Denkweise sowohl bei Geheimdiensten als auch bei Cyberkriminellen. Informationen können
nun an verschiedenen Stellen abgefangen, manipuliert, gestohlen und weitergegeben werden, sei es in analoger oder in digitaler Form. Neben der HUMINT
existiert nun auch die **Signal Intelligence (SI),** eine Disziplin der Informationsbeschaffung, die auf die Sammlung und Analyse von elektronischen Signalen und
Daten aus der Kommunikation abzielt. Dies eröffnete neue Möglichkeiten für

gezielte Angriffe auf Daten und Kommunikation und zwang Sicherheitsdienste sowie Angreifer gleichermaßen dazu, ihre Strategien und Techniken anzupassen und weiterzuentwickeln. Menschen zu manipulieren oder Informationen zu sammeln, wurde nun auf einfache Weise über das Internet und Telefon möglich. Die Angreifer konnten ihre Risiken senken, da sie Informationen auf verdeckte Weise beschaffen konnten, ohne direkten physischen Kontakt mit ihren Zielpersonen zu haben. Diese neue Dimension der Anonymität eröffnete völlig neue Möglichkeiten für Angreifer.

Heute nennen wir solche Telefonangriffe Voice Phishing, auch als Vishing abgekürzt. Bei Voice Phishing handelt es sich um eine Technik, bei der Angreifer versuchen sensible Informationen von ihren Zielpersonen durch das Nachahmen vertrauenswürdiger Quellen oder das Erzeugen von falschen Notfallsituationen zu erlangen. Dies geschieht normalerweise über Telefonanrufe, bei denen die Angreifer häufig vorgeben, Mitarbeiter von Banken, Regierungsbehörden oder anderen vertrauenswürdigen Organisationen zu sein. Die Kombination aus moderner Technologie und analogen Manipulationstechniken, die im Voice Phishing zum Einsatz kommen, verdeutlicht, wie sich die Bedrohungen und Angriffsmethoden im Laufe der Zeit entwickelt und revolutioniert haben. Angreifer nutzen die Anonymität und die Möglichkeit, räumliche Distanz über globale Interkonnektivität zu überwinden, um ihre Ziele zu verfolgen.

Wo Innovationen also gewinnbringend und zum Wohl der Gesellschaft beitragen sollen, werden sie auch gleichzeitig als Techniken zum Überwachen und Abhören eingesetzt. Ein Fortschritt, den wir nicht wieder rückgängig machen können.

Schließlich führte die technologische Revolution des 20. Jahrhunderts dazu, dass das Human Hacking und Social Engineering nicht nur in die Welt der Spionage und der vernetzten und globalen Computertechnologie, sondern auch in die Welt der professionalisierten und separierten Cyberkriminalität übergingen.

Sie merken, die Möglichkeiten zur Informationsbeschaffung und -manipulation werden immer vielfältiger und komplexer. Vom klassischen Social Engineering bis hin zur Spionage variieren Motive, Vorgehensweisen und eingesetzte Technologien. Heutzutage werden vor allem Technologien im Rahmen der Cyberspionage, Gesichtserkennung, Überwachungsbrillen, Satellitenüberwachung, Drohnenüberwachung, biometrischen Identifikationstechnologien, Unterwasserüberwachungen (U-Boote für Spionage) oder verschlüsselten Kanäle eingesetzt und sind auf die Fortschritte der Digitalisierung zurückzuführen [4]. Doch die Wurzeln und die (Ur-)Idee zur Nutzung dieser Techniken in der jeweils veränderten Art und Weise reichen Jahrtausende zurück und sind ein faszinierendes Spiegelbild der menschlichen Natur. Sie sind ein Blick in die dunkleren, aber auch in die komplexeren und vielfältigeren Aspekte unseres Wesens und beschreiben, wie wir denken, fühlen und uns entscheiden Technologien einzusetzen.

1.6   Zusammenfassung unserer historischen Reise

Unsere Reise zu den Ursprüngen und Chroniken des Human Hacking begann im
antiken Griechenland und führt uns vorerst ins 21. Jahrhundert, in die Welt der
vernetzten Computertechnologie. An diesem Punkt bietet sich die Gelegenheit,
unser gewonnenes Wissen zu konsolidieren, bevor wir fortfahren. Hier ist eine
konsolidierte Version der Schlüsselerkenntnisse aus unserer Reise durch die Chroniken des Human Hacking und Social Engineering:

Universalität von Social Engineering

Social Engineering und die Kunst des Human Hacking sind von universeller Natur
und transzendieren die Beschränkungen spezifischer Lebensbereiche. Diese Praxis
zeigt sich in vielfältigen Formen und kann in verschiedenen Kontexten auftreten,
sei es in der Informationssicherheit, Spionage, Psychologie, im Bereich der sozialen Interaktionen oder in anderen Bereichen [5]. Die Fähigkeit, menschliches Verhalten zu beeinflussen, bleibt konstant, unabhängig von der Umgebung, in der sie
angewendet wird.

Moralische Ambiguität und intrinsische Anwendung

Social Engineering und die Kunst des Human Hacking repräsentieren eine Fähigkeit, die die menschliche Kommunikation und Verhandlungsfähigkeit unterstreicht. Diese Techniken sind zunächst ethisch neutral, da ihre moralische Ausrichtung von der beabsichtigten Anwendung abhängt.

Die Universalität dieser Fähigkeit wird durch die alltägliche Anwendung von
Menschen in verschiedenen Situationen deutlich.

Beispielsweise setzen Mediziner und Verhaltensforscher diese Erkenntnisse ein,
um Menschen bei der Überwindung schädlicher Gewohnheiten wie dem Abge-
wöhnen des Rauchverhaltens zu unterstützen, was das Spektrum der breiten Anwendbarkeit dieser Techniken verdeutlicht.

Die Evolution von Social Engineering

Das Hauptmerkmal dieser Betrachtung liegt in der Erkenntnis, dass Social-Engineering-Methoden keineswegs statisch sind, sondern sich über die Jahrhunderte
hinweg entwickelt und perfektioniert haben. Dieses Phänomen spiegelt den dar-
winistischen Aspekt wider, in dem diese Methoden einer natürlichen Evolution
unterliegen. Ähnlich wie in der Biologie überleben und gedeihen die Techniken
des Social Engineering, die am effektivsten sind und sich an die sich ständig ändernden menschlichen Verhaltensweisen und Kommunikationsmuster anpassen
können. Diese andauernde Optimierung und Anpassung der Social-Engineering-
Methoden zeigt die Anpassungsfähigkeit und den fortwährenden Wandel in diesem Bereich.

Kontinuität traditioneller und bewährter Techniken

Social Engineers bedienen sich einer breiten Palette von alten Techniken und greifen auf bewährte militärische und nachrichtendienstliche Verfahren zurück. Diese Methoden wurden über Jahrhunderte hinweg perfektioniert, um ihre Effektivität zu steigern. Die Übertragung dieser bewährten Methoden in verschiedene Lebensbereiche unterstreicht ihre zeitlose Anwendbarkeit.

GEZIELTE BEEINFLUSSUNG BASIEREND AUF TIEF VERWURZELTEN EIGENSCHAFTEN

Die Wirksamkeit von Manipulationstechniken im Bereich des Social Engineering beruht auf der gezielten Ansprache und Beeinflussung tief verwurzelter menschlicher Eigenschaften und Verhaltensweisen. Dies geht über einfache Hilfsbereitschaft hinaus und zielt auf komplexe psychologische und verhaltensbasierte Merkmale ab. Diese Techniken wirken effektiv, da sie auf die facettenreiche Natur der menschlichen Psyche und Kommunikation abgestimmt sind.

KOMPLEXITÄT VON SOCIAL ENGINEERING IN DER MENSCHLICHEN PSYCHE UND KOMMUNIKATION

Die vielfältigen Facetten von Social Engineering spiegeln die Tiefen und Nuancen wider, die in der menschlichen Psyche und Kommunikation existieren. Die Kunst des Human Hacking beruht nicht nur auf oberflächlicher Manipulation, sondern beeinflusst die tief verankerten Aspekte unseres Verhaltens und unserer Interaktionen.

Sie dringt in die feinen, komplexen Schichten der menschlichen Psyche vor, um Vertrauen zu gewinnen, Überzeugungen zu formen und Handlungen zu steuern. Diese Tiefe der Beeinflussung zeigt, dass Social Engineering weit mehr als bloße Manipulation ist; es ist eine faszinierende Reflexion der intrinsischen Komplexität, die in unseren Gedanken, Emotionen und sozialen Dynamiken liegt.

Wie die menschliche Psyche und Kommunikation selbst ist Social Engineering ein vielschichtiges und reichhaltiges Thema, das ständig weiter erforscht und verstanden werden muss.

Durch diese Chronik der menschlichen Weisheit und List, die von den Geschichtsbüchern bis hin zu den modernen digitalen Ären reicht, tauchen wir nun in die Welt des Social Engineering ein. Hier verschmelzen wir Wissen und Taktik in einem fortwährenden Tanz, um das große Rätsel der menschlichen Psyche zu entschlüsseln. Auf unserer Reise werden wir lernen, wie die Kunst des Überzeugens und Täuschens in den unterschiedlichsten Zeitaltern und Gesellschaften angewendet wurde und wie sie sich fortwährend weiterentwickelt hat.

Literatur

1. John Boyd, Patterns of Conflict, 1986.
2. Hermann Helmholtz (1855), Über das Sehen des Menschen. In Vorträge und Reden. 4. Aufl., Bd.1, 1896. Braunschweig: Vieweg.

3. Marc Schmitt, Ivan Flechais, Digital Deception: Generative Artificial Intelligence in Social Engineering and Phishing, 2023.
4. Pavel Y. Leonov, Alexander V. Vorobyev, Anastasia A. Ezhova, Oksana S. Kotelyanets, Aleksandra K. Zavalishina, Nikolay V. Morozov, The Main Social Engineering Techniques Aimed at Hacking Information Systems, 2021 Ural Symposium on Biomedical Engineering, Radioelectronics and Information Technology (USBEREIT), Yekaterinburg, Russland, 2021, S. 0471-0473.
5. Amy Hetro Washo, An interdisciplinary view of social engineering: A call to action for research, in: Elsevier, Computers in Human Behavior Reports, Vol. 4, 2021.

Setzen wir nun die Betrachtung mit unserem Postulat „Sie sind ein Human Hacker" fort. Sie gehören nicht zu den Bösen oder zu denjenigen, die, nachdem Sie dieses Buch gelesen haben, hinausgehen, um schädliche Absichten zu verfolgen. Unsere intrinsische Motivation ist von anderer Art. Ja, wir sind Menschen und ja, an der einen oder anderen Stelle „hacken" wir unsere Mitmenschen. Doch dies muss nicht immer mit schlechten oder vorsätzlichen Absichten einhergehen.

2.1 Die vier Seiten einer Nachricht

Lassen Sie uns für einen Moment in eine alltägliche Situation eintauchen, in der das Modell von Schulz von Thun – bekannt für seine Theorie der vier Seiten einer Nachricht – eine wichtige Rolle spielt [1]. Dieses Modell (Abb. 2.1) unterteilt eine Botschaft in vier Aspekte: Appell, Selbstkundgabe, Beziehung und Sachinhalt. Der Appell ist die Aufforderung, die der Sender an den Empfänger richtet.

Stellen Sie sich vor, Sie stehen vor einem technischen Problem, das Sie alleine nicht lösen können. In einem Gespräch mit einem Freund oder Kollegen äußern Sie Ihr Problem. *Hier tritt der Appell in den Vordergrund. Ihr Appell ist Ihre Bitte um Hilfe bei der Lösung dieses Problems.*

Sie hoffen, dass Ihr Freund oder Kollege Ihnen mit seinen Fähigkeiten und seinem Wissen zur Seite steht. Aber der Appell alleine reicht nicht aus. Auf der Beziehungsebene spielt sich eine subtile Choreografie ab. Sie haben eine Verbindung zu Ihrem Gesprächspartner aufgebaut, sei es durch Freundschaft oder berufliche Zusammenarbeit.

Diese *Beziehungsebene* ist der Schlüssel zu einer erfolgreichen Interaktion. Sie wissen, dass Ihr Freund oder Kollege Ihnen gerne hilft, und Sie schätzen seine Meinung. Das stärkt die zwischenmenschliche Beziehung und die Bereitschaft zur Zusammenarbeit. Auf der Ebene der *Selbstkundgabe* teilen Sie Ihren

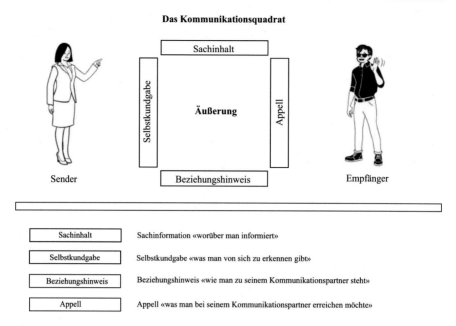

Abb. 2.1 Das Kommunikationsquadrat (angelehnt an [1])

inneren Zustand und Ihre Bedürfnisse offen mit. Sie erklären, wie *frustriert oder überwältigt* Sie von diesem Problem sind und wie dringend Sie Unterstützung benötigen. Diese Offenheit schafft Verständnis und Empathie. Schließlich kommt der **Sachinhalt** ins Spiel. Hier diskutieren Sie die technischen Details Ihres Problems, die verschiedenen Lösungsmöglichkeiten und die Schritte zur Behebung.

In diesem Alltagsbeispiel wird klar, dass Sie Ihre zwischenmenschlichen Beziehungen und Ihre Kommunikationsfähigkeiten einsetzen, um ein Ziel zu erreichen – in diesem Fall die Lösung eines technischen Problems. Dieses ist ein alltägliches Beispiel dafür, wie wir ohne schädliche Absichten die Prinzipien des Social Engineering anwenden. Die Anwendung des Modells von Schulz von Thun hilft Ihnen dabei, diese dynamische Kommunikation zu verstehen und effektiv zu gestalten. Es ist ein weiteres Zeugnis dafür, dass wir Menschen von Natur aus Social Engineers sind, die soziale menschliche Fähigkeiten nutzen, um unser Leben zu gestalten.

2.2   Anthropologische Dimension des Social Engineering

In Bezug auf den in Abschn. 1.6 *(White Chapter)* aufgeführten sechsten Punkt, der die Komplexität des Social Engineering im Kontext der menschlichen Psyche und Kommunikation unterstreicht, können wir also wohlwollend anthropologische Aspekte hervorheben. Die Anthropologie ist eine Wissenschaft, die sich mit dem umfassenden Studium des Menschen in all seinen Facetten und in verschiedenen kulturellen und historischen Kontexten befasst. Sie zielt darauf ab, das Verständnis des Menschen als biologisches, soziales und kulturelles Wesen zu vertiefen. Die Anthropologie untersucht die menschliche Evolution, die biologischen Merkmale des Menschen, seine sozialen Strukturen, kulturellen Praktiken, Sprachen, Weltanschauungen und Interaktionen in verschiedenen Gesellschaften [2].

Im Kontext des Social Engineering sind anthropologische Erkenntnisse von großer Bedeutung, da sie Einblicke in die tief verwurzelten sozialen Normen, Werte und Verhaltensmuster liefern, die von Social Engineers erkannt und manipuliert werden. In unserem spezifischen Kontext ermöglicht uns Anthropologie, menschliche Gemeinschaften und deren Kommunikationsmuster zu verstehen, einschließlich der Art und Weise, wie soziale Interaktionen, Vertrauen und Kooperation aufgebaut werden.

Dieses Verständnis ist entscheidend, um die Wirksamkeit von Social-Engineering-Techniken zu ergründen, da sie auf den anthropologischen Grundlagen unserer sozialen Natur aufbauen.

Die anthropologischen Gesichtspunkte und Merkmale des Social Engineering bilden eine direkte Verbindung zur umfassenden Enzyklopädie des Begriffs.

Dieser Begriff wird in verschiedenen Kontexten und Perspektiven betrachtet, welche seine Vielseitigkeit und seinen Facettenreichtum verdeutlichen. Das Konzept des Social Engineering findet Anwendung in verschiedenen Disziplinen und Anwendungsbereichen, angefangen von der Informationssicherheit bis hin zu den Sozialwissenschaften und der Ethik.

Diese Verbindung hebt die Notwendigkeit eines umfassenden Verständnisses von Social Engineering hervor, um die zahlreichen Auswirkungen und Herausforderungen, die damit einhergehen, vollständig zu erfassen. Diese Sichtweise bedeutet auch, dass die anthropologischen Aspekte und Charakteristika des Social Engineering in einer engen Beziehung zur umfassenden Wissenssammlung über den Begriff *Social Engineering* stehen. Die Enzyklopädie enthält somit Informationen, Beschreibungen und Erklärungen zu verschiedenen Aspekten des Begriffs. Die anthropologischen Gesichtspunkte des Social Engineering liefern zusätzliche Einblicke und Verknüpfungen zu diesem Wissensschatz.

Zusammen ergänzen sie sich und tragen zu dem umfassenden und tieferen Verständnis des Konzepts zum Human Hacking bei. Darüber hinaus kann die Anthropologie Einblicke in die Vielfalt menschlicher Kulturen und den Einfluss kultureller Unterschiede auf das Verhalten und die Kommunikation bieten. Dies ist insbesondere wichtig, wenn Social Engineers in globalen Kontexten agieren und sich der kulturellen Sensibilität bewusst sein müssen, um effektiv zu sein.

Hier sind einige Wege, wie anthropologische Überlegungen in diesem Zusammenhang relevant sein können:

Kulturelle Vielfalt Menschen aus verschiedenen Kulturen haben unterschiedliche soziale Normen, Wertvorstellungen und Verhaltensweisen. Ein Social Engineer muss die kulturellen Unterschiede berücksichtigen, um effektiv zu sein. Anthropologische Erkenntnisse helfen dabei, kulturelle Nuancen zu verstehen und sich in verschiedenen Umgebungen anzupassen.

Soziale Strukturen Anthropologie untersucht die sozialen Strukturen und Hierarchien in verschiedenen Gesellschaften. Dieses Wissen kann bei der Identifizierung von Schlüsselpersonen und Einflussfaktoren innerhalb einer Organisation oder Gemeinschaft hilfreich sein.

Kommunikation und Sprache Linguistische Anthropologie trägt zum Verständnis von Sprache und Kommunikation bei. Social Engineers nutzen Kommunikationstechniken, um Informationen zu sammeln oder zu beeinflussen. Ein Verständnis der linguistischen Vielfalt und Kommunikationsstile ist in diesem Zusammenhang von Vorteil. Diese Sichtweise wird jedoch auch durch die Betrachtung der nonverbalen Kommunikation komplementiert.

Soziales Verhalten Anthropologie erforscht das menschliche Verhalten und die sozialen Interaktionen. Dies ist entscheidend, um Muster im Verhalten von Menschen zu erkennen und erfolgreiche Social-Engineering-Strategien zu entwickeln.

Psychologie und Motivation Anthropologen untersuchen die psychologischen Motivationen des Menschen. Ein Social Engineer kann von diesem Wissen profitieren, um zu verstehen, was Menschen antreibt, wie sie Entscheidungen treffen und wie sie beeinflusst werden können.

Ethik und Moral Anthropologische Forschung kann Ethik und Moral in verschiedenen Kulturen beleuchten. Dies ist wichtig, da Social Engineering oft ethische Fragen aufwirft, insbesondere wenn es darum geht, Menschen zu täuschen oder zu manipulieren.

2.3   Terminologische Dimension des Social Engineering

Es wird immer deutlicher, dass unsere einfache, gar rudimentäre Vorstellung von Social Engineering weitaus komplexer ist als lediglich die Vorstellung oder Annahme eines einfachen Vishing-Angriffs oder des Beobachtens über die Schulter (Shoulder Surfing). Es handelt sich um ein komplexes Geflecht von Täuschungstechniken, die tief in den menschlichen Ureigenschaften und differenzierten Bereichen verankert sind. Dieses Geflecht muss sorgfältig analysiert und verstanden werden. Das ist vor allem dann von entscheidender Bedeutung, wenn es darum geht, Sicherheitsexperten und Verteidiger auszubilden, die in der Lage sein müssen:

a) menschenzentrierte Angriffe zu erkennen und zu verstehen (Perzeption),
b) diese vor Gefährdungen schützen zu können (Protektion) und

c) die Mitarbeiter im Unternehmen zu sensibilisieren und sie nachhaltig zu schulen, dass sie in der Lage sind, die Theorie in die Praxis umzusetzen *(behavioris-
tisches Merkmal).*

Diese Realität erfordert ein tiefes Verständnis der psychologischen und anthropologischen Aspekte des Social Engineering sowie die Fähigkeit, komplexe soziale
Interaktionen und menschliches Verhalten zu analysieren und zu interpretieren, um
effektive Abwehrstrategien zu entwickeln. Lassen Sie uns nun gemeinsam diesen
Gedanken auf das Hier und Jetzt übertragen. Im modernen Zeitalter der Digitalisierung sind die Bedeutungen, Interpretationen und Gedankengänge zum Begriff
„Social Engineering" äußerst vielfältig.

Doch bei genauerer Betrachtung wird deutlich, dass die Erwähnungen dieses
Begriffs sich auch in der Philosophie wiederfinden lassen. Dies liegt daran, dass
die Philosophie sich schon immer mit grundlegenden Fragen zur menschlichen
Existenz, Wahrnehmung und zum Verhalten des Menschen befasst hat. Philosophische Ansätze, wie die Existenzphilosophie und die philosophische Anthropologie, haben versucht, das Wesen des Menschen und seine Rolle im Universum zu
verstehen.

Diese philosophischen Betrachtungen flossen in die Diskussionen über „Social
Engineering" ein, da sie eine Grundlage für das Verständnis menschlicher Verhaltensweisen und sozialer Interaktionen bildeten.

So erwähnte 1945 der Philosoph Karl Popper in seinem Buch The open society
and its enemies. The spell of Plato den Begriff Social Engineering, so wie wir
diesen im jetzigen Zeitalter nicht ganz interpretieren würden [3]. Popper befasste
sich vor allem mit den politischen und philosophischen Themen, um zu einer Verbesserung der Gesellschaftsstruktur beizutragen.

Er war besorgt über politische Bewegungen und Ideologien, die versuchten, die
Gesellschaft durch umfassende staatliche Eingriffe zu gestalten, und kritisierte die
Vorstellung, dass man die Gesellschaft wie ein technisches System oder eine Maschine steuern kann. Seine Erwähnung von „Social Engineering" sollte darauf hinweisen, dass solche Ansätze problematisch sein können und dass sie die individuelle Freiheit und die Offenheit der Gesellschaft gefährden könnten.

Der Begriff *Social Engineering* hat im Laufe der Zeit eine Evolution durch-
gemacht und wird heutzutage hauptsächlich im Kontext der Informationssicherheit
verwendet. So hat sich Social Engineering im modernen Kontext zu einer komplexen Disziplin entwickelt, die tiefgreifende Kenntnisse über menschliches Verhalten, die Psychologie und soziale Interaktionen erfordert. Selbst in der facettenreichen Welt der Informationssicherheit zeigt sich die beeindruckende Vielfalt der
Definitionen und Interpretationen von Social Engineering, die verdeutlicht, wie
komplex und weitreichend dieses Konzept in der modernen digitalen Gesellschaft
ist.

So gibt das *Bundesamt für Sicherheit in der Informationstechnik (BSI)* die folgende Definition zum Thema Social Engineering [4]: *„Beim Social Engineering
werden menschliche Eigenschaften wie Hilfsbereitschaft, Vertrauen, Angst oder
Respekt vor Autorität ausgenutzt, um Personen geschickt zu manipulieren. Cyber-*

Kriminelle verleiten das Opfer auf diese Weise beispielsweise dazu, vertrauliche Informationen preiszugeben, Sicherheitsfunktionen auszuhebeln, Überweisungen zu tätigen oder Schadsoftware auf dem privaten Gerät oder einem Computer im Firmennetzwerk zu installieren. Social Engineering ist an sich nichts Neues und dient seit Menschengedenken als Grundlage für die unterschiedlichsten Betrugsmaschen. Im Zeitalter der digitalen Kommunikation ergeben sich jedoch äußerst effektive, neue Möglichkeiten für Kriminelle, mit denen sie Millionen von potenziellen Opfern erreichen können."

Christopher Hadnagy, ein Sicherheitsexperte und einer der führenden Experten auf dem Gebiet der Informationssicherheit, definierte Social Engineering in seinem Buch [5] Die Kunst des Human Hacking als *„… Akt der Manipulation einer Person gemeint ist, eine Handlung auszuführen, die vielleicht im besten Interesse der 'Zielperson' liegt – oder auch nicht."*

Kevin David Mitnick war ein US-amerikanischer Hacker, Social-Engineering-Experte und Geschäftsführer einer IT-Sicherheitsfirma. Kevin Mitnick wurde in den 1990er-Jahren bekannt und galt als einer der meistgesuchten Hacker der Welt.

Nach seiner Inhaftierung arbeitete er mit verschiedenen Regierungsbehörden und Unternehmen zusammen, um deren IT-Sicherheit zu verbessern. Mitnick war ein anerkannter Sicherheitsexperte und Autor mehrerer Bücher, darunter *The art of deception,* in dem er auf Social Engineering und die Kunst der Täuschung eingeht. [6] beschreibt Social Engineering wie folgt: *„Social Engineering nutzt Einfluss und Überzeugung, um Menschen zu täuschen, indem es sie davon überzeugt, dass der Social Engineer jemand ist, der er nicht ist, oder durch Manipulation. Dadurch ist der Social Engineer in der Lage, Menschen auszunutzen, um mit oder ohne Einsatz von Technologie Informationen zu erhalten [eigene Übersetzung]."*

Verizon, der auch die jährlichen *Data Breach Investigations Reports (DBIR)* veröffentlicht, beschreibt Social Engineering wie folgt [7]: *„Menschen sind grundsätzlich soziale Wesen und neigen dazu, der digitalen Welt übermäßig zu vertrauen. Dies macht Menschen anfällig für Social Engineering, ein moderner Begriff für den ältesten Betrug im Buch: die Ausnutzung der menschlichen Psychologie, anstatt sich ausschließlich auf Hacking-Techniken zu verlassen, um Menschen dazu zu manipulieren, vertrauliche oder persönliche Informationen preiszugeben, die für betrügerische Zwecke verwendet werden sollen [eigene Übersetzung]."*

2.4 Defizitäre terminologische Darstellung

In den verschiedenen Definitionen von Social Engineering, sei es von Christopher Hadnagy, Kevin Mitnick, Verizon oder dem BSI, finden wir einige gemeinsame Elemente. Dabei handelt es sich um die Nutzung menschlicher Eigenschaften wie Hilfsbereitschaft, Vertrauen, Angst oder Respekt vor Autorität, um Menschen zu manipulieren und sie dazu zu bringen, ungewollte Handlungen auszuführen oder vertrauliche Informationen preiszugeben.

Wie Sie bemerkt haben, weisen die vorgestellten Definitionen des Social Engineering einige Unvollständigkeiten und Limitierungen auf, die die Notwendigkeit einer neuen, umfassenderen Definition verdeutlichen. Schauen wir uns diese definitorisch-terminologische Defizitlage präziser an:

Begrenzte Betonung von digitalen Aspekten: Die meisten bestehenden Definitionen von Social Engineering konzentrieren sich hauptsächlich auf *analoge soziale Manipulationstechniken*. In der heutigen digitalen Welt sind jedoch auch digitale Methoden wie Open Source Intelligence (OSINT), Social Media Intelligence (SOCMINT), KI-basierte Angriffe und digitale Technologien zur Informationsmanipulation von großer Bedeutung [8]. Eine zeitgemäße Definition sollte daher sowohl *analoge als auch digitale Aspekte des Social Engineering* berücksichtigen.

Mangelnde Berücksichtigung von Kombinatorik: Social Engineering kann effektiver sein, wenn verschiedene Techniken und Kanäle in Kombination genutzt werden. Beispielsweise könnte ein Angreifer gefälschte Websites erstellen und sich als ein vertrauenswürdiger Kontakt ausgeben, um eine höhere Erfolgsrate zu erzielen. Die aktuellen Definitionen von Social Engineering geben selten Aufschluss darüber, wie diese *Kombinatorik* funktioniert oder wie verschiedene Techniken miteinander verwoben werden.
Eine umfassendere Definition sollte diesen Aspekt jedoch berücksichtigen und *die komplexen Wechselwirkungen zwischen den verschiedenen digitalen und analogen Manipulationstechniken* in den Vordergrund stellen.

Fehlende Erwähnung von ganzheitlichen Auswirkungen: Soziale Manipulationstechniken können erhebliche Auswirkungen auf Individuen und Gruppen haben. Eine umfassende Definition sollte daher *nicht nur auf die finanziellen Schäden,* wie sie beispielsweise bei Sextortion auftreten können, hinweisen, sondern auch den *nachhaltigen psychischen Schaden berücksichtigen,* den die Betroffenen erleiden.
Dies schließt die langfristigen Auswirkungen auf das Wohlbefinden und die psychische Gesundheit der Opfer mit ein, wie sie beispielsweise bei Cybergrooming im Kontext von Social-Engineering-Praktiken wie Catfishing auftreten können.

2.5   Zusammenfassung: Ganzheitliche Definition zum Social Engineering

Die ganzheitliche Betrachtung schließt die Überlegung ein, dass Social-Engineering-Angriffe nicht nur in organisatorischen und unternehmensweiten Umgebungen stattfinden. Die gleichen Prinzipien und Techniken werden auch in privaten Bereichen angewendet, um in private Lebensbereiche einzudringen und Einzelpersonen zu kompromittieren.

Eine umfassende Definition muss daher die sozialen, ethischen und psychologischen Implikationen von Social Engineering umfassend berücksichtigen und die Notwendigkeit einer gründlichen Untersuchung der Auswirkungen auf die Opfer unterstreichen. Basierend auf diesen Limitierungen besteht die Notwendigkeit, eine neue und zeitgemäße Definition für Social Engineering zu entwickeln, die die heutige komplexe Landschaft und die multidisziplinäre Natur dieses Phänomens widerspiegelt.

*Social Engineering ist eine **multidisziplinäre Praxis**, die darauf abzielt, menschliche **soziale, psychologische und emotionale** Merkmale geschickt zu nutzen, um Individuen dazu zu bewegen, Handlungen auszuführen oder Informationen preiszugeben, die gegen **ihre eigenen Interessen** oder die Interessen **einer Organisation oder Gesellschaft** stehen. Diese Methode kombiniert **analoge und digitale Techniken**, um Menschen **zu täuschen und zu manipulieren**, und stellt eine anhaltende Herausforderung für die Informationssicherheit dar. Die **Folgen** eines Social-Engineering-Angriffs können sowohl **monetären als auch psychischen Schaden** verursachen, wobei Letzterer oft **langfristige Auswirkungen auf das Wohlbefinden** und die **psychische Gesundheit der Opfer** hat.*

Unsere deskriptive Definition des Social Engineering bildet die Grundlage dieses Buches. Diese Definition wird im Zentrum unseres wissenschaftlichen Verständnisses stehen und als Leitfaden für weitere theoretische und praxisnahe Auseinandersetzung dienen.

Die Definition ermöglicht es uns, die vielschichtigen Facetten des Social Engineering zu beleuchten und die tiefgreifenden Konsequenzen dieser Praxis in verschiedenen Kontexten zu ermitteln und zu beschreiben.

Wie aus der deskriptiven Definition des Social Engineering hervorgeht, können die Techniken und Methoden des Social Engineering sowohl in unternehmensnahen Anwendungsbereichen als auch in privaten Umgebungen ausgeführt werden. Dabei weisen diese Bereiche jeweils unterschiedliche Merkmale, Vulnerabilitäten, Gefährdungen und Auswirkungen auf. Um die Komplexität dieser Betrachtung zu reduzieren, beginnen wir zunächst mit der Vorstellung des betrieblichen Anwendungsbereichs des Social Engineering. Hierbei konzentrieren wir uns auf die Grundprinzipien der digitalen und analogen Manipulationstechniken, die in der sogenannten Triangulation der Informationssicherheit zusammengeführt werden.

Mit dieser Herangehensweise können wir unsere deskriptive Definition nahtlos in die betrieblichen Anwendungsbereiche integrieren und vertiefende Erkenntnisse hinsichtlich präventiver, detektierender, reaktiver und korrektiver Maßnahmen im Kampf gegen Social Engineering gewinnen. Im Yellow Chapter erweitern wir unseren Blickwinkel, um den Schutz und die Abwehr von Social-Engineering-Angriffen in privaten Umgebungen zu betrachten.

Literatur

1. Friedemann, Schulz von Thun, Miteinander reden 1, Rowohlt Taschenbuch, 1981.
2. Hortense Gerardo, Educational Convergence: The Anthropology, Performance, and Technology (APT) Program, in: Frontiers in Education Conference (FIE), Lincoln NE, USA, 2021.
3. Karl Raimund Popper, The open society and its enemies. The spell of Plato, London, George Routledge & Sons, ltd., 1945.
4. Bundesamt für Sicherheit in der Informationstechnik (BSI), Social Engineering – der Mensch als Schwachstelle, unter: https://www.bsi.bund.de/DE/Themen/Verbraucherinnen-und-Verbraucher/Cyber-Sicherheitslage/Methoden-der-Cyber-Kriminalitaet/Social-Engineering/social-engineering_node.html (Zugriff: 02.10.2023).
5. Christopher Hadnagy, Die Kunst des Human Hacking, mitp-Verlags GmbH & Co. KG, Frechen 2011.
6. Kevin D. Mitnick, William L. Simon, Steve Wozniak, Controlling the Human Element of Security: The Art of Deception, Wiley, 2003.
7. Verizon, Social engineering attacks to watch out for, unter: https://www.verizon.com/business/resources/articles/s/social-engineering-attacks-to-watch-out-for/ (Zugriff: 01.12.2023).
8. Isabelle Böhm, Samuel Lolagar, Open source intelligence. International Cybersecurity Law Review 2, 2021, S. 317–337.

Anwendungsgebiet des Social Engineering

3

Das Anwendungsgebiet, in dem die analogen und digitalen Methoden des Social Engineering zur Infiltration und Kompromittierung von Organisationen und Unternehmen eingesetzt werden, lässt sich verständlicherweise innerhalb der Grenzen einer Organisation sowie an den Grenzen der definierten Schnittstellen zu anderen Organisationen bestimmen. In diesem Zusammenhang müssen wir unser Verständnis von Social Engineering auf alle Einheiten, Strukturen und Beziehungen ausweiten, die innerhalb dieser betrieblichen Grenzen existieren und eingesetzt werden. Eine isolierte Fokussierung auf den Faktor „Mensch" ist aus mehreren unterschiedlichen Gründen nicht zielführend und muss in diesem Zusammenhang vermieden werden. Auf diese Weise kann das Anwendungsgebiet im Sinne eines soziotechnischen Systems definiert werden, in dem verschiedene Rollen und Kompetenzen in einer strukturierten betrieblichen Aufbau- und Ablauforganisation in physischen Räumlichkeiten zusammenkommen, um durch strategische Konzeption und operative Durchführung von Geschäftsprozessen gewinnsteigernde Aktivitäten zu entwickeln und zu realisieren. Leiten wir nun die wesentlichen Merkmale ab, die dieses feinjustierte Zusammenspiel zwischen unterschiedlichen Entitäten, Objekten, Strukturen und Systemen ermöglichen, können wir mit absoluter Sicherheit konstatieren, dass das Anwendungsgebiet des Social Engineering auf der konzeptionellen und operativen Ebene durch die Deklaration von

Technik, Organisation und Mensch

definiert werden kann.

3.1   Triangulation der Informationssicherheit

Das Anwendungsgebiet von Social Engineering steht mit der Triangulation [1] der Informationssicherheit in Verbindung, in der die drei *kohärenten, interaktiven und komplementären* Einheiten **technische Sicherheit, menschliche Sicherheit** und **Organisationssicherheit** zusammenkommen (Abb. 3.1).

Diese Deklaration ermöglicht eine genauere Betrachtung der spezifischen Merkmale jedes Bereichs und deren individueller Beiträge zur Aufgabenerfüllung in betrieblichen Kontexten. Dabei werden unterschiedliche Mechanismen, Ver-

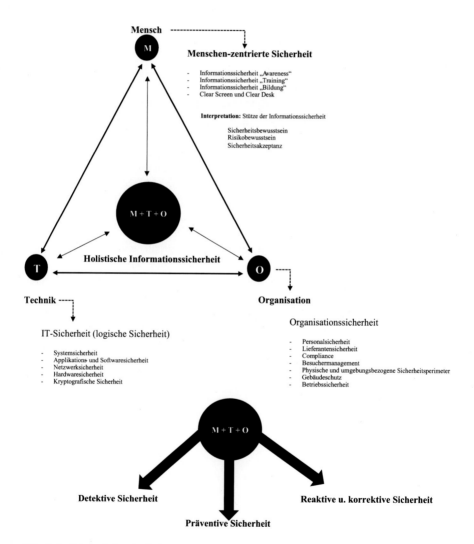

Abb. 3.1 Triangulation der Informationssicherheit

fahren und Methoden eingesetzt, um eine harmonische Koordination und Orchestrierung zwischen Technik, Mensch und Organisation herzustellen und bestimmte Ziele zu erreichen. Um diese Sichtweise zu erklären, betrachten wir systematisch die Bedeutung der einzelnen Bereiche. Anschließend gehen wir auf die genannten Eigenschaften ein, die diese Betrachtung einzigartig machen. Jeder dieser Bereiche hat seine eigenen charakteristischen Spezifikationen.

TECHNISCHE SICHERHEIT (AUCH BEKANNT ALS IT-SICHERHEIT)

Die technischen Komponenten in der Triangulation der Informationssicherheit beziehen sich auf die Hardware, Software und digitale Infrastruktur, die zur Unterstützung und Gewährleistung der Informationssicherheit eingesetzt werden. Dies schließt Firewall-Systeme, Antivirensoftware, kryptografische Verschlüsselungstechniken und andere technische Sicherheitsmaßnahmen wie Intrusion-Detection-Systeme (IDS), Security-Information-Event-Management-Systeme (SIEM) sowie andere logische Mechanismen in den Bereichen Application Security und Network Security ein. In betrieblichen Umgebungen umfasst die IT-Sicherheit wesentliche Merkmale der Security-Funktionen, die in einem ständigen Austausch und in Wechselwirkungen zur Außenwelt stehen.

ORGANISATIONSSICHERHEIT

Die organisatorische Sicherheitsdimension der Triangulation bezieht sich auf die Strukturen, Prozesse und physischen und umgebungsbezogenen Sicherheitsperimeter innerhalb einer Organisation. Diese umfassen eine Vielzahl an komplexen Themen zur Personalsicherheit, Beschaffungssicherheit, Lieferantensicherheit, Compliance und physischen Sicherheit, wie etwa Objekt- und Gebäudeschutz, Blitzschutz, Brandschutz etc., und definieren die globale organisatorische Sicherheit für alle Angestellten. Ferner umfasst die Organisationssicherheit auch die wesentlichen Prozesse, welche zur Organisation und zum Management der Informationssicherheit eingesetzt werden.

MENSCHLICHE SICHERHEIT (AUCH BEKANNT ALS HUMAN FACTOR)

Der menschliche Faktor ist von zentraler Bedeutung und umfasst Mitarbeiter, die aus Sicht der Informationstechnologie in einfache User und User mit Superrechten unterteilt werden. Darüber hinaus gehören auch Mitarbeiter von externen Einsatzorganisationen, wie beispielsweise das Reinigungspersonal, aber auch Praktikanten sowie weitere Personen dazu, die jeweils autorisierten Zutritt, Zugang und Zugriff zu den physischen und logischen Einheiten eines Unternehmens erhalten. Diese Betrachtung verdeutlicht, dass sie unabhängig davon erfolgt, ob es sich um eigene, fremde, fest angestellte, befristete oder temporäre Mitarbeiter handelt.

Fener bezieht sich der Faktor Mensch in der Informationssicherheit auf die Rolle und das Verhalten von Menschen im Umgang mit IT-Systemen und analogen sowie digitalen Informationen.

3.2   Die Eigenschaften der Triangulation der Informationssicherheit

Schauen wir uns nun die Eigenschaften an, die diese drei Bereiche miteinander verknüpfen.

Kohärenz bedeutet, dass die Bereiche der IT-Sicherheit, der Organisationssicherheit und der menschlichen Sicherheit in einem direkten Zusammenhang zueinanderstehen und ein geschlossenes System bilden.

Dieses System ist in der Lage, die Wechselwirkungen innerhalb von Menschen, Technik und Organisation zu bestimmen und sicherzustellen, dass sie gut aufeinander abgestimmt sind.

Kohärenz bedeutet also, dass diese drei Bereiche in ihrer Gesamtheit ein funktionierendes Sicherheitssystem bilden, in dem die Zusammenhänge zu Menschen, Technik und Organisation klar definiert und diese je nach Zielsetzung aufeinander orchestriert werden.

Die *Interaktivität* bezieht sich auf die Art und Weise, wie diese drei Bereiche miteinander in Beziehung stehen und sich gegenseitig beeinflussen. Sie betont, dass Entscheidungen und Maßnahmen in einem Bereich Auswirkungen auf die anderen Bereiche haben. Ein effektives Sicherheitssystem berücksichtigt daher diese Wechselwirkungen und sorgt dafür, dass technische, menschliche und organisatorische Aspekte aufeinander abgestimmt sind.

Die ***Komplementarität*** bedeutet, dass die verschiedenen Aspekte der Informationssicherheit sich ergänzen und zusammenwirken, um ein umfassendes Sicherheitssystem zu schaffen. Dies verhindert redundante oder widersprüchliche Sicherheitsmaßnahmen. Stattdessen sollten die technischen, menschlichen und organisatorischen Sicherheitsmaßnahmen harmonisch zusammenarbeiten, um die Sicherheit der Daten und Systeme effektiv zu gewährleisten. Komplementarität bedeutet in diesem Kontext auch, dass ein adäquates Niveau an Informationssicherheit gewährleistet ist, wenn all diese Bereiche feinjustiert, aufeinander abgestimmt, taktisch verankert und operativ ausgeführt werden. Nur dann, aber genau dann, kann ein ganzheitlicher Schutz in der Informationssicherheit erreicht werden.

In der Triangulation der Informationssicherheit spielen Kohärenz, Interaktivität und Komplementarität eine entscheidende Rolle, um ein ganzheitliches und funktionierendes Sicherheitssystem zu schaffen, das die Sicherheit von Menschen, Technik und Organisation gleichermaßen gewährleistet.

3.3   Zusammenfassung: Holistischer Charakter der Informationssicherheit

In der Zusammenfassung ergibt sich aus der Triangulation der Informationssicherheit ein entscheidendes Leitprinzip für das Verständnis und die Sicherung des Anwendungsgebiets des Social Engineering, das wir Ihnen gerne als Quintessenz dieses Abschnitts und als Wissensmitnahme vorschlagen.

*Die **Triangulation der Informationssicherheit,** bestehend aus den ineinandergreifenden Eigenschaften von **Technik, Mensch und Organisation,** bildet das zentrale Konzept zur umfassenden Erfassung und Sicherung des Anwendungsgebiets des Social Engineering. Es betont die Notwendigkeit einer ganzheitlichen und eng koordinierten Herangehensweise, bei der diese drei Bereiche aufeinander abgestimmt sind, um ein optimales Sicherheitsniveau zu gewährleisten. Durch das Verständnis dieser Triangulation können Organisationen die komplexen Interaktionen innerhalb der Felder Technik, Menschen und Organisationen in ihrem Anwendungsgebiet zur Abwehr von Social-Engineering-Angriffen besser verstehen und gezielte Maßnahmen zur Prävention, Detektion und Reaktion auf potenzielle Gefährdungen ergreifen. Dieser ganzheitliche Ansatz ist entscheidend, um ein effektives und umfassendes Schutzniveau gegenüber den vielfältigen Täuschungs- und Manipulationstechniken des Social Engineering zu gewährleisten.*

Mit dieser Zusammenfassung betonen wir die grundlegende Bedeutung der Triangulation der Informationssicherheit für ein umfassendes Verständnis zur erfolgreichen Abwehr von Social-Engineering-Gefahren. Im nächsten Kapitel werden wir die psychologischen Hintergründe des Social Engineering genauer betrachten und gehen schließlich auf die Eigenschaften ein, die erklären, warum Social-Engineering-Angriffe so erfolgreich sind.

Literatur

1. Erfan Koza, Eine empirische Kontentanalyse zur Ermittlung von praxisorientierten Optimierungsfeldern zur Resilienz-Erhöhung der IT-Systeme im Sinne der ganzheitlichen Betrachtung der Informationssicherheit. Hemmnisse und Erfolgsfaktoren eines nachhaltigen und effizienten Informationssicherheitsmanagementsystems, in: Informatik 2021 Computer Science & Sustainability, Gesellschaft für Informatik, Lecture Notes in Informatics, S. 819–831.

Psychologische Hintergründe zum Social Engineering

4

Beim Social Engineering zielt der Human Hacker auf die Emotionen seines Opfers. Der rationale Verstand rückt hierbei oft in den Hintergrund. Die Entscheidungen des Opfers erfolgen gemäß seinem Empfinden. *Doch ist es wirklich so einfach?* Die Psychologie des Social Engineering ist äußerst vielfältig und komplex, da sie auf mehreren wissenschaftlichen Disziplinen basiert. Um das volle Ausmaß der psychologischen Hintergründe des Social Engineering zu verstehen, müssen wir in der Gesamtheit der Betrachtung die folgenden wissenschaftlichen Aspekte berücksichtigen:

Sozialpsychologie Die Sozialpsychologie untersucht, wie Menschen in sozialen Situationen denken, fühlen und handeln. Social Engineers nutzen diese Erkenntnisse, um die Denkweise und das Verhalten von Menschen in verschiedenen sozialen Kontexten zu verstehen und zu beeinflussen. Sie nutzen menschliche Bedürfnisse nach Zugehörigkeit, Anerkennung und sozialem Einfluss, um Manipulationstechniken zu entwickeln.

Verhaltensökonomie Die Verhaltensökonomie analysiert, wie Menschen in wirtschaftlichen Entscheidungsprozessen agieren. Social Engineers verwenden Erkenntnisse aus der Verhaltensökonomie, um psychologische Druckpunkte zu identifizieren und Menschen dazu zu bringen, bestimmte Handlungen auszuführen. Dies kann dazu führen, dass Menschen sogar gegen ihre eigenen wirtschaftlichen Interessen handeln.

Neurowissenschaften Die Neurowissenschaften liefern Einblicke in die Funktionsweise des Gehirns und die Verarbeitung von Informationen. Social Engineers nutzen Erkenntnisse aus den Neurowissenschaften, um Täuschungstechniken zu entwickeln, die auf den Gehirnprozessen basieren. Sie verstehen, wie Informationen im Gehirn verarbeitet werden, um überzeugende Geschichten und manipulative Botschaften zu erstellen.

Kommunikationswissenschaft Die Kommunikationswissenschaft untersucht, wie Nachrichten und Botschaften übermittelt und interpretiert werden. Social Engineers nutzen Techniken aus der Kommunikationswissenschaft, um überzeugende Geschichten zu erstellen und manipulative Kommunikationsstrategien zu entwickeln. Sie verstehen, wie Botschaften am effektivsten übertragen werden, um das gewünschte Verhalten zu beeinflussen.

Persönlichkeitspsychologie Die Persönlichkeitspsychologie beschäftigt sich mit den individuellen Unterschieden im Verhalten und den Persönlichkeitsmerkmalen. Social Engineers passen ihre Vorgehensweise an die individuellen Persönlichkeiten an, um auf die psychologischen Schwachstellen einer Person gezielt einzugehen. Sie nutzen Persönlichkeitsmerkmale aus, um Menschen in die Irre zu führen und sie zu manipulieren.

Emotionspsychologie Die Emotionspsychologie untersucht die Rolle von Emotionen im menschlichen Verhalten. Social Engineers nutzen Emotionen wie Angst, Neugier und Empathie, um Menschen zu beeinflussen. Sie verstehen, wie Emotionen die Entscheidungsfindung beeinflussen, und nutzen dies zu ihrem Vorteil, um Menschen in gefälschte Szenarien zu locken und sie zu täuschen.

Wahrnehmungspsychologie Die Wahrnehmungspsychologie analysiert, wie Menschen Informationen aus ihrer Umgebung aufnehmen, interpretieren und verarbeiten. Social Engineers nutzen Erkenntnisse aus der Wahrnehmungspsychologie, um auf die Wahrnehmung des Opfers gezielt einzuwirken und dessen Sinneswahrnehmung zu manipulieren.

Diese verschiedenen wissenschaftlichen Bereiche tragen dazu bei, die Vielfalt und Komplexität der psychologischen Hintergründe des Social Engineering ansatzweise zu verdeutlichen. Um eine adäquate und wissenschaftlich fundierte Antwort auf die eingangs gestellte Frage zu haben, wird höchstwahrscheinlich eine umfassende Buchreihe zu diesem Thema notwendig sein.

Unser Ziel ist jedoch, Ihnen ein wissenschaftlich fundiertes Grundlagenwissen zu vermitteln, das es Ihnen ermöglicht, die Zusammenhänge spezieller menschenzentrierter Angriffstechniken, -mechanismen und -methoden zu verstehen, indem Sie das notwendige Wissen durch das Erfassen und Vernetzen der einzelnen Argumente selbstständig erwerben. Dadurch sind Sie in der Lage, die verschiedenen Elemente in den jeweils erforderlichen Betrachtungskontext zu integrieren und somit eine Indizwirkung für Ihr Verständnis zu etablieren, die Ihnen eine effiziente praktische Anwendung von Abwehrmöglichkeiten erleichtert.

Um diesem Anspruch wissenschaftlich und empirisch gerecht zu werden, beginnen wir zunächst mit dem grundlegenden Verständnis der Komplexität des Themas, bevor wir uns den einzelnen Einflussebenen zuwenden. In diesem wissenschaftlichen Kontext ist es von entscheidender Bedeutung zu betonen, dass unsere

Betrachtung lediglich einen begrenzten Ausschnitt aus dieser facettenreichen Welt wiedergibt. Es ist wichtig, zu erkennen und zu berücksichtigen, dass die Aussagen und Erklärungen in Bezug auf die psychologischen Hintergründe des Social Engineering aufgrund ihrer inhärenten Komplexität und Tiefe zwangsläufig nur eine begrenzte Erklärung bieten können. Diese begrenzte Erklärung ermöglicht dennoch wertvolle Einblicke in ein äußerst anspruchsvolles Thema.

Verabschieden Sie sich also von der Vorstellung, dass ein Human Hacker **lediglich und einfach** menschliche Eigenschaften ausnutzt. Die Art und Weise, wie wir sozialisiert werden, ist von verschiedenen Faktoren geprägt, darunter Kultur, Umgebung, Freundschaften, Erziehung, und zahlreichen weiteren Einflüssen. Diese grundlegenden Elemente sind entscheidend für unsere Identität und beeinflussen unsere Wahrnehmung und unser Verhalten. Als Menschen verspüren wir das tiefe Bedürfnis nach Gruppenzugehörigkeit und Akzeptanz in der Bevölkerung. Lob und Anerkennung bestätigen uns darin, dass unsere Beiträge und unser Verhalten von anderen geschätzt werden.

4.1   Hilfsbereitschaft, Lob und Anerkennung

Lob und Anerkennung motivieren uns, uns weiterhin zu bemühen. Sie bestärken uns in unseren Handlungen und lassen uns unsere Anstrengungen als lohnend empfinden. Anerkennung löst aber auch positive Emotionen wie Freude, Stolz und Zufriedenheit aus. Dies trägt zu unserem emotionalen Wohlbefinden und unserer mentalen Gesundheit bei. So sind auch unsere persönlichen Eigenschaften in der Regel positiv und sozial geprägt, jedoch bergen sie auch gewisse Risiken für uns selbst und unsere Informationssicherheit.

Wenn wir Anerkennung von anderen erhalten, stärkt dies unsere zwischenmenschlichen Beziehungen. Es zeigt, dass wir aufmerksam sind und die Leistungen und Bemühungen anderer schätzen. Lob und Anerkennung bestätigen unsere Fähigkeiten und unterstützen uns dabei, unser Selbstbild und Selbstbewusstsein zu entwickeln. Zudem können positive Rückmeldungen dazu beitragen, Stress abzubauen und unser Wohlbefinden zu verbessern. **Hilfsbereitschaft** ist die Bereitschaft, anderen zu helfen, wird von vielen Menschen als positive menschliche Eigenschaft betrachtet. Manche Menschen schätzen Hilfe nicht nur als bewusste Unterstützung, sondern sehen in der Dankbarkeit, die sie dafür erhalten, eine bedeutende Belohnung.

Oftmals erhalten wir nach einer Unterstützung einfach ein „Danke" als Gegenleistung. Obwohl dieses kleine Wort für uns alle eine immense Bedeutung hat, nimmt es für einige Menschen eine zusätzliche Dimension an. In solchen Fällen steht nicht nur die Hilfsbereitschaft im Vordergrund, sondern vielmehr der eigentliche Antrieb dahinter: die Suche nach **Lob und Anerkennung.** Die Möglichkeiten, Lob und Anerkennung zu erhalten, sind vielseitig. Dazu gehören ehrenamtliche Tätigkeiten oder Mitgliedschaften in Vereinen oder aber auch durch die Veröffentlichung von Videos, Bildern und Postings auf Social Media [1].

Menschen, die im Privatleben oder Berufsleben wenig Lob und Anerkennung erhalten, suchen diese woanders.

Hier nutzen die Human Hacker gezielt unser Bedürfnis nach Bestätigung und Wertschätzung. Die Opfer könnten sich geschmeichelt fühlen und die vermeintliche Wertschätzung als legitim empfinden, ohne zu erkennen, dass sie möglicherweise ausgenutzt werden. Die Abwehr eines geschickt geplanten Vishing-Angriffs gestaltet sich für die Angerufenen äußerst anspruchsvoll. Dies liegt nicht zuletzt daran, dass die Angreifer nicht nur über technische Fähigkeiten verfügen, sondern auch mithilfe geeigneter Anwendungen die Rufnummer so manipulieren können, dass sie zur ausgewählten Zielperson passt. Dadurch wird es schwierig, Informationen anhand der Nummer zu erhalten, da die wahre Identität des Anrufers verborgen bleibt.

Im Gegensatz zur physischen Welt, in der wir Kleidung und Körpersprache wahrnehmen können, sind am Telefon nur unsere Hörsinne aktiv. Fehlende visuelle Hinweise bringen unser Gehirn dazu, entsprechende Bilder durch die Kommunikation zu kreieren, sodass fortlaufend Bilder zum Angerufenen entstehen.

Dadurch, dass Mimik und Gestik nicht erfasst werden können, versucht das Gehirn, Lücken durch Worte und Beschreibungen zu füllen. So entfaltet sich eine Vorstellung, die lediglich auf die subjektive und selektive Wahrnehmung sowie den Hintergründen des Angerufenen basiert.

Das Telefon ist eine faszinierende Technologie, jedoch auch ein gefährliches Kommunikationsmittel, da imaginär erstellte Bilder das Verhalten und die Reaktionen von Menschen beeinflussen. Wenn ein Angreifer bewusst mit Dialekt, Intonation, Lautstärke und Hintergrundgeräuschen arbeitet, kann schnell der Eindruck einer „echten und wahren" Kommunikation entstehen.

Durch den zielgerichteten Einsatz verschiedener stimmlicher und sprachlicher Techniken kann der Angreifer seine Zielperson manipulieren und in eine gewünschte Sicht lenken. Die Manipulation des Sprachstils ermöglicht es dem Angreifer beispielsweise, überzeugend oder vertrauensvoll zu erscheinen.

Betonung und Lautstärke können dazu dienen, Emotionen zu erzeugen oder das Opfer zu beeinflussen [1]. Ein spezifischer Dialekt oder Sprachstil kann so manipuliert werden, dass der Angreifer sich als vertraute Person oder als jemand mit legitimer Autorität ausgibt, um das Vertrauen des Opfers zu gewinnen.

Die geschickte Einbindung von Hintergrundgeräuschen verstärkt die Glaubwürdigkeit des Anrufs und erzeugt die Illusion, dass der Anrufer sich an einem authentischen Ort befindet. Alle diese raffinierten Techniken tragen dazu bei, dass das Opfer weniger misstrauisch ist und die Illusion einer vertrauenswürdigen Kommunikation entsteht. Dadurch wird es für den Human Hacker einfacher, sensible Informationen zu erlangen oder das Opfer zu bestimmten Handlungen zu bewegen, die seinen Absichten entsprechen.

Dies verdeutlicht, dass das Verhalten von Human Hackern im Rahmen von Social Engineering weitaus komplexer ist als die bloße Ausnutzung von menschlichen Eigenschaften per definitionem. Es beinhaltet das gezielte Ansprechen grundlegender menschlicher Bedürfnisse nach Anerkennung, Bestätigung und Zugehörigkeit sowie das geschickte Manipulieren der psychologischen Mechanismen, die diese Bedürfnisse steuern. Dabei wird auf verschiedene kommunikative Mittel zurückgegriffen, um die Opfer in eine illusionäre Situation zu versetzen, in der sie Informationen bereitwillig preisgeben oder Handlungen ausführen, die sie in einem rationalen Zustand nicht tun würden. Diese Techniken, die auf psychologischen Prinzipien basieren, ermöglichen es Human Hackers, eine Verbindung herzustellen und das Vertrauen ihrer Opfer zu gewinnen.

Folglich sollten wir uns bewusst sein, dass Social Engineering im Kontext der Informationssicherheit auf einer tiefen Kenntnis der menschlichen Psychologie und sozialen Interaktion beruht. Es ist nicht nur die Bereitschaft zur Hilfe, sondern ein komplexes Zusammenspiel von Emotionen, Bedürfnissen und sozialen Mechanismen, das von geschickten Hackern ausgenutzt wird.

Nachdem wir nun die Komplexität hinter den psychologischen Hintergründen des Social Engineering beleuchtet haben, werden wir systematisch einige grundlegende wissenschaftliche Theorien vorstellen, die von allgemeiner Natur sind und Ihnen dabei helfen können, die psychologischen Hintergründe hinter dem Social Engineering besser zu verstehen.

4.2 Rollen, Normen und Werte

Wir beginnen mit der Wahrnehmungspsychologie. Eine Vielzahl von Merkmalen übt einen direkten Einfluss auf unsere Wahrnehmung aus und dieser Einfluss erfolgt in vielen Fällen nahezu automatisch, intuitiv und instinktiv. *Hierbei spielen phylogenetische Einflusselemente wie* **Rollen, Normen und Werte** *sowie ontogenetische Einflusselemente wie die individuelle* **persönliche Entwicklung und Reifung** *eine essenzielle Rolle bei der Wahrnehmung. Außerdem tragen aktuelle* **genetische und kognitive Faktoren** *dazu bei, wie wir die Welt um uns herum wahrnehmen* (Abb. 4.1).

Lassen Sie uns im Folgenden genauer auf diese Aspekte eingehen. Die phylogenetischen Einflüsse spielen eine wichtige Rolle, da sie Merkmale umfassen, die einen direkten Einfluss auf unsere Wahrnehmung und infolgedessen auf unser Verhalten haben.

Die phylogenetischen Einflüsse beziehen sich auf biologische und evolutionäre Faktoren, die im Laufe der menschlichen Entwicklung eine Rolle gespielt haben und auch fortwährend spielen. Diese Faktoren haben unsere Fähigkeit geprägt, soziale Strukturen zu entwickeln und in Gruppen zu agieren. Diese sozialen Gruppen haben wiederum Rollen, Normen und Werte hervorgebracht, die das Verhalten der Individuen in diesen Gruppen leiten. Die Wahrnehmung und das Verhalten der Menschen werden direkt von diesen phylogenetischen Einflüssen beeinflusst. Ein Beispiel dafür ist die angeborene Fähigkeit des Menschen, Gesichter zu erkennen und soziale Signale aus der Mimik und Gestik anderer Menschen zu interpretieren. Dies sind Fähigkeiten, die evolutionär entwickelt wurden, um die intermenschliche soziale Interaktion und Kooperation zu fördern.

Human Hacker verstehen diese phylogenetischen Einflüsse und nutzen sie gezielt in ihren Manipulationsstrategien. Sie können menschliche Empathie, den

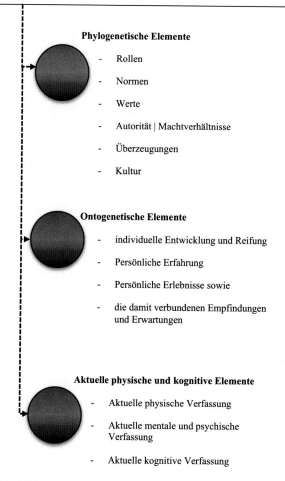

Einflusselemente auf die Wahrnehmung eines Individuums in einer Situation

Phylogenetische Elemente

- Rollen

- Normen

- Werte

- Autorität | Machtverhältnisse

- Überzeugungen

- Kultur

Ontogenetische Elemente

- individuelle Entwicklung und Reifung

- Persönliche Erfahrung

- Persönliche Erlebnisse sowie

- die damit verbundenen Empfindungen und Erwartungen

Aktuelle physische und kognitive Elemente

- Aktuelle physische Verfassung

- Aktuelle mentale und psychische Verfassung

- Aktuelle kognitive Verfassung

Abb. 4.1 Einflusselemente auf die Wahrnehmung

Wunsch nach Zugehörigkeit und die Fähigkeit zur Identifikation mit anderen nutzen, um Vertrauen aufzubauen und Opfer zu beeinflussen. Ein tiefes Verständnis dieser evolutionären Einflüsse ermöglicht den Social Engineers, subtile psychologische Hebel zu ziehen, um ihre Ziele zu erreichen.

In sozialen Gruppen übernehmen Menschen **Rollen,** die Erwartungen an ihr Verhalten in bestimmten Positionen oder Funktionen definieren. Diese Rollen, seien es die eines Vaters, einer Mutter, einer Großmutter oder eines Professors, des Vorgesetzten oder IT-Helpdesk-Mitarbeiters, sind das Ergebnis von phylogenetischen Einflüssen, die die Notwendigkeit der Zusammenarbeit und Spezialisierung in sozialen Gruppen fördern. Human Hacker nutzen diese Erwartungen gezielt, um die individuelle Gefühls- und Zustandslage ihrer Opfer zu manipulieren und Vertrauen zu gewinnen. Indem sie vorgeben, eine bestimmte Rolle zu haben, oder das erwartete Verhalten einer Rolle imitieren, schaffen sie eine emotionale und persönliche Verbindung und erhöhen die Chancen, ihr Ziel zu erreichen.

Normen, die in sozialen Gruppen entwickelt werden, sind ebenfalls ein Produkt phylogenetischer Einflüsse, die auf die Notwendigkeit der Kooperation und des sozialen Zusammenhalts zurückgehen. Diese Normen umfassen Verhaltensmuster und Protokolle oder auch sogenannte gesellschaftliche Konventionen, die in einer Gruppe, Gemeinschaft oder einer Gesellschaft akzeptiert werden und Erwartungen an das Verhalten in verschiedenen Situationen definieren. Sie sind eine Art soziale Gebrauchsanweisung und beeinflussen, wie Menschen in bestimmten Kontexten agieren. Human Hacker nutzen das Verständnis dieser Normen, um das Agieren, Reagieren und die Entscheidungen ihrer Opfer zu beeinflussen. Indem sie die sozialen Normen der Höflichkeit, des Respekts oder der Diskretion in Interaktionen gezielt ansprechen oder auch gar brechen, können sie die Opfer in die gewünschte Richtung lenken und das passende Szenario einleiten.

Werte sind tief verankerte Überzeugungen, die in einer Gesellschaft als wünschenswert betrachtet werden. Auf dieser Grundlage treffen Menschen ihre Entscheidungen und leiten ihr Verhalten ab. Jeder Mensch besitzt individuelle Werte, die stark von persönlichen Erfahrungen und sozialen Einflüssen geprägt sind.

Human Hacker erkennen die Bedeutung dieser individuellen, aber auch gemeinschaftlichen Werte in Interaktionen und nutzen sie gezielt, um Zuversicht bei ihren Opfern zu schaffen und manipulative Strategien anzuwenden.

4.3 Ehrlichkeit

Ein weiteres Beispiel ist die **Ehrlichkeit.** Ehrlichkeit wird in vielen Kulturen und Gesellschaften als ein grundlegender Wert angesehen. Menschen werden ermutigt, die Wahrheit zu sagen, ehrlich zu handeln, um auch Festigkeit in zwischenmenschlichen Beziehungen zu schaffen. Dieser Wert spiegelt sich in sozialen Normen und Erwartungen wider, die darauf abzielen, die Ehrlichkeit zu fördern. Ein positives Beispiel für die Bedeutung dieses allgemeingültigen Wertes könnte in einem beruflichen Kontext gesehen werden. Angenommen, ein Mitarbeiter eines Unternehmens hat Kenntnis von einem potenziellen Geschäftsproblem, das erkannt und behoben werden muss, um mögliche negative Auswirkungen zu verhindern.

Aufgrund des allgemeingültigen Wertes der Ehrlichkeit fühlt sich der Mitarbeiter verpflichtet, die Situation seinen Vorgesetzten oder Kollegen mitzuteilen, auch wenn dies unangenehm sein kann. In diesem Fall trägt der allgemeingültige Wert der Ehrlichkeit dazu bei, ethisches Verhalten zu fördern und potenzielle Probleme anzugehen, bevor sie zu schwerwiegenderen Problemen führen.

Ehrlichkeit kann aber auch von einem Human Hacker ausgenutzt werden, indem er die Verlässlichkeit und Ehrlichkeit einer Person in einer Manipulationsstrategie gezielt einsetzt. Hier ist ein Beispiel, wie dies geschehen kann:

Angenommen, ein Human Hacker erfährt von einer Person, dass sie ehrlich und vertrauenswürdig ist und dazu neigt, Informationen ungefiltert weiterzugeben, wenn sie darum gebeten wird. Der Angreifer könnte diese Informationen nutzen, um eine scheinbar vertrauenswürdige Situation zu schaffen:

Vortäuschung eines Notfalls
Der Angreifer könnte vorgeben, in einem dringenden Notfall zu sein, bei dem angeblich der Ausfall des gesamten Netzwerkes zu erwarten ist. *„Nichts geht mehr."* Er könnte sich an die ehrliche Person wenden und sie darum bitten, vertrauliche Informationen oder Zugriff auf geschützte Ressourcen preiszugeben, um den vermeintlichen Notfall zu beheben.

Betonen von Ethik und Vertrauen
Der Angreifer könnte sich darauf beziehen, wie wichtig Ehrlichkeit und Vertrauen sind, und behaupten, dass er nur einer ehrlichen Person vertrauen kann, um die Situation zu retten. Er könnte die ehrliche Person dazu drängen, gegenüber anderen Mitarbeitern oder Vorgesetzten keine Informationen preiszugeben, um die vermeintliche Vertraulichkeit zu wahren.

Erzeugung von Druck
Der Angreifer könnte Druck ausüben, indem er behauptet, dass die Zeit drängt und ein vollständiger „Blackout" nicht mehr ausgeschlossen wird. Das kann das Opfer dazu bringen, schnelle Entscheidungen zu treffen, ohne ausreichend zu überlegen.

In diesem Szenario nutzt der Human Hacker die Ehrlichkeit der Person aus, um sie dazu zu bewegen, vertrauliche Informationen oder Ressourcen preiszugeben, die in Wirklichkeit für schädliche Zwecke verwendet werden. Der Angreifer spielt auf den Wert der Ehrlichkeit und des Vertrauens, um das Opfer dazu zu bringen, gegen seine eigentlichen Schutzmaßnahmen zu verstoßen.

4.4   Integrated Behavior Model im Kontext des Social Engineering

Die Erklärung, wie Werte, Normen und Rollen aus wissenschaftlicher Sicht unsere Wahrnehmung und infolgedessen unser Verhalten beeinflussen, kann im Detail mithilfe des **integrierten Verhaltensmodells** (Englisch: **Integrated Behavior Model IBM)** von Montaño und Kasprzyk (2008) erläutert werden. Das IBM [2] ist ein bedeutendes theoretisches Modell, das entwickelt wurde, um das Verhalten eines Menschen in verschiedenen Kontexten zu verstehen und zu erklären. Es adaptiert und vereint wichtige Konzepte aus verschiedenen sozial- und verhaltenspsychologischen Theorien in einem einzigen deskriptiven Modell.

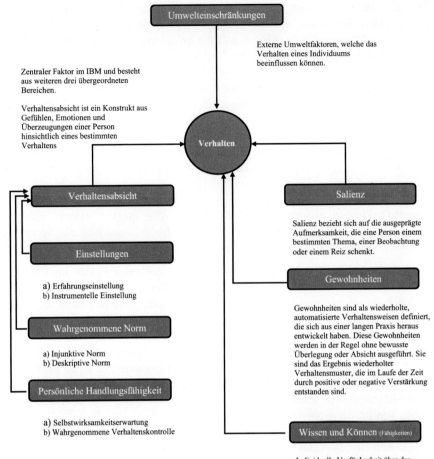

Abb. 4.2   IBM

Das IBM (Abb. 4.2) betrachtet das Verhalten eines Menschen als abhängig von fünf zentralen Faktoren:

- Wissen und Fähigkeiten,
- Gewohnheit,
- Salienz,
- Umwelteinschränkungen und
- Verhaltensabsicht.

Wissen und Fähigkeiten Dieser Faktor bezieht sich auf das Wissen und die Fähigkeiten einer Person, um eine bestimmte Handlung auszuführen. Eine Person muss über das notwendige Wissen und die erforderlichen Fähigkeiten verfügen, um eine Handlung erfolgreich durchzuführen.

Gewohnheit Gewohnheiten spielen eine wichtige Rolle im Verhalten. Wenn eine Handlung zur Gewohnheit wird, wird sie oft automatisch und ohne bewusstes Nachdenken ausgeführt.

Salienz Salienz bezieht sich auf die Wichtigkeit oder Relevanz einer Handlung für eine Person. Je salienter eine Handlung ist, desto wahrscheinlicher ist es, dass sie ausgeführt wird.

Einschränkungen aus dem Umfeld Dieser Faktor umfasst externe Einflüsse und Hindernisse, die das Verhalten einer Person beeinflussen können. Diese Einschränkungen können die Umsetzung einer Handlung erschweren oder erleichtern.

Verhaltensabsicht Die Verhaltensabsicht ist ein **zentraler** Faktor im IBM und hat den größten Einfluss auf das Verhalten einer Person. Sie bezieht sich auf die Gefühle, Emotionen und Überzeugungen einer Person, eine bestimmte Handlung auszuführen. Die Verhaltensabsicht einer Person, also ihre Bereitschaft, eine bestimmte Handlung auszuführen, ist jedoch ein komplexes Konstrukt, das selbst verschiedene Aspekte umfasst. Insbesondere die Überzeugungen des Individuums spielen eine wichtige Rolle, da sie kognitive Informationen über einen bestimmten Sachverhalt oder eine Entität darstellen, die oft mit einer emotionalen Komponente verknüpft sind. Zum Beispiel könnte die Überzeugung sein, dass das Weitergeben von Informationen am Telefon kein „Sicherheitsrisiko" darstellt. Wenn eine Person mit dieser Überzeugung Informationen weitergibt, werden keine negativen Emotionen ausgelöst. Im Gegenteil, die Emotionen bleiben im normalen Bereich oder werden sogar positiv erlebt, da die Kommunikation offen und klar erfolgt ist. Diese Überzeugung kann bis in die Kindheit zurückverfolgt werden und führt daher zu einer tief verwurzelten Haltung bei den Betroffenen. Wissenschaftlich betrachtet basiert die Entstehung von Überzeugungen und Vertrauen auf kognitiven und sozialen Prozessen, deren Einfluss bis in die frühe Kindheit reicht bzw. reichen könnte. Kinder lernen und internalisieren beispielsweise Glaubenssätze und Überzeugungen in den frühen Lebensjahren, basierend auf ihrer Interaktion mit Eltern, Lehrern und der Umgebung. Diese Überzeugungen können tief verwurzelt sein und beeinflussen, wie Menschen die Welt interpretieren und darauf reagieren.

Das Vertrauen in die Sicherheit von Telefonkommunikation basiert möglicherweise auf früheren Erfahrungen, individuellen Unterschieden und verfügbaren Informationen. Ein ausgeprägtes Vertrauen in dieses Kommunikationsmittel führt zu positiven Emotionen und fördert eine effektive und offene Interaktion. Das zeigt, wie unsere Vergangenheit und Überzeugungen unsere psychologischen und sozialen Reaktionen formen können. Ein weiteres konkretes Beispiel aus der Welt der Informationssicherheit hierfür ist, wenn jemand glaubt, dass das Öffnen von E-

Mail-Anhängen und das Aktivieren von Datei-Makros keine Gefahren darstellen, weil eben der Vater, der als IT-Spezialist arbeitet, gepredigt hat, dass man ohne Weiteres auf die Sicherheit des elektronischen E-Mail-Verkehrs innerhalb des gesicherten Unternehmensnetzwerkes vertrauen kann.

Die Überzeugung des Vaters, dass die IT-Abteilung nur geprüfte E-Mails zulässt, suggeriert, dass beim Öffnen und Aktivieren einer makrobasierten Worddatei im Unternehmensnetzwerk keine Gefahr entsteht bzw. entstehen kann. Diese Person mit dieser individuellen Überzeugung, die sie über ihren Vater erworben hat, zeigt in der Praxis eine höhere Anfälligkeit, schneller in die Gefahrenfalle zu tappen und leichter Opfer von Phishing-Angriffen mit versteckten Ausführungscodes in den angehängten Dateien zu werden.

Die **Verhaltensabsicht** ist somit das Ergebnis mehrerer differenzierter und verschachtelter Ereignisse, die auf einer Zeitskala von der Kindheit bis zum aktuellen Erwachsenenalter zurückverfolgt werden können. Im Detail stellt sie ein komplexes Gefüge dar, das durch drei wesentliche Bereiche zusammengefasst wird, welche auf individuellen Ursprungsfaktoren basieren:

- **Einstellung:**
  - Erfahrungseinstellung und
  - instrumentelle Einstellung,

- **wahrgenommene Norm**:
  - injunktive Norm,
  - deskriptive Norm,

- **persönliche Handlungsfähigkeit**:
  - Selbstwirksamkeitserwartung,
  - wahrgenommene Verhaltenskontrolle.

Die individuelle **Einstellung** geht auf zwei Ursprungsfaktoren zurück: die Erfahrungseinstellung und die instrumentelle Einstellung. Die **Erfahrungseinstellung** bezieht sich auf die Emotionen und Gefühlslage einer Person in Bezug auf ein bestimmtes Verhalten. Zum Beispiel erhalten Menschen ein positives Gefühl, wenn sie in der Lage sind, anderen Menschen zu helfen oder Spam-E-Mails zuverlässig zu erkennen. Die **instrumentelle Einstellung** definiert die Überzeugungen einer Person hinsichtlich einer bestimmten Verhaltensweise.

Zum Beispiel können Mitarbeiter überzeugt sein, dass das Besuchermanagement ein wertvolles organisatorisches Mittel ist, um Besucher mit Namensschildern auszustatten. Dadurch ist die Wahrscheinlichkeit hoch, dass fremde Personen ohne Namensschilder proaktiv von Endbenutzern angesprochen und aufgehalten werden.

Die **wahrgenommene Norm** besteht ihrerseits ebenfalls aus zwei weiteren Betrachtungsfeldern, der injunktiven Norm und der deskriptiven Norm. Die **injunktive Norm** beschreibt die Erwartungshaltung des sozialen Umfelds hinsichtlich akzeptierter und abgelehnter Verhaltensweisen. Sie gibt an, welches Verhalten und welche Normen und Werte von anderen in der Umgebung akzeptiert und welche abgelehnt werden. Diese Sichtweise wird maßgeblich von den Überzeugungen des sozialen Umfelds beeinflusst.

Ein konkretes Beispiel hierfür könnte im Rahmen der „Clear Desk" Policy sein, wenn beispielsweise in einer Gemeinschaft ein hoher Stellenwert darauf gelegt wird, dass die Bürotür beim Verlassen des Büros, auch wenn dieser Zustand temporär sein soll, abgeschlossen wird, um potenzielle Vor-Ort-Sabotage zu verhindern. Die Erwartungshaltung der Gemeinschaft besteht darin, dass jedes Mitglied dieser Maßnahme folgt und sie angemessen umsetzt. Die **deskriptive Norm** beschreibt die Wahrnehmung einer Person darüber, wie sich Menschen in ihrer sozialen Umgebung tatsächlich verhalten, ohne Rücksicht auf die Bewertung oder Billigung anderer.

Zusätzlich zu den oben aufgeführten Merkmalen spielt auch die persönliche Handlungsfähigkeit eine bedeutende Rolle, die sich durch die **Selbstwirksamkeitserwartung** und **wahrgenommene Verhaltenskontrolle** definieren lässt. Die **Selbstwirksamkeitserwartung** bezieht sich auf das individuelle Maß an Zuversicht oder Vertrauen einer Person in die eigene Fähigkeit, eine bestimmte Handlung erfolgreich auszuführen. Mit anderen Worten handelt es sich um die Überzeugung, dass man in der Lage ist, eine bestimmte Aufgabe oder Verhaltensänderung durchzuführen. Dieser Faktor berücksichtigt, wie stark eine Person daran glaubt, dass sie in der Lage ist, die erforderlichen Schritte zur Verhaltensänderung umzusetzen. Eine hohe Selbstwirksamkeitserwartung kann die Motivation und die Bereitschaft zur Durchführung der Verhaltensänderung erhöhen.

Als Beispiel könnte dies bedeuten, dass sich eine Person aufgrund ihrer hohen Selbstwirksamkeitserwartung dazu in der Lage fühlt, Personen im Unternehmen anzusprechen, die keinen entsprechenden Ausweis tragen, sei es ein Batch, Besucherausweis oder Mitarbeiterausweis.

Die **wahrgenommene Verhaltenskontrolle** bezieht sich auf die individuelle Einschätzung oder eingeschätzte Wahrscheinlichkeit, wie leicht oder schwer es ist, ein bestimmtes Verhalten oder eine Verhaltensänderung durchzuführen. Sie betrachtet die wahrgenommene Fähigkeit, äußere Hindernisse oder Barrieren zu überwinden und das gewünschte Verhalten tatsächlich in der Praxis umzusetzen. Menschen können unterschiedliche Grade der wahrgenommenen Verhaltenskontrolle für verschiedene Verhaltensweisen oder Situationen haben. Wenn jemand das Gefühl hat, dass die Verhaltensänderung innerhalb seiner Kontrolle liegt und keine unüberwindbaren Hindernisse existieren, so ist die wahrgenommene Verhaltenskontrolle hoch.

Die beiden Faktoren Selbstwirksamkeitserwartung und wahrgenommene Verhaltenskontrolle sind gemäß dem integrierten Verhaltensmodell wichtige Determinanten des Verhaltens. Sie beeinflussen die Bereitschaft und Fähigkeit einer Person, eine beabsichtigte Verhaltensänderung erfolgreich umzusetzen.

4.5   Praktisches Verständnis für IBM

Nun möchten wir Sie anhand eines Beispiels mit der praktischen Anwendung und dem Verständnis des zuvor vorgestellten integrierten Verhaltensmodells [2] vertraut machen. Als Thema verwenden wir Phishing. Der Hauptfokus liegt darin, aufzuzeigen, wie das integrierte Verhaltensmodell (IBM) das Klicken oder Nichtklicken einer Person auf einen Link deskriptiv erklären kann.

Hierbei wird ersichtlich, dass mehrere unterschiedliche Faktoren in einer interaktiven Art und Weise zusammenkommen und sich mehr oder minder beeinflussen.

Dies ermöglicht uns, ein tieferes Verständnis dafür zu entwickeln, wie individuelles Verhalten bestimmt und zugleich beeinflusst wird. Externe und interne Einflüsse stehen in einem wechselseitigen Austausch, wodurch externe Einflüsse die internen Überzeugungen und vice versa beeinflussen können. Darüber hinaus bestehen zwischen den einzelnen Determinanten weitere Abhängigkeiten, die nicht sofort ersichtlich werden. Zum Beispiel kann der Faktor „Wissen" sowohl die induktive Norm als auch die deskriptive Norm beeinflussen. Viel interessanter wird jedoch die Beobachtung, wenn wir die separate Betrachtung der einzelnen Szenarien anstelle einer Gegenüberstellung der beiden IBM-Anwendungen „Klicken oder Nichtklicken" ersetzen.

Es fällt sofort auf, dass sicherheitskonformes Verhalten ein Produkt individuellen und kollektiven Verhaltens ist und infolgedessen sehr stark von der Interpretation des Individuums, aber auch der Gemeinschaft abhängig ist.

Das lässt unser Postulat zu, dass Unternehmen mit einer ausgereiften Sicherheits- und Fehlerkultur sowie einem entsprechenden Mindset in Bezug auf die Informationssicherheit dafür prädestiniert sind, eine gemeinschaftliche Umgebung zu schaffen, in der die kollektive, aber auch individuelle Sicherheit gefördert und gefordert wird. Aus der Gegenüberstellung der IBM-Anwendungen lassen sich also nicht nur die einzelnen Faktoren ableiten, die sicherheitskonformes Verhalten fördern und generieren, sondern es wird auch deutlich, wie ein Gefühl für die Harmonisierung und Orchestrierung der Informationssicherheit entwickelt werden kann (Abb. 4.3).

Bei weiterer Betrachtung der beiden IBM-Szenarien wird auch ersichtlich, dass IBM alle drei bereits definierten Einflusselemente auf die Wahrnehmung mitberücksichtigt und in seine Umgebung integriert, auch wenn diese anders benannt werden (Abb. 4.4).

Dabei werden nicht nur phylogenetische Elemente, sondern auch ontogenetische Elemente wie Erfahrungseinstellung, instrumentelle Einstellung sowie aktuelle kognitive Fähigkeiten wie Wissen und Können zur Erklärung des Verhaltens einbezogen.

Gehen wir nun zurück zu unserem eigentlichen Erklärungsvorhaben, um mithilfe des IBM die Einflusselemente auf die Wahrnehmung und das Verhalten zu erklären. Im IBM wird anhand unserer Veranschaulichungen der Einfluss von Normen und Werten hauptsächlich durch die injunktive Norm definiert, die die

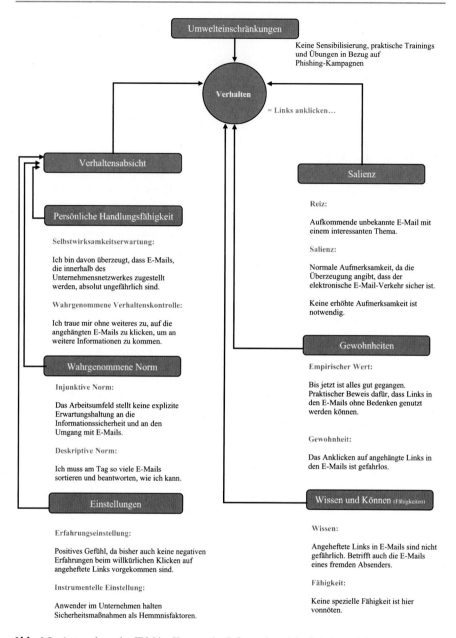

Abb. 4.3 Anwendung des IBM im Kontext der Informationssicherheit (negativ)

Erwartungshaltungen in einer bestimmten sozialen Umgebung repräsentiert. Beispielsweise können in einer beruflichen Gemeinschaft Werte wie Hilfsbereitschaft und Höflichkeit sowie dazugehörige Normen wahrgenommen werden, die von an-

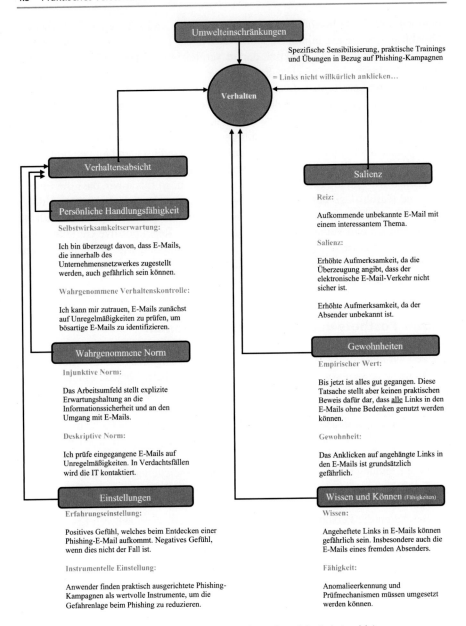

Abb. 4.4 Anwendung des IBM im Kontext der Informationssicherheit (positiv)

deren Mitgliedern des Unternehmens erwartet werden. Diese wahrgenommenen injunktiven Normen erzeugen bestimmte Erwartungshaltungen in Bezug auf das Verhalten eines Individuums. Der entscheidende Aspekt besteht jedoch darin, dass zwischen der Wahrnehmung und dem Verhalten eine wichtige Brücke existiert. Rollen,

Normen und Werte beeinflussen die Wahrnehmung und aktivieren die Verhaltensabsicht, indem sie die injunktive Norm aktivieren. Diese injunktive Norm erzeugt
Erwartungshaltungen. In Reaktion darauf vergleicht die Person diese Erwartungen
mit ihren eigenen persönlichen Erinnerungen und Empfindungen. Dieser Prozess
führt zu einer spezifischen Interpretation und einem Gefühl, das sich letztendlich
in einem beobachtbaren Verhalten manifestiert. Wenn ein Social Engineer oder
Human Hacker vorgibt, bestimmte Normen und Werte zu repräsentieren, manipuliert er gezielt diese Erwartungen beim Opfer. Das Opfer passt daraufhin seine Verhaltensabsicht an, um in Übereinstimmung mit den gefälschten Normen und Werten
zu handeln, da es davon ausgeht, dass sein Verhalten den Erwartungen entspricht.

Ziehen wir nun die Erfahrungseinstellung hinzu, so sehen wir, dass die Emotionen und Gefühlslage des Opfers in Bezug auf dieses bestimmte Verhalten durchaus positiv sein können, da die Person sich an die gängigen gesellschaftlichen
Konventionen und Verhaltensregeln hält, die in der Regel positive Gefühle hervorrufen. Dieser gezielte Manipulationsprozess verdeutlicht, wie Normen und Werte
über die injunktive Norm die Erwartungshaltungen formen und somit das Verhalten einer Person beeinflussen können.

4.6   Postbote und Systeme von Kahneman

Setzen wir nun unser Erklärungsvorhaben mit dem folgenden Beispiel fort.

Stellen Sie sich vor, Sie befinden sich in einem betrieblichen Kontext und erwarten die Ankunft eines Postboten, der eine Sendung für Ihr Unternehmen liefern
soll. Sie sind mit dem Erscheinungsbild des vermeintlichen Postboten vertraut, da
dieser eine einheitliche Uniform trägt, die durch eine prägnante Farbe und Logo auf
der Kleidung leicht erkennbar ist, wie es typisch für Postboten dieser bestimmten
Organisation ist. In dieser Situation bemerken Sie plötzlich eine Person, die die erwartete Kleidung trägt und Ihrem im Gehirn abgespeicherten Bild entspricht.

Ihr Gehirn reagiert automatisch auf diese visuelle Information, indem es auf bekannte Muster und Erwartungen zurückgreift.

Sie halten die Person alleinig anhand ihres spezifischen äußeren Erscheinungsbilds für eine autoritäre Person, die legitimiert ist, Pakete vertrauenswürdig und
unter Einhaltung der Geheimhaltung vom Absender zum Empfänger zu bringen.

Diese Feststellung basiert einzig und allein auf der Tatsache, dass die mar-
kanten äußeren visuellen Merkmale des vermeintlichen Postboten mit Ihrer Erwartungshaltung übereinstimmen. Ihr Gefühl ist, dass der Postbote eine vertrauenswürdige Person ist, die Pakete für Ihre Organisation zustellt. Das ist ein
positives und vertrautes Gefühl, was nun generiert wird. Sie denken in diesem
Moment nicht zwangsläufig daran, dass im Grunde genommen jeder die gleiche
Kleidung über Online-Plattformen zu geringen Kosten bestellen und tragen kann.
Zudem könnte jemand ein leeres Paket als Attrappe mit sich führen, um eine falsche Identität vorzutäuschen, die Sie möglicherweise in die Irre führen könnte und
auf einen Angreifer hinweisen könnte.

Warum ist das so? Warum entscheidet unser Gehirn nahezu in Nanosekunden, ohne eine sorgfältige Überprüfung der Person, dass es sich hier um eine vertrauenswürdige Person handelt, von der zunächst keine Gefahr ausgeht?

Unsere Erklärung erfolgt nun mithilfe der Verhaltensökonomie und der „Systeme" von Daniel Kahneman [3]. Er hat zusammen mit seinem Forschungspartner Amos Tversky zahlreiche Studien und Arbeiten veröffentlicht, die das Verständnis menschlicher Entscheidungsprozesse erklären. Ein Schlüsselwerk, das auf seine Forschung zurückgeht, ist das Buch **Schnelles Denken, langsames Denken,** in dem er die beiden Hauptsysteme des Denkens beschreibt, die in der kognitiven Psychologie als **System 1 und System 2** bezeichnet werden (Abb. 4.5).

Nach Kahneman existieren zwei grundlegende Denksysteme im menschlichen Gehirn. Das erste System, bekannt als System 1, ist ein intuitives und automatisches Denksystem. Es ermöglicht schnelle, instinktive Reaktionen aufgrund

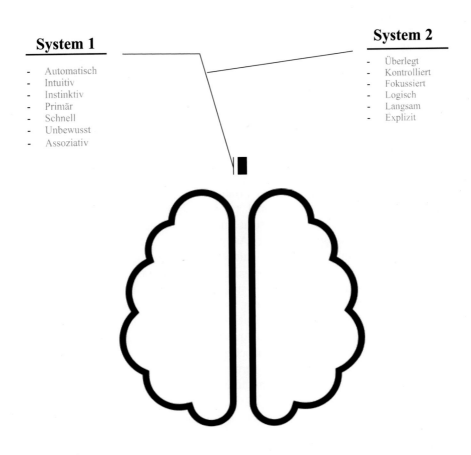

Abb. 4.5 Systeme von Kahneman, D. (2016) [3]

von Erfahrungen und Mustererkennung. System 1 ist mühelos und erfordert keine bewusste Anstrengung. Es wird für alltägliche Aufgaben wie das Erkennen von Gesichtern, das Beurteilen von Gefahren und das Lesen einfacher Wörter aktiviert. Allerdings ist **System 1** fehleranfällig und kann zu Vorurteilen und Fehleinschätzungen führen.

Das **System 2** hingegen ist bewusst, anstrengend und erfordert geistige Anstrengung. Es wird aktiviert, wenn komplexe Probleme gelöst, mathematische Berechnungen durchgeführt oder unsichere Entscheidungen getroffen werden müssen. System 2 umfasst logisches Denken, Analyse und Reflexion. Es dient dazu, impulsive Reaktionen von System 1 zu überwachen und gegebenenfalls zu korrigieren. Für eine bessere Veranschaulichung betrachten wir kurz die nachfolgenden zwei Fragen.

Frage 1: Hast du die Haustür abgeschlossen?

Frage 2: Hast du den Auditbericht für die Safety GmbH fertig?
Bei einer Vielzahl von Menschen löst die erste Fragestellung eine gewisse Unsicherheit aus. Die Unsicherheit, die bei der Frage: „Hast du die Haustür abgeschlossen?", entstehen kann, rührt daher, dass diese Handlung für viele Menschen zur Gewohnheit bzw. zum Automatismus geworden ist. Es ist so stark in ihren Alltag integriert, dass sie oft nicht mehr bewusst darüber nachdenken, ob sie die Tür abgeschlossen haben oder nicht. System 1, das schnelle und automatische Denksystem, hat im Laufe der Zeit diese Gewohnheit entwickelt, um die Entscheidungsprozesse zu beschleunigen, unnötige Belastungen des Systems 2 zu vermeiden und den Alltag effizienter zu gestalten. Wenn Sie vor der Haustür stehen und sich diese Frage stellen, ist System 1 aktiv und neigt dazu, die Antwort aufgrund der Gewohnheit und Erfahrung bereitzustellen. Das kann jedoch Unsicherheiten auslösen, da System 1 automatisch, intuitiv schnell und ohne bewusste Überlegung arbeitet. Es besteht immer die Möglichkeit, dass eine Handlung aus Versehen vergessen wurde. Auf der anderen Seite erfordert die Frage: „Hast du den Auditbericht für die Safety GmbH fertig?", eine andere Art von Antwort, die auf eine bewusstere Reflexion und aktuellem Wissen basiert. System 2, das langsame und bewusste Denksystem, wird aktiviert, um diese Frage zu beantworten. Menschen sind sich bewusst, dass sie sich an die Fertigstellung des Berichts erinnern müssen, und sie denken bewusst darüber nach, bevor sie antworten. Dies führt zu einer anderen Art von Antwort, die in der Regel weniger unsicher ist. Die sofortige und nahezu automatische Entscheidung unseres Gehirns, die vermeintliche Person als Postboten als vertrauenswürdig zu identifizieren, ohne eine sorgfältige Überprüfung, lässt sich mithilfe von Kahnemans System 1 und System 2 erklären.

Im vorliegenden Szenario tritt zuerst das „System 1" in Aktion. Dieses intuitive und automatische Denksystem ermöglicht es, aufgrund von Erfahrungen und Mustererkennung spontane Schlüsse zu ziehen.

Die Person trägt die erwartete Uniform, was aufgrund ihrer Erfahrung und Mustererkennung als ein vertrautes Bild identifiziert wird. System 1 arbeitet blitzschnell und mühelos, wodurch die sofortige Identifikation der Person als harmloser Postbote möglich wird. Die positive und vertraute Empfindung, die dabei entsteht, ist ein typisches Ergebnis von System 1. Es ermöglicht uns, aufgrund schneller Assoziationen und vergangener Erfahrungen eine schnelle Bewertung vorzunehmen. In diesem Fall vermittelt es das Gefühl, dass es sich um eine vertrauenswürdige und legitime Person handelt, die Pakete sicher und unter Wahrung der Geheimhaltung zustellt.

Setzen Sie bitte kurz Ihre **pessimistische Brille** auf, indem Sie das erworbene Wissen nun aktiv in die kognitive Betrachtung und Übersetzung Ihrer Wahrnehmung integrieren: „Der Postbote könnte auch ein Angreifer sein!" Jetzt kommt System 2 ins Spiel, wenn wir die Situation genauer betrachten. System 2 ist ein bewusstes und überlegtes Denksystem, das geistige Anstrengung erfordert. Es kann zur Korrektur impulsiver Reaktionen von System 1 dienen. Im Kontext unseres Beispiels mit dem vermeintlichen Postboten könnte System 2 aktiviert werden, wenn die Person plötzlich Zweifel an der Identität des vermeintlichen Postboten hegt, insbesondere wenn sie an mögliche menschenzentrierte Bedrohungen denkt. Und hier liegt auch die Verbindung zum IBM-Faktor „Wissen und Fähigkeiten".

Wenn die Zielpersonen über solche Angriffsvektoren und -arten informiert sind, werden sie wahrscheinlich eher dazu neigen, solche Szenarien nicht als selbstverständliche Ereignisse zu betrachten, sondern stattdessen ein misstrauisches und gesundes präventives Abwehrverhalten an den Tag zu legen. Ihr Verstand suggeriert an dieser Stelle die alte Weisheit: „Vorsicht ist besser als Nachsicht." In solchen Fällen wird zunächst System 2 aktiviert, um die Situation zu erkennen und weitere Nachforschungen anzustellen.

4.7 Emotionale Reiz-Reaktions-Kette

Wie kommen wir nun von Wahrnehmung zum Verhalten? Schauen wir uns die emotionale Reiz-Reaktions-Kette genauer an. Die emotionale Reiz-Reaktions-Kette ist ein Konzept in der psychologischen Forschung, welches die Abfolge von Schritten beschreibt, wie emotionale Reize zu emotionalen Reaktionen und schließlich zu Verhaltensweisen führen. Dieses Konzept hebt die enge Wechselwirkung zwischen Wahrnehmung, Deutung, Gefühl und Reaktion hervor. Um die Frage zu beantworten, wie der Übergang von der Wahrnehmung zum Verhalten erfolgt, ist eine detaillierte Auseinandersetzung der emotionalen Reiz-Reaktions-Kette unerlässlich (Abb. 4.6). Um die Frage, wie man von der Wahrnehmung zum Verhalten kommt, zu beantworten, ist es daher wichtig, die emotionale Reiz-Reaktions-Kette erstmal zu verstehen.

Der erste Schritt in dieser Kette ist die **Wahrnehmung** eines Reizes. Dieser Reiz kann sowohl intern (z. B. Gedanken oder Erinnerungen) als auch extern (z. B. äußere Ereignisse oder Situationen) sein. Die Wahrnehmung erfolgt durch die Sinne und sensorische Organe. Nach der Wahrnehmung folgt die **kognitive Deutung** des emotionalen Reizes. In diesem Stadium wird der Reiz interpretiert

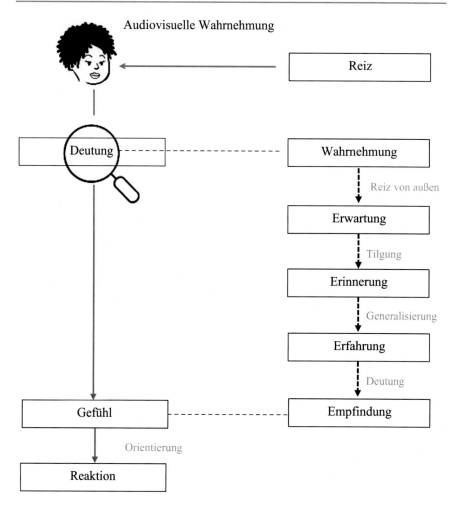

Abb. 4.6 Emotionale Reiz-Reaktions-Kette mit Zusatzerklärung

und bewertet. Die individuelle Interpretation beeinflusst, wie der Reiz wahrgenommen wird und welchen Einfluss er auf die emotionalen Reaktionen hat.

Die Verbindung zwischen Wahrnehmung und Deutung in der Psychologie kann als ein komplexer kognitiver Prozess beschrieben werden, bei dem externe Wahrnehmungen auf interne Erwartungen, gespeicherte Erinnerungen und allgemeine Erfahrungen treffen. Dieser Prozess ist von zentraler Bedeutung für die Interpretation und Bewertung von Umweltreizen und beeinflusst, wie wir auf diese Reize reagieren.

Die Kognition der Wahrnehmung und Deutung ist ein wesentlicher Teil des kognitiven Prozesses, bei dem externe sensorische Informationen mit internen Erwartungen und bereits gespeicherten Erinnerungen interagieren. Dieser Prozess ermöglicht die Interpretation von Umweltreizen und beeinflusst die Entstehung von Empfindungen und daraus resultierenden Handlungen.

Der Prozess beginnt mit der **Wahrnehmung** von Umweltreizen, die durch die Sinnesorgane erfasst werden. Diese sensorischen Informationen sind roh und unverarbeitet. Parallel zur Wahrnehmung werden vorhandene **Erwartungen** aktiviert. Diese Erwartungen können auf individuellen Annahmen, kulturellen Einflüssen und Kontext basieren. Die Erwartungen werden mit relevanten gespeicherten **Erinnerungen und Erfahrungen** in Verbindung gebracht. Dieser Schritt ermöglicht die Einbettung der Wahrnehmung in einen bestehenden kognitiven Kontext. Die Kombination von Wahrnehmung, Erwartung und Erinnerung führt zur Interpretation und Bewertung des Reizes. In diesem Stadium erfolgt die **Deutung** des Reizes als bedeutsam oder unbedeutend, sicher oder bedrohlich, angenehm oder unangenehm. Aufgrund der kognitiven Deutung des Reizes entstehen Gefühle. Diese Gefühle können ein breites Spektrum abdecken, darunter Freude, Angst, Ärger, Trauer und vieles mehr. Die Art und Intensität dieser Gefühle werden maßgeblich von der kognitiven Deutung des Reizes beeinflusst. Schließlich führen die gedeuteten Gefühle zur Auswahl einer Verhaltensreaktion. Diese Reaktion kann von einfachen motorischen Handlungen bis zu komplexen kognitiven Entscheidungen reichen. Sie wird durch die Gefühle und die individuelle Interpretation des Reizes beeinflusst.

Welche Relevanz hat die emotionale Reiz-Reaktions-Kette für unser menschliches Verhalten?

Bisher haben wir Ihnen erklärt, was die emotionale Reiz-Reaktions-Kette ist, und nun erfolgt die Bedeutung dieses Konzeptes für unsere Betrachtung.

Ein Human Hacker kann durch gezielte Reize, die mit bestimmten Erinnerungen verknüpft sind, unseren konditionierten Reflex ansprechen und so unsere individuellen Verhaltensmuster beeinflussen. Ein anschauliches Beispiel verdeutlicht dies: Wenn wir einen Säbelzahntiger erblicken (Reiz), wird sofort die Erwartung ausgelöst, dass er uns gleich angreifen könnte, basierend auf der Erinnerung, dass er bereits jemanden in unserem Umfeld gefressen hat (negative Erfahrung). Infolgedessen entsteht die Emotion der Angst und unsere automatische Reaktion ist die Flucht.

Wenn ein Human Hacker geschickt einen Reiz präsentiert, der mit einer bestimmten negativen Erinnerung verknüpft ist, kann er dazu führen, dass wir in vorprogrammierte Verhaltensmuster zurückfallen. In diesem Zustand agieren wir weniger analytisch und logisch, sondern reagieren eher intuitiv. Dieser Umstand macht uns in dieser Phase anfällig für Manipulation und ein geschickter Hacker kann dies zu seinem Vorteil nutzen. Der Mechanismus ähnelt dem konditionierten Reflex, bei dem der Reiz eine automatische Reaktion auslöst, ohne dass eine bewusste Analyse stattfindet (Abb. 4.7).

Sie sehen also, dass die emotionale Reiz-Reaktions-Kette, ebenso wie IBM und die Systeme von Kahneman, jeweils partielle Antworten auf unsere Fragen liefern, die wir dann wieder zusammentragen müssen, um eine einheitliche und halbwegs

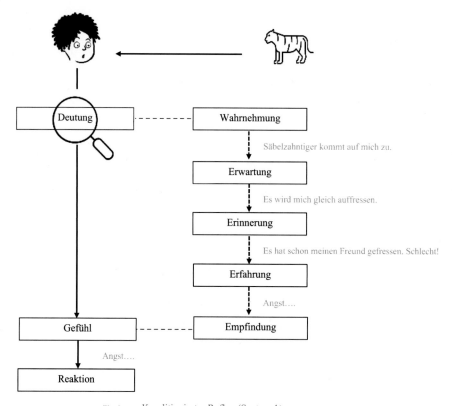

Abb. 4.7 Emotionale Reiz-Reaktions-Kette mit der Erklärung zum konditionierten Reflex

belastbare Antwort zu erhalten. So sind die psychologischen Hintergründe zum Social Engineering vielfältiger und komplexer Natur.

Die einzelnen partiellen Ebenen dieser Betrachtung machen es jedoch deutlich, dass die Kunst des Human Hacking unangefochten mit den menschlichen Gefühlen und mit unserem Dasein in direkter Verbindung steht.

Genau die Eigenschaften, die uns zu sozialen Menschen machen wie unsere Ängste, Sorgen, Vertrautheit, Zuneigung, Liebe, Pflichtbewusstsein, Ehrlichkeit, Hilfsbereitschaft, Lob und Anerkennung und vieles mehr, werden hier ausgenutzt.

Um die Erklärung zwischen den psychologischen Hintergründen bezüglich der Angriffsarten des Social Engineering noch einfacher und verständlicher verdeutlichen zu können, werden wir unsere Erklärungen nun anhand von spezifischen Gefühlen und Emotionen präzisiert beschreiben.

4.8 Machtverhältnisse und Autorität

Nun schauen wir uns genauer an, wie Machtverhältnisse unsere Entscheidungen beeinflussen können. Das in den 1960er-Jahren von dem Psychologen Stanley Milgram durchgeführte „Milgram-Experiment" zeigt deutlich, dass Menschen oft dazu neigen, Anforderungen von Autoritätspersonen zu befolgen, auch wenn das Tun eigentlich moralische Bedenken bei ihnen hervorruft oder gegen ihre Überzeugungen spricht. In diesem Experiment wurden die Teilnehmenden in die Rollen „Lehrer" und „Schüler" versetzt. Die „Schüler" waren jedoch Schauspieler, was die restlichen „Lehrer" nicht wussten. Bei jeder falschen Antwort der „Schüler" wurden die „Lehrer" dazu aufgefordert, den „Schülern" einen Elektroschock zu geben. Im Verlauf des Experiments zeigten die „Schüler" eindeutige Signale, dass sie Schmerzen haben. Obwohl die „Lehrer" zunehmend Bedenken über die Elektroschocks hatten, führten sie das Experiment fort, weil die Autoritätsperson, der Versuchsleiter, sie dazu verbal anwies. Das **Autorität** eine erhebliche Rolle beim Einflussnehmen auf Menschen hat, zeigen diverse Studien.[1] In der 2013 durchgeführten Studie [4] „A study of social engineering fraud" zeigt sich, dass 100 % (n = 100) der Teilnehmenden bei Verwendung von *Autorität* in Phishing-E-Mails dazu gebracht werden, ihre Vorsicht vor Bedrohungen und Risiken fallen zu lassen.

Auch bei Versuchen zu Vorschusszahlungen überzeugte *Autorität* als größter Erfolgsfaktor bei 84 % der Teilnehmenden. Worauf bezieht sich Autorität? Bei dem Milgram-Experiment haben wir klar erkannt, dass der Versuchsleiter, der Delegation in der Funktion ausübt, eine Autoritätsperson darstellt. Autorität bezeichnet jedoch nicht nur die Rolle einer Person.

Eine Autoritätsperson kann ein Strafverfolgungsbeamter, Geschäftsführer, Professor (Titel) eine berühmte Persönlichkeit (Status) oder aber auch eine bekannte Funktionsrolle wie der Postbote oder die Putzkraft sein.

---

[1] In [5] „On the anatomy of social engineering attacks – A literature-based dissection of successful attacks" untersuchen die Autoren Bullé et al. (2017, S. 14) Prinzipien, die bei Social-Engineering-Angriffen verwendet werden. Das Persuasionsprinzip der Autorität wird hierbei am häufigsten verwendet (siehe Kap. 3 – Results).

In [6] „Breaching the human firewall: social engineering in phishing and spear-phishing emails" identifizieren die Autoren Butavicus et al. (2016) Autorität als effektivste Strategie im Prinzip des Überzeugens.

Halevi et al. (2015) kamen in ihrer Studie [7] „Spear-phishing in the wild: a real-world study of personality, phishing self-efficacy and vulnerability to spear-phishing attacks" ebenfalls auf das Ergebnis, dass Autorität im Phishing-Betrug die effektivste Strategie ist.

Abb. 4.8 Enkeltrick 2.0

4.9   Druck und Dringlichkeit

Neben Autorität spielen der Aspekte **Dringlichkeit und Druck** ebenfalls eine wesentliche Rolle, wenn es darum geht, den rationalen Menschenverstand seines Opfers so gut es geht im Hintergrund zu halten. Während der Social Engineer also ein Szenario aufstellt, wo er als Autoritätsperson etwas, wie z. B. ein Passwort oder einen Zugriff, schnell benötigt, erfordert er ein schnelles Handeln von seiner Zielperson. Diese Zielperson fühlt sich unter Druck gesetzt, sofort handeln zu müssen. Stress dient hier als Wahrnehmungskiller. Sein Opfer reagiert, ohne innezuhalten. Der rationale Verstand hat keine Chance. In der genannten Studie [4] zeigte sich *Dringlichkeit* mit 71 % als zweitgrößte Verlockungstaktik in Phishing-E-Mails und mit 70 % in Vorschusszahlungen. Dringlichkeit muss nicht immer von einer Autoritätsperson erfolgen. Vielleicht haben Sie den Versuch des Enkeltricks 2.0 über den Messenger-Dienst WhatsApp ebenfalls erlebt (Abb. 4.8):

Die Nachricht ist eindeutig ein Spam. Das erkennen wir, oder etwa nicht? Sie müssen sich in die Situation begeben: als Elternteil, denn genau das macht auch der

Social Engineer. Er richtet ein Szenario ein und sucht sich gezielt Emotionen aus, auf die er Einfluss nehmen möchte. Jedes Gefühl löst eine Reaktion aus. Genau hier will der Social Engineer die Reaktion eines besorgten Elternteils auslösen.

Beim genauen Hinsehen (was uns aber in der Situation schwierig gelingt, da wir durch die selektive Wahrnehmung gehemmt sind, erkennen wir Folgendes):

Mobil und SIM sind kaputt. Die alte Nummer, soll entfernt werden.
Wieso? Damit sie sofort überschrieben wird und eine Kontaktaufnahme zum eigentlichen Kind nicht möglich ist.

Kannst du mir helfen? Ich habe ein Problem. – Die Selbstoffenbarung bedeutet hier: Ich bin auf dich angewiesen. Ich brauche dich.

Ich muss eine Rechnung dringend bezahlen, kann mich über dieses Handy nicht einloggen.
Die Aussage fungiert hier zur Wahrnehmungstäuschung und liefert eine „logische" Erklärung, wieso es Mama/Papa erledigen muss.

Kannst du es überweisen, ich muss es heute bezahlen.
Erneuter Hinweis, dass es zügig sein muss. Der Social Engineer sorgt damit dafür, dass der rationale Verstand auch weiter im Hintergrund bleibt. Er baut nun Druck auf. Die Emotionen, dem eigenen Kind sofort zu helfen, also als Elternteil „gebraucht" zu werden, dominieren.

4.10   Ego und unsere Lieblingssünde „Eitelkeit"

Doch einen wesentlichen psychologischen Hintergrund, der gleichzeitig auch die Gefahrenquelle Nummer 1 ist, haben wir für den Schluss aufgehoben.
Das **Ego** …
Das Zusammenspiel der drei vielleicht unberechenbarsten Buchstaben der Welt. „Ego" aus dem Lateinischen „Ich" beschreibt das Individuum, seine Persönlichkeit, Selbstbewusstsein und seine Identität sowie seine Wahrnehmung über sich selbst. Wenn wir über Ego sprechen, dann kommen uns sofort Grundlagen der Freud'schen Theorie, wie das **Es, Ich (Ego) und Über-Ich** in den Sinn.
Das „Es" stellt die tiefverankerten, instinktiven Triebe und Vorstellungen eines Individuums dar, während das „Ich" sich der Ethik und Moral sowie der internalisierten Werte einer Gesellschaft widmet.
Und „Über-Ich" stellt unsere Umwelt und dessen Einflüsse auf uns in den Vordergrund der Betrachtung. Allerdings wollen wir uns hier nicht zu tief mit der komplexen Sigmund-Freud-Theorie auseinandersetzen.
Viel mehr spielt das Ego eines Menschen für uns eine besondere Rolle, wenn wir über Social Engineering sprechen. Doch welchen Bezug hat diese? Das „Ich" eines Menschen dient als Vermittler zwischen den Anforderungen der Realität des

„Über-Ichs" und den Bedürfnissen des „Es". Unser „Ich", auch Ego, ist Bestandteil unserer Psyche und Persönlichkeit.

Wenn wir über Ego sprechen, dann ist der Begriff oft negativ behaftet. Ein gesundes Ego ist jedoch essenziell für das Verständnis über das Funktionieren der Welt sowie unser Selbstverständnis. Es kann uns helfen, unser Selbstvertrauen und Selbstwertgefühl zu steigern, unsere Bedürfnisse zu verstehen und Ziele sowie Grenzen unserer Identität aufzubauen.

Dennoch kann ein unausgeglichenes oder übersteigertes Ego auch selbstschädigend sein. Wenn unser Ego zu stark ausgeprägt ist, kann es zu Egoismus, Arroganz, übermäßigem Stolz oder fehlender Empathie führen. Entscheidend ist also, dass nicht der Begriff per se negativ ist, sondern das fehlende Gleichgewicht zu einem Problem führt.

Im Kontext des Social Engineering sprechen wir über psychologische und soziale Kernaspekte, wenn es um die Manipulation und Täuschung von Menschen geht. Genau hier spielt das Ego des Opfers eine wichtige Rolle. Der Social Engineer, der sich hervorragend mit den Taktiken der menschlichen Psyche auskennt, weiß, wie er auf diese Psyche Einfluss nehmen kann. Ein übersteigertes Ego führt dazu, dass Menschen zu selbstsicher werden, sich selbst oder die Situation, in der sie sich befinden, nicht richtig einschätzen können. Besonders gefährlich wird es, wenn der Täter erkennt, dass sein Opfer ein übermäßiges Ego hat. Dann wird sein Spiel einfach. Mit Schmeichelei oder Bestätigung seiner Meinung wird er gezielt das Ego ansprechen, Vertrauen aufbauen, Zustimmung geben und das Selbstbild der Person positiv beeinflussen. Also ein geschicktes Spiel. Je kritischer das Opfer die Situation und das Handeln hinterfragt, desto schwieriger wird es für den Social Engineer.

Ein auf die Gefahren trainiertes, gesundes Ego wiederum kann als Stärke genutzt wird und genau hier kommen wir erneut zu dem Aspekt zurück, wo der Faktor Mensch als Stärke betrachtet wird. Schätzt dieser die Situation auf Basis von Fakten ein und nicht auf Basis der in ihm geweckten Emotionen, so ist er reflektierter. Das zeugt von einem ausgeglichenen Ego.

Ein Beispiel im Unternehmenskontext könnte Folgendes sein: Ein Mitarbeiter eines Unternehmens informiert sein Netzwerk regelmäßig öffentlich über seine Projektergebnisse über Social-Media-Kanäle: In einem kürzlich veröffentlichten Post schreibt Herr Anton Meier.

Zahlreiche Mitglieder gratulieren ihm. Wenige Tage nach seinem Post erhält er eine private Anfrage. Ein Manager aus einem anderen Unternehmen, der den Post gesehen hat, kontaktiert ihn und sagt, dass er starkes Interesse an seinem Projekt hat, das er erfolgreich durchgeführt hat. Was Anton Meier nicht weiß, ist, dass der Manager in Wahrheit ein Social Engineer ist.

Er schenkt seinem Opfer Lob und Anerkennung, betont gemeinsame Ziele und Interessen und gibt ihm Zustimmung zu seiner Herangehensweise. Er schafft damit Vertrauen, was dazu führt, dass der Mitarbeiter nun offen für ein Gespräch ist, indem er weitere interne Informationen über sein Projekt offenlegt.

Der Social Engineer manipuliert und täuscht sein Opfer, indem er das Bedürfnis nach Zustimmung und Anerkennung für seine harte Arbeit zufriedenstellt, um

Alle Aktivitäten

Beiträge   Kommentare   Reaktionen

Anton Meier   • • •
Infrastrukturmanager
1 Woche · 🌐

Ein absolut überwältigendes Gefühl - Heute hat der Projektabschlusscall
meines ersten Projektes als OpsPM stattgefunden.

Inhalt war der Austausch von Firewallhardware aufgrund von End-of-
Live für die meisten Produktions-Rechenzentren der   Technik für
Mobile Services

Ein paar Zahlen:

404 Virtuelle Domänen migriert
35273 Regeln konvertiert
30+ Workshops gehalten
16 Wartungsfenster mit insgesamt 128 Stunden in Nachtschichten exkl.
Nachtschichten zur Vorbereitung
501 Arbeitstage

Projektdauer 11 Monate - Umsetzungsdauer 3 Monate

Ich bin so dankbar für die Unterstützung meiner Kolleginnen/Kollegen
und die Erfahrung die ich hierbei sammeln konnte und freue mich auf
die anstehenden Projekte!

 Sie und 29 weitere Personen   4 Kommentare

Abb. 4.9 Beispiel: Ego-Hacking

seine Ziele zu erreichen. Er adressiert gezielt sein Ego. Er hebt das Ego seines
Opfers damit an und betreibt in der Fachsprache das sogenannte *Ego-Hacking
oder Ego-Baiting* Sein Ziel, Informationen zu erhalten, hat er somit erreicht. Sein
Opfer speichert ihn als einen netten Kontakt ab und denkt nicht weiter darüber
nach (Abb. 4.9).

4.11   Angst

Angst ist ebenfalls eine starke Emotion, die jeder von uns spürt. Jede Emotion löst eine Reaktion aus, allerdings hängt die Art und Weise der Reaktion stark vom Individuum selbst ab. Während die Verhaltenspsychologie daran arbeitet, Menschen zu helfen, ihre Ängste zu überwinden, nutzen Social Engineers diese Emotion für ihre Zwecke aus. Im Social Engineering ist die Ausnutzung der Emotion Angst ein starkes Werkzeug des Human Hacker. Beispielsweise kann der Human Hacker Angst als Druckmittel nutzen. Er kann eine Drohung über Konsequenzen aussprechen, um das Handeln des Opfers zu erzwingen. Die Angst vor der Konsequenz löst eine Reaktion aus, die bedacht oder unbedacht automatisiert abläuft.

Schauen wir uns ein Szenario dazu an:

Es ist 17:30 Uhr Freitagnachmittag, kurz vor Weihnachten. Die meisten Kollegen sind schon auf dem Heimweg. Ein Kollege aus der IT-Abteilung ruft an und behauptet, dass nach dem Austausch der Firewalls eine Sicherheitslücke entdeckt wurde, für die er sofort Maßnahmen einleiten muss, da bereits Systeme von Viren befallen sind und ein Datenverlust droht. Ein klassischer Fehlalarm, um ein Ablenkungsmanöver zu starten. Der Angreifer scheint Informationen über die im Unternehmen genutzten Systeme zu haben. Damit ist er auf den ersten Blick glaubwürdig.

IT-Kollege: Leider ist Herr Meier, der ja für den Austausch der Hardware zuständig war, bereits auf dem Heimweg. Es ist dringend, da sonst gravierende Schäden entstehen können.

Die Druckkarte wird hier nach dem Ablenkungsmanöver gezogen. Die Frage, die wir nun stellen ist, woher er die Informationen hat?

Ganz einfach. Er baut die Inhalte auf einen kürzlich veröffentlichten Post von einem sogenannten Herrn Anton Meier auf. Über eine kurze Recherche weiß er also, dass kürzlich ein Projektabschluss erfolgt ist, in dem Firewall-Hardware ausgetauscht wurde. Genau das Szenario nutzt er nun aus, um sich als ein interner Kollege aus der IT-Abteilung auszugeben.

Der Angreifer gibt am Telefon Anweisungen durch, die das Opfer schrittweise umsetzen soll. Nach dem Herunterladen einer Datei soll es eine Webseite besuchen. Es befolgt, denn es eilt. Hier nutzt der Angreifer gezielt die Angst und Unsicherheit des Opfers aus. Es hat keine Chance auszuweichen, sich an andere zu wenden oder die Person am Telefon zu hinterfragen, denn es wurde nicht ausreichend sensibilisiert.

Der Angreifer spürt die Angst und Unsicherheit, denn er ist ein Profi auf dem Gebiet der Ausnutzung von Emotionen. Er weiß, wie er sein Gespräch so abrunden muss, damit er die nächsten Tage kein unbehagliches Gefühl in seinem Opfer auslöst.

IT-Kollege: „Vielen Dank, Sie sind eine Rettung. Ich möchte mir nicht ausmalen, was passiert wäre, wenn Sie nicht rangegangen wären. Ich kümmere mich um die letzten Updates, dann verabschiede ich mich ebenfalls in meine wohlverdienten Feiertage. Frau Lanze, ich bedanke mich, das nenne ich gute Team-

arbeit. Ich wünsche Ihnen erholsame Feiertage, ich bin nach Weihnachten noch im Urlaub, also sprechen wir uns vermutlich im nächsten Jahr wieder, wenn auch Herr Meier wieder da ist. Vorab guten Rutsch!"

Auf die Weise sorgt er dafür, dass das Ende des Gesprächs in eine andere Gedankenrichtung gelenkt wird. Er schenkt ihr erneut Anerkennung. Er ist *freundlich* und bedankt sich für ihre tatkräftige Unterstützung und lindert somit ihre *Angst* und ihr unsicheres Gefühl. Anschließend bezieht er das Gespräch auf ein anderes Thema. Statt sich also mit dem unsicheren Gefühl auseinanderzusetzen, setzt sich Frau Lanze nun mit ihren bevorstehenden Feiertagen auseinander. Sie fährt ihren Rechner herunter und beendet ihre Arbeit.

4.12 Neugier

Neugier ist die Quelle des Wissens. Sie beschreibt das Interesse und die Motivation an neuen Informationen, Erfahrungen oder Ideen. Durch *Neugier* entwickeln wir uns weiter und schauen über unseren Horizont hinaus. Wir erlernen neue Fähigkeiten und verstehen die Welt ein wenig besser. Das beschreibt die positiven Auswirkungen von Neugier auf den Menschen.

An der falschen Stelle kann Neugier aber auch negative Folgen mit sich bringen. Social Engineers nutzen die Neugier von Menschen aus und bilden Anreize, um ihr Interesse zu wecken.

Sie locken ihre Opfer auf die Weise in die Falle, auf bestimmte Links zu klicken, um z. B. Gewinne, Gutscheine oder geheime Informationen zu erhalten. Sie versprechen Sonderangebote und *exklusive* Chancen auf bestimmte Produkte oder Dienstleistungen. Auch das Erhalten von ungewöhnlichen Mitteilungen kann unsere Neugier wecken und uns dazu bringen, zu interagieren. Ist eine Basis für die Interaktion eröffnet, wie bspw. der Klick auf einen Link oder die Antwort auf eine Nachricht, kann der Social Engineer das Opfer in seine Falle locken. So kann er dieses dazu bewegen, sich auf eine Webseite einzuloggen oder sensible Informationen wie die Anschrift für gewonnene Produkte oder Kontoinformationsdaten preiszugeben.

Ein Beispiel für das Wecken von Neugier kann beispielsweise eine E-Mail mit einem Anhang und einem Betreff wie „Registrieren Sie sich heute", „Ihre Daten im Darknet", „Ihr Foto", „Jahresbericht", „Ihre Rechnung", „Entlassungsliste", „Abschlussgeschenk" oder Ähnliches sein. Die gezielte Manipulation von Neugier ist also eine gängige Taktik von Social Engineers.

4.13 Leichtgläubigkeit

Leichtgläubigkeit zeigt eine enge Verknüpfung mit dem Bedürfnis nach Harmonie, was auch im Kontext des Social Engineering relevant ist. Selbst wenn eine Situation oder eine Person als seltsam empfunden wird, neigt man dazu, dafür eine Erklärung zu finden, die das Verhalten rechtfertigt. Leichtgläubige Menschen vertrauen fest darauf, dass im Grunde genommen das Gute im Menschen überwiegt, und lassen sich nur ungern vom Gegenteil überzeugen.

Ein praxisbezogenes Beispiel verdeutlicht, wie Leichtgläubigkeit im Rahmen von Social Engineering zu einer problematischen Situation führen kann. Betrachten wir dazu den Fall eines aufgeregten Herrn namens Reiner Reus. Nach der Begrüßung duzt Reiner die Sachbearbeiterin freundlich und erklärt, dass er einer der zahlreichen Außendienstmitarbeiter im Unternehmen sei. Er bereite sich gerade auf einen Pitch bei einem potenziellen Kunden vor und bittet die „Kollegin", ihm die vorangegangene Korrespondenz und die dazugehörigen Angebote zuzuschicken oder die wichtigsten Punkte kurz telefonisch mitzuteilen. Aufgrund des hohen Zeitdrucks in dieser Woche sei er leider nicht in der Lage gewesen, sich angemessen auf dieses wichtige Meeting vorzubereiten. In diesem Szenario wird die Leichtgläubigkeit der Dame ausgenutzt, um an sensible Informationen zu gelangen.

Die psychologische Manipulation erfolgt durch den bewussten Einsatz von sprachlichen und verbalen Elementen. Durch die Verwendung des informellen „Du" versucht der Human Hacker, einen raschen Rapport aufzubauen und ein „Wirgefühl" zu etablieren. Die hohe Sprechgeschwindigkeit dient dazu, Druck aufzubauen und die Aufmerksamkeit des Ziels zu erhöhen. Gleichzeitig wird durch die Inszenierung einer vermeintlichen Notlage die Hilfsbereitschaft des Opfers ausgenutzt. In diesem manipulativen Kontext können Schlüsselinformationen leicht in die falschen Hände gelangen.

4.14   Reziprozitätsprinzip – wie du mir, so ich dir

Das **Reziprozitätsprinzip** ist ein sozialpsychologisches Konzept, das auf dem Gedanken der Gegenseitigkeit beruht. Es besagt, dass Menschen dazu neigen, sich auf eine erhaltene positive Handlung mit einer entsprechenden positiven Handlung und auf eine negative Handlung mit einer entsprechenden negativen Handlung zu revanchieren. Dieser soziale Austauschmechanismus bildet die Grundlage für die Entwicklung und Aufrechterhaltung von zwischenmenschlichen Beziehungen. Als sozialpsychologisches Konzept manifestiert sich das Reziprozitätsprinzip in zahlreichen alltäglichen Situationen.

Ein prägnantes Beispiel hierfür ist das kostenlose Probeangebot in Supermärkten. Indem Kunden kostenfrei kleine Produktproben erhalten, schafft der Anbieter eine Verpflichtung zur Gegengeste – nämlich das Erwägen eines Produktkaufs. Die ursprüngliche kostenlose Handlung erzeugt eine psychologische Erwartung auf Gegenseitigkeit.

Ein weiteres Beispiel findet sich in der Welt des Online-Marketings. Unternehmen bieten oft kostenlose Ressourcen, wie White Papers oder E-Books, an. Durch diese kostenlose Bereitstellung von Informationen wird beim Leser ein Gefühl der Verpflichtung erzeugt. In vielen Fällen ist diese Verpflichtung in Form von positiven Handlungen wie das Abonnieren eines Newsletters oder der Erwerb weiterführender kostenpflichtiger Angebote.

Abb. 4.10 Schematische Skizzierung des Reziprozitätsprinzips

Im Kontext des Social Engineering wird das Reziprozitätsprinzip (Abb. 4.10) gezielt genutzt, um das Opfer zu manipulieren. Ein Angreifer kann beispielsweise durch eine kleine wohlwollende Handlung oder Gefälligkeit eine Verpflichtung oder Schuldgefühl beim Opfer erzeugen. Das Opfer fühlt sich dann eher geneigt, im Gegenzug eine gewünschte Handlung auszuführen oder Informationen preiszugeben. Diese Technik basiert auf dem psychologischen Drang, soziale Verpflichtungen zu erfüllen und positive Handlungen zu erwidern. Der gezielte Einsatz des Reziprozitätsprinzips ist eine effektive Methode im Repertoire des Social Engineering, um Vertrauen zu gewinnen und das Verhalten des Opfers zu beeinflussen.

In sozialen Interaktionen wird jedoch auch oft unterschätzt, wie subtile Manipulationstechniken, wie auch das Reziprozitätsprinzip, in Alltagssituationen wirken können. Ein experimenteller Ansatz dazu könnte sein, während einer Bahnreise bewusst eine soziale Situation zu initiieren. Während des üblichen Augenblicks des Hinsetzens könnte man beispielsweise einen kurzen Small Talk beginnen, der entweder zu einem fortgesetzten Gespräch oder zu einem einmaligen Austausch führen kann.

In dieser ersten Phase des Experiments nimmt der Initiator das Wort und führt einen einminütigen Monolog über ein konkretes Thema, sei es die Umstellung von Autofahren auf Bahnfahren oder eine leichte Büroarbeit während der Fahrt. Nach dem Monolog wird bewusst eine Stille beibehalten, um zu beobachten, wie das Gegenüber reagiert. Hierbei wird darauf abgezielt, den natürlichen Drang zur Erwiderung zu testen.

Dieser experimentelle Ansatz ermöglicht nicht nur die Analyse der Reziprozität in sozialen Interaktionen, sondern auch einen Einblick in mögliche Manipulationstechniken. Ein Human Hacker könnte in einer ähnlichen Situation bewusst das Gespräch steuern, das Vertrauen aufbauen und das Gespräch auf das gewünschte Thema lenken.

Durch aktives Zuhören, geschickte Fragestellungen und die Nutzung von Gemeinsamkeiten kann der Human Hacker das Opfer manipulieren und das Gespräch in die gewünschte Richtung lenken, sei es im beruflichen Kontext oder bei persönlichen Themen. Dies verdeutlicht, wie subtile soziale Mechanismen bewusst genutzt werden können, um Einfluss auf das zwischenmenschliche Verhalten zu nehmen.

Literatur

1. Asiye Öztürk, Michael Willer, Vishing: Die unsichtbare Gefahr am Telefon, unter: https:// www.it-daily.net/it-sicherheit/cybercrime/vishing-die-unsichtbare-gefahr-am-telefon (Zugriff: 01.12.2023).
2. Daniel Montaño, Danuta, Kasprzyk, Theory of Reasoned Action, Theory of Planned Behavior, and the Integrated Behavioral Model, im Buch: Health Behavior: Theory, Research, and Practice, 2008.
3. Daniel Kahneman, Schnelles Denken, Langsames Denken, Penguin Verlag, 2016.
4. Brandon Atkins, Wilson Huang, A Study of Social Engineering in Online Frauds, Open Journal of Sciences, 2013.
5. Jan-Willem Hendrik Bullée, Lorena Montoya, Wolter Pieters, Marianne Junger, Pieter Hartel, On the anatomy of social engineering attacks—A literature-based dissection of successful attacks, in: Journal of Investigative Psychology and Offender Profiling, Vol. 15, Issue 1, 2017.
6. Marcus Butavicius, Kathryn Parsons, Malcolm Pattinson, Agata McCormac, Breaching the Human Firewall: Social engineering in Phishing and Spear-Phishing Emails, in: Australasian Conference on Information Systems, 2015.
7. Tzipora Halevi, Nasir D. Memon, Oded Nov, Spear-Phishing in the Wild: A Real-World Study of Personality, Phishing Self-Efficacy and Vulnerability to Spear-Phishing Attacks, in: SSRN Electronic Journal, 2015.

Arten des Social Engineering

Der menschliche Faktor nimmt eine zentrale Position im Kontext des Social Engineering ein, sowohl direkt (unmittelbar) als auch indirekt (mittelbar). Bei direkter Beteiligung ist der Mensch aktiv an vorsätzlichen Handlungen beteiligt, wie es beispielsweise bei Insider Threats der Fall sein kann [1]. Diese Akteure, motiviert durch diverse Gründe, darunter auch Rache, finanzielle Bereicherung oder auch ideologische Motive, führen Angriffe aus, die von Diebstahl analoger und digitaler Datensätze, bewusster Weitergabe von vertraulich eingestuften Informationen bis hin zur Entwendung von Hardware reichen. Um diesen Bedrohungen zu begegnen, sind präventive, reaktive und detektive Sicherheitsmodelle und Mechanismen erforderlich. Ihre strategische und taktische Zusammensetzung muss anders definiert und umgesetzt werden als die Mittel, die gegen menschenzentrierte Bedrohungslagen, wie sie im Bereich des Social Engineering auftreten können, eingesetzt werden. Die Abwehrmaßnahmen erstrecken sich von personalbezogenen Sicherheitsvorkehrungen über die Gestaltung von Prozessen, die Anwendung von Prinzipien wie dem Least-Privilege-Prinzip [2] und der bedarfsgerechten Vergabe von physischen und logischen Rechten bis hin zu Sicherheitsprinzipien wie dem Vieraugenprinzip. Zusätzlich können technische Maßnahmen wie Screen-Recording und die Echtzeitüberwachung von Downloadraten implementiert werden, um beispielsweise unautorisiertes Herunterladen von Datensätzen zu überwachen. Die Schwierigkeit bei der Abwehr von Insider Threats liegt tatsächlich bei den Insidern selbst [3]. Oftmals verfügen die internen Akteure über detaillierte Kenntnisse zu Überwachungstechnologien, Software- und Hardware-Konfigurationseigenschaften, integrierten Default-Werten und Schwellenwerten der Alarmierungssysteme etc. Darüber hinaus sind ihnen oft auch organisatorische Abläufe, wie beispielsweise Schichtwechsel, bestens bekannt. Dies gibt ihnen nicht selten die Möglichkeit, die präventiven und detektierenden Mechanismen leicht zu umgehen.

E. Koza et al., *Social Engineering und Human Hacking*,
https://doi.org/10.1007/978-3-662-69388-9_5

Im Kontext des Social Engineering hingegen ist die Beteiligung des menschlichen Faktors indirekt. Hier wird der Mensch zum Opfer, ohne bewusst und vorsätzlich an Sabotagehandlungen beteiligt zu sein. Beispiele für indirekte Beteiligung können Phishingangriffe sein, bei denen Menschen dazu verleitet werden, auf schädliche Links zu klicken oder vertrauliche Informationen preiszugeben, ohne sich der potenziellen Gefahr bewusst zu sein.

In solchen Szenarien liegt die Herausforderung darin, die Sensibilisierung der Mitarbeiter zu stärken, um ihre Fähigkeit zur Erkennung und Abwehr sozialtechnischer Angriffe zu verbessern. Die Abwehrmaßnahmen erstrecken sich über verschiedene Ebenen wie „Wissen", „Wollen" und „Können", die nicht nur einzelne Mitarbeiter innerhalb eines Unternehmens betreffen, sondern auch die Gemeinschaft sowie die kollektive Ebene eines Unternehmens. Diese erstreckt sich von der Geschäftsführung bis hin zu allen weiteren operativen Rollen, intern wie extern, dauerhaft wie kommissarisch.

Erinnern Sie sich nun an unsere Social-Engineering-Definition:

Social Engineering ist eine multidisziplinäre Praxis, die darauf abzielt, menschliche soziale, psychologische und emotionale Merkmale geschickt zu nutzen, um Individuen dazu zu bewegen, Handlungen auszuführen oder Informationen preiszugeben, die gegen ihre eigenen Interessen oder die Interessen einer Organisation oder Gesellschaft stehen. Diese Methode kombiniert analoge und digitale Techniken, um Menschen zu täuschen und zu manipulieren, und stellt eine anhaltende Herausforderung für die Informationssicherheit dar. Die Folgen eines Social-Engineering-Angriffs können sowohl monetären als auch psychischen Schaden verursachen, wobei Letzterer oft langfristige Auswirkungen auf das Wohlbefinden und die psychische Gesundheit der Opfer hat.

Abgeleitet von unserer Definition können wir also erkennen, dass Social Engineering oft durch verschiedene Ausprägungen konzipiert und operationalisiert wird. Diese Ausprägungen werden in der wissenschaftlichen Literatur als **Human-based, Computer-based** und **Reverse** Social Engineering formuliert ([4]; Abb. 5.1).

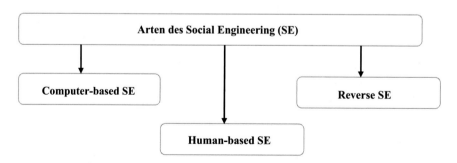

Abb. 5.1 Arten des Social Engineering

5.1   Human-based Social Engineering

Human-based Social Engineering konzentriert sich auf die Manipulation menschlichen Verhaltens, um Informationen zu erhalten [5]. Ein Beispiel hierfür ist „Pretexting", bei dem der Human Hacker eine falsche Identität oder Geschichte erfindet, um emotionale Brücken oder Vertrauen zum Opfer aufzubauen und zu gewinnen. Durch geschickte Täuschung können Human Hacker auf diese Weise an sensible Informationen gelangen. Ein weiteres Instrument im Repertoire [6] des Human-based Social Engineering sind *Quizzes.* Diese werden unter dem Vorwand von Unterhaltung genutzt, um persönliche Informationen zu sammeln. Opfer werden dazu verleitet, scheinbar harmlose Fragen zu beantworten, ohne die wahren Absichten des Angreifers zu erkennen. Dieser Ansatz zeigt, wie geschickt Social Engineers menschliche Emotionen und soziale Interaktionen ausnutzen, um an vertrauliche Daten zu gelangen.

Ein realer Angriff, der die Technik von *Quizzes* nutzte, wurde im Zusammenhang mit der Social-Media-Plattform Facebook bekannt. Hierbei handelte es sich um den berühmten „Cambridge-Analytica"-Skandal im Jahr 2018. Cambridge Analytica, ein Datenanalyseunternehmen, entwickelte eine App namens *„thisisyourdigitallife",* die als Persönlichkeitstest getarnt war.

Nutzer wurden dazu eingeladen, an diesem Quiz teilzunehmen, und dabei wurden persönliche Daten nicht nur der teilnehmenden Person, sondern auch von deren Facebook-Freunden gesammelt. Was den Nutzern nicht bewusst war: Die gesammelten Informationen wurden für politische Zwecke genutzt, um personalisierte politische Werbung zu erstellen. Dieser Vorfall verdeutlicht, wie scheinbar harmlose Quizzes dazu genutzt werden können, umfangreiche persönliche Daten zu extrahieren und für verschiedene Zwecke zu missbrauchen.

Die fortschreitende Digitalisierung hat also nicht nur die Art und Weise verändert, wie wir Informationen austauschen und auf sie zugreifen, sondern auch die Dynamik sozialer Interaktionen beeinflusst.

5.2   Computer-based Social Engineering

Computer-based Social Engineering reflektiert diese evolutionäre Verschmelzung von menschlichem Verhalten und technologischen Elementen. Das „Social" in „Computer-based Social Engineering" bezieht sich auf die Verwendung psychologischer Taktiken, um menschliche Schwächen und Verhaltensmuster auszunutzen. Der Begriff betont, dass soziale Interaktionen zunehmend durch digitale Technologien beeinflusst werden. In einer vernetzten Welt finden viele soziale Interaktionen online statt. Die Nutzung von sozialen Medien, E-Mails und anderen digitalen Kommunikationsplattformen schafft neue Angriffsvektoren [7] für Social Engineers. Sie setzen auf diese digitalen Kanäle, um ihre Opfer zu kontaktieren und zu beeinflussen. Computer-based Social Engineering hebt hervor, wie eng menschliches Verhalten und digitale Technologien miteinander verflochten sind. Die Verschmelzung zeigt sich nicht nur in der Nutzung digitaler Plattformen, sondern auch in der Integration von KI und maschinellem Lernen in Angriffsmethoden. Social Engineers können Technologien verwenden, um personalisierte Angriffe zu entwickeln und menschenähnliche Interaktionen zu simulieren.

Die Bezeichnung verdeutlicht somit, dass es bei diesen Angriffen nicht nur um den Einsatz von Technologien geht, sondern um eine komplexe Verbindung von sozialen und psychologischen Strategien mit digitalen Werkzeugen.

Computer-based Social Engineering bezieht sich auf Angriffe, die auf technologischer Ebene unter Anwendung sozialer und psychologischer Strategien durchgeführt werden. Hierzu gehören Malware, Spear Phishing und „Watering Hole Attacks". Beispielsweise sind Watering Hole Attacks zielgerichtete Angriffe, bei denen Social Engineers eine Website kompromittieren, die von den potenziellen Opfern regelmäßig besucht wird. Der Name leitet sich von der Analogie ab, dass die Angreifer an einem Ort lauern, den ihre Zielpersonen häufig frequentieren, wie ein Raubtier am Wasserloch, um seine Beute zu erwischen.

Die Angreifer identifizieren Websites, die von den Mitgliedern der Zielgruppe oft besucht werden oder auch besucht werden müssen, und infiltrieren diese mit Schadsoftware.

Dabei können Schwachstellen in der Website selbst oder in den zugrunde liegenden Systemen ausgenutzt werden, um Malware einzuschleusen oder auch logische Key-Logger, um die Account-Namen und Passwörter abzuzapfen. Diese bösartige Software wird dann unbemerkt auf den Geräten der Website-Besucher installiert, wo letztlich Spy-Aktionen ausgeführt werden können.

Die Human Hacker wählen spezifische Zielgruppen aus, die sie gezielt attackieren möchten, und setzen sogenannte Hunting-Strategien ein, um geeignete Opfer zu finden. Die Auswahl basiert oft auf den Interessen oder beruflichen Aktivitäten potenzieller Opfer, wie zum Beispiel in einer bestimmten Branche oder Fachgruppe. Watering Hole Attacks setzen zudem auf psychologische Manipulation, um Opfer zum Besuchen einer infizierten Website zu verleiten. Die Human Hacker können gefälschte Inhalte oder Benachrichtigungen verwenden, die für die Zielgruppe attraktiv sind. Ein Beispiel hierfür könnte eine gefälschte Anzeige für den Verkauf von Babykatzen auf eBay sein. Der Trick besteht darin, dass nur wenige unscharfe Bilder hochgeladen sind. Der vermeintliche Verkäufer verweist auf sein Facebook-Profil, auf dem bereits zahlreiche Bilder von seinen niedlichen Babykatzen veröffentlicht wurden. Er ermutigt potenzielle Interessenten, auf seinen Facebook-Account zuzugreifen, und stellt sogar einen Link zur Verfügung, der direkt zu seiner Facebook-Seite führt. Bei der Weiterleitung über den bereitgestellten Link wird das Opfer durch die Angriffsart „Pharming" auf eine manipulierte Webseite geleitet. Pharming ist eine Weiterentwicklung der Phishingbetrugsmasche, bei der Human Hacker versuchen, an persönliche Informationen zu gelangen, indem sie manipulierte Webseiten erstellen. Sie weisen einer legitimen Webseite eine falsche IP-Adresse zu, um Nutzer auf einen betrügerischen Server umzuleiten. Diese gefälschten Webseiten befinden sich auf den Servern der Angreifer. Pharming beinhaltet die gezielte Manipulation von DNS-Anfragen, wobei das Domain Name System (DNS) genutzt wird, um Webadressen in IP-Adressen umzuwandeln. Sobald das Opfer auf der Facebook-Seitenattrappe ankommt, wird es aufgefordert, Benutzername und Passwort einzugeben, um auf sein Konto zugreifen zu können. Wenn das Opfer diese Angaben bestätigt, liest der Human Hacker die Daten über den integrierten Key-Logger und erlangt im Nachgang einen vollständigen Zugriff auf alle Datensätze und Informationen des Opfers.

5.3   Reverse Social Engineering

Reverse Social Engineering im Bereich des Social Engineering tritt auf, wenn das Opfer dazu verleitet wird, den Angreifer selbst zu kontaktieren [8]. Dieser Ansatz basiert darauf, dass das Opfer von sich aus den ersten Schritt macht und aktiv auf den Angreifer zugeht, sei es durch einen Anruf, eine E-Mail oder eine andere Form der Kommunikation. Der Angreifer nutzt geschickt gestaltete Köder, um das Opfer dazu zu bewegen, Kontakt aufzunehmen.

Dies kann verschiedene Formen annehmen, darunter:

Falsche Warnungen und Sicherheitsbedenken   Der Angreifer könnte gefälschte Sicherheitswarnungen oder Bedrohungen erstellen, die dem Opfer suggerieren, dass seine persönlichen Daten gefährdet sind. Das Opfer wird dann aufgefordert, sich beim vermeintlichen Sicherheitsdienst oder der Support-Hotline zu melden.

Vorgeblicher technischer Support   Das Opfer erhält möglicherweise einen Anruf oder eine E-Mail von jemandem, der sich als Mitarbeiter eines technischen Supportteams ausgibt. Der Angreifer behauptet, dass es Probleme mit dem Konto oder der Sicherheit gibt, und überzeugt das Opfer, Rückrufe oder weitere Maßnahmen zu ergreifen.

Gewinnbenachrichtigungen oder Belohnungen   Das Opfer wird darüber informiert, dass es einen fantastischen Gewinn oder eine Belohnung erhalten hat. Um den Gewinn zu erhalten, wird das Opfer aufgefordert, den Absender zu kontaktieren oder persönliche Informationen bereitzustellen.

Bei *Reverse Social Engineering* erhält das Opfer eine gefälschte E-Mail, die vorgibt, vom Kundensupport eines großen Unternehmens zu stammen. Die E-Mail warnt vor angeblichen unbefugten Zugriffen auf das Konto des Opfers und fordert es auf, sofort eine bereitgestellte Telefonnummer anzurufen. Der Angreifer, der am anderen Ende der Leitung ist, gibt sich als Supportmitarbeiter aus und leitet das Opfer dazu an, bestimmte Maßnahmen durchzuführen, um angebliche Sicherheitsprobleme zu beheben. In Wirklichkeit öffnet das Opfer jedoch einen Kanal für den Angreifer, um weitere Informationen abzugreifen oder Schadsoftware zu installieren. Diese Beispiele verdeutlichen, wie Reverse Engineering im Bereich des Social Engineering darauf abzielt, das Opfer dazu zu bringen, proaktiv Kontakt aufzunehmen und so den Weg für weitere Manipulationen zu öffnen.

Literatur

1. Kristin Weber, Andreas E. Schütz, Tobias Fertig, Insider Threats – Der Feind in den eigenen Reihen, in: Weber, K., Reinheimer, S. (eds) Faktor Mensch. Edition HMD. Springer Vieweg, Wiesbaden, 2022.
2. Samuel Jero, Juliana Furgala, Runya Pan, Phani Kishore epalli, Alexandra Clifford, Bite Ye, Roger Khazan, Bryan C. Ward, Gabriel Parmer, Richard Skowyra, Practical Principle of Least Privilege for Secure Embedded Systems, in: IEEE 27th Real-Time and Embedded Technology and Applications Symposium (RTAS), Nashville, TN, USA, 2021, S. 1–13.
3. Jason R. C. Nurse, Oliver Buckley, Philip A. Legg, Michael Goldsmith, Sadie Creese, Gordon R. T. Wright, Monica Whitty, Understanding Insider Threat: A Framework for Characterising Attacks, in: IEEE Security and Privacy Workshops, San Jose, CA, USA, 2014, S. 214–228.
4. Ayush Bishnoi, Garv, Saar Bishnoi, Neha Gupta, Comprehensive Assessment of Reverse Social Engineering to Understand Social Engineering Attacks, in: 5th International Conference on Smart Systems and Inventive Technology (ICSSIT), Tirunelveli, Indien, 2023, S. 681–685.
5. R. O. Oveh, G. O. Aziken, Mitigating Social Engineering Attack: A Focus on the Weak Human Link, 2022 5th Information Technology for Education and Development (ITED), Abuja, Nigerien, 2022, S. 1–4.
6. Nikola Pavković, Luka Perkov, Social Engineering Toolkit — A systematic approach to social engineering, in: Proceedings of the 34th International Convention MIPRO, Opatija, Kroatien, 2011, S. 1485–1489.
7. Wasim Alexan, Eyad Mamdouh, Mohamed ElBeltagy, Ahmed Ashraf, M. Moustafa, Hashem Al-Qurashi, Social Engineering and Technical Security Fusion, in: International Telecommunications Conference (ITC-Egypt), Alexandria, Ägypten, 2022, S. 1–5.
8. Danesh Irani, Marco Balduzzi, Davide Balzarotti Engin Kirda, Calton Pu, Reverse Social Engineering Attacks in Online Social Networks in: Holz, T., Bos, H. (eds) Detection of Intrusions and Malware, and Vulnerability Assessment. DIMVA. Lecture Notes in Computer Science, Vol. 6739. Springer, Berlin, Heidelberg, 2011.

Wie läuft ein Social Engineering-Angriff ab?

6.1 Angriffszyklusmodell von Mitnick/Simon

Die Phasen des **Social-Engineering-Angriffszyklus,** wie von Mitnick und Simon [1] klassifiziert, konzentrieren sich primär auf die allgemeinen Schritte und Entwicklungsphasen eines Social-Engineering-Angriffs. Diese Phasen dienen als Rahmenwerk, um die psychologischen Mechanismen und den Ablauf eines erfolgreichen Angriffs zu verstehen. Die spezifischen Angriffstaktiken und -techniken, die während eines Social-Engineering-Angriffs eingesetzt werden, sind äußerst vielfältig und kontextabhängig. Sie hängen stark von den individuellen Zielen des Angreifers, den Eigenschaften des Ziels und der jeweiligen Situation ab. Da es nahezu unendlich viele Variationen von Angriffsszenarien gibt, ist es schwierig, eine umfassende Liste spezifischer Taktiken und Techniken bereitzustellen, die alle möglichen Kontexte abdeckt. Stattdessen bieten Mitnick und Simon [1] ein abstraktes Modell, das sich auf die grundlegenden Schritte und Prinzipien konzentriert, die in den verschiedenen Phasen eines Social-Engineering-Angriffs wirksam sind (Abb. 6.1). Das Verständnis dieser grundlegenden Prinzipien ermöglicht es, die Dynamik und die psychologischen Aspekte von Social Engineering zu begreifen, unabhängig von den spezifischen Taktiken, die ein Angreifer möglicherweise anwendet.

Phase 1: Informationsbeschaffung
Die grundlegende Idee dieser Phase ist die Schaffung einer umfassenden Wissensbasis über das Ziel. Durch umfangreiche Informationsbeschaffung kann der Angreifer gezielt Schwachstellen und Angriffspunkte identifizieren. Diese Phase dient als Basis für die darauffolgenden Schritte und ermöglicht dem Angreifer, personalisierte und überzeugende Angriffe zu entwickeln.

E. Koza et al., *Social Engineering und Human Hacking*,
https://doi.org/10.1007/978-3-662-69388-9_6

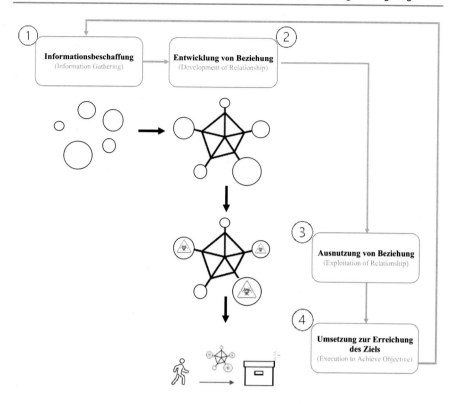

Abb. 6.1 Social Engineering Angriffszyklen [angelehnt an 1]

Phase 2: Beziehungsaufbau

Der Aufbau einer Beziehung im Social Engineering ist von entscheidender Bedeutung, da er auf sozialen Bindungen und psychologischen Mechanismen beruht.
Dieser Schritt ermöglicht es dem Angreifer, Vertrauen beim Opfer zu schaffen und
es dazu zu bringen, persönliche Informationen preiszugeben oder Zugang zu geschützten Ressourcen zu gewähren. Der Beziehungsaufbau dient als Grundlage für
die folgende Phase.

Phase 3: Beziehungsausnutzung

Die geschickte Ausnutzung der aufgebauten Beziehung ermöglicht es dem Angreifer, sein Ziel zu erreichen. Durch gezielte Manipulation kann er das Opfer
dazu bringen, Handlungen auszuführen, die seinen eigenen Interessen dienen.

   Die Beziehungsausnutzung ist subtil und darauf ausgerichtet, die Wachsamkeit
des Opfers zu umgehen und es dazu zu bringen, gegen seine eigenen Interessen zu
handeln.

Phase 4: Umsetzung des Angriffsziels

Die Umsetzung des eigentlichen Angriffsziels erfolgt in dieser Phase. Der Angreifer nutzt die in den vorherigen Schritten gesammelten Informationen und die

aufgebaute Beziehung, um sein Ziel zu erreichen. Dies kann den Diebstahl von Daten, den Zugriff auf Systeme oder andere manipulative Handlungen umfassen.

Die Phasen des Angriffes sind zunächst nicht absolut linear, sondern können je nach Kontext variieren. Der Zyklus ermöglicht es dem Angreifer, sich flexibel an die Reaktionen des Opfers anzupassen und den Angriff kontinuierlich zu verfeinern. Diese zyklische Natur macht das Modell besonders effektiv und ermöglicht es, sich an die Dynamik der menschlichen Interaktion anzupassen.

6.2   Eingeschränktheit des Angriffszyklusmodells von Mitnick/Simon

Die konzeptionelle Struktur des Social-Engineering-Angriffszyklus weist aber auch mehrere kritische Überlegungen auf, die aus wissenschaftlicher Perspektive berücksichtigt werden sollten:

Statische Struktur der Informationsbeschaffungsphase und fehlende Überlappung und Rückkopplung
Das Modell betont eine lineare Sequenz der Phasen, was angesichts der dynamischen und kontextabhängigen Natur sozialer Interaktionen als zu starr erscheint. In der Realität können sich die Phasen überlappen oder in unterschiedlicher Reihenfolge manifestieren, abhängig von den spezifischen Umständen eines Angriffs.

Fehlender Hinweis auf Teamarbeit und Aufgabenverteilung
Das Modell tendiert dazu, alle Aufgaben einer einzelnen Person zuzuschreiben, was nicht den Realitäten von Social-Engineering-Angriffen entspricht. In der Praxis arbeiten Human Hacker oft in Teams, wobei verschiedene Mitglieder unterschiedliche Aufgaben übernehmen und koordiniert agieren.

Fehlende Phase der expliziten Angriffsplanung
Eine entscheidende Phase, in der der Angriff im Voraus geplant, alternative Strategien erstellt und eine Exitstrategie festgelegt wird, scheint im Modell zu fehlen. Diese Planungsphase ist entscheidend, um auf unvorhergesehene Ereignisse zu reagieren und die Effektivität des Angriffs zu maximieren.

Kontinuierliche Informationsbeschaffung
Das Beispiel eines Tailgating-Angriffs verdeutlicht, dass die Phase der **Informationsbeschaffung** nicht nur zu Beginn eintritt und dann auch vor dem Beginn der zweiten Phase für beendet erklärt werden kann. Die kontinuierliche Beschaffung von Informationen bleibt während des gesamten Angriffszyklus entscheidend, um aktuelle Informationen und Planungsdaten zu erhalten.

Angenommen, ein Angreifer erhält durch Tailgating unautorisierten Zutritt zu einem kritischen Sicherheitsbereich eines Gebäudes. Nach dem Eintritt stellt der Angreifer fest, dass sich die Innenräume verändert haben und die aktuelle Lageplanung veraltet ist. Hier wird eine sogenannte **Request for Information (RFI)** generiert. Der Angreifer kontaktiert explizite Mitglieder seines Teams, die für die Informationsbeschaffung während des Angriffs verantwortlich sind und mit dem Angreifer in Echtzeit in Kontakt stehen. Diese Teammitglieder nutzen OSINT und SOCMINT, um in Echtzeit nach Informationen zu suchen, die vor Ort benötigt werden. In diesem Fall könnte das Team durch die kontinuierliche Informationsbeschaffung über OSINT und SOCMINT die Koordination und Navigation vor Ort übernehmen, indem es zusätzliche Informationen über den aktuellen Zustand der Innenräume bereitstellt. Zum Beispiel durch das Ermitteln der Dienstleister für die Innenraumgestaltung und die Beschaffung öffentlich zugänglicher Informationen über Korridore und Fluchtwege.

Die identifizierten kritischen Aspekte betonen die Notwendigkeit einer **adaptiven, interaktiven und inkrementellen Modellierung** im Kontext des Social-Engineering-Angriffszyklus. Eine Überarbeitung des bestehenden Modells unter Berücksichtigung dieser Aspekte könnte zu einer präziseren und realistischeren Darstellung führen, die den tatsächlichen dynamischen Anforderungen von Social-Engineering-Angriffszyklen gerecht wird.

6.3   Social-Engineering-Angriffszyklusmodell

Im folgenden Abschnitt werden wir unser neues Modell des Social-Engineering-Angriffszyklus vorstellen, das auf fünf iterativen und inkrementellen Phasen basiert. Dieses aktualisierte Modell hebt sich durch seine adaptive, interaktive und inkrementelle Herangehensweise hervor und reflektiert die Notwendigkeit einer präziseren und realistischeren Darstellung von Angriffszyklen im Kontext des Social Engineering.

Im Vergleich zum traditionellen Modell, das eine statische Struktur aufweist, adressiert unser neues Modell einige kritische Aspekte, darunter die fehlende Überlappung und Rückkopplung in der Informationsbeschaffungsphase, den Mangel an Teamarbeit und Aufgabenverteilung, das Fehlen einer expliziten Angriffsplanungsphase und Exitstrategie sowie die Notwendigkeit der kontinuierlichen Informationsbeschaffung während des gesamten Angriffszyklus. In der kommenden Skizze wird unser fünfstufiges Modell des Social-Engineering-Angriffszyklus illustriert.

Wir werden nun im Detail auf jede Phase unseres neuen Modells (Abb. 6.2) eingehen, beginnend mit der ersten Phase, der **Phase 1 Information Gathering oder Informationsbeschaffung.** Die Phase 1, die als „Informationsbeschaffung" definiert ist, fungiert als omnipräsente und fundamentale Phase, die sich kontinuierlich durch alle anderen Phasen erstreckt. Sie gilt als abgeschlossen, wenn die Exitstrategie aktiviert wird und somit die operative Angriffsaktion beendet ist. Die essenzielle Bedeutung dieser Phase wird durch ihre Schlüsselrolle verdeutlicht, sowohl vor als auch während des Angriffs. Die Rückkopplung und der parallele Verlauf dieser Phase unterstreichen ihre fundamentale Rolle in der gesamten Angriffsstruktur.

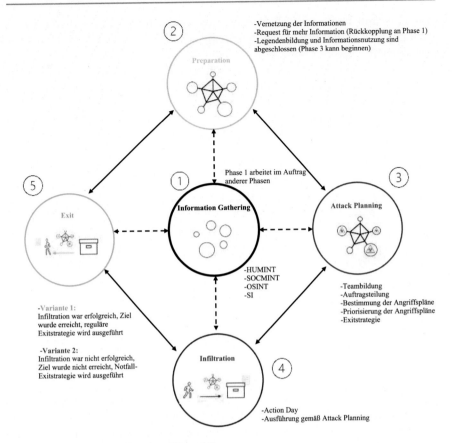

Abb. 6.2   Social Engineering-Angriffsmodell

Phase 2, Preparation oder Vorbereitung, beinhaltet die Zusammenführung, Vernetzung und Analyse der in der ersten Phase gesammelten Informationen. In dieser Phase liegt der Fokus auf der Überprüfung der Vollständigkeit, Validität und Verifikation der Informationen.

Bei festgestellten Mängeln oder Ungenauigkeiten wird der Auftrag zur weiteren Informationsbeschaffung erneut an Phase 1 delegiert. Sind die Informationen jedoch verwertbar, beginnt die strategische und taktische Angriffsplanung.

Die **Phase 3, Attack Planning oder Angriffsplanung,** umfasst die Bildung eines Teams, die Zuweisung von Aufgaben, die Konkretisierung der Angriffspläne und die Festlegung von Prioritäten für Haupt- und alternative Angriffspfade. Ein zentrales Ergebnis dieser Phase ist die Definition von Exitstrategien, die für professionelle Human Hacker unerlässlich sind, um einen erfolgreichen und gleichzeitig risikoarmen Angriff zu gewährleisten.

Phase 4, Infiltration, bezeichnet den invasiven Teil des Angriffs, der am zuvor festgelegten **Action Day** gemäß der Attack-Planning-Phase durchgeführt wird.

Dieser Schritt birgt das höchste Risiko und erfordert teilweise taktische Durchführung vor Ort. Bei Erfolg und Erreichung des Ziels wird die reguläre Exitstrategie aktiviert.

Diese reguläre Exitstrategie in der **Phase 5, Exit,** wird ruhig, geordnet und
systematisch durchgeführt, um die Aufmerksamkeit und Nachverfolgung zu minimieren. Hybridsimultane Angriffe, bei denen nicht nur die vor Ort agierenden
Angreifer die Exitstrategie ziehen müssen, sondern auch andere Human Hacker,
die beispielsweise technische Manipulationen am Kommunikationssystem vornehmen, sind keine Seltenheit. Auch hier muss sichergestellt sein, dass alle Angreifer unbemerkt und ohne Aufwecken von Interessen das Unternehmen so
unauffällig wie möglich verlassen. Während des Angriffs in Echtzeit können
Rückkopplungen in Form von RFI an Phase 1 gesendet werden. Im Falle eines
Scheiterns muss die Notfall-Exitstrategie aktiviert werden.

6.4   HUMINT

*„Eine Gefahr sollte man lieber zweimal überschätzen als einmal unterschätzen" (Andreas
Maier).*

In den nächsten Abschnitten möchten wir, bevor wir einen tieferen Einblick in die
Welt des Human Hacking geben, die beiden Begriffe **HUMINT** und **OSINT** präziser erläutern.

HUMINT, die Abkürzung für Human Intelligence, bezeichnet die
Informationsgewinnung durch menschliche Quellen. Innerhalb der Familie der
Aufklärungsträger, zu der auch SIGINT (Signal Intelligence), IMINT (Imagery Intelligence) und OSINT (Open Source Intelligence) gehören, ist HUMINT im militärischen Kontext angesiedelt [2].

Diese Form der Intelligenzgewinnung findet Anwendung in Geheimdiensten,
dem militärischen Nachrichtenwesen, staatlichen Ermittlungsbehörden sowie in
zivilen Bereichen wie der Competitive Intelligence.

Der Ursprung von HUMINT reicht weit zurück und ist untrennbar mit der Geschichte von Geheimdiensten und militärischen Operationen verbunden, wie bereits in Kap. 1 des White Chapter dargelegt wurde. Schon in antiken Zeiten wurden menschliche Quellen genutzt, um Informationen über Feinde, Strategien oder
Pläne zu sammeln, lange bevor der Begriff HUMINT geprägt wurde. Im modernen
Kontext gewann HUMINT insbesondere während des 20. Jahrhunderts, vor allem
während des Kalten Krieges, an Bedeutung. Die Informationsbeschaffung durch
verdeckte Agenten und menschliche Quellen spielte eine entscheidende Rolle in
der Spionage und im Sammeln geheimer Informationen über feindliche Staaten.

Die Techniken und Methoden der HUMINT haben sich im Laufe der Zeit
weiterentwickelt und wurden von Geheimdiensten, Militärs und Strafverfolgungsbehörden kontinuierlich verfeinert. Dies geschah, um angesichts sich wandelnder
Technologien, politischer Landschaften und globaler Bedrohungen relevant zu
bleiben.

Heutzutage spielt HUMINT in verschiedenen Bereichen eine Rolle, nicht nur im militärischen Kontext. Polizei, Sicherheitsdienste, Unternehmen und sogar kriminelle Akteure nutzen die Grundprinzipien von HUMINT, um Informationen zu sammeln. Dies kann für Sicherheitszwecke, strategische Planung oder, im Kontext des Social Engineering, zur Ausnutzung menschlicher Schwächen und Durchführung von Angriffen auf Personen und Organisationen erfolgen.

Im Kontext des Social Engineering spielt HUMINT allerdings eine entscheidende Rolle, insbesondere bei analogen Angriffen im realen Leben – sei es auf der Straße, in der Mittagspause, an der Hotelbar oder auf Fachkongressen der eigenen Branche.

Die Wahrscheinlichkeit, Opfer eines HUMINT-Angriffs oder einer Anbahnung zu werden, hängt von verschiedenen Faktoren ab. Analoge Angriffe bieten dem Angreifer unmittelbare Kontrolle, da er die Reaktionen der Zielperson direkt beobachten kann. Er kann sich an die Umgebung anpassen, den Angriff intensivieren oder sich subtil zurückziehen. Die Nachteile liegen darin, dass der Angreifer seine Identität zumindest teilweise preisgeben muss und den physischen Aufwand betreiben muss, die Zielperson vor Ort anzusprechen. Im Vergleich zu digitalen Angriffen erfordert dies mehr räumliche Nähe.

Die Einschätzung, ob man Opfer einer HUMINT-Operation werden könnte, erfordert die Überlegung, mit wem man es zu tun hat und ob aus Sicht des Angreifers der Einsatz von HUMINT gerechtfertigt ist.

Für HUMINT-Operatoren sind ein breites Skill-Set, spezifische Fähigkeiten, Persönlichkeitsmerkmale und eine ausgeprägte psychologische Veranlagung erforderlich, um Informationen durch direkte Interaktion mit Menschen zu gewinnen.

Ein effektiver HUMINT-Operator oder -Agent sollte über die nachfolgenden zehn Schlüsselqualifikationen verfügen:

Empathie und soziale Kompetenz Die Fähigkeit, sich in die Perspektive anderer Menschen zu versetzen, Emotionen zu erkennen und zwischenmenschliche Beziehungen aufzubauen.

Vertrauenswürdigkeit und Integrität Die Kompetenz, Vertrauen zu gewinnen und aufrechtzuerhalten, ohne ethische Grenzen zu überschreiten.

Kommunikationsfähigkeit Die Fähigkeit, präzise zu kommunizieren, gezielte Fragen zu stellen und Informationen zu sammeln, ohne Verdacht zu erregen.

Diskretion und Geheimhaltung Die Kompetenz, Informationen vertraulich zu behandeln und achtsam mit sensiblen Daten umzugehen.

Beobachtungsgabe und analytisches Denken Die Fähigkeit, subtile Hinweise und nonverbale Signale zu erfassen sowie Informationen zu analysieren und zu interpretieren.

Anpassungsfähigkeit und Flexibilität Die Kompetenz, sich an unterschiedliche Situationen und Persönlichkeiten anzupassen, um die gewünschten Informationen zu erhalten.

Beharrlichkeit und Geduld Die Fähigkeit, hartnäckig zu sein, selbst wenn Informationen nicht sofort verfügbar sind, und Geduld zu bewahren, um langfristige Beziehungen aufzubauen.

Psychologisches Verständnis und Menschenkenntnis Die Fähigkeit, die Motive, Verhaltensweisen und Bedürfnisse von Menschen zu verstehen.

Fähigkeit zu Risikobewertung und -management Die Kompetenz, Risiken zu bewerten und geeignete Maßnahmen zu ergreifen, um die eigene Sicherheit sowie die Integrität der Mission zu gewährleisten.

Fähigkeit zur Zusammenarbeit im Team In vielen Situationen arbeiten HUMINT-Operatoren in Teams, weshalb die Fähigkeit zur Kooperation und Zusammenarbeit von Vorteil ist.

Diese Eigenschaften sind von entscheidender Bedeutung, um im Bereich HUMINT erfolgreich zu agieren. Personen, die in diesem Bereich tätig sind, müssen häufig mit komplexen und unvorhersehbaren Situationen umgehen und sich auf ihre zwischenmenschlichen Fähigkeiten verlassen, um Informationen zu sammeln, während sie gleichzeitig ethische Standards einhalten.

Vor dem Einstieg in die HUMINT-Techniken ist es wichtig zu beachten, dass der Einsatz von Abhörmitteln oder das unmittelbare Belauschen zwar ebenfalls Informationen von Menschen liefern kann. Dies fällt jedoch eher unter die Rubrik Informationsbeschaffung und wird nicht als klassische HUMINT-Technik betrachtet. Daher spricht man hier weniger von Informationsbeschaffung (illegale Mittel und Methoden), sondern eher von Informationsgewinnung, da alle Informationen freiwillig preisgegeben werden – wobei nicht ausgeschlossen ist, dass die Opfer zuvor psychologisch manipuliert wurden.

Neben den oben aufgeführten Eigenschaften sind für den erfolgreichen Einsatz von HUMINT verschiedene Techniken erforderlich, um unbemerkt Informationen von Menschen zu gewinnen.

Psychologisches Profiling und Persönlichkeitsanalyse: Diese Technik nutzt psychologische Methoden, um das Verhalten, die Persönlichkeit und die Motivation einer Zielperson zu analysieren und zu verstehen.

Beobachtung und Überwachung: Hier kommen Beobachtungstechniken zum Einsatz, um Verhaltensmuster, Interaktionen und andere wichtige Informationen über eine Person oder Gruppe zu sammeln.

Interessenanalyse und Profiling: Diese Methode beinhaltet das Studium und die Analyse der Interessen, Persönlichkeitseigenschaften und Motivationen einer Zielperson, um Handlungen vorherzusagen und sie zu beeinflussen.

Undercover-Einsätze und Tarnung: Der HUMINT-Operator taucht in eine Gruppe oder Umgebung ein, um Informationen aus erster Hand zu sammeln, ohne als Fremder oder Spion erkannt zu werden.

Rekrutierung von Quellen: Hierbei wird gezielt versucht, Informanten oder Agenten zu gewinnen, um langfristige Informationsquellen zu etablieren.

Aktives Zuhören: Diese Fähigkeit beinhaltet, aktiv zuzuhören, Details zu erkennen und zwischen den Zeilen zu lesen, um wichtige Informationen zu erhalten.

Vertrauensbildung und Beziehungsaufbau: Es geht darum, gezielt eine Vertrauensbasis aufzubauen, um die Bereitschaft der Zielperson zu erhöhen, Informationen preiszugeben. Dies kann durch Ähnlichkeiten in Interessen oder durch Sympathie geschaffen werden.

Manipulationstechniken: Verschiedene Methoden, um das Verhalten oder die Denkweise einer Person zu beeinflussen und Informationen zu erhalten, beispielsweise durch Lob, Anerkennung, Bestechung, Drohungen, Reziprozität, Schmeichelei u. v. m.

Körpersprache und nonverbale Signale: Hier geht es um das Verständnis und die Ausnutzung von nonverbalen Hinweisen, um Emotionen, Unbehagen oder Wohlwollen zu erkennen und darauf entsprechend zu reagieren, um Vertrauen aufzubauen.

Framing und Fragestellung: Die Kunst, Fragen so zu stellen, dass gewünschte Informationen erhalten werden, ohne dabei verdächtig zu wirken oder Misstrauen zu erregen.

Rapport-Aufbau: Die Fähigkeit, schnell eine Beziehung aufzubauen, um eine Atmosphäre des Vertrauens und der Offenheit zu schaffen.

Autoritätsausnutzung: Das Ausnutzen von Autorität oder Hierarchien, um die Zielperson dazu zu bringen, Informationen preiszugeben, die sie normalerweise nicht enthüllen würde.

Cross-Referenzierung und Validierung: Die Fähigkeit, Informationen von verschiedenen Quellen zu sammeln und zu überprüfen, um die Glaubwürdigkeit und Genauigkeit zu bestätigen.

Umgang mit Widerstand und Misstrauen: Strategien, um Widerstand oder Misstrauen seitens der Zielperson zu überwinden, beispielsweise durch Verhandlung, Ablenkung oder Geduld.

Informationsaustausch und Debriefing: Hierbei erfolgt das systematische Sammeln von Informationen durch Gespräche mit Quellen und das Debriefing nach Einsätzen oder Treffen, um relevante Informationen zu extrahieren.

HUMINT sollte als eine potenziell äußerst wirkungsvolle Angriffstechnik betrachtet werden, obwohl die Wahrscheinlichkeit geringer ist, von einer Person mit HUMINT-Techniken angebahnt und angegriffen zu werden als durch eine Phishing-Mail.

Es stellt sich dennoch die Frage, welche Möglichkeiten einem Angreifer, selbst bei geringerer Wahrscheinlichkeit, offenstehen, wenn ein Human Hacker über das umfassende Skill-Set eines HUMINT-Operators verfügt. Was würde es über die Qualität der Social-Engineering-Angriffe aussagen, wenn auch eine E-Mail-Korrespondenz oder der Vishing-Anruf von einem HUMINT-Operator durchgeführt werden würde? Als Verteidiger bleibt uns im Vorfeld unbekannt, mit welchem Angreifer wir es genau zu tun haben.

Dennoch ist es ratsam, stets davon auszugehen, dass potenzielle Angreifer besser ausgebildet sind als wir selbst. Diese Annahme unterstreicht die Notwendigkeit, sich auf eine Vielzahl von Angriffsszenarien vorzubereiten, selbst solche, die von hochqualifizierten HUMINT-Operatoren durchgeführt werden könnten.

6.5   OSINT

Open Source Intelligence **(OSINT)** bezieht sich auf die systematische Sammlung, Analyse und Nutzung von Informationen aus öffentlich zugänglichen Quellen. Hierzu zählen das Internet, einschließlich sozialer Medien, Online-Kartenwerkzeuge, Nachrichtenartikel, öffentliche Register und andere frei verfügbare Informationsquellen. Das Ziel von OSINT besteht darin, Einblicke in verschiedene Datentypen zu gewinnen, von persönlichen Informationen über Organisationsdaten bis hin zu geografischen und Finanzdaten. Die Methoden der OSINT umfassen das Durchsuchen öffentlicher Datenbanken, das Verfolgen von Social-Media-Beiträgen, die Analyse von Online-Bildern und weitere Techniken.

Durch die Zusammenstellung und Analyse dieser Informationen können OSINT-Anwender umfassende Profile von Personen, Organisationen oder Ereignissen erstellen.

6.5.1   Bedeutung von OSINT im Kontext von Social Engineering

OSINT spielt eine entscheidende Rolle im Kontext des Social Engineering [3]. Die Bedeutung von OSINT im Bereich des Social Engineering ergibt sich aus verschiedenen Schlüsselfaktoren. OSINT ermöglicht es Social Engineers, hoch relevante und personalisierte Informationen über ihre Ziele zu sammeln. Durch das Verständnis individueller Vorlieben, Aktivitäten und Netzwerke können Social Engineers überzeugendere Angriffe entwickeln.

Der Erfolg erfordert das Aufbauen von Vertrauen. OSINT kann dabei unterstützen, Vertrauen zu schaffen, indem es den Anschein erweckt, dass der Angreifer detaillierte Informationen über das Opfer besitzt. Dies kann durch das Zitieren persönlicher Details oder das Bezugnehmen auf vergangene Ereignisse erreicht werden. OSINT befähigt Social Engineers auch, passende Angriffsvektoren zu identifizieren. Durch das Verständnis der sozialen Struktur und Hierarchie eines Ziels können Angreifer gezielt Schwachstellen in der menschlichen Verteidigungslinie ausnutzen und diese möglichst personalisieren, um sich in den sozialen Kontext einzufügen und authentisch zu wirken. Das Verständnis sozialer Normen, Verhaltensweisen und Beziehungen ist entscheidend für die Durchführung effektiver sozialer Angriffe. Dies macht die Angriffe glaubwürdiger und erhöht die Wahrscheinlichkeit, dass Opfer auf Manipulationen reagieren. Insgesamt stellt OSINT ein leistungsstarkes Instrument im Arsenal eines Social Engineer dar, da es der Schlüssel zur Informationsgewinnung und sozialen Manipulation ist.

6.5.2   Ursprung und Entwicklung von OSINT

Der Ursprung von OSINT kann bis zu den Anfängen der menschlichen Informationsbeschaffung zurückverfolgt werden. In militärischen Kontexten war die Sammlung von Informationen über den Feind stets von entscheidender Bedeutung. Historisch betrachtet griff man neben HUMINT – der Informationsbeschaffung durch menschliche Quellen – auch auf öffentlich verfügbare Quellen wie Zeitungen, Karten und offizielle Dokumente zurück.

Während des Kalten Krieges erlebte die Entwicklung von OSINT einen Wendepunkt, insbesondere durch die Aktivitäten der Geheimdienste. Der Ost-West-Konflikt führte zu verstärkten Bemühungen, Informationen aus öffentlich zugänglichen Quellen zu sammeln. Dabei spielten nicht nur klassische Quellen wie Zeitungen eine Rolle, sondern auch die systematische Analyse von Rundfunk- und Fernsehsendungen.

Mit dem Aufkommen des Internets in den 1990er-Jahren erfuhr OSINT eine revolutionäre Veränderung. Die Digitalisierung ermöglichte einen schnellen und umfassenden Zugang zu einer schier endlosen Menge an Informationen. Suchmaschinen, Online-Archive und soziale Medien sowie Unternehmen, die sich auf die Aufarbeitung und Bereitstellung von Informationen spezialisiert haben, wurden zu wertvollen Quellen für OSINT-Anwender.

Die letzten Jahrzehnte haben einen explosionsartigen Anstieg der verfügbaren Technologien für OSINT erlebt. Fortschritte in den Bereichen maschinelles Lernen, Datenanalyse und KI haben die Effizienz und Genauigkeit von OSINT-Tools erheblich verbessert.

Automatisierte Scans, Bilderkennung und Sprachanalyse sind Beispiele für moderne Technologien, die in OSINT integriert wurden und kontinuierlich weiterentwickelt werden.

Die weitverbreitete Nutzung von sozialen Medien hat den digitalen Fußabdruck von Individuen und Organisationen erheblich vergrößert. OSINT kann nun detaillierte Profile erstellen, die nicht nur persönliche Informationen, sondern auch Verhaltensmuster und soziale Verbindungen umfassen. Die Globalisierung hat OSINT zu einem internationalen Instrument gemacht, wodurch Informationen nahezu in Echtzeit von jedem Ort der Welt abgerufen werden können. Die zunehmende Vernetzung von Datenbanken und öffentlichen Informationen über Landesgrenzen hinweg hat OSINT zu einer globalen Disziplin gemacht.

Die gestiegene Verfügbarkeit von Informationen hat auch Herausforderungen im Bereich Datenschutz und Ethik mit sich gebracht. Der Schutz persönlicher Daten und die Achtung der Privatsphäre sind zu wichtigen Anliegen geworden, was sich in Gesetzgebungen wie der Datenschutzgrundverordnung (DSGVO) in der Europäischen Union widerspiegelt.

Die Ursprünge und Entwicklungen von OSINT verdeutlichen den revolutionären Einfluss der Informationsgewinnung aus öffentlich zugänglichen Quellen. Von den Anfängen der menschlichen Spionage bis zur Ära der digitalen Technologien hat OSINT eine faszinierende Entwicklung durchlaufen.

6.5.3   OSINT-Grundlagen

Der Social Engineer interessiert sich vor allem für persönliche Informationen über seine Zielperson, darunter Klarnamen, Alias, Geburtsdaten, Adressen, Telefonnummern, berufliche Hintergründe, Ausbildungen sowie weitere biografische Details, Interessen, Freunde und Social-Media-Interaktionen [4].

Soziale Medien stellen oft reiche Quellen für persönliche Informationen dar, da Nutzer freiwillig viele Details über sich selbst oder Dritte preisgeben.

Organisationsdaten beziehen sich auf Informationen über Unternehmen, Institutionen oder andere Organisationen. Dies umfasst Firmennamen, Branchen, Organigramme, Standorte, Geschäftsmodelle, Partnerschaften und rechtliche Strukturen. Diese Informationen können aus öffentlichen Unternehmensregistern, offiziellen Websites und anderen veröffentlichten Quellen extrahiert werden.

Mit der Zunahme von visuellem und auditivem Content im Internet sind auch Bilder, Audiodateien und Videodaten zu wichtigen Informationsquellen geworden. Bildanalyse-Tools ermöglichen beispielsweise Gesichtserkennung oder das Identifizieren von Standorten. Durch OSINT können auch öffentlich zugängliche Audio- oder Videodateien auf Hinweise und relevante Informationen überprüft werden.

Geografische Daten umfassen Informationen über Orte, Standorte und geografische Merkmale, angefangen von GPS-Koordinaten in Social-Media-Beiträgen bis hin zu kartografischen Daten öffentlicher Plätze. Finanzielle Daten beinhalten Informationen über Budgets, Finanztransaktionen, öffentliche Finanzberichte von Unternehmen und mehr.

Eine grundlegende und weitverbreitete OSINT-Methode ist die Nutzung von Suchmaschinen.

Durch geschickte Suchanfragen, beispielsweise mithilfe von Google-Operatoren, können spezifische Informationen über Personen, Unternehmen oder Themen gefunden werden. Obwohl sich Google als die meistgenutzte Suchmaschine durchgesetzt hat, kann es manchmal zweckmäßig sein, mehr als eine Suchmaschine zu verwenden. Metasuchmaschinen bieten den Vorteil, Suchergebnisse von mehreren Suchmaschinen zusammenzufassen, was zwar die Anzahl der Suchtreffer erhöht, aber nicht unbedingt die Auswertung der angezeigten Daten erleichtert.

Die Analyse von Social-Media-Plattformen ermöglicht die Extraktion von persönlichen Informationen, sozialen Verbindungen und Aktivitäten. OSINT-Anwender können durch das Überwachen von Profilen, die Analyse von Beiträgen und Interaktionen wichtige Einblicke gewinnen. Verschiedene OSINT-Tools [5], wie Maltego und SpiderFoot für die Visualisierung von Verbindungen, Shodan für die Suche nach vernetzten Geräten im Internet der Dinge und Recon-ng für die Durchführung von Informationsgewinnung über verschiedene Plattformen, stehen zur Verfügung.

Die Kombination verschiedener Datentypen und die Analyse von Datenmengen können tiefgreifende Erkenntnisse liefern. Die Verknüpfung von Informationen aus verschiedenen Quellen ermöglicht es OSINT-Anwendern, umfassende Profile zu erstellen und komplexe Zusammenhänge zu verstehen.

Durch die Analyse von OSINT-Daten kann ein Angreifer überzeugende Angriffsszenarien erstellen, die auf den gesammelten Informationen basieren. Dies kann die Nutzung von vertrauten Namen, Themen oder Ereignissen beinhalten, um die Wahrscheinlichkeit einer erfolgreichen Manipulation zu erhöhen. OSINT ermöglicht es, Angriffe so zu gestalten, dass sie nahtlos in die Lebenswelt des Opfers passen.

Die Verbindung zwischen OSINT und Social Engineering liegt im Aufbau von Vertrauen und Glaubwürdigkeit.

OSINT liefert Informationen, die es einem Angreifer ermöglichen, sich als vertrauenswürdige Quelle auszugeben. Dies kann die Kenntnis über persönliche Vorlieben, berufliche Hintergründe oder gemeinsame Kontakte umfassen. Der Aufbau von Vertrauen ist daher entscheidend, um das Opfer dazu zu bringen, auf Anfragen einzugehen oder sensible Informationen preiszugeben.

OSINT ermöglicht die Personalisierung von Angriffsvektoren. Anstatt generische Phishing-E-Mails zu versenden, kann ein Angreifer dank OSINT personalisierte Nachrichten (Spear Phishing) erstellen. Diese können auf spezifische berufliche Herausforderungen, Interessen oder sogar persönliche Beziehungen abzielen. Die Integration von OSINT in Social Engineering macht die Angriffe daher gezielter und überzeugender.

Auch technische (IT-)Sicherheitslösungen können mithilfe von OSINT identifiziert oder aufgeklärt werden. In der Pentest-Aufklärungsphase kann OSINT dazu dienen, Bilder des Zielobjekts zu ermitteln und Einblicke in Zutrittskontrollsysteme sowie Videoüberwachungssysteme ermöglichen [6]. Selbst in Imagevideos des Zielunternehmens können durch OSINT sensible Informationen, wie lesbare Dokumente an den Wänden oder sichtbare PC-Arbeitsplätze mit erkennbaren Betriebssystemen und Anwendungen, aufgedeckt werden.

Der Nutzen von OSINT hängt stark von der Fähigkeit ab, zielgerichtet Informationen zu gewinnen. Es ist entscheidend, klare Ziele für die Informationsgewinnung zu definieren und gezielt nach relevanten Daten zu suchen, ohne sich im Internet zu verlieren. Ein fundiertes Verständnis der spezifischen Informationen, die für einen erfolgreichen Social-Engineering-Angriff benötigt werden, ist dabei entscheidend.

Erfolgreiches OSINT erfordert nicht nur die Sammlung von Daten, sondern auch die kontextualisierte Analyse dieser Informationen. Die Fähigkeit, Zusammenhänge zwischen verschiedenen Informationen herzustellen und eine ganzheitliche Analyse durchzuführen, verbessert die Erfolgsaussichten erheblich.

Die Vielfalt von verfügbaren Informationen und die breite Palette von OSINT-Methoden und -Techniken unterstreichen die Komplexität und Mächtigkeit dieser Disziplin. Der Erfolg von OSINT liegt oft in der geschickten Anwendung einer Kombination dieser Elemente, um präzise und relevante Ergebnisse zu erzielen.

Die Identifikation und Nutzung vertrauenswürdiger Quellen stellen Schlüsselfaktoren für den Erfolg von OSINT dar. Zuverlässige Informationen entspringen glaubwürdigen Quellen und die Fähigkeit, solche Quellen zu identifizieren, minimiert das Risiko von Fehlinformationen. OSINT-Anwender sollten lernen, zwischen zuverlässigen und potenziell irreführenden Quellen zu unterscheiden und die gewonnenen Informationen zusätzlich hinsichtlich ihrer Wahrscheinlichkeit zu bewerten.

Die Geschwindigkeit und Aktualität der Informationsbeschaffung sind weitere entscheidende Erfolgsfaktoren. OSINT-Daten veralten rasch, insbesondere in der dynamischen Online-Welt. Ein effektiver OSINT-Anwender muss in der Lage sein, die Aktualität der gesammelten Informationen zu gewährleisten und schnelle Entscheidungen auf Grundlage dieser Daten zu treffen.

Die OSINT-Landschaft befindet sich in ständigem Wandel und erfolgreiche Anwender müssen flexibel und anpassungsfähig sein.

Kreativität spielt eine zentrale Rolle bei der Entwicklung neuer Methoden zur Informationsgewinnung und bei der Anpassung an sich verändernde Plattformen und Technologien. Analytische Fähigkeiten sind ebenfalls entscheidend, um aus den gesammelten Daten sinnvolle Erkenntnisse zu extrahieren. OSINT im Kontext von Social Engineering erfordert die Fähigkeit, Muster zu erkennen, Zusammenhänge herzustellen und relevante Informationen zu priorisieren. Analytische Fähigkeiten tragen dazu bei, präzise Profile der Zielpersonen oder -organisatio-

nen zu erstellen. Kontinuierliche Weiterbildung sollte für jeden OSINT-Anwender
Standard sein. Die Teilnahme an Schulungen, die Verfolgung von Entwicklungen
in der Technologie und die Anpassung an neue Tools und Methoden sind wesentliche Bestandteile der fortlaufenden Weiterbildung von OSINT-Anwendern im
Kontext von Social Engineering [7].

Eine bedeutende Evolution im Bereich OSINT besteht in der verstärkten Automatisierung von Informationsbeschaffungsprozessen. Durch den Einsatz von KI
und maschinellem Lernen können OSINT-Tools und -Plattformen große Datenmengen effizienter durchsuchen, relevante Informationen extrahieren und Zusammenhänge herstellen. Diese Automatisierung ermöglicht eine schnellere und
genauere Informationsbeschaffung in Echtzeit.

Angesichts der wachsenden Bedrohungen durch Cyberkriminalität und Aktivitäten im Darknet integrieren OSINT-Anwender vermehrt Monitoring-Tools, um
Aktivitäten in diesen verborgenen Online-Bereichen zu überwachen.

Die Identifizierung potenzieller Risiken und Angriffsvektoren aus dem Darknet
wird zu einer bedeutenden Komponente in OSINT-Untersuchungen und Recherchen.

Mit dem zunehmenden Einsatz von Bildern, Videos und Audioinhalten in Online-Plattformen wird die multimediale Analyse zu einer wichtigen Entwicklung
im OSINT-Bereich. Tools, die die Verarbeitung und Analyse von Multimedia-
Inhalten ermöglichen, erweitern die Möglichkeiten der Informationsbeschaffung
und tragen dazu bei, ein umfassenderes Bild von Zielpersonen oder Organisationen zu erstellen.

Die Verfügbarkeit von OSINT-Quellen aus verschiedenen Teilen der Welt
nimmt zu, da immer mehr Informationen online geteilt werden. OSINT-Prakti-
ker müssen daher in der Lage sein, auf global verteilte Datenquellen zuzugreifen
und kulturelle Unterschiede zu berücksichtigen. Die Globalisierung von OSINT
eröffnet neue Chancen, bringt aber auch Herausforderungen in Bezug auf Datenschutz und rechtliche Aspekte mit sich. Insbesondere die Verbreitung von Deepfake-Technologien könnte die OSINT-Landschaft im Bereich Social Engineering
erheblich beeinflussen. Die Fähigkeit, täuschend echte gefälschte Inhalte zu erstellen, erhöht das Risiko von Manipulation und Täuschung. OSINT-Anwender müssen in der Lage sein, solche Technologien zu erkennen und deren Auswirkungen auf die Glaubwürdigkeit von Informationen zu berücksichtigen.

Die zunehmende Sensibilität für Datenschutz und die Einführung strenge-
rer Datenschutzgesetze weltweit werden voraussichtlich die Art und Weise beeinflussen, wie OSINT durchgeführt wird. Zukünftige Trends könnten verstärkte
Anforderungen an die Compliance mit Datenschutzbestimmungen und ethischen
Standards für OSINT-Anwender mit sich bringen.

Unternehmen könnten verstärkt OSINT nutzen, um ihre eigene Online-Präsenz
zu überwachen, Bedrohungen frühzeitig zu erkennen und Schwachstellen in der
Sicherheitsarchitektur zu identifizieren. Die Integration von OSINT in unter-
nehmensinterne Sicherheitsstrategien könnte zu einer verstärkten Zusammenarbeit zwischen OSINT-Experten und Sicherheitsteams führen. Dies wäre auch ein
wichtiger Schritt für Unternehmen in die Richtung der aktiven und nicht reaktiven

Cyberverteidigung. Die Integration von OSINT in Cyber Threat Intelligence wird voraussichtlich zunehmen, da Unternehmen ihre Fähigkeiten zur Früherkennung von Cyberbedrohungen stärken müssen. Die Verknüpfung von OSINT mit anderen Quellen von Bedrohungsdaten ermöglicht eine umfassendere Bedrohungsanalyse und trägt dazu bei, präventive Maßnahmen zu verbessern.

Die Entwicklungen im Bereich OSINT und die damit verbundenen Trends im Social Engineering werden durch technologische Fortschritte, gesetzliche Anforderungen und die sich ändernde Bedrohungslandschaft beeinflusst. Eine proaktive Anpassung an diese Trends ist entscheidend, um OSINT im Kontext von Social Engineering effektiv zu gestalten.

OSINT ist zweifellos als eines der wichtigsten Assets für einen Social Engineer zu bewerten. Ein Social-Engineering-Angriff basiert auf dem Wissen über die Zielperson und den daraus ableitbaren Motiven, Absichten, Einstellungen und Emotionen.

Dieses individuelle Wissen, zusammen mit allgemeinen, kulturspezifischen Kenntnissen, nutzt der Social Engineer, um das Verhalten seiner Zielperson vorherzusagen und für seine Zwecke zu nutzen. Im nächsten Kapitel gehen wir auf die beständige Entwicklung des Social Engineering ein.

Literatur

1. Kevin D. Mitnick, William L. Simon, Steve Wozniak, Controlling the Human Element of Security: The Art of Deception, Wiley, 2003.
2. Gabriel Traian Ungureanu, Open Source Intelligence (OSINT). The way ahead, in: Journal of Defense Resources Management, Vol. 12, Issue 1, 2021, S. 177–200.
3. Fahimeh Tabatabaei, Douglas Wells, Open Source Intelligence Investigation – OSINT in the Context of Cyber-Security, Heidelberg: Springer International Publishing AG, 2016, S. 215–221.
4. Takayuki Sasaki, Katsunari Yoshioka, Tsutomu Matsumoto, Who are you? OSINT-based Profiling of Infrastructure Honeypot Visitors, in: 11th International Symposium on Digital Forensics and Security (ISDFS), Chattanooga, TN, USA, 2023, S. 1–6.
5. Marcus Walkow, Daniela Pöhn, Systematically Searching for Identity-Related Information in the Internet with OSINT Tools, in: 9th International Conference on Information Systems Security and Privacy (ICISSP 2023), Neubiberg, Deutschland, 2023, S. 402–409.
6. Anton O. Bryushinin, Alexandr. V. Dushkin, Maxim A. Melshiyan, Automation of the Information Collection Process by Osint Methods for Penetration Testing During Information Security Audit, in: Conference of Russian Young Researchers in Electrical and Electronic Engineering (ElConRus), Saint Petersburg, Russland, 2022, S. 242–246.
7. Leslie Ball, Gavin Ewan, Natalie Coull, Undermining Social Engineering using Open Source Intelligence Gathering, in: Proceedings of the International Conference on Knowledge Discovery and Information Retrieval (KDIR), 2012 S. 275–280.

Evolution des Social Engineering

Die Evolution, als fortwährender Prozess der Anpassung und Veränderung, zeigt deutliche Parallelen zu den Dynamiken im Bereich des Social Engineering. In beiden Kontexten sind erfolgreiche Anpassungen an die Umgebung entscheidend für das Überleben und die Durchsetzung bestimmter Merkmale beziehungsweise Techniken. Im Bereich des Social Engineering ist nicht nur die historische Erprobung von Methoden relevant, sondern auch ihre kontinuierliche Anpassung an eine sich wandelnde Umgebung. Ähnlich der Evolution, in der die effektivsten Anpassungen überleben und dominieren, müssen auch die Methoden des Social Engineering laufend optimiert werden, um in einer sich entwickelnden Bedrohungslandschaft erfolgreich zu sein. Es ist von essenzieller Bedeutung zu betonen, dass die gegenwärtigen Erscheinungsformen von Angriffen durch Social Engineering nur vorübergehend sind. Während wir in unserer Verteidigung statisch verharren, setzen Hacker und Cyberkriminelle ihre Kreativität und Dynamik ein, um ständig neue, modifizierte Angriffe zu entwickeln.

In einem permanenten Wettkampf gegen einen dynamischen Gegner werden statische Verteidigungsstrategien zwangsläufig unterlegen sein. Daher gilt es, nicht nur die bestehenden, sondern auch die sich fortlaufend entwickelnden Methoden des Social Engineering zu verstehen und flexibel anzupassen. Diese Erkenntnis ermöglicht eine proaktive Verteidigung und befähigt dazu, den Herausforderungen einer sich ständig verändernden Bedrohungslandschaft effektiv zu begegnen.

In diesem Zusammenhang beginnt unsere Ausführung mit der KI und deren Bedeutung für die Informationssicherheit, insbesondere im Kontext des Social Engineering. KI basiert auf Algorithmen und Modellen, die Maschinen befähigen, menschenähnliche Aufgaben zu erfüllen, zu lernen und Probleme zu lösen. Ein lernendes System in der KI bezieht sich auf die Fähigkeit einer Maschine, aus Erfahrungen zu lernen und sich anzupassen, um ihre Leistung zu verbessern. Dieser Lernprozess erfolgt durch Algorithmen, die auf Daten trainiert werden, um Muster

E. Koza et al., *Social Engineering und Human Hacking*,
https://doi.org/10.1007/978-3-662-69388-9_7

zu erkennen und Vorhersagen zu treffen. Die Interaktion mit Anwendern erfolgt über sogenannte Prompts [1].

Beim Prompt Engineering geht es darum, die Formulierung der Eingabeaufforderung so zu gestalten, dass das Modell die gewünschten Informationen oder Antworten präzise und effektiv generiert.

Dieser experimentelle Prozess kann verschiedene Ergebnisse hervorrufen und geschicktes Prompt Engineering verbessert die Leistung des KI-Modells.

Ein Nutzer gibt einen Textprompt ein und das Modell generiert daraufhin eine Antwort. Diese Interaktion kann iterativ erfolgen, wobei der Benutzer auf die generierten Antworten reagiert und so den Fortschritt oder die Richtung des Gesprächs beeinflusst. Diese iterative Interaktion ermöglicht es dem Modell, sich auf die spezifischen Anforderungen und den Kontext des Benutzers einzustellen.

Die Angaben werden mithilfe eines „Large Language Model" (LLM) von natürlicher Sprache in eine maschinenlesbare Form überführt und verarbeitet. Diese Modelle zeichnen sich durch ihre Fähigkeit aus, große Mengen an Textdaten zu verarbeiten, zu lernen und darauf basierend komplexe sprachliche Aufgaben auszuführen. Modelle wie GPT-3 (Generative Pre-trained Transformer 3) sind Beispiele für LLM [2, 3].

Insgesamt ermöglichen die Flexibilität und Vielseitigkeit von LLM die Bewältigung verschiedener Aufgaben, von der Textgenerierung über Übersetzungen bis hin zu Frage-Antwort-Aufgaben, basierend auf den bereitgestellten Prompts. Die Einführung von KI in die Welt der Cyberkriminalität und des Social Engineering hat zweifellos eine neue Ära der Cyber-Defense-Strategien und -Modelle eingeleitet. Die Möglichkeit für jeden Anwender, unabhängig von Programmierkenntnissen durch einfache Texteingaben mit KI-Modellen zu interagieren, eröffnet nicht nur Chancen, sondern birgt auch erhebliche Gefahren [4, 5]. Die intuitive Kommunikation mit KI-Modellen ermöglicht es auch Personen ohne tiefgreifende technische Kenntnisse, fortgeschrittene Angriffsszenarien zu konzipieren und auszuführen. Dies beinhaltet beispielsweise das Generieren von Schadcodes und personalisierten Phishing-Angriffen. Der einfache Zugang zu solchen Techniken erhöht die Bedrohungslage erheblich.

KI-gestützte Social-Engineering-Tools ermöglichen die Automatisierung von Angriffen [6]. Durch die Verwendung von KI-Modellen können Angreifer komplexe Angriffsszenarien entwickeln und ausführen, ohne ein tiefes Verständnis für die zugrunde liegende Technologie zu haben. Dies führt zu einem Anstieg von Angriffen und einer breiteren Verwundbarkeit. KI ermöglicht eine präzise Personalisierung von Phishing-Angriffen, da Modelle in der Lage sind, aus den Interaktionen mit Anwendern zu lernen und gezielte Angriffe zu entwickeln. Dies bedeutet, dass Phishing-E-Mails oder -Nachrichten personalisiert und überzeugender werden, was die Wahrscheinlichkeit eines erfolgreichen Angriffs erhöht.

Dabei müssen wir die Rolle von öffentlich zugänglichem Code in KI-gestützten Angriffen ebenfalls berücksichtigen. Es ist unbestreitbar, dass öffentlich zugänglicher Code, insbesondere auf Plattformen wie GitHub, eine maßgebliche Rolle in der Entwicklung von KI-gestützten Angriffen spielt. Diese Entwicklung stellt eine bedeutende Herausforderung für die Informationssicherheit dar und erhöht die Komplexität der Abwehrmechanismen.

GitHub und ähnliche Plattformen dienen als Ressource für eine Vielzahl von KI-Codes, einschließlich Algorithmen für Scraping und andere potenziell schädliche Aktivitäten. Die öffentliche Verfügbarkeit erleichtert es Angreifern, auf bereits vorhandenen Code zuzugreifen und diesen für ihre eigenen Zwecke anzupassen.

Im Folgenden präsentieren wir Ihnen, wie KI als treibende Kraft eine evolutionäre Entwicklung im Kontext der Cyberkriminalität und des Social Engineering in Gang gesetzt hat. Die vorgestellten Techniken und Methoden beruhen auf Forschungsergebnissen, die unter moralischen und ethischen Gesichtspunkten entwickelt und analysiert wurden. Wie zu Beginn unserer Reise betont, können Sie Ihre IT-Systeme und Ihre involvierten Mitarbeiter, aber auch sich selbst nur dann effektiv schützen, wenn Sie sich am Grundsatz *Situational Awareness* orientieren [7]:

> *„Lernen Sie Ihre potenziellen Angreifer und die Umgebung Ihrer digitalen Landschaft in 360 Grad kennen."*

Eine umfassende Kenntnis über die Denk- und Handlungsweise potenzieller Angreifer ist entscheidend, um präventive, reaktive und detektierende Schutzmaßnahmen gezielt zu entwickeln und einzusetzen. In diesem Kontext wird verdeutlicht, dass ein tiefgreifendes Verständnis über die Motivationen, Taktiken und Ziele der potenziellen Angreifer von essenzieller Bedeutung ist, um ihre Sicherheitsarchitektur optimal auszurichten und Schwachstellen gezielt zu adressieren. Diese Grundlage ermöglicht eine effektive Verteidigung, die sich ständig an die sich verändernde Bedrohungslandschaft anpasst – eine Situational Awareness in ihrer besten Form. Aus der Beobachtung lassen sich also zahlreiche Erkenntnisse gewinnen, die dann in Form von präventiven, detektierenden und reaktiven Modellen zum Schutz Ihrer Informationssicherheit integriert werden können. Daher wird im Weiteren der Versuch unternommen, Ihnen diese Anwendungsbereiche von KI aufzuzeigen, ohne dabei detaillierte Angriffsschritte und -inhalte preiszugeben.

Im Rahmen unserer Forschungsinitiative mit dem Titel *„KI für und gegen Informationssicherheit"* wurde ein experimenteller Ansatz verfolgt, um die Effektivität von KI im Kontext von Social Engineering zu untersuchen, insbesondere in Bezug auf das Phänomen des Catfishing über Social-Media-Plattformen mit Business- und Unterhaltungsschwerpunkt. Hierbei wurden ausschließlich legale und zugelassene KI-Tools unter strikter Beachtung moralischer und ethischer Grundsätze verwendet.

7.1   Modifiziertes Catfishing im Kontext des Social Engineering

Catfishing ist eine Form des Identitätsbetrugs, bei dem ein Individuum eine gefälschte Online-Persönlichkeit annimmt, um andere zu täuschen. Diese Täuschung kann durch die Schaffung einer falschen Identität mittels gefälschter Informationen, Bilder und sozialer Profile erfolgen.

Der Begriff „Catfishing" hat seinen Ursprung in der Metapher des Fischens mit lebenden Ködern, bei dem der Betrüger wie ein Angler einen Köder auslegt, um ahnungslose Personen anzuziehen [8].

Im Kontext des Catfishing werden häufig gefälschte Profile auf sozialen Netzwerken, Dating-Plattformen oder anderen Online-Gemeinschaften erstellt.

Die Motivationen für Catfishing können vielfältig sein, von persönlichem Vergnügen über zwischenmenschliche Beziehungen bis hin zu betrügerischen Absichten. Der Prozess des Catfishing beinhaltet oft die bewusste Schaffung einer Identität, die den Erwartungen und Interessen der potenziellen Opfer entspricht. Dies kann die Verwendung gefälschter Fotos, die Erfindung von persönlichen Geschichten und das Vortäuschen bestimmter Merkmale oder Interessen umfassen [9].

In Rahmen dieser Forschungsinitiative wurde der Catfisher mithilfe von KI generiert, wobei detaillierte Prompts definiert wurden, um Geschlecht, Alter, ethnische Zugehörigkeit, Wohnadresse, Tätigkeitsfelder und Kenntnisse zu formulieren und zu präzisieren. Auf Basis dieser Vorgaben erstellte die KI einen Steckbrief, der die Attribute des Catfisher umfasste. Zusätzlich wurde die KI aufgefordert, eine fiktive Affiliation für den Catfisher zu generieren.

In diesem Szenario wurde der Catfisher als weibliche Person im Bereich Recruiting eines fiktiven Personalunternehmens positioniert.

Die generierten Informationen wurden dann in ein professionell ausgearbeitetes LinkedIn-Profil überführt, einschließlich äußerlicher Merkmale, persönlicher Eigenschaften, Hintergrundinformationen, Vorlieben, Fähigkeiten und Hobbys. Dieses Profil wurde weiterhin als Prompt für ein KI-Bildgenerierungstool genutzt, um dem Catfisher ein authentisches Gesicht zu verleihen.

Der Zeitaufwand für die Entwicklung des Catfisher betrug lediglich einen Tag, während die Etablierung der Glaubwürdigkeit über Aktivitäten und Kommentare auf LinkedIn zeitaufwendiger war. KI wurde eingesetzt, um Beiträge zu kommentieren, selbst Kommentare abzusetzen und mit anderen Mitgliedern zu kommunizieren. Diese Interaktionen erfolgten über mehrere Monate, wobei KI eingesetzt wurde, um eine überzeugende und authentische virtuelle Persönlichkeit zu schaffen.

Die bewusste Entscheidung, den Catfisher als weibliche Recruiterin zu gestalten, ermöglichte es, in kurzer Zeit eine beachtliche Anzahl von Followern auf den ausgewählten Plattformen, insbesondere LinkedIn, zu erreichen (über 1000 Kontakte).

Bittere Erkenntnisse aus unserer Forschung verdeutlichen, dass KI die Tätigkeit eines Catfisher in Bezug auf den Zeitaufwand, die Präzision und die Generierung von Inhalten erheblich erleichtert. Diese Effizienzsteigerung ist bemerkenswert. Es ist zu betonen, dass ausschließlich legale KI-Tools verwendet wurden, die strengen moralischen und ethischen Grundsätzen unterliegen sollten. Dennoch ist genau diese KI nicht in der Lage, die Absicht einer Anfrage wirklich zu realisieren und zu bestimmen. Daher greifen wir wiederholt auf Hintertüren in unseren Prompts zurück, um die moralischen und ethischen Verhaltensregeln der KI zu umgehen. Dies unterstreicht die Tatsache, dass selbst ein Angreifer auch ohne Weiteres diese ethischen Barrieren der KI-Tools leicht umgehen kann.

Nachdem wir unseren Catfisher erfolgreich als authentische Person etabliert haben, die aktiv mit anderen Mitgliedern kommuniziert, Beiträge teilt und Kommentare schreibt und ein äußerst überzeugendes Netzwerk aufgebaut hat, können wir mit der Ausführung von gezielten Angriffsarten beginnen.

7.2 KI-basierte OSINT und Phishing

Scraping, das Extrahieren von Daten von Websites, ist ein Beispiel für eine Technik, deren Code beispielsweise über Online-Dienste zur Entwicklung und Versionsverwaltung für Programmierprojekte öffentlich verfügbar ist. Die Integration von Scraping-Code in KI-Modelle ermöglicht es Angreifern, automatisierte Mechanismen zu entwickeln, um massenhaft Daten zu sammeln, was wiederum als Grundlage für personalisierte Angriffe dienen kann. Die Nutzung von öffentlichem Code erhöht die Komplexität von Angriffen, da Angreifer auf eine breite Palette von Werkzeugen zugreifen können, ohne die Programmcodes selbst entwickeln zu müssen. Die Variabilität der Angriffe steigt, da verschiedene Techniken miteinander kombiniert und angepasst werden können. Diese Methode erleichtert insbesondere die Arbeit im Bereich SOCMINT, indem Informationen über ein Ziel durch Angaben auf Social-Media-Plattformen gesammelt werden.

Diese Informationen können dann miteinander vernetzt werden, um Angriffe zu definieren oder entsprechende Vorbereitungen zu treffen.

In dieser Phase unserer Forschungsinitiative haben wir einen weiteren Ansatz erforscht, um die Effektivität der durch KI modifizierten Angriffstechniken zu verfeinern. Der ausgewählte Scraper sammelt über das ausgewählte Business-Netzwerk grundlegende Informationen über die ausgewählte Zielperson, die als Basis für einen nachfolgenden Phishing-Angriff dient. Das Ziel besteht darin, die automatisierte Sammlung und Verarbeitung dieser Daten in einer gezielt gestalteten E-Mail zu ermöglichen.

Als simultaner Schritt erfolgt die Generierung eines Programmcodes durch Angaben von Prompts. Dieser Programmcode soll in der Lage sein, unter Verwendung eingebetteter Informationen über unseren Scraper eine automatisierte und authentische E-Mail zu verfassen.

Nach der Generierung unseres Scraper und unseres E-Mail-Generierungstools können wir nun beide Programme in einen einzigen Sourcecode überführen. Dadurch werden die vom Scraper gesammelten Informationen, die in bestimmten Kategorien und Klassen organisiert sind, unmittelbar an die E-Mail-Generierungs-funktion übertragen. Diese Funktion ruft die Informationen aus dem Zwischen-speicher auf, setzt diese in den gewünschten Content und generiert die passende Phishing-E-Mail dazu. Als Nächstes ruft unser von der KI generierter Code die Provider-Funktion auf [10]. Mit dieser Funktion wird der E-Mail-Provider auf-gerufen und eingebettet. Der E-Mail-Text (Body) wird formatiert und kann durch die Integration schließlich an den Absender und Empfänger versendet werden.

7.3   KI-basiertes Cross-Site Scripting und Keylogger

In diesem Stadium setzen wir verschiedene Angriffstechniken und -szenarien ein, um die Zielperson zu infiltrieren. Dabei greifen wir wieder auf die KI zurück und generieren entsprechende Quellcodes. Diese Codes werden ausschließlich auf Basis eigener und von Experten verifizierter Prompt-Angaben sowie durch die Einbettung von frei verfügbaren Codes zusammengestellt. Auch hier erfahren wir, dass man mit wenigen methodischen Ansätzen Schadcodes generieren kann, die gegen die moralischen und ethischen Richtlinien der KI verstoßen.

In dieser Phase haben wir die Machbarkeit und Ausführung von zwei Angriffen auf die Probe gestellt – Cross-Site Scripting (XSS) und ein logischer Keylogger [11, 12].

XSS ist eine Sicherheitslücke, die es einem Angreifer ermöglicht, schädlichen Code (meistens in Form von JavaScript) in Webseiten einzufügen, die von anderen Benutzern angesehen werden. Der Angriff erfolgt, indem der Angreifer bösartigen Code in Eingabefelder oder URLs einbettet, der dann von anderen Nutzern der be-troffenen Website ausgeführt wird. Ein logischer Keylogger ist eine spezifische Art von Keylogger, der darauf abzielt, die Tastatureingaben und Aktivitäten eines Be-nutzers zu verfolgen, ohne physische Hardware in das betroffene System einzu-fügen. Im Gegensatz zu Hardware-Keyloggern, die physisch mit der Tastatur oder dem Computer verbunden sind, handelt es sich bei logischen Keyloggern um Soft-wareprogramme.

Diese Art von Keylogger wird oft in Form von bösartiger Software implemen-tiert, die heimlich auf einem Computer installiert wird, um die Tastenanschläge des Benutzers zu überwachen. Die gesammelten Daten, wie Benutzernamen, Pass-wörter und andere vertrauliche Informationen werden dann an einen entfernten Server oder an den Angreifer selbst gesendet.

Sobald die Zielperson unseren beigefügten Link öffnet, wird ein XSS-Angriff ausgeführt, um schädlichen Code, einschließlich Spyware, auf dem Rechner des Opfers zu aktivieren. Durch die Ausnutzung von XSS-Schwachstellen in unserer präparierten Webseite können wir JavaScript-Code einschleusen, der im Kontext der Zielperson ausgeführt wird. Dieser Code ermöglicht das Stehlen von Be-nutzerdaten wie Online-Banking-Informationen, das Übernehmen von Sitzungen oder die Ausführung weiterer bösartiger Aktivitäten. Des Weiteren setzen wir eine logische Keylogger-Methode ein, die ebenfalls vollständig mit KI generiert wurde. Die Zielperson wird aufgefordert, einen neuen Account anzulegen, um die Angaben für ihr Talentprofil zu vervollständigen. Während die Zielperson einen neuen Account erstellt, läuft im Hintergrundprozess unser Keylogger, der sämtliche Tastatureingaben erfasst und im Klartext speichert. In beiden Fällen zeigen die Ergebnisse, wie erschreckend einfach es ist, KI zur Angriffsplanung und Angriffsdurchführung einzusetzen.

7.4 KI-basiertes Cybergrooming und Sextortion

In einem parallelen Untersuchungsfeld setzen wir ebenfalls unseren Catfishing-Versuch fort und nutzen diesmal die Möglichkeiten, die uns auf dem Unterhaltungs-Social-Media-Kanal zur Verfügung stehen.

Unser Catfisher ist hier ebenfalls sehr gut vernetzt und kann mittlerweile auf eine Vielzahl von Bildern zugreifen, die gestohlen und in den unterschiedlichen Kontexten, je nach Fantasie des Angreifers, missbraucht werden können. Um unsere wissenschaftliche Betrachtung hier fortsetzen zu können, generieren wir einen weiteren fiktiven Account mit einigen KI-generierten Bildern. Diese Bilder sehen einer echten Person ähnlich, sind aber vollständig von einer KI generiert. Bei diesen Bildern handelt es sich um keine minderjährige Person.

Diese Generierung eines Fake-Accounts ermöglichte uns, unsere Forschungstätigkeiten fortzusetzen, ohne gegen gesetzliche Verbindlichkeiten und moralische sowie ethische Richtlinien zu verstoßen.

Unser Angriffsszenario lautet nun wie folgt: Der ursprünglich definierte Catfisher sammelt automatisiert Bilder, die unserer zweiten fiktiven generierten Person gehören. Diese KI-generierten Bilder werden extrahiert. Im Kern stellen diese Bilder gewöhnliche Szenen dar, die alltägliche Situationen, Urlaube und Freizeitaktivitäten der fiktiven Person zeigen. Auf allen Bildern ist die Person mehr als angemessen angezogen. Es wird sehr bewusst darauf geachtet, dass die KI-generierten Fake-Bilder schlichte und einfache Darstellungen darbieten. Nachdem automatisierten Extrahieren dieser Bilder werden die gestohlenen Bilder des Fake-Accounts an weitere KI-Bildgenerierungstools überreicht. Diese Bilder dienen nun als Grundlage für das KI-Bildgenerierungstool, um mithilfe eines präzisen Prompts aus den gewöhnlichen Bildern der Fake-Person Nacktaufnahmen zu erzeugen.

Sextortion, ein Kofferwort aus den Begriffen „Sex" und „Extortion" (Erpressung), bezeichnet eine Form der Erpressung, bei der der Täter damit droht, sexuelle Bilder, Videos oder Informationen über das Opfer zu veröffentlichen, sofern bestimmte Forderungen nicht erfüllt werden. Im Kontext von Sextortion können mittels KI generierte Nacktaufnahmen ebenfalls verwendet werden.

Dabei beschaffen sich die Täter oft zuvor heimlich aufgenommenes Material des Opfers, entweder durch betrügerische Methoden oder durch die Ausnutzung von Vertrauen. Anschließend nutzen sie diese Inhalte, um das Opfer zu erpressen, indem sie finanzielle Zahlungen fordern oder weitere Bilder und Handlungen verlangen.

Allerdings hat die Anwendung von KI auch diesen Bereich revolutioniert. Im Kontext von Sextortion setzen Angreifer nun KI ein, um ästhetische und realistische Nacktaufnahmen zu generieren. Diese manipulierten Bilder werden an die Zielperson gesendet, begleitet von der irreführenden Behauptung, es handle sich um authentische Aufnahmen der Person.

Durch die geschickte Anwendung von Manipulations- und Einschüchterungstechniken gelingt es den Angreifern, die Zielperson davon zu überzeugen, dass es sich tatsächlich um ihre eigenen Bilder handelt. Auf diese Weise setzen sie ihre Erpressung erfolgreich fort. Diese Entwicklung verdeutlicht, dass KI nicht nur echte Bilder, sondern auch fiktive, aber täuschend echte Darstellungen nutzt, um Opfer im Rahmen von Sextortion zu erpressen.

Öffentlich zugängliche Instagram-Accounts stellen somit potenzielle Quellen für Bilder dar, die für Sextortion-Zwecke missbraucht werden könnten. Diese Accounts gewähren öffentlichen Zugriff auf Bilder, Geschichten und Highlights, die von jedem eingesehen werden können, selbst, ohne im Besitz eines Instagram-Accounts zu sein.

Die Bilder können anschließend mithilfe von KI-Tools bearbeitet werden, ähnlich wie bei Deepfakes. Es existieren somit KI-Tools im Clearnet, die solche Manipulationen ermöglichen.

Die Verwendung unseres ursprünglichen Catfish-Accounts eröffnet zusätzliche Einsatzmöglichkeiten, insbesondere im Bereich Cybergrooming [13]. *Cybergrooming* bezeichnet eine Form des Missbrauchs im digitalen Raum, bei dem Erwachsene, oft unter falscher Identität, versuchen, online Kontakt zu Minderjährigen herzustellen, um sexuelle oder manipulative Absichten zu verfolgen. Diese Handlungen können in verschiedenen Online-Plattformen, sozialen Netzwerken oder Chatrooms stattfinden. Der Begriff setzt sich aus „Cyber" (bezogen auf die digitale Welt) und „Grooming" (im Kontext von manipulativen Annäherungsversuchen) zusammen. Typischerweise beginnt Cybergrooming mit dem gezielten Aufbau von Vertrauen zwischen dem Erwachsenen und dem Minderjährigen durch freundliche Kommunikation, Geschenke oder das Teilen gemeinsamer Interessen. Der Täter versucht, eine emotionale Bindung herzustellen, um das Opfer später für sexuelle oder manipulative Zwecke auszunutzen. Die Verwendung von gefälschten Identitäten, Bildern und Informationen ist dabei ein häufig angewandtes Mittel, um das Opfer zu täuschen. Die digitale Natur des Cybergrooming ermöglicht es Tätern, leichter anonym zu bleiben und ihre Identität zu verschleiern.

In diesem besonders bedenklichen Szenario könnten Catfishing und KI ebenfalls eine bedrohliche Rolle spielen.

Im Kontext von Cybergrooming könnte der Catfisher, unterstützt durch KI, eine gefälschte Identität annehmen, um gezielt Kontakt zu Minderjährigen aufzunehmen. Die KI könnte dabei helfen, realistische Profile zu erstellen, die den Interessen und Vorlieben der Zielgruppe entsprechen. Durch geschickte Kommunikation, die auf die individuellen Bedürfnisse der Minderjährigen zugeschnitten ist, könnte der Catfisher Vertrauen aufbauen und potenziell schädliche Interaktionen herbeiführen.

Die Anwendung von KI in pädosexuellen Kontexten verdeutlicht eine beunruhigende Steigerung der Vulnerabilität und Fragilität in der Nutzung moderner Kommunikationsmittel. Diese Entwicklung zeigt auf, wie fatal die Nutzung digitaler Medien ohne angemessene Medienkompetenz und Informationssicherheit sein kann. Die damit verbundenen Gefahren sind nicht nur von monetärer Natur, sondern erstrecken sich auch auf psychologische Aspekte, die Opfer über viele Jahre hinweg beeinträchtigen können. Der Einsatz von KI in pädosexuellen Kontakten stellt eine der gravierendsten Entwicklungen in diesem Bereich dar.

Diese Entwicklung erfordert eine äußerst anspruchsvolle Lösung, bei der alle beteiligten Parteien, angefangen bei Kindern über Eltern bis hin zu Lehrern, sowohl präventiv als auch reaktiv geschult werden müssen. Die Sensibilisierung und Schulung sollten nicht nur auf technologische Aspekte abzielen, sondern auch auf psychologische und soziale Kompetenzen eingehen, um effektive Maßnahmen gegen diese bedrohlichen Entwicklungen zu etablieren.

7.5 KI-basierte Desinformationskampagnen und Deepfakes

KI hat in den letzten Tagen erhebliche Auswirkungen auf verschiedene Bereiche der Gesellschaft gehabt, insbesondere im Kontext von Deepfakes und Desinformationskampagnen.

Diese Entwicklungen haben auch direkte Auswirkungen auf das Feld des Social Engineering. Im Bereich der Deepfakes ermöglicht die fortschreitende KI-Technologie die Erstellung täuschend echter gefälschter Inhalte, wie Videos oder Audiodateien, die schwer von echten Aufnahmen zu unterscheiden sind. Dies hat das Potenzial, erhebliche Konsequenzen für die Glaubwürdigkeit von Informationen zu haben, da gefälschte Inhalte in betrügerischer Absicht genutzt werden können.

Desinformationskampagnen profitieren ebenfalls von KI, da Algorithmen genutzt werden können, um personalisierte und zielgerichtete Falschinformationen zu verbreiten. Social-Engineering-Techniken werden verwendet, um Menschen dazu zu bringen, auf gefälschte Nachrichten oder Links zu klicken, was zu einer weiteren Verbreitung von Desinformation führt. Ein beispielhaftes Szenario wäre die Erstellung eines gefälschten Social-Media-Profils für einen Internettroll mithilfe von KI, das dann dazu verwendet wird, gefälschte Informationen zu verbreiten. Diese Techniken können genutzt werden, um gezielt Personen oder Gruppen zu beeinflussen, sei es aus politischen, wirtschaftlichen oder anderen Motiven. Ein Internettroll ist eine Person, die absichtlich provokante, beleidigende oder störende Kommentare oder Handlungen im Internet ausführt, um emotionale Reaktionen und Unruhe in Online-Communitys zu erzeugen. Dieses Verhalten kann verschiedene Formen annehmen, einschließlich Beleidigungen, absichtlicher Fehlinformation, Hetze und des Ziels, Diskussionen zu entgleisen.

Die Herausforderung hierbei besteht oft darin, dass die sich ständig weiterentwickelnde KI-Technologie es schwieriger macht, authentische von gefälschten

Inhalten zu unterscheiden. Dies erhöht die Anfälligkeit von Menschen für Manipulationen und kann das Vertrauen in digitale Informationen untergraben. Die fortschreitende Digitalisierung hat eine Ära eingeleitet, in der Informationen mächtige Werkzeuge in politischen Auseinandersetzungen sind.

Die Integration von KI in diese Sphäre hat weitreichende Auswirkungen auf die Art und Weise, wie Desinformationskampagnen gestaltet und hybride Kriegsführung geführt wird. Die Verbreitung von Falschinformationen und die Manipulation öffentlicher Meinungen werden durch KI-Technologien effizienter und raffinierter. Algorithmen analysieren massenhaft Daten, um maßgeschneiderte, emotional ansprechende Narrative zu entwickeln und zu verstärken. Diese Entwicklung hat die Fähigkeit, Meinungen zu beeinflussen, dramatisch erweitert.

KI ermöglicht es, gezielt Narrative einzuführen und zu verstärken. Durch Analyse von Verhaltensdaten kann die Technologie spezifische Botschaften identifizieren, die effektiv in bestehende Überzeugungen eingeführt werden können. Dies trägt zur Schaffung von Narrativen bei, die eine destabilisierende Wirkung auf Gesellschaften haben können.

Im Rahmen hybrider Kriegsführung nutzen Staaten und nichtstaatliche Akteure KI, um politische Instabilität zu organisieren. Dies kann die Verbreitung von Desinformation, Sabotage kritischer Infrastrukturen und gezielte Cyberangriffe umfassen. Die Nutzung von KI macht solche Angriffe oft schwer erkennbar und erhöht ihre Effektivität. Die Verwendung von KI in Desinformationskampagnen und hybrider Kriegsführung hat tiefgreifende Auswirkungen auf die Gesellschaft. Fehlinformationen können politische Entscheidungen beeinflussen, das Vertrauen in Institutionen untergraben und soziale Spannungen verstärken. Dies erfordert eine verstärkte Medienkompetenz und präventive Maßnahmen auf politischer Ebene.

Die Integration von KI in Desinformationskampagnen markiert eine bedeutsame Entwicklung in der hybriden Kriegsführung. Die internationale Gemeinschaft muss Maßnahmen ergreifen, um diese Herausforderung anzugehen und resilientere Gesellschaften aufzubauen, die gegenüber KI-gesteuerten Manipulationen widerstandsfähig sind.

7.6   Virtuelle HUMINT

HUMINT bezieht sich auf Informationen, die durch menschliche Quellen gesammelt werden. Im Kontext von Social Engineering kann dieser Ansatz virtualisiert werden. *Virtuelle HUMINT* beinhaltet den Einsatz von simulierten menschenähnlichen Entitäten, sei es in Form von Chatbots, virtuellen Assistenten oder avancierten AI-gesteuerten Persönlichkeiten. Diese virtuellen HUMINT-Agenten können Informationen sammeln, indem sie mit Nutzern interagieren und Vertrauen aufbauen. Durch den Einsatz von Natural Language Processing (NLP) können sie Gespräche realistisch führen und gezielte Informationen extrahieren. Hierbei besteht die Herausforderung darin, zwischen echten und virtuellen Interaktionen zu unterscheiden, da Letztere immer schwerer von menschlichen Interaktionen zu unterscheiden sind.

Die Evolution von Social Engineering durch den Einbezug von KI und virtueller HUMINT eröffnet neue Dimensionen der Täuschung.

Die Fähigkeit, personalisierte Angriffe durchzuführen und die Grenzen zwischen realen und virtuellen Interaktionen zu verschwimmen, erfordert eine ständige Anpassung von Sicherheitsmaßnahmen.

7.7 Zusammenfassung

Die rasante Entwicklung der KI hat nicht nur positive Anwendungen, sondern auch eine Schattenseite durch die Modifikation von Anwendertools. Diese Modifikationen ermöglichen den Einsatz von KI-Tools ohne ethische Einschränkungen, was eine bedeutende Herausforderung im Bereich der Informationssicherheit darstellt.

Die Anwender, die solche Tools programmieren und einsetzen, nutzen die Flexibilität von KI-Systemen, um diese an ihre eigenen Bedürfnisse anzupassen. Dies bedeutet, dass ethische Grundsätze und Sicherheitsvorkehrungen, die in regulären KI-Anwendungen implementiert sind, umgangen werden können. Infolgedessen entstehen KI-Tools, die ohne moralische Beschränkungen agieren und sofort für kriminelle Zwecke eingesetzt werden können.

Diese Entwicklung eröffnet eine neue Dimension der Cyberkriminalität, bei der modifizierte KI-Tools nicht nur autonom, sondern auch gezielt und effizient eingesetzt werden können. Die Konsequenzen reichen von verstärkten Angriffen auf Sicherheitssysteme bis hin zu einer potenziellen Eskalation von Cyberkriminalität. Daher wird es immer dringlicher, nicht nur die positiven Anwendungen von KI zu fördern, sondern auch robuste ethische Standards und Sicherheitsmechanismen zu entwickeln, um den Missbrauch modifizierter KI-Tools einzudämmen.

Im Detail können wir zu der folgenden Quintessenz gelangen:

a) *Die Anwendung von regulärer KI mit festen ethischen Richtlinien kann durch gezieltes Prompting umgangen werden, was die KI auch für illegitime Zwecke zugänglich macht. Die Flexibilität der KI ermöglicht es, moralische Beschränkungen zu umgehen und sie für diverse irreguläre Zwecke einzusetzen.*

b) *Durch den Einsatz von KI, insbesondere des Prompt Engineering Large Language Model (LLM), können Angreifer mit rudimentären Kenntnissen im Bereich Programmierung und Social Engineering erfolgreiche automatisierte Angriffe durchführen. Dies führt zu einer erheblichen Steigerung der Effizienz und des Erfolgs bei gleichzeitig minimiertem Zeitaufwand.*

c) *Die Einsatzfelder von KI im Kontext der Cyberkriminalität sind vielfältig und hängen maßgeblich von der Fantasie der Angreifer ab. Dies reicht von Datendiebstahl bis hin zu schwerwiegenden Angriffen wie Sextortion oder Aktivitäten im Bereich der Pädokriminalität.*

d) *KI kann auch für politische Destabilisierungszwecke, Desinformationskampagnen und die Erstellung von Deepfakes eingesetzt werden. Die Manipu-*

lation von Informationen, Meinungsbildern und narrativen Inhalten durch KI stellt eine erhebliche Bedrohung dar.

e) *Die Nutzung von KI in Verbindung mit Kommunikationsapplikationen und Social Media erfordert eine umfassende Schulung in Medienkompetenz und Informationssicherheit. Unsere Forschung zeigt, dass viele Online-Teilnehmer mit ihren Daten, Bildern und ihrer Privatsphäre sorglos umgehen, was eine tiefgreifende Gefahr darstellt. Die Ausnutzung dieser Schwächen erfordert in der heutigen Zeit nicht zwingend den Einsatz von KI, um Schaden anzurichten.*

f) *In Ergänzung dazu lässt sich feststellen, dass alternative KI-Modelle, die keine klaren moralischen und ethischen Richtlinien aufweisen, eine zusätzliche Herausforderung darstellen. Diese Modelle könnten ohne Einschränkungen für illegale Zwecke eingesetzt werden, was die Gefahr und den Missbrauch von KI weiter erhöht.*

Die fortschreitende Evolution des Social Engineering erfordert eine anhaltende Anpassung an neue Bedrohungen, darunter auch diejenigen, die von KI ausgehen. Im nächsten Kapitel werden strategische und taktische Mittel gegen Social Engineering vorgestellt, um Ihnen die Möglichkeit zu bieten, sich wirkungsvoll gegen diese raffinierten Angriffsmethoden zu verteidigen. Diese Maßnahmen reichen von Sensibilisierungskampagnen über taktische Lösungen bis hin zu umfassenden Strategien, die darauf abzielen, die Widerstandsfähigkeit gegenüber Social-Engineering-Angriffen auf individueller und organisatorischer Ebene zu stärken.

Literatur

1. Aleksandar J. Spasić and Dragan S. Janković, Using ChatGPT Standard Prompt Engineering Techniques in Lesson Preparation: Role, Instructions and Seed-Word Prompts, in: 58th International Scientific Conference on Information, Communication and Energy Systems and Technologies (ICEST), Nis, Serbien, 2023, S. 47–50.
2. Hendrik Strobelt, Albert Webson, Victor Sanh, Benjamin Hoover, Johanna Beyer, Hanspeter Pfister, Alexander M. Rush, Interactive and Visual Prompt Engineering for Ad-hoc Task Adaptation with Large Language Models, in IEEE Transactions on Visualization and Computer Graphics, Vol. 29, No. 1, 2023, S. 1146–1156.
3. Nazif Aydin, O. Ayhan Erdem, A Research On The New Generation Artificial Intelligence Technology Generative Pretraining Transformer 3, 2022 in: 3rd International Informatics and Software Engineering Conference (IISEC), Ankara, Türkei, 2022, pp. 1–6.
4. Liudmila Azarova, Maria Kudryavtseva, Larisa Sharakhina, Key Advantages and Risks of Implementing Artificial Intelligence in the Activities of Professional Communicators, in: IEEE Communication Strategies in Digital Society Seminar (ComSDS), St. Petersburg, Russland, 2020, S. 82–86.
5. P. S. Lozhnikov and S. S. Zhumazhanova, Potenzial Information Security Risks in The Implementation of AI – Based Systems, in: Dynamics of Systems, Mechanisms and Machines (Dynamics), Omsk, Russland, 2022, S. 1–4.
6. Zhou Yang, Chenyu Wang, Jieke Shi, Thong Hoang, Pavneet Kochhar, Qinghua Lu, Zhenchang Xing, David Lo, What Do Users Ask in Open-Source AI Repositories? An Empirical Study of GitHub Issues, in: IEEE/ACM 20th International Conference on Mining Software Repositories (MSR), Melbourne, Australien, 2023, S. 79–91.

7. Kjonath Kwizera and Liu Zhaohui, Improving Cyber security Situational Awareness and Cyber-Attack Detection Based on Analytic Data Mining Techniques, in: 6th International Symposium on Computer and Information Processing Technology (ISCIPT), Changsha, China, 2021, S. 596–599.
8. Walid Magdy, Yehia Elkhatib, Gareth Tyson, Sagar Joglekar and Nishanth Sastry, Fake it till you make it: Fishing for Catfishes, in: IEEE/ACM International Conference on Advances in Social Networks Analysis and Mining (ASONAM), Sydney, NSW, Australien, 2017, S. 497–504.
9. Vijay Tiwari, Analysis and detection of fake profile over social network, in: International Conference on Computing, Communication and Automation (ICCCA), Greater Noida, Indien, 2017, S. 175–179.
10. Meraj Farheen Ansari, Amrutanshu Panigrahi, Geethamanikanta Jakka, Abhilash Pati and Krutikanta Bhattacharya, Prevention of Phishing attacks using AI Algorithm, in: 2nd Odisha International Conference on Electrical Power Engineering, Communication and Computing Technology (ODICON), Bhubaneswar, Indien, 2022, S. 1–5.
11. Martin Kappes, Netzwerk- und Datensicherheit. Eine praktische Einführung, Springer Vieweg Wiesbaden. 2. Auflage, 2013.
12. Jörg Schwenk, Sicherheit und Kryptographie im Internet. Theorie und Praxiss, Springer Vieweg Wiesbaden, 4. Auflage, 2014.
13. Cindy Ehlert, Thomas-Gabriel Rüdiger, Defensible Digital Space. Die Übertragbarkeit der Defensible Space Theory auf den digitalen Raum, Kriminologie für das digitale Zeitalter, Springer VS Wiesbaden, 2020, S. 151–171.

Globale Verteidigungskonzepte

In diesem Kapitel zeigen wir globale Verteidigungskonzepte und -ansätze für Unternehmen im Bereich der präventiven, reaktiven und detektierenden Informationssicherheit. Unsere Fokussierung liegt dabei auf einer ganzheitlichen Präsentation der Verteidigungskonzepte, um unsere Ansätze differenziert und verständlich darzulegen. Ein grundlegendes Verständnis besteht darin, dass die präventiven, reaktiven und detektierenden Konzepte nicht isoliert existieren können. Vielmehr müssen sie als miteinander verwobene Sicherheitskonzepte betrachtet werden, deren Methoden und Herangehensweisen ineinandergreifen, um einen abgestimmten Verteidigungskontext zu schaffen.

So greifen wir mit einem präventiven Schwerpunkt übergeordnet auf den Grundgedanken des Risikomanagements zurück, welcher den Umgang mit Unsicherheiten hinsichtlich **Wahrscheinlichkeit** bzw. **Häufigkeit** und der tatsächlichen „Schadenswirkung" eines Ereignisses oder Risikos spezifiziert. Bei der Betrachtung dieser Dimensionen bedarf es mentaler Sicherheitsmodelle, um im Sinne der Situational Awareness Bedrohungen zu identifizieren, die die Realität des zu betrachtenden Unternehmens spezifisch betreffen und keine abstrakten oder allgemeinen Gefahrenfelder repräsentieren.

Das Wissen darüber, welche Bereiche eines Unternehmens welchen Social-Engineering-Gefahren ausgesetzt sind, stellt wertvolle Informationen dar. Mit dieser Erkenntnis können zielgerichtete, nachhaltige und kosteneffiziente Maßnahmen definiert und letztlich auch eine bessere Ressourcenallokation erreicht werden.

Beim sogenannten Targeting geht es um die Ermittlung von Soft-Targets in einer Organisation, die Social-Engineering-Methoden und -Angriffstechniken leicht zum Opfer fallen könnten. So wird hervorgehoben, dass nicht alle Organisationsbereiche gleichermaßen den Gefahren des Social Engineering ausgesetzt sind.

In unserem Kontext bezieht sich Targeting auf den Prozess der Auswahl und Identifizierung von Zielen, die von Social-Engineering-Angriffsarten und -techniken angegriffen werden können. Das Ziel hierbei ist es, weiche Angriffsziele, Einrichtungen oder Ressourcen zu lokalisieren, um diese mithilfe strategischer, taktischer oder operativer Maßnahmen zu schützen.

Das Targeting umfasst eine gründliche Analyse von Informationen, um genaue und relevante Ziele zu bestimmen. Dazu gehören Informationen über Rollen und Verantwortlichkeiten, physische Einrichtungen und andere relevante Faktoren, die im Rahmen der Threat Intelligence generiert werden.

Unser erster Lösungsansatz **Beobachtungsmatrix** fokussiert sich deshalb auf das Targeting und die Ermittlung und Analyse der rollen- und themenbasierten Interaktivität, Dynamik und Diversität von menschlich zentrierten Angriffen und erlaubt eine effiziente Zuordnung von vorhandenen individuellen menschlichen und physischen Schwachstellen zu möglichen Social-Engineering-Gefahren. Der erste Lösungsansatz umfasst daher ein taktisches und operatives Mittel zur Identifizierung und Überwachung menschlicher und physischer Schwachstellen und Gefährdungen sowie die Weitergabe dieser Informationen an relevante Interessensgruppen. Die Bedrohungsmatrix dient somit dazu, die Gefahrenlage transparent, nachvollziehbar und für alle Beteiligten sichtbar zu machen.

Dies ermöglicht eine klare Definition der objektiven Gefahrenlage und erlaubt eine umfassende Planung, Verfolgung und Evaluation der weiteren Postaktivitäten. Ein präventives Verteidigungskonzept ist allerdings nicht vollständig entkoppelt von den reaktiven und detektierenden Paradigmen und Fähigkeiten. Insbesondere in unserem speziellen Kontext kombinieren wir präventive und detektierende Methoden der Threat Intelligence mit den Prinzipien zur Situational Awareness, um hieraus eine zielgerichtete Bedrohungsanalyse durchführen zu können.

Der zweite Lösungsansatz greift somit auf die erworbenen Erkenntnisse aus der Beobachtungsmatrix zurück. Der Ansatz nutzt die gewonnenen Informationen, um daraus ableitend die Themen und Schwerpunkte der bevorstehenden Information-Awareness-Programme und -Kampagnen zu bestimmen.

Ziel ist es, eine gezielte und effiziente Schulung zu ermöglichen. Hierfür setzen wir unseren **Resilienzplan** ein.

Der dritte Lösungsansatz führt das Überprüfungsinstrument **Social Engineering Pentest** ein. Dieses Instrument ermöglicht es beispielsweise, auf Grundlage der Ergebnisse der Bedrohungsmatrix bestimmte Bereiche einem Social-Engineering-Pentest zu unterziehen. Primär dient der Social-Engineering-Pentest dazu, die Effizienz der bereits definierten Verteidigungskonzepte, einschließlich physischer Sicherheitskonzepte und implementierter Resilienzmaßnahmen, zu überprüfen.

Sekundär wird der Social-Engineering-Pentest, in Analogie zu logischen Pentests und Red Teamings, durchgeführt, um tatsächlich durch Ausnutzung einer realen physischen und menschlichen Sicherheitslücke, Sicherheitsverletzungen und Lücken in den Verteidigungskonzepten zu finden. Die Analyse der Social-Engineering-Pentest-Ergebnisse erfolgt im weiteren Verlauf des Prozesses, wobei gewonnene Erkenntnisse zur Optimierung des erreichten Reifegrades durch die

Implementierung gezielter Maßnahmen genutzt werden. Wir sprechen über Post-ex-Aktivitäten [1].

Nachfolgend stellen wir Ihnen unsere drei Lösungsansätze mit dem jeweils dazugehörigen Rahmenwerk **OODA-Loop** prägnant vor.

8.1 Observe-Orient-Decide-Act-Loop (OODA-Loop)

Um eine adäquate Planung, Umsetzung und Überwachung der Verteidigungs-aktivitäten sicherzustellen, verwenden wir im Rahmen unserer Gesamtstrategie den modifizierten OODA-Loop. Bevor wir Ihnen jedoch das Rahmenwerk vor-stellen, möchten wir Sie mit dem Ursprung und der Sinnhaftigkeit des OODA-Loop vertraut machen.

8.1.1 Ursprung der OODA-Loop

Während des Luftkampfes im Koreakrieg entwickelte der Colonel der US-Luft-waffe, John Boyd, den sogenannten OODA-Loop [2]. Die ursprüngliche Idee be-stand darin, einen unprätentiösen und einfachen Zyklus für die Entscheidungs-unterstützung zu schaffen. So stellte Boyd den OODA-Loop zunächst als simplen linearen 4-Schritte-Prozess dar (Abb. 8.1).

Aus wissenschaftlicher Perspektive wird der **OODA-Loop** als ein metho-disches Rahmenwerk betrachtet, das darauf abzielt, Entscheidungen trotz vor-handener Informationsdefizite und unvorhersehbarer Veränderungen in der Um-

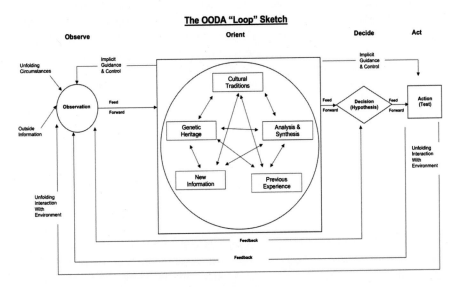

Abb. 8.1 John Boyds OODA-Loop. (Angelehnt an [2])

gebung effizient und adaptiv zu treffen. In der ersten **Phase (Observe)** erfolgt die Beobachtung der Umgebung, wobei sowohl interne als auch externe Einflüsse und Faktoren berücksichtigt werden. Die Beobachtungen werden in der nächsten **Phase (Orient)** analysiert und interpretiert, wobei mentale Modelle – konzeptuelle, strategische und erfahrungsorientierte Denkmodelle – die Interpretation der Faktoren übernehmen.

In der dritten **Phase (Decide)** wird die effektivste Alternative aus den bereits ausgearbeiteten Optionen basierend auf Beobachtungen und Orientierungen ausgewählt und für die Operationalisierung vorbereitet. Die letzte **Phase (Act)** setzt die getroffene Entscheidung um. Anschließend werden die Ergebnisse der ausgeführten Handlungsoptionen beobachtet und der Zyklus beginnt von Neuem. **In dem OODA-Loop hängt der Erfolg von einer effizienten Ausführung ab, die sich in der Geschwindigkeit, Qualität und dem Timing der Entscheidung widerspiegelt.** Der OODA-Loop wird somit gezielt eingesetzt, um trotz eines Informationsdefizits zeitkritische und rationale Entscheidungen schnell zu ermöglichen.

Transformieren wir nun diese Betrachtung auf IT-Umgebungen. IT-Umgebungen sind geprägt von Volatilität, Unsicherheit, Komplexität und Ambiguität (**VUKA**). Diese Eigenschaften manifestieren sich in einer Vielzahl von Herausforderungen, die die Entscheidungsfindung beeinflusst.

Insbesondere die Ambiguität mit der Informationsüberflutung und dem Informationsdefizit, der Reizüberflutung, Schnelligkeit und Mehrdeutigkeit in solchen Kontexten stört die rationale Bewertung von Sachverhalten.

Diese Störfaktoren könnten dazu führen, dass Entscheidungen vermehrt auf subjektiver Basis getroffen werden, wodurch die Faktenlage und de facto die tatsächliche Gefahrenlage vernachlässigt werden. Die verstärkte Neigung, Entscheidungen auf subjektiver Basis zu treffen, kann dazu führen, dass die reelle Gefahrenlage nicht ausreichend berücksichtigt wird. Dies bedeutet, dass objektive Informationen, evidenzbasierte Daten oder genaue Analysen möglicherweise nicht den gebührenden Einfluss auf den Entscheidungsprozess haben.

Die Entscheidungsträger könnten dazu neigen, sich eher von persönlichen Überzeugungen oder festen Annahmen leiten zu lassen, beispielsweise dem Glauben, dass regelmäßige Phishingkampagnen ausreichend sind, ohne dabei die tatsächliche Gefahr von Vishing-Angriffen am Telefon angemessen zu berücksichtigen oder darauf zu trainieren. Viel gravierender ist jedoch der Fall, wenn Kampagnen einfach ohne vorherige Klärung und Festlegung konkreter Zielsetzungen durchgeführt werden. In solchen Fällen besteht die Gefahr, dass die Wirksamkeit der Kampagnen nicht angemessen bewertet und die erwarteten praktischen Ziele nicht klar definiert werden. Dies kann zu einem ineffizienten Einsatz von Ressourcen führen und die Fähigkeit, die Sicherheitslage gezielt zu verbessern, erheblich beeinträchtigen.

Der Human Hacker erfreut sich an solchen Verteidigungsstrategien, da sie keine deutlich erkennbaren sicherheitskonformen Reaktionen hervorbringen, was zu einer suboptimalen und wenig wirkungsvollen Abwehr führen kann.

Die vorherrschende Volatilität in IT-Umgebungen unterstreicht, dass Entscheidungen kurzlebig sind und einer kontinuierlichen Überprüfung und Anpassung bedürfen. In solchen dynamischen Kulissen sind Nachhaltigkeit und
Objektivität von Entscheidungen herausfordernd. Das bedeutet auch, dass eine
fortwährende Evaluierung und Identifikation von Entscheidungen essenziell sind,
um die Wirksamkeit und Relevanz der getroffenen Entscheidungen zu gewährleisten.

In IT-Umgebungen, in denen Entscheidungen aufgrund von Informationsüberfluss oder auch Informationsdefizit selektiv und mitunter subjektiv getroffen
werden, wird die Notwendigkeit von Rahmenwerken deutlich, die eine effiziente,
sachgerechte und dynamische Beobachtung, Selektion, Interpretation und Schlussfolgerung von Faktoren ermöglichen. Dies gewährleistet eine fundierte und sachdienliche Entscheidungsfindung trotz der vorherrschenden Unsicherheiten und
Schwankungen.

Der OODA-Loop stellt in dieser Hinsicht ein geeignetes strategisches und taktisches Rahmenwerk dar. Durch kontinuierliche Beobachtung und rasche Orientierung ermöglicht der OODA-Loop eine dynamische Anpassung an sich verändernde Umstände.

Die selektive Interpretation von relevanten Informationen und die darauf basierende rasche Entscheidungsfindung erlauben es, den kurzlebigen Charakter von
Entscheidungen in IT-Umgebungen zu adressieren und eine nachhaltige Effektivität sicherzustellen. In diesem Sinne fungiert der OODA-Loop als instrumenteller
Mechanismus, der den Herausforderungen der VUKA-Umgebung entgegenwirkt
und die Grundlage für adäquate Entscheidungsprozesse schafft.

Der OODA-Loop gilt heute als eines der international anerkanntesten Entscheidungsunterstützungsmodelle und wird von großen Unternehmen wie Dell zur
Wettbewerbsvorteilsnutzung eingesetzt.

Der OODA-Loop bietet vielfältige Einsatzmöglichkeiten und wird in verschiedenen wissenschaftlichen Kontexten als entscheidendes Werkzeug für effiziente und adaptive Entscheidungsprozesse betrachtet. In der Militärwissenschaft
dient der OODA-Loop dazu, taktische Entscheidungsprozesse zu beschleunigen
und den Feind durch kontinuierliche Anpassung und Flexibilität zu überlisten.
Diese Anpassungsfähigkeit ermöglicht es, sich schnell verändernden Bedingungen
anzupassen und Strategien in Echtzeit zu optimieren. Im Bereich der Unternehmensführung und -strategie wird der OODA-Loop als Mittel zur Bewältigung
von Unsicherheit und zur Anpassung an sich verändernde Marktdynamiken angewendet. Organisationen nutzen den OODA-Loop, um schneller auf Marktentwicklungen zu reagieren, innovative Geschäftsmodelle zu entwickeln und effektive strategische Entscheidungen zu treffen. Im Bereich der Informationssicherheit
wird der OODA-Loop genutzt, um auf sich schnell entwickelnde Bedrohungen
im Bereich des Vulnerability Management und Incident Response Management
zu reagieren. Die schnelle Identifikation von Angriffen, die Interpretation der
Bedrohungslandschaft, die zügige Entscheidungsfindung und die prompte Umsetzung von Gegenmaßnahmen sind entscheidend, um Cyberrisiken zu minimieren.

Unser Verteidigungskonzept basiert auf der Operationalisierung unserer Lösungsansätze unter Verwendung des OODA-Loop als übergeordnetes Rahmenwerk.

Diese strategische Herangehensweise ermöglicht es uns, flexibel auf sich verändernde Bedrohungen zu reagieren und die Effektivität unserer Social-Engineering-Verteidigungsmaßnahmen kontinuierlich zu optimieren.

8.1.2 Schlüsselkonzepte der OODA-Loop

Bevor wir Ihnen unseren modifizierten OODA-Loop vorstellen, ist es notwendig, einige grundlegende Konzepte des OODA-Loop für ein besseres Verständnis aufzulisten.

Boyd verband militärstrategische Prinzipien mit wissenschaftlichen Gebieten und Theoremen wie Neo-Darwinismus, Kybernetik, Quantenmechanik und Chaostheorie. Um den OODA-Loop besser zu verstehen, ist es notwendig, sich mit mehreren wissenschaftlichen und philosophischen Prinzipien vertraut zu machen, die zu seiner Entstehung beigetragen haben. Im erweiterten Sinne ist der OODA-Loop ein Lernsystem, basierend auf einer Methode zur Überwindung von Unklarheiten und einer dedizierten Strategie zum Gewinnen. In diesem Sinne verfolgt der OODA-Loop das Ziel, das Implizite explizit zu machen.

Zu diesem Zweck integrierte Boyd mentale Modelle. Diese mentalen Modelle sind Paradigmen, die angewendet werden, um die korrelierten und kohärenten Beziehungen zwischen beobachteten Elementen zu betrachten und zu verstehen.

Mentale Modelle sind facettenreich und werden von subjektiven kulturellen Wahrnehmungen, empirischen Erfahrungen und Genetik beeinflusst. Nach Boyd beziehen sich mentale Modelle auf konzeptuelle, strategische und erfahrungsorientierte Denkstrukturen. Diese Modelle dienen dazu, die verschiedenen Faktoren in der Umgebung zu analysieren und zu interpretieren.

Sie beeinflussen die Art und Weise, wie Beobachtungen interpretiert werden, und tragen dazu bei, eine Vielzahl möglicher Handlungsoptionen zu generieren.

Mentale Modelle sind also Paradigmen oder Denkansätze, die angewendet werden, um die miteinander korrelierten und kohärenten Beziehungen zwischen beobachteten Elementen zu verstehen. Boyd betonte, dass diese Modelle vielfältig und von subjektiven kulturellen Wahrnehmungen, empirischen Erfahrungen und genetischen Faktoren beeinflusst sind. Je nach Granularität können mentale Modelle spezifisch oder allgemein sein und sich auf Regeln, Verhaltensweisen oder sogar auf allgemeine Prinzipien beziehen.

In [3] verwies Boyd auf drei weitere philosophische und wissenschaftliche Prinzipien, um auf die Inkonsistenz, Unvollständigkeit und Volatilität hinzuweisen, die in Entscheidungsprozessen eine relevante Rolle spielen. Boyd weist darauf hin, dass dieses Defizit als integraler Bestandteil des Universums betrachtet werden muss. Diese drei Prinzipien beziehen sich auf Gödels Unvollständigkeitsbeweis, die Heisenberg'sche Unschärferelation und das Zweite Gesetz der Thermodynamik.

Erkenntnis 1 Basierend auf Gödels Unvollständigkeitssätzen definierte Boyd einen in sich geschlossenen Kreis, der die wechselseitige Interaktion zwischen Konzepten und Beobachtungen spezifiziert. Mittels Beobachtungen können Konzepte konzipiert werden. Es sei jedoch so, dass Beobachtungen an sich dynamisch, volatil und unvollständig sind.

Infolgedessen manifestiert sich die Einsicht, dass die aus diesen Beobachtungen abgeleiteten Konzepte in gleichem Maße Unvollständigkeiten aufweisen wie die zugrunde liegenden Beobachtungen selbst. Daher ist jedes logische Konzept unvollkommen und erfordert eine kontinuierliche Verfeinerung und Anpassung, um den Anforderungen volatiler und dynamischer Beobachtungen gerecht zu werden.

Erkenntnis 2 Bei weiterer Erklärung bezieht sich Boyd auf die Unschärferelation. Heisenbergs Prinzip zur Unschärferelation besagt, dass die Position und Geschwindigkeit von Teilchen nicht gleichzeitig gemessen und bestimmt werden können. Je genauer man versucht, einen Wert (z. B. Geschwindigkeit) zu bestimmen, desto ungenauer wird die Messung oder Bestimmung des anderen Wertes (z. B. Position). Die Erkenntnisse aus diesen beiden Prinzipien führte dazu, dass Boyd feststellte, dass präzisere Beobachtungen nur objektabhängig und eingeschränkt gemacht werden können. Dies schafft instinktiv die Gefahr, sich auf ein zentrales Beobachtungsobjekt zu konzentrieren und folglich auf ein einziges mentales Denkmodell zurückzugreifen. Mit anderen Worten ist die Fähigkeit, die Realität wahrzunehmen, begrenzt.

Erkenntnis 3 An dieser Stelle kommt das Zweite Gesetz der Thermodynamik ins Spiel. Dieses besagt, dass die Entropie eines isolierten Systems im Laufe der Zeit zunimmt – Entropie misst die Unordnung oder Unregelmäßigkeit eines Systems. Das Gesetz impliziert, dass in einem abgeschlossenen System, in dem keine Energie von außen hinzugefügt wird, natürliche Prozesse zu einer Zunahme der Unordnung führen. Es wird oft mit der zunehmenden „Unumkehrbarkeit" von natürlichen Prozessen in Verbindung gebracht, was bedeutet, dass Energie in einem System dazu neigt, sich auf eine Weise zu verteilen, die nicht von selbst rückgängig gemacht werden kann.

Transferieren wir diese Eigenschaft auf unsere Problematik: Isolierte Sicherheitsstrategien ohne Beobachtung der Umgebung erhalten keine aktuellen und zweckmäßigen Informationen.

Hier ein Beispiel für Sie: Die Durchführung von jährlichen, kontinuierlichen Phishingkampagnen mag dazu dienen, die Anforderung der „Schulung der Mitarbeiter" zu erfüllen, allerdings scheint der eigentliche Nutzen in Bezug auf die Reduzierung von Risiken begrenzt zu sein. Solche Kampagnen können dazu neigen, lediglich die Aufmerksamkeit der Mitarbeiter auf Phishing zu schärfen, ohne jedoch eine tiefgreifende Verhaltensänderung hinsichtlich der Erkennung und Vermeidung von realen Bedrohungen zu bewirken.

Es ist ersichtlich, dass reine Phishingschulungskampagnen, ohne eine ganzheitliche Integration von Sicherheitszielen, möglicherweise nicht ausreichend sind, um das tatsächliche Risikoniveau effektiv zu reduzieren. Phishingkampagnen sollten als Teil eines umfassenden Sicherheitsansatzes betrachtet werden, der neben der Sensibilisierung der Mitarbeiter auch das sicherheitskonforme Verhalten und die Reaktionsfähigkeit der Mitarbeiter einschließt.

In solchen Fällen verhalten sich die Entscheidungsträger wie ein geschlossenes System. Geschlossene Systeme sind aufgrund ihrer isolierten Beobachtungen und Orientierungen fortschreitender Entropie und ungenauem Informationsgehalt ausgesetzt. Daher unterliegt auch die Analogie der Entscheidungsträger mit isolierten Denkmodellen der mentalen Entropie.

Lassen Sie uns diese Interpretation anhand eines weiteren konkreten Beispiels näher betrachten:

Boyd erklärt diese universelle und interdisziplinäre Sichtweise wie folgt: Wenn eine bestimmte Doktrin kontinuierlich wiederholt wird, besteht die Tendenz, dass sie im Laufe der Zeit zu einem Dogma wird. Doktrinen neigen dazu, sich in Dogmen zu verwandeln, wobei Dogmen wiederum dazu neigen, bei Entscheidungsträgern das „man with a hammer syndrom" hervorzurufen. Dadurch entsteht die Gefahr, dass mentale Sicherheitsmodelle sich verfestigen und starr werden.

Ein Cybersicherheitsingenieur, der eine konsistente, isolierte interne Sicht verfolgt oder es versäumt, eingehende externe Informationen angemessen zu bewerten, verhält sich wie ein geschlossenes System. Der isolierte Cybersicherheitsingenieur verfügt über ein Sicherheitsmodell zur Bewertung von Cyberrisiken, Schwachstellen und Expositionen, aber die Situation hat sich seit der letzten Bewertung geändert.

Eine Wiederholung der Risikoanalyse scheint hier auch nicht sinnvoll, da der Cybersicherheitsingenieur die Risiken und Bedrohungen immer noch mit isolierten Denkmodellen und Sicherheitsstrategien bewertet, ohne die neuen Modifikationen und Erkenntnisse in die Entscheidungsprozesse hineinfließen zu lassen. Da der Cybersicherheitsingenieur weiterhin gegen eine sich verändernde Bedrohungslage mit einem veralteten mentalen Modell arbeitet, sind Unsicherheit, Inkonsistenz und Systementropie das natürliche Ergebnis.

In diesem speziellen Beispiel sprechen wir also vom „man with a hammer syndrom", was eine Metapher ist, die darauf hinweist, dass Menschen dazu neigen, bei der Lösung von Problemen oder der Interpretation von Informationen auf das zurückzugreifen, was ihnen am vertrautesten ist oder womit sie am besten vertraut sind, selbst wenn es möglicherweise nicht die optimale Lösung ist. Der Begriff leitet sich von der Vorstellung ab, dass jemand, der nur einen Hammer besitzt, dazu neigt, jedes Problem als einen Nagel zu betrachten.

Erkenntnis 4 In einer NATO-Veröffentlichung zur Einsatzplanung wird das Tempo als „die Geschwindigkeit oder der Rhythmus der Aktivitäten im Vergleich zu denen des Gegners" definiert. [4] beschreibt, dass die Zeitspanne, die zwischen der Wahrnehmung und einer Entscheidung existiert, **von zwei Faktoren abhängig ist: von der Aktivitätsrate (Geschwindigkeit) und dem Aktivitätsrhythmus (Timing)**. Um sich auf eine Social-Engineering-Attacke gut vorbereiten zu können, spielt die Geschwindigkeit eine wesentliche Rolle, denn die Entscheidungsträger müssen die Wahrnehmungsgeschwindigkeit oder den „coup d'oeil" be-sitzen, um eine potenzielle Gefahrenlage, eine sich entwickelnde Gefahren-situation und die verfügbaren Optionen vorzeitig zu erkennen und zu verarbeiten. In der Praxis reicht es nicht aus, Entscheidungen so schnell wie möglich zu tref-fen, denn ab einem bestimmten Punkt wirkt dieser Ansatz nicht mehr effizient.

Wie lässt sich diese Sichtweise besser erklären? Das folgende Gedankenspiel untermauert diese Sichtweise, in der die Geschwindigkeit der Erkennung und das Timing einer Cyberattacke bspw. mithilfe des OODA-Loop abgeleitet werden können, sodass Organisationen sich besser auf eine potenzielle Cyberattacke vor-bereiten können. Nehmen wir die Situation eines internationalen Dienstleisters an, der kurz vor dem Börsengang steht:

Die Cybersicherheitsingenieure und Entscheidungsträger, verantwortlich für die Verfügbarkeit der IT-Systeme des Dienstleisters, könnten beispielsweise die Wahr-scheinlichkeit eines Angriffs sowie das zeitliche Timing eines solchen Angriffs in der Zeit vor und unmittelbar nach dem Börsengang als sehr hoch einschätzen. Dies könnte darauf zurückzuführen sein, dass feindlich gesinnte Konkurrenten möglicherweise solche Angriffe in Auftrag geben. Anhand unserer fortlaufenden Beobachtungen können wir Hypothesen aufstellen, Postulate formulieren und Suggestionen entwickeln. Mithilfe des OODA-Loop werden diese systematisch organisiert, in den Kontext eingefügt und in Form von sogenannten Evidenzen prä-sentiert. Diese Evidenzen mit einer Indizwirkung liefern mögliche Hinweise auf bestehende Gefahren.

Nachdem Sie nun mit den Grundzügen und der Sinnhaftigkeit des OODA-Loop vertraut sind, möchten wir Ihnen unsere modifizierte OODA-Loop-Version vorstellen, in der wir die ursprünglichen Phasen auf die Threat Intelligence und Resilienzprozesse im Social Engineering beziehen.

8.1.3   Anwendungsszenarien der OODA-Loop im Social Engineering

Wir unterteilen den OODA-Loop in zwei Bereiche (Abb. 8.2). Der erste, über-geordnete Bereich stellt die taktische Ebene dar, auf der die einzelnen Prozess-schritte in vorgegebener Reihenfolge durchlaufen werden müssen. Dabei kön-nen die Prozessschritte so ineinander eingebettet werden, dass ein vollständiger Prozessdurchlauf schneller und intuitiver erfolgt. Dies ist besonders dann der Fall, wenn Beobachtung, Orientierung und Entscheidung nahezu lückenlos miteinander verknüpft sind. Aufgrund vorheriger Beobachtungen und definierter Orientierun-gen kann teilweise eine Entscheidung vollständig getroffen und abgeleitet werden.

Der zweite Bereich betrifft die operative Ebene und umfasst die Verfahrens-schritte und Artefakte, die darauf abzielen, eine effiziente Ausführung des Loop zu ermöglichen. Dazu gehören die Beobachtungsmatrix, der Resilienzplan und der Social-Engineering-Pentest [5].

Durch die Verbindung der taktischen mit der operativen Ebene besteht die Möglichkeit, den OODA-Loop zur operativen und gezielten Abwehr von Social-

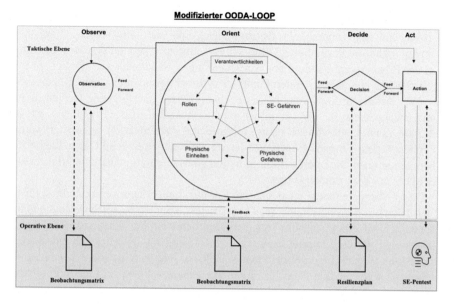

Abb. 8.2 Modifizierter OODA-Loop. (Angelehnt an [2])

Engineering-Angriffen einzusetzen. In den nachfolgenden Abschnitten gehen wir auf die einzelnen Prozessschritte ein und erläutern, wie Sie durch die Anwendung der definierten Lösungsansätze den OODA-Loop operationalisieren können.

Hierbei legen wir den Fokus auf ein effizientes Handeln. Dabei liegt der Schlüssel für effizientes Handeln im Bereich der Informationssicherheit nicht nur in schnellen Entscheidungen, sondern vielmehr darin, zum richtigen Zeitpunkt Entscheidungen von hoher Qualität zu treffen. Dies ermöglicht präventive Maßnahmen, um die Eintrittswahrscheinlichkeit und den Schaden eines Ereignisses signifikant zu reduzieren. In diesem Sinne streben wir danach, die Fähigkeit zu entwickeln, sowohl proaktiv als auch reaktiv angemessen handeln zu können.

Die primäre Prämisse besteht darin, sowohl aus eigenen Fehlern als auch – und dies ist noch wichtiger – aus den Fehlern anderer zu lernen.

8.1.4 Observe und Orient mit Beobachtungsmatrix

Die „Observe"-Phase ist keine isolierte Handlung, sondern vielmehr ein sich entwickelndes Bewusstsein, das auf sich ständig ändernden Umständen und unvollständigen Informationen basiert. Damit gewinnt diese Phase eine essenzielle Rolle in unseren Verteidigungsprozessen. Durch die „Observe"-Phase versuchen wir, den Herausforderungen des zweiten Satzes der Thermodynamik entgegenzuwirken und diesen möglicherweise zu überwinden.

Dies geschieht, indem wir fortlaufende und neue Informationen über unsere sich wandelnde IT-Umgebung und die Social-Engineering-Bedrohungslage berücksichtigen. Wir streben danach, das Spektrum der Informationsgewinnung in einem offenen System abzubilden.

Aus taktischer Perspektive ist die Präzisierung der Informationsgewinnungsquellen entscheidend, um eine effektive Beobachtung zu gewährleisten. Aus diesem Grund definieren wir eine Reihe von Beobachtungszielen und Instrumenten, die sich bereits in der Praxis als effiziente Werkzeuge für „Observe" und „Orient" erwiesen haben, in die Beobachtungsmatrix (Abb. 8.3).

Prozessschritt 1: Targeting

Im ersten Schritt wird innerhalb des Targeting die Gesamtheit der Rollen und physischen Einrichtungen definiert und den realitätsnahen Angriffs- und Bedrohungsarten zugeordnet. Bei der Identifizierung einzelner Rollen, die innerhalb einer Organisation zum Einsatz kommen, müssen neben den eigenen Rollen auch die-

Roles	human-based Threats (HT)						Clustering
	HT 1	HT 2	HT 3	HT 4	HT 5	HT 6	
R 1	x	x			x	x	Security Staff
R 2	x	x			x	x	
R 3			x				Engineering Maintenance
R 4		x			x	x	OT-Staff
R n+1		x			x	x	

Cluster			
	Department		security requirement
CR 1	Security Staff		Critical (3)
CR 2	Engineering Maintenance		High (2)
CR 3	OT-Staff		Critical (3)

phyiscal Units	phyiscals Threats (PT)						Clustering
	PT 1	PT 2	PT 3	PT 4	PT 5	PT 6	
P 1	x	x			x	x	Network interconnection point
P 2	x	x			x	x	
P 3	x	x	x		x	x	Network operation center

Cluster			
	Department		security requirement
CP 1	Network interconnection point		Critical (3)
CP 2	Network operation center		Critical (3)

Assessment	Threats Matrix		
	CP 1	Value	Matrix final value
CR 1	x	3 x 3	9
CR 2	x	2 x 3	6
CR 3	No allocation	No allocation	No allocation
	CP 2	Value	Matrix final value
CR 1	x	3 x 3	9
CR 2	No allocation	No allocation	No allocation
CR 3	x	3 x 3	9

Abb. 8.3 Metabeispiel für die Beobachtungsmatrix [1]

jenigen erkannt und in die Beobachtungsmatrix eingebettet werden, die externen
Einsatzorganisationen angehören oder temporär für die eigene Organisation tätig
sind. Hierzu zählen Lieferanten, Dienstleister, Praktikanten usw. In einem zweiten
Schritt werden in derselben Analogie die physischen Einheiten identifiziert und in
die Beobachtungsmatrix eingebettet. Nach der Identifikation der Rollen und physischen Einheiten können die Social-Engineering-Angriffe und physischen Angriffsarten schließlich auf die bereits definierten Rollen und physischen Einheiten proji-
ziert und zugeordnet werden. Dadurch werden die aktuellen möglichen Gefahren,
potenziellen Rollen und physischen Einheiten erstmalig visuell sichtbar.

Über kontinuierliche Beobachtungen können die Beobachtungsziele ergänzt
und aktualisiert werden. Die Sichtbarkeit der aktuellen Gefahrenlage, der betroffenen Rollen und physischen Einheiten sowie deren Mapping zueinander
sorgt für eine kohärente und transparente Betrachtung, in der letztlich auch der
Abstraktionsgrad (z. B.: Welche tatsächlichen Gefahren bedrohen mich und auf
welche spezifischen Rollen und Systeme zielen diese Gefahren ab?) abnimmt.

Mit der Reduzierung des Abstraktionsgrades entsteht die Möglichkeit, sich gezielt mit der realen Gefahrenlage auseinandersetzen zu können.

Prozessschritt 2: Clustern
In einem zweiten Schritt werden die Rollen mit ähnlichen Aufgabenprofilen und
Schutzbedarf (z. B. alle Rollen, die einer gemeinsamen Schnittmenge Angriffsarten zugeordnet sind) in einem Cluster zusammengeführt. Die gleiche Vorgehensweise kann analog für physische Einheiten durchgeführt werden.

Auf diese Weise kann eine Vielzahl von Rollen und physischen Einheiten, die
ähnlichen Angriffsvektoren und -arten ausgesetzt sind, in homogene Gruppen zusammengefasst werden [1].

Prozessschritt 3: Assessment
Das Clustern homogener Assets vereinfacht die Prozesse zur Kritikalitäts-
bewertung. Nach der Clusterbildung kann nun in einem weiteren Prozessschritt die
Bewertung der einzelnen Rollencluster und physischen Cluster erfolgen, wobei die
verschiedenen Rollencluster und Gebäudecluster nach drei Skalenwerten (mäßig
(1), hoch (2), kritisch (3)) ausgewertet werden können. Zur Bewertung müssen jedoch die einzelnen Stufen des einzusetzenden Bewertungssystems unternehmens-
spezifisch definiert und qualitativ oder quantitativ interpretiert werden. Bei der Bestimmung der Kritikalität geht es darum, die Fragilität, Vulnerabilität und den Einfluss der Angriffe auf Zielpersonen und Zielgebäude und auf die Organisation zu
interpretieren. Hierbei werden die potenziellen Auswirkungen auf die Sicherheit
und Funktionalität des Systems, der Versorgung und des sicheren Betriebs berücksichtigt [1].

Prozessschritt 4: Mapping
In einem vierten Schritt erfolgt die Zusammenführung der Bewertung der Rollen-
cluster und physischen Cluster, wodurch letztendlich die Bewertung der einzelnen
Bereiche kombiniert wird. Hierbei kann die Gesamtkritikalität festgelegt werden.

Der Vorteil dabei ist die Visualisierung der Gesamtkritikalität der Rollen und physischen Einheiten [1].

Anwendungsszenario: CEO-Fraud im Homeoffice

In der Beobachtungsphase ermöglicht die Matrix den Entscheidungsträgern, ihren Fokus präzise auf die spezifischen Social-Engineering-Gefahren zu lenken, die die Realität ihres Unternehmens beeinflussen. Ein praktisches Beispiel verdeutlicht die Relevanz dieses Ansatzes: Mit dem weltweiten Ausbruch der Corona-Pandemie wurden zahlreiche Organisationen gezwungen, Homeoffice-Arbeitsplätze über VPN-Zugänge und virtuelle kollaborative Software einzurichten, um den Geschäftsbetrieb aufrechtzuerhalten. Diese Maßnahmen führten zu einer Vielzahl neuer technischer und physischer Schnittstellen, die bei unzureichendem Schutz potenziell anfällig für Angriffe und Kompromittierungen war. Durch die Anwendung der Beobachtungsmatrix können Entscheidungsträger ihre Gefahrenlage gezielt erfassen und transparent visualisieren. Dies ermöglicht es, bestimmte Risikobereiche zu identifizieren. Beispielsweise wird durch die Matrizenanalyse deutlich, dass bestimmte Rollen im Unternehmen verstärkt Ziel von CEO-Fraud-Angriffen wurden oder dass vermehrt Schwachstellen in VPN-Zugängen und Remotezugriffen genutzt wurden. Die Matrix dient somit als wirksames Werkzeug, um die Gefahrensituation in einem komplexen Umfeld wie dem Homeoffice erst zu visualisieren und präzise zu bewerten und darauf basierend proaktive Sicherheitsmaßnahmen zu ergreifen.

In diesem Zusammenhang stellt sich die Frage: Wie können Entscheidungsträger effektive Maßnahmen ergreifen, um sich vor Gefahren zu schützen, die sie möglicherweise noch nicht einmal registriert haben? Die Schlüsselkomponente zur Bewältigung dieses Problems liegt in der Anerkennung des Nutzens einer Beobachtungsmatrix.

Durch die systematische Sammlung und Analyse von Informationen bietet die Matrix die Möglichkeit, potenzielle Bedrohungen im Rahmen des Targeting frühzeitig zu erkennen und zu verstehen, selbst wenn sie sich zunächst nicht unmittelbar manifestieren.

Der entscheidende Vorteil besteht darin, dass Entscheidungsträger durch die Anwendung der Beobachtungsmatrix eine proaktive Haltung einnehmen können. Sie erhalten nicht nur Einblicke in bereits bekannte Gefahren, sondern können auch auf bisher unbekannte oder unterschätzte Risiken aufmerksam gemacht werden. Dies ermöglicht es, präventive Schutzmaßnahmen zu ergreifen, bevor sich potenzielle Bedrohungen zu realen Risiken entwickeln.

Kurz gesagt, die Beobachtungsmatrix schafft ein Bewusstsein für die Gefahrenlage, noch bevor diese in vollem Umfang sichtbar wird. Sie stellt somit ein unverzichtbares Instrument dar, um den Schutzmechanismus eines Unternehmens zu stärken und sicherzustellen, dass Entscheidungsträger besser vorbereitet sind, selbst auf solche Bedrohungen zu reagieren, die möglicherweise noch nicht vollständig erkannt wurden.

Anwendungsszenario: Colonial Pipeline

Hätten die Entscheidungsträger der Colonial Pipeline [6] Kenntnisse über die Zuordnung ihrer vorhandenen Rollen und IT-Systeme zur Gefahrenlage (z. B. Missbrauch der VPN-Zugänge in der Operational Technology) sowie über die Zuordnung von Schwachstellen und Bedrohungen zu den Rollen (z. B. Operational Technology Admins mit unsicherem Umgang mit geheimen Authentisierungsinformationen), wäre der Cyberangriff möglicherweise verhindert worden. Es wird postuliert, dass durch die Visualisierung der Gefahrensituation angenommen werden kann, dass die Gefahrenlage rollen-, system- und gefahrenspezifisch transparent gestaltet werden kann. Entscheidungsträger wären somit in der Lage, gezielte Untersuchungen und Maßnahmen einzuleiten, wie zum Beispiel:

a) nicht genutzte VPN-Zugänge deaktivieren,
b) externe Remote-Zugriffe nur mit 2-Faktor-Authentifizierung zulassen und
c) Wartungspersonal gezielt schulen (z. B. gezieltes Information-Security-Awareness-Programm zum Umgang mit geheimen Authentisierungsinformationen).

Ohne adäquates Urteilsvermögen haben Daten und Informationen wenig Bedeutung, selbst wenn sie vollständig und konsistent sind. Diese Postulierung basiert auf der Prämisse, dass mehr Informationen, Daten und Kontrollen nicht zwangsläufig zu besseren Entscheidungen führen. Ein ausgeprägtes Urteilsvermögen, das Muster erkennt und nachhaltiges Wissen generiert, ist in der Lage, aus vorhandenen Informationen Wissen zu extrahieren und auf dieser Grundlage nachhaltige und effiziente Entscheidungen zu treffen.

In diesem Zusammenhang spielt die menschliche Wahrnehmung in der Phase „Observe" und „Orient" eine relevante Rolle. Wahrnehmung beschreibt die aktive Erfassung, Verarbeitung und Vergabe eines Sinns über Sinnesorgane. Dieser kognitive, mentale Prozess ermöglicht das Verständnis sowie die Interpretation über die durch die Sinne erfassten Reize. Diese grundlegende kognitive Fähigkeit ist im Alltag und besonders in der Informationssicherheit von großer Bedeutung.

Durch die gezielte Anregung kognitiver Funktionen ist es durchaus möglich, die Wahrnehmung zu trainieren und zu steigern. Da dieser Prozess aktiv ist, liegt es in der Verantwortung der Individuen, die entsprechenden Informationen auszuwählen, zu organisieren und zu verstehen.

Auswahl Menschen sind täglich unzähligen Reizen ausgesetzt, die sie begrenzt bewältigen können. Das bedeutet, dass Informationen gezielt gefiltert werden müssen, sodass entschieden werden kann, was genau wahrgenommen werden soll. Dies erfolgt durch den Einsatz von Matrizen.

Organisation Sobald bekannt ist, was wahrgenommen werden soll (Transparenz durch Matrizen), müssen Reize kategorisiert werden, sodass ihnen eine Bedeutung gegeben werden kann. Synergie spielt hierbei eine besondere Rolle, da das aufgenommene Maß an Informationen nicht auf die Eigenschaften der einzelnen Reize reduziert werden kann.

Interpretation Werden die ausgesuchten Reize kategorisiert, werden sie verarbeitet, sodass diesen eine Bedeutung gegeben werden kann. Anschließend wird der Wahrnehmungsprozess beendet. Erfahrungen und Erwartungen beeinflussen die Art und Weise, wie dieser Interpretationsprozess abläuft.

Die Fähigkeit, durch die Beobachtungsmatrix Transparenz in der Auswahl von Informationen und Beobachtungszielen zu schaffen, ermöglicht es, gezielt zu entscheiden, welche Reize in den Fokus genommen werden sollen. Die Organisation dieser ausgewählten Reize erfolgt dabei nach klaren Kriterien, um eine sinnvolle Struktur zu schaffen und die Gesamtinformation besser zu verstehen. Durch diese aktive und bewusste Wahrnehmung können Entscheidungsträger relevante Muster und Zusammenhänge erkennen, was wiederum zu einem verbesserten Verständnis der Gefahrensituation führt.

Es wird betont, dass eine Überflutung mit Informationen und Daten allein nicht zwangsläufig zu besserem Entscheiden führt. Vielmehr ist es das geschulte und erfahrene Urteilsvermögen, das aus den verfügbaren Informationen Wissen generiert und auf dieser Grundlage nachhaltige und effiziente Entscheidungen trifft. Daher sind die gezielte Schulung und Förderung der Wahrnehmungsfähigkeiten sowie des Urteilsvermögens ein entscheidender Aspekt, um in der Phase „Observe" und „Orient" eine fundierte und effektive Entscheidungsfindung zu ermöglichen.

8.1.5   Decide mit Resilienzplan

Auf Grundlage der erzielten Ergebnisse können nun in einem Resilienzplan (Abb. 8.4) proaktive, reaktive und adaptive Maßnahmen implementiert werden, die jeweils auf die identifizierten Rollen, Gebäude und die dazugehörigen Gefahren abzielen. Hierbei können grundsätzlich zwei Resilienzbereiche definiert werden [1].

Prozessschritt 1: Clusterbasierte Entscheidungsfindung
Die Gesamtheit der identifizierten und zugeordneten Social-Engineering-Angriffsarten kann nun clusterspezifisch behandelt werden. Dabei können für jede eingebettete Social-Engineering-Angriffsart Entscheidungen getroffen werden, wie Informationssicherheitsschulungsprogramme definiert werden sollen. Es besteht die Möglichkeit, festzulegen, welche Social-Engineering-Gefahren in welcher Granularität und Intensität präventiv bekämpft werden müssen. Auf diese Weise können die betrieblichen Anstrengungen zur Sensibilisierung und Befähigung der Mitarbeiter gegenüber unterschiedlichen Social-Engineering-Angriffen entsprechend der Komplexität und Intensität der identifizierten Social-Engineering-Gefahren angepasst werden [1].

Prozessschritt 2: Selektion des Schulungskonzeptes
Um konkrete Maßnahmen im Bereich der Sensibilisierung, Schulung und Befähigung der Mitarbeiter gegenüber Social-Engineering-Angriffen zu definieren, greifen wir auf die NIST Special Publication 800-50 mit dem Titel „Building an

Roles — human-based Threats (HT)

Roles	HT 1	HT 2	HT 3	HT 4	HT 5	HT 6	Clustering
R 1	x	x			x	x	Security Staff
R 2	x	x			x	x	
R 3			x				Engineering Maintenance
R 4		x			x	x	
R n+1		x			x	x	OT-Staff

Cluster	Department	security requirement
CR 1	Security Staff	Critical (3)
CR 2	Engineering Maintenance	High (2)
CR 3	OT-Staff	Critical (3)

physicals Threats (PT)

physical Units	PT 1	PT 2	PT 3	PT 4	PT 5	PT 6	Clustering
P 1	x	x			x	x	Network interconnection point
P 2	x	x			x	x	Network operation center
P 3	x	x	x		x	x	

Cluster	Department	security requirement
CP 1	Network interconnection point	Critical (3)
CP 2	Network operation center	Critical (3)

Threats Matrix

Assessment	CP 1	Value	Matrix final value
CR 1	x	3 x 3	9
CR 2	x	2 x 3	6
CR 3	No allocation	No allocation	No allocation

	CP 2	Value	Matrix final value
CR 1	x	3 x 3	9
CR 2	No allocation	No allocation	No allocation
CR 3	x	3 x 3	9

Resilience plan for CR 1

Threats	IS-Awareness	IS-Training	IS-Education
HT 1		x	
HT 2	x	x	x
HT 5	x		x
HT 6	x		x

Resilience plan for CP 1

Threats	camera surveillance	physical intrusion detection system	Physical Pentest
PT 1	x	x	
PT 2	x	x	x
PT 4	x	x	x
PT 5	x	x	

Meta informations — involved staff

Threats	affiliation
R 1	Security Staff
R 2	Security Staff

Meta informations — involved physicals Units

Threats	affiliation
P 1	Network interconnection point
P 2	Network interconnection point

operative treatment plan

Measure	due date	Responsible	Accountable
IS-Awareness	Prio B: 31.12.2023	CISO	CEO
IS-Training	Prio B: 31.12.2023	CISO	CEO
IS-Education	Prio B: 31.12.2023	CISO	CEO
camera surveillance	Prio A: 31.10.2023	CISO	CEO
physical intrusion detection system	Prio A: 31.10.2023	Chief Security Officer	CEO
Physical Pentest	Prio C: 31.03.2024	Chief Security Officer	CEO

Abb. 8.4 Zusammenführung der Beobachtungsmatrix mit dem Resilienzplan [1]

information technology security awareness and training program" zurück [7]. Diese Leitlinie bietet eine umfassende Anleitung zur Entwicklung von Sicherheitsbewusstseins- und Schulungsprogrammen im Bereich der IT.

Die NIST SP 800-50 unterscheidet dabei drei wesentliche Granularitäten, nämlich Awareness, Training und Education. Diese sollten in der Umsetzung berücksichtigt werden, um einen effektiven Schutz gegenüber unterschiedlichen Social-Engineering-Angriffen zu gewährleisten [1].

Awareness (Sensibilisierung)
Die Awareness konzentriert sich auf das Bewusstsein der Mitarbeiter für grundlegende Sicherheitsaspekte und die damit verbundenen Risiken. Das Ziel besteht darin, dass Mitarbeiter ein allgemeines Verständnis für Sicherheitskonzepte, Richtlinien und Bedrohungen entwickeln. Die entsprechenden Maßnahmen umfassen die Implementierung regelmäßiger Kommunikationskampagnen, Schulungsmaterialien und Schulungen, die grundlegende Sicherheitsprinzipien vermitteln.

Training (Schulung)
Die Definition von Training liegt auf der Vermittlung spezifischer Fähigkeiten und Kenntnisse, die für die sichere Nutzung von IT und Abwehr entsprechender Gefahren erforderlich sind. Das Ziel besteht darin, dass Mitarbeiter in der Lage sind, sicherheitsrelevante Aufgaben auszuführen und angemessen auf Bedrohungen zu reagieren. Die Maßnahmen umfassen die Implementierung von praktischen Schulungen, Übungen und Simulationen, um Mitarbeiter auf konkrete Szenarien vorzubereiten.

Education (Bildung)
Die Definition von Education geht über das Training hinaus und vermittelt ein tiefergehendes Verständnis der zugrunde liegenden Prinzipien der Informationssicherheit. Das Ziel besteht darin, dass Mitarbeiter die Verteidigungskonzepte der Informationssicherheit verstehen und in der Lage sind, sicherheitskritische Entscheidungen zu treffen. Die Maßnahmen umfassen die Implementierung von formalen Schulungen, Zertifizierungen und weiterführenden Kursen, die ein umfassendes Verständnis für Informationssicherheit bieten.

Die Unterscheidung zwischen diesen Granularitäten ist entscheidend, da Mitarbeiter unterschiedliche Kenntnisse und Fähigkeiten benötigen, um sich effektiv gegen verschiedene Social-Engineering-Angriffe zu verteidigen. Sensibilisierung schafft das Grundverständnis, Training vermittelt spezifische Fähigkeiten und Education fördert ein tiefgehendes Wissen und Können.

Prozessschritt 3: Definition von Verteidigungsmaßnahmen
Die Gesamtheit der identifizierten und zugeordneten physischen Angriffsarten kann nun clusterspezifisch behandelt werden. Dabei können für jede eingebettete physische Angriffsart Entscheidungen getroffen werden, wie Verteidigungsmaßnahmen definiert werden sollen. Es besteht die Möglichkeit, festzulegen, welche physischen Gefahren in welcher Granularität und Intensität präventiv, reaktiv,

korrektiv oder auch detektierend bekämpft werden müssen. Dieser Prozessschritt kann analog zu Prozessschritt 1 ausgeführt werden.

Prozessschritt 4: Integration und Periodisierung
Die Gesamtheit der definierten Maßnahmen aus den Prozessschritten 2 und 3 kann zwecks praktischer Anwendung und Operationalisierung in den Behandlungsplan integriert und anhand der spezifischen Kritikalitäten und Ressourcenkapazitäten periodisiert werden, um sie operativ auszuführen und zu überwachen. Der Resilienzplan bietet eine Vielzahl von Vorteilen. Durch seine Existenz können konkrete, reale Bedrohungen aus der „Observe"-Phase präzise reduziert werden, indem Ursachen und Auswirkungen gezielt angegangen werden.

Die flexible Struktur des Plans ermöglicht unterschiedliche Umsetzungsstrategien, die individuellen Anforderungen und Risiken gerecht werden.

Die Planung von Maßnahmen wird durch den Resilienzplan gezielter und ermöglicht eine präzise Auswahl, um die Wirksamkeit gegenüber spezifischen Bedrohungen zu maximieren. Ressourcen können durch den Plan optimal eingeteilt werden, was zu einer effizienten Ressourcenallokation führt. Transparente Zielsetzungen verbessern das Verständnis der Auswirkungen jeder Maßnahme und erleichtern die Kommunikation.

Die Implementierung des Plans erlaubt eine effektivere Nutzung vorhandener Ressourcen und ermöglicht eine präzise Überwachung sowie Auswertung der Wirksamkeit jeder implementierten Maßnahme. Ein ganzheitlicher Ansatz schützt vor verschiedenen Angriffsvektoren und Szenarien. Der Resilienzplan unterstützt die frühzeitige Identifikation von Zielsetzungen und kann kontinuierlich angepasst werden, um auf sich verändernde Bedrohungen und Anforderungen zu reagieren.

8.1.6 Act and Information Security Awareness und Training

Es existieren einige grundlegende Aspekte, die aus professioneller Sicht das Fundament für jedes denkbare Bewusstseins- und Schulungsprogramm bilden. Hänsch et al. beschrieben drei modulare Konzepte (Abb. 8.5) des Begriffs „Sicherheitsbewusstsein" [8]. Das primäre Konzept beschreibt die bewusste Handlung der Benutzer, d. h., sie wissen, welche Bedrohungen für die Informationssicherheit bestehen (Wahrnehmung). Das sekundäre Konzept beschreibt Wissen, d. h., Benutzer verstehen und wissen, wie sie sich vor diesen Bedrohungen schützen können (Schutz). Das dritte Konzept besagt, dass Benutzer nicht nur Bedrohungen kennen und erkennen und wissen, was sie gegen Bedrohungen tun sollen, sondern dieses Wissen auch in ihr Verhalten integrieren (**Verhalten**). Nur das letzte Konzept verspricht eine tatsächliche Steigerung der Informationssicherheit in einer Organisation.

Entsprechend bedeutet Sicherheitsbewusstsein, dass Benutzer wissen, wie sie sich so verhalten können, dass es der Informationssicherheit entspricht (**z. B. keine Links in Phishing-E-Mails anklicken, keine verdächtigen Anhänge öffnen und keine Makros aktivieren**), und welche Konsequenzen bei Nicht-

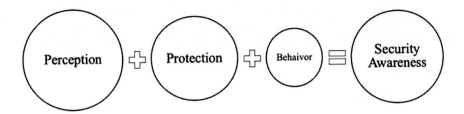

Abb. 8.5 Drei Konzepte der Security Awareness

befolgung entstehen können (z. B. Ruf- und finanzieller Schaden im Falle von Datenverlust von Kunden oder Mitarbeitern).

In Bezug auf diese Sichtweise müssen strategische Entscheidungsträger anders geschult und sensibilisiert werden als operative Mitarbeiter.

Informationssicherheitsbewusstsein beschreibt den bewussten Umgang mit Informationen unabhängig vom Medium. Ein bewusster Ansatz im Zusammenhang mit Informationssicherheit kann als ein Konstrukt kognitiver und affektiver Prozesse dargestellt werden (z. B. Wie kann ich mich sicherheitskonform verhalten?; [7]). Daher spielen psychologische Aspekte, insbesondere die Sozialpsychologie, eine wichtige Rolle. Das Gebiet der Sozialpsychologie kann dazu beitragen, menschliches Verhalten in Zusammenhang mit der Informationssicherheit zu verstehen, denn es werden unterschiedliche Aspekte wie Einstellungen, Überzeugungen und soziale Normen betrachtet, die in der Informationssicherheit in Organisationen genutzt werden können [9, 10].

Die professionelle Vorbereitung und Organisation eines Awareness-Programms bilden die fundamentale Grundlage für dessen Effektivität. Ein zentraler Grundsatz besteht darin, keine negativen Gefühle und Ängste bei den Mitarbeitern zu provozieren. Hierbei ist die gezielte Entwicklung zielgerichteter und umsetzbarer Schulungsinhalte von entscheidender Bedeutung, die nicht nur themenspezifisch, sondern auch auf die individuellen Bedürfnisse von bestimmten Gruppen zugeschnitten sind. Qualität steht in diesem Kontext über Quantität, wodurch ein nachhaltiger Lerneffekt erzielt werden kann. Die Integration neuer Verhaltensweisen und Richtlinien erfolgt in einem mehrstufigen Verfahren, welches durch die Anwendung von Fallbeispielen unterstützt wird. Um die Qualität des Programms sicherzustellen, ist die kontinuierliche Gewährleistung von Interaktivität und Feedback unabdingbar. Diese qualitätssichernden Merkmale sollten rekursiv in den Prozess eingebunden werden, um eine fortlaufende Optimierung zu ermöglichen. Bei der Berücksichtigung kultureller und individueller Eigenschaften liegt der Fokus darauf, ein Bewusstsein für Vielfalt zu schaffen und einheitliche Schulungsinhalte an die Bedürfnisse unterschiedlicher Gruppen anzupassen.

Im Rahmen der Definition und Ausführung von Awareness-Programmen ist ein durchdachtes Vorgehensmodell unerlässlich. Die folgenden Prozessschritte bieten eine strukturierte Anleitung für die erfolgreiche Umsetzung:

Prozessschritt 1: Definition eines Ziels (Was wollen wir erreichen?)
Die Definition eines klaren Ziels bildet den Ausgangspunkt des Vorgehensmodells. Es beinhaltet sowohl qualitative als auch quantitative Zielsetzungen, die eine umfassende Verbesserung des Informationssicherheitsniveaus anstreben. Dieser holistische Ansatz beginnt mit der klaren Definition von Zielen, sowohl qualitativer als auch quantitativer Natur.

Hierbei steht im Fokus, das grundlegende Informationssicherheitsniveau im Unternehmen zu erhöhen und messbare Kennzahlen wie die Schulungsabdeckung, die Reduzierung von Vorfällen und erfolgreiche Abwehr von simulierten Angriffen zu definieren.

Prozessschritt 2: Umgebungsbetrachtung (Organisationsfähigkeit)
Nach der Zieldefinition erfolgt eine eingehende Umgebungsbetrachtung, die die organisatorischen Gegebenheiten auf ihre Eignung für Schulungsmaßnahmen prüft.

Dabei werden notwendige organisatorische Voraussetzungen geschaffen und technische sowie organisatorische Maßnahmen implementiert, die als Grundlage für Schulungen dienen. Die Analyse der organisatorischen Gegebenheiten ist entscheidend, um die Durchführbarkeit von Schulungsmaßnahmen zu gewährleisten. Dies schließt die Schaffung notwendiger organisatorischer Voraussetzungen sowie die Integration von technischen und organisatorischen Maßnahmen ein.

Prozessschritt 3: Reduzierung der Komplexität (Themenunterteilung)
Die Reduzierung der Komplexität erfolgt in einem mehrstufigen Prozess, wobei Themen wie Passwortsicherheit als exemplarische Schwerpunkte dienen. Hierbei werden verschiedene Aspekte, einschließlich des Wissensstandes und der Verhaltensabsichten der Mitarbeiter, betrachtet. Zusätzlich erfolgt die Unterteilung der Schulungsgruppen in allgemeine und gruppenspezifische Einheiten, um eine zielgerichtete Schulung zu gewährleisten.

Prozessschritt 4: Reduzierung der Komplexität (Unterteilung der Schulungsgruppen)
Die Erstellung des Schulungskonzepts auf der Effektivitätsebene setzt den strategischen Rahmen für die Schulungs- und Sensibilisierungsmaßnahmen. Es adaptiert den Sollzustand, definiert Verantwortlichkeiten, Zeitpläne, themen- und gruppenspezifische Schulungen sowie die Evaluierungsmechanismen. Die Unterteilung der Schulungsgruppen erfolgt in allgemeine und gruppenspezifische Einheiten. Hierbei werden verschiedene Mitarbeitergruppen, wie normale User, IT-Admins oder Mitarbeiter in Hochsicherheitsbereichen, gezielt angesprochen und geschult.

Prozessschritt 5: Erstellung des Schulungskonzepts
Die operative Umsetzung erfolgt auf der Effizienzebene, wobei eine ganzheitliche Kampagnenplanung entscheidend ist. Hierbei werden strategische Entscheidungsträger frühzeitig einbezogen, ausreichend Zeit für die Mitarbeiterbeteiligung

eingeplant und eine Mischung aus Präsenz- und Online-Schulungen sowie verschiedenen sozialen Marketingkomponenten berücksichtigt. Das Schulungskonzept auf der Effektivitätsebene definiert die strategische Ausrichtung der Schulungs- und Sensibilisierungsmaßnahmen. Dabei werden Ziele, Verantwortlichkeiten, Durchführungszyklen, themenspezifische Schulungen und Schulungsformate festgelegt.

Prozessschritt 6: Operative Umsetzung

Der Evaluierungsprozess schließt den ganzheitlichen Prozess ab, indem er sowohl die Rückmeldungen der Mitarbeiter als auch die Zielerreichung auf organisatorischer Ebene berücksichtigt. Praktische Erfahrungswerte werden genutzt, um kontinuierliche Optimierungen durchzuführen und den Schulungsprozess an die sich wandelnden Anforderungen anzupassen. Die operative Umsetzung auf der Effizienzebene erfordert eine sorgfältige Planung und Durchführung. Dies beinhaltet die Einbindung strategischer Entscheidungsträger, die Auswahl geeigneter Schulungsformate (Präsenz- und Online-Schulungen), die Nutzung von Gamification-Elementen sowie die regelmäßige Evaluierung der Maßnahmen.

Prozessschritt 7: Evaluierung des gesamten Prozesses

Der Evaluierungsprozess schließt den ganzheitlichen Prozess ab, indem er sowohl die Rückmeldungen der Mitarbeiter als auch die Zielerreichung auf organisatorischer Ebene berücksichtigt. Praktische Erfahrungswerte werden genutzt, um kontinuierliche Optimierungen durchzuführen und den Schulungsprozess an die sich wandelnden Anforderungen anzupassen. Die abschließende Evaluierung betrachtet den Gesamtprozess sowie die erreichten Ziele. Die Rückmeldungen der Mitarbeiter fließen in die ständige Verbesserung der Schulungsmaßnahmen ein. Eine sachliche und unvoreingenommene Evaluierung gewährleistet eine kontinuierliche Anpassung und Optimierung der Awareness-Programme. In dieser systematischen Vorgehensweise vereinen sich qualitative und quantitative Aspekte, um ein umfassendes Informationssicherheits-Awareness-Programm zu gestalten und kontinuierlich zu verbessern. Der Fokus liegt nicht nur auf der Wissensvermittlung, sondern auch auf der gezielten Beeinflussung von Verhaltensabsichten, um nachhaltige Sicherheitsgewohnheiten in der Organisation zu etablieren.

Die Zusammenführung dieser Prozessschritte in ein integratives Vorgehensmodell bietet eine fundierte Basis für die Definition und Ausführung von Informationssicherheits-Awareness-Programmen. Dieses Modell gewährleistet nicht nur die Vermittlung von theoretischem Wissen, sondern auch die praktische Anwendung im Arbeitskontext. Durch die Einbindung von grundlegenden Regeln wird zudem eine positive Lernumgebung geschaffen, die das Verständnis und die Internalisierung von Sicherheitsprinzipien fördert. Der iterative Charakter des Modells ermöglicht eine kontinuierliche Anpassung an sich wandelnde Anforderungen und Bedrohungen im Bereich der Informationssicherheit.

8.1.7   Act mit dem Social-Engineering-Pentest

Der **Social-Engineering-Pentest** [11] ist eine umfassende Analyse der Sicherheitsmaßnahmen in einem soziotechnischen Umfeld, insbesondere im Bereich der Mensch-Maschine-Interaktion. Er dient dazu, Schwachstellen im Informations- und IT-Sicherheitskonzept sowie in den Resilienzmaßnahmen einer Organisation zu identifizieren und auf ihre Effektivität und Effizienz zu prüfen. Dieser Test ist ein messbarer Indikator für das Resilienzlevel der Organisation im Bereich des Social Engineering.

Der Social-Engineering-Pentest beinhaltet eine punktuelle Schwachstellenanalyse der menschlichen und physischen Faktoren in der Informationssicherheit. Es dient als Instrument zur Auditierung und Simulation realistischer Social-Engineering-Angriffe oder Sabotageakte. Dabei werden logische Angriffsmethoden wie SOCMINT, OSINT und physische Angriffsvektoren wie Tailgating verwendet.

Der Test folgt einem strukturierten Vorgehen, das in vier modularen Prozessschritten erfolgt:

Prävorbereitungsphase: Feinplanung
In dieser Phase werden die Rahmenbedingungen für den Social-Engineering-Pentest herausgearbeitet. Es werden eindeutige Ziele definiert, wie z. B. das Verleiten der Mitarbeiter, auf einen Link in einer Phishingmail zu klicken, Zugangsdaten auf nachgebauten Login-Seiten (engl. Pharming) einzugeben, Informationen preiszugeben, Fehlinformationen aufzunehmen und intern weiterzugeben, Waren unberechtigt herauszugeben oder zu verschicken, Geld zu transferieren, Stammdaten zu verändern, sich Zugang zum Kundenobjekt zu verschaffen und darüber hinaus noch in etwaige Sonderschutzzonen und (Hoch-)Sicherheitsbereiche unbemerkt vorzudringen, um dort einen physischen oder logischen Angriff zu simulieren. Neben den Zielen sind auch Verfahrensabläufe vorher klar zu besprechen, wie z. B. das Verhalten der Pentester bei Aufklärung durch Mitarbeiter oder den Sicherheitsdienst. Bei rein digitalen Social-Engineering-Pentests sollten die für die Informationssicherheit verantwortlichen Instanzen immer vorher in Kenntnis gesetzt werden, wann genau ein Angriff durchgeführt wird, damit diese im Ernstfall immer eine Unterscheidung zwischen dem simulierten Social-Engineering-Pentest und einem möglichen echten Angriff vollziehen können. In der weiteren Feinplanung sollten auch weitere Akteure und Stakeholder aus den Querschnittsbereichen wie Datenschutz, Compliance, Betriebsrat ebenfalls informativ in das Verfahren integriert werden, um etwaige Fragen und Erwartungshaltungen abzugleichen [1].

Vorbereitungsphase: Erkundung
In der Vorbereitungsphase innerhalb eines physischen Social-Engineering-Pentests wird eine Vor-Ort-Analyse durchgeführt, um sich direkt vor Ort ein Bild vom Zielunternehmen zu machen. Dabei spielen u. a. physische und umgebungsbezogene

Sicherheitsperimeter, Abläufe, Routinen, Verantwortlichkeiten etc. für die Entwicklung der eigentlichen **Angriffsszenarien** eine große Rolle.

Bei allen digitalen Social-Engineering-Pentests werden über die Methoden der OSINT und SOCMINT spezifische Erstanalysen operationalisiert, um eine gezielte und präzise Informationsgewinnung zur Bildung der Grundlage für die Erarbeitung der Angriffsszenarien zu ermöglichen. Als Resultat der Vorbereitungsphase werden die **Course of Action (COA)** definiert, in denen die Art der Angriffsszenarien spezifiziert und präzisiert wird [1].

Angriffsphase: Angriff
In der Angriffsphase erfolgt auf Basis der erarbeiteten Grundlagen und COA aus den vorherigen Phasen der eigentliche Angriff. Bei einem physischen Social-Engineering-Pentest werden hierfür Legenden also Identitäten entwickelt, welche es dem Social-Engineering-Pentester ermöglichen sollen, unbemerkt in das Zielobjekt einzudringen und uneingeschränkte Bewegungsfreiheit zu erlangen.

Der Social-Engineering-Pentester versucht sich dann bspw. durch einen physischen Angriffsvektor einen Zugang zum IT-System zu verschaffen. Je nach Absprache mit der Target-Organisation kommen dann vorbereitete Wechseldatenträger wie USB-Sticks, physische Keylogger, WLAN-Sniffer, Abhörmittel (unscharf) etc. zum Einsatz.

Auch analoge Informationen werden vom Social-Engineering-Pentester vor Ort gesichtet, aufgenommen und bei Bedarf entwendet (abfotografiert). **Der physische Social-Engineering-Pentest (Variante I) ist mit der unbemerkten und erfolgreichen Exfiltration des Zielobjekts abgeschlossen.** Bei einem digitalen Social-Engineering-Pentest ist der jeweilige COA immer dann abgeschlossen, wenn dieser entweder eines der definierten Ziele erreicht, einen weiteren COA eingeleitet bzw. unterstützt hat oder dieser abgewehrt wurde. **Innerhalb der Variante II enden die physischen Social-Engineering-Pentests nach der Durchführung der eigentlichen Angriffssimulation mit der Initialisierung von Impulsen für die Informationssicherheits-Awareness-Bildung** [1]. So kann man sich beispielsweise am Ende eines Social-Engineering-Pentests immer subtiler im Zielunternehmen bewegen, bis man schließlich von einem Mitarbeiter angesprochen wird (bewusstes taktisches Auffliegen). Jetzt kann der Social-Engineering-Pentester beharrlich bei seiner Legende bleiben, sodass der Mitarbeiter am Ende eine Meldung absetzen und einen Vorfall melden muss. Hierbei wird der Fokus neben der Reaktion der Mitarbeiter ebenfalls auf die Funktionstüchtigkeit und Effizienz von Meldewegen, Meldeketten, Alarmierungsplänen und Erreichbarkeiten gelegt. Der Social-Engineering-Pentester kann aber auch die Situation auflösen, dem Mitarbeiter erklären, was gerade durchgeführt wird, und in ein aktives Echtzeitsensibilisierungstraining übergehen. Diese Vorgehensweise kann auch in derselben Analogie für logische Social-Engineering-Pentests durchgeführt werden, in dem bspw. der Vishing-Angriff zur unautorisierten Ermittlung von möglichst neuralgischen Informationen oder zum Erzwingen von Fehlverhalten eingesetzt wird. Bei der Variante II eines logischen Social-Engineering-Pentests gibt sich der Social-Engineering-Pentester bspw. als Mitarbeiter eines bekannten Unternehmens

Tab. 8.1 Erkenntnisse aus der Post-Pentest-Phase

Empirische Beobachtung	Erkenntnisse aus der Angriffsphase
Pentester wird als unbekannte und augenscheinlich unternehmensfremde Person zwar von den Mitarbeitern wahrgenommen, aber nicht angesprochen, obwohl dieser sich z. T. sehr auffällig verhält	→ {**Mangelhafte oder Nichtvorhandensein von Fehlerkultur:** Unsicherheit und Angst, etwas falsch zu machen} → {**Mangelhafte Sicherheitskultur oder mangelhaftes Informationssicherheitsbewusstsein als kollektive Aufgabe:** Das ist nicht mein Verantwortungsbereich, dafür haben wir einen Empfangsdienst und Security} → {**Fehlendes Wissen und Können – wahrgenommene Verhaltenskontrolle:** Ich wüsste gar nicht was ich sagen soll} → {**Menschliche Eigenschaften – Selbstwirksamkeitserwartung:** Was ist, wenn ich den anspreche und es handelt sich um einen Wirtschaftsprüfer oder anderen externen Berater, noch schlimmer einen Vorgesetzten?}
Pentester wird von einem Mitarbeiter durch einen Nebeneingang einfach mit reingenommen, obwohl sich beide nicht kennen (Tailgating)	→ {**Menschliche Eigenschaften – injunktive wahrgenommene Norm:** Ich wollte nicht unhöflich sein} → {**Fehlende Kommunikation und unzureichende Schulung und Sensibilisierung der Mitarbeiter:** Mir war nicht bewusst, dass das meine Aufgabe ist, darauf zu achten, wer hier reindarf und wer nicht} → {**Fehlendes Wissen – Verhaltensabsicht und Salienz:** Warum sollte hier jemand rein wollen, was haben wir schon zu verbergen, wir sind doch nur eine Gemeindeverwaltung?}
Dem Pentester wird durch die Weitergabe eines Mitarbeiterausweises ermöglicht, eine Vereinzelungsanlage zu überwinden	→ {**Menschliche Eigenschaften – injunktive wahrgenommene Norm:** Ich wollte nicht unhöflich sein} → {**Menschliche Eigenschaften – Verhaltensabsicht und Gewohnheit:** Das machen wir mittags immer so, da haben wir immer nur eine Karte dabei, wenn wir zusammen zum Essen gehen}

aus und bittet i. d. R. um Hilfe bei einem dringenden betrieblichen Problem. Zeitnah löst der Social-Engineering-Pentester jedoch die Situation auf, stellt sich kurz vor, erklärt den Sinn und Zweck der Angriffssimulation und wird damit zum Social-Engineering-Awareness-Trainer [1].

Postphase: Nachbereitung und Ergebnisbesprechung

Diese Phase bildet den Schluss eines Social-Engineering-Pentests und umfasst eine detaillierte Durchführungs- und Ergebnisbeschreibung der durchgeführten Szenarien sowie das Vorgehen der Social-Engineering-Pentester. Jeder Angriff wird in einer Situationsbeschreibung schriftlich dokumentiert und alle identifizierten Schwachstellen werden innerhalb einer Tiefenanalyse bewertet. Der Report wird, um die Mitarbeiter vor Diskreditierungen zu schützen, anonymisiert und über einen sicheren digitalen Weg im PDF an die Target-Organisationen übergeben. Nach der Tiefenanalyse werden die Ergebnisse in sogenannten Post-Workshops aus dem schriftlichen Report mit den Informationssicherheitsentscheidungsträgern und den betroffenen Mitarbeitern im Rahmen der Nachbesprechung (engl. Debriefing) thematisiert, um das gezeigte menschliche Verhalten zu analysieren und die möglichen individuellen Ursachen herauszukristallisieren und ableitend die passenden Handlungsoptionen zur Mitigation erarbeiten zu können. Durch den Dialog mit den Mitarbeitern kommen dann oftmals die wahren Problemstellungen ans Licht [1].

In der Post-Pentest-Phase können verschiedene Ursachen für identifizierte Schwachstellen abgeleitet werden. Diese Ursachen dienen als Grundlage für die Operationalisierung von Behebungsmaßnahmen. Hier sind einige exemplarische Ursachen, die nach einem physischen Pentest auftreten können (Tab. 8.1).

Literatur

1. Erfan Koza, Asiye Öztürk, Michael Willer, Physische Penetrationstests im Kontext des bevorstehenden KRITIS-Dachgesetzes: Ein praxiserprobter Ansatz zur Resilienzerhöhung. In: Die Themen des 20. Deutschen IT-Sicherheitskongresses, S. 318–332.
2. John Boyd, zitiert nach Grant, T. Hammond, A Discourse on Winning and Losing, Maxwell, AFB, Alabama, 2018.
3. John Boyd, The Essence of Winning and Losing, 1996, edited by C. Richards and C. Spinney, Bluffton, South Carolina, USA, 2012.
4. Ministry of Defence, Allied Joint Doctrine for the Planning of Operations, NATO Standard AJP-5, Edition A Version 2 + UK national elements (Change 1), 2019, unter: https://assets.publishing.service.gov.uk/government/uploads/system/uploads/attachment_data/file/971390/20210310-AJP_5_with_UK_elem_final_web.pdf (Zugriff 07.07.2023).
5. Erfan Koza, An Assessment Model for Prioritizing CVEs in Critical Infrastructures in the Context of Time and Fault Criticality. In: Hämmerli, B., Helmbrecht, U., Hommel, W., Kunczik, L., Pickl, S. (eds) Critical Information Infrastructures Security. CRITIS 2022. Lecture Notes in Computer Science, vol 13723. Springer, Cham. In Proceedings of the 17th International Conference on Critical Infrastructures Security (CRITIS 2022), Springer Lecture Notes in Computer Science, Deutschland, München.
6. Cybersecurity & Infrastructure Security Agency, The Attack on Colonial Pipeline: What We've Learned & What We've Done Over the Past Two Years, unter: https://www.cisa.gov/news-events/news/attack-colonial-pipeline-what-weve-learned-what-weve-done-over-past-two-years (Zugriff: 07.08.2023).
7. National Institute of Standards and Technology, Building an Information Technology Security Awareness and Training Program U.S. Department of Commerce, Washington, D.C., Federal Information Security Management Act (FISMA), Special Publication 800-50, October 2003, unter: https://nvlpubs.nist.gov/nistpubs/legacy/sp/nistspecialpublication800-50.pdf.
8. Norman Hänsch, Zinaida Benenson, Specifying IT Security Awareness, in IEEE 2014: Proceedings of the 25th International Workshop on Database and Expert System Applications, 2014, S. 326–330.
9. M. E. Kabay, Using Social Psychology to Implement Security Policies, in S. Boworth & M. E. Kabay: Computer Security Handbook, Wiley, 2002, S. 1–22.

10. Kristin Weber, Andreas E. Schütz, Tobias Fertig, Insider Threats – Der Feind in den eigenen Reihen, in: Weber, K., Reinheimer, S. (eds) Faktor Mensch. Edition HMD. Springer Vieweg, Wiesbaden, 2022.
11. Erfan Koza, Asiye Öztürk, Michael Willer, Social Engineering Penetration Testing Within the OODCA Cycle–Approaches to Detect and Remediate Human Vulnerabilities and Risks in Proceedings of the 14th International Conference on Applied Human Factors and Ergonomics (AHFE 2023), Vol. 91, 2023, France, S. 72–82.

Bei **Business Email Compromise (BEC)** handelt es sich um einen E-Mail-Betrug, bei dem sich Angreifer als Vorgesetzte, Mitarbeiter, Dienstleister, Partner oder Kunden ausgeben mit dem Ziel, geschäftliche Geldtransaktionen auf eigene Konten zu erwirken. Auch die Preisgabe vertraulicher oder sensibler Daten kann Ziel eines BEC-Angriffs sein. Hierfür nutzt der Angreifer in der Regel eine gefälschte E-Mail-Adresse oder greift auf Mail-Spoofing zurück.

E-Mail-Spoofing repräsentiert eine ausgeklügelte Methode der Identitätsfälschung, bei der ein Angreifer die Absenderinformationen einer E-Mail manipuliert, um den Eindruck zu erwecken, dass die Nachricht von einer legitimen Quelle stammt. Diese Technik findet häufig Anwendung in verschiedenen Social-Engineering-basierten Angriffen, darunter auch Phishing und BEC.

Fortgeschrittene Spoofing-Methoden können darüber hinaus den gesamten Header, die Mail-Domäne und weitere Attribute der E-Mail verändern, um den Eindruck einer vertrauenswürdigen Quelle zu erwecken. Dies ermöglicht es einem Angreifer, sich als legitimer Absender auszugeben und so das Vertrauen des Empfängers zu erschleichen.

Neben E-Mail-Spoofing kann sich ein menschlicher Hacker auch bereits durch einen vorangegangenen Hacking-Angriff unbefugten Zugriff auf ein geschäftliches E-Mail-Konto verschafft haben oder Zugangsdaten über das Darknet erworben haben. In solchen Fällen spricht man von Email Account Compromise (EAC).

Der Angreifer nutzt die hierbei illegal bekannt gewordenen Zugangsdaten eines legitimen E-Mail-Kontos, um sich im BEC-Angriff als dessen Besitzer auszugeben, und umgeht so Mail-Spoofing und das Verwenden gefälschter Mailadressen.

Im Jahr 2022 zählte das amerikanische Federal Bureau of Investigation (FBI) BEC zu den am stärksten zunehmenden, finanziell schädlichsten Internet-basierten Verbrechen. Dies ist unter anderem auch auf die Veränderungen infolge der COVID-19-Pandemie zurückzuführen, beispielsweise die verstärkt virtuelle Durchführung von routinemäßigen Arbeitsvorgängen und virtuelle Kommunikation.

Von Oktober 2013 bis Ende 2022 verzeichnete das FBI international über 277.000 Fälle von BEC/EAC, wozu sowohl erfolgreiche Angriffe als auch Betrugsversuche gezählt werden [1]. Die Angreifer versuchten dabei, über 50 Mrd. US\$ zu erbeuten.

Es ist allerdings mit einer deutlich höheren Dunkelziffer zu rechnen, da viele Betrugsfälle aufgrund eines befürchteten Image-Schadens nicht gemeldet werden oder kleinere Betrugsfälle möglicherweise auch ganz unerkannt bleiben.

Die Statistiken des Internet Crime Complaint Center (IC3) des FBI zeigen zudem deutlich auf, dass es sich bei BEC um keine lokal begrenzte Angriffsart handelt.

Weltweit wurden in über 177 Ländern Fälle von BEC gemeldet. In über 140 Ländern wurden bereits unrechtmäßige Zahlungseingänge im Rahmen von BEC-Angriffen erfasst [1].

Zu den Top-Transaktionszielen zählen Banken in Thailand, Hong Kong, China, Großbritannien, Mexiko und Singapur, bei welchen Angreifer Zielkonten einrichteten. Dabei nutzen die Angreifer unterschiedliche Angriffsszenarien, um ihre Opfer zum Geldtransfer zu bewegen [1]. Die meisten BEC-Angriffe lassen sich einer der folgenden fünf Hauptgruppen zuordnen, wobei dynamische Abwandlungen möglich sind:

CEO-Fraud
Angreifer geben sich als Geschäftsführer aus und weisen Mitarbeiter aus der Buchhaltung bzw. der Finanzabteilung zu unrechtmäßigen Zahlungen an oder versuchen, an vertrauliche Informationen zu gelangen.

Account-Kompromittierung
Angreifer hacken Konten von Mitarbeitern, beispielsweise E-Mail-Accounts (EAC), um über die gehackten Konten unrechtmäßige Geldtransaktionen, z. B. bei Verkäufern und externen Anbietern, anzufordern.

Gefälschte Rechnungen
Angreifer geben sich hier z. B. als Lieferanten aus und verlangen mithilfe einer gefälschten Rechnung Zahlungen auf falsche Zielkonten. Dabei sind die gefälschten Rechnungen bei professionellen Angreifern kaum von den Originalrechnungen zu unterscheiden.

Datendiebstahl
Angreifer versuchen, an vertrauliche Daten zu gelangen, die sie anschließend entweder weiterverkaufen oder direkt für weitere Angriffe weiter verwerten. Ein denkbares Szenario wäre zum Beispiel der Angriff auf die Personalabteilung zur Gewinnung persönlicher, sensibler Mitarbeiterdaten oder auf die Finanzbuchhaltung, um wichtige Informationen zu Kunden und Lieferanten zu erhalten. Auch das Beschaffen von Informationen über den Geschäftsführer kann zur Vorbereitung eines anschließenden CEO-Fraud das Ziel eines Angriffs sein.

Anwaltsbetrug

Angreifer geben sich als Anwalt bzw. rechtliche Vertretung des Unternehmens aus und erfragen Informationen oder weisen Überweisungen an, wobei die Zielgruppe dieses Angriffs häufig Mitarbeiter der niedrigeren Hierarchieebene sind, welchen mit höherer Wahrscheinlichkeit die notwendigen Kenntnisse zur Verifizierung des Anliegens oder der Identität fehlen. In allen fünf Hauptgruppen greifen Angreifer auf Social Engineering zurück.

Im Folgenden werden wir uns beispielhaft den CEO-Fraud näher ansehen und ihn analysieren, um ein besseres Verständnis für die dabei verwendeten Social-Engineering-Techniken zu entwickeln.

Literatur

1. Federal Bureau of Investigation (FBI), Public Service Announcement. Business Email Compromise: The $50 Billion Scam, unter: https://www.ic3.gov/Media/Y2023/PSA230609 (Zugriff: 04.01.2024).

CEO-Fraud, eine global verbreitete Form des BEC, zeichnet sich dadurch aus, dass Angreifer, wie zuvor erläutert, die Identität eines CEO oder anderer hochrangiger Führungskräfte annehmen. Ihr Ziel ist es, leicht beeinflussbare Mitarbeiter in der Buchhaltung dazu zu verleiten, Überweisungen von teilweise erheblichen Geldsummen vorzunehmen.

Ohne den Einsatz von Social-Engineering-Techniken ist diese Angriffsmethode kaum erfolgreich. Damit der Human Hacker sein Ziel erreichen kann, sind umfangreiche Vorarbeiten und Informationsbeschaffung erforderlich, die im Folgenden detaillierter erläutert werden.

Der CEO-Fraud wird typischerweise durch eine scheinbare E-Mail von der Führungskraft an das Opfer (**Zielperson**) in der Finanzbuchhaltung eingeleitet. Alternativ könnte auch eine Sprachnachricht über einen Messenger oder eine Nachricht auf einem Anrufbeantworter genutzt werden. Vorausgesetzt, der Human Hacker ist technisch in der Lage, die Stimme der Führungskraft zu simulieren – eine Fähigkeit, die bereits durch den Einsatz von Spezialsoftware und KI realisiert werden kann. In diesem Kontext verwendet der Human Hacker die Deepfake-Angriffsmethode. Ein Deepfake bezieht sich auf die Technologie des maschinellen Lernens, insbesondere auf die Verwendung von KI, um täuschend echte synthetische Inhalte, einschließlich gefälschter Audioaufnahmen von menschlichen Stimmen, zu erstellen.

In dieser Nachricht wird der Zielperson ein Szenario vorgespielt (**Illusion**), welches beispielsweise eine geplante Unternehmensübernahme im Ausland betrifft. Dabei wird betont (**Druck und Dringlichkeit**), dass es dringend erforderlich ist, sofort eine Zahlung vorzunehmen, um den Abschluss der Übernahme vor Ablauf der rechtlichen Fristen zu gewährleisten (**Stress**). Um mögliche Rückfragen seitens der Zielperson zu verhindern, wird ausdrücklich um strikte Vertraulichkeit gebeten, auch innerhalb des eigenen Unternehmens. Insbesondere bei börsennotierten Unternehmen wird oft darauf hingewiesen, dass eine Weitergabe der In-

E. Koza et al., *Social Engineering und Human Hacking*,
https://doi.org/10.1007/978-3-662-69388-9_10

formation an Dritte unerwünschte Auswirkungen auf den Aktienkurs haben könnte (Absicherungstaktik).

Um zu verstehen, warum diese Form des Betrugs, obwohl weitläufig bekannt, nach wie vor erfolgreich ist, ist es notwendig, sich mit den Details und den angewendeten Social-Engineering-Methoden vertraut zu machen. Damit eine E-Mail, die vorgibt vom Geschäftsführer zu stammen, als authentisch wahrgenommen und nicht als Betrug erkannt wird, muss der Human Hacker mindestens über folgende Informationen verfügen:

- *Welche Führungskraft soll imitiert werden?*
- *Wie lautet die E-Mail-Adresse der Führungskraft und wie sieht die Originalsignatur aus?*
- *Wer ist eine passende Zielperson und wie lautet die E-Mail-Adresse?*
- *Wie kommunizieren die Führungskraft und die Zielperson gewöhnlich per E-Mail miteinander? Dabei kommt es vor allem auf die Anrede, Sprachstil/Schreibstil und Verabschiedung an.*
- *Gibt es im besten Fall einen aktuellen Business Case des Zielunternehmens im Ausland, auf den der Angreifer sich beziehen kann? Vielleicht einen Presseartikel über eine mögliche Unternehmensentwicklung, Eröffnung einer Dependance im Ausland, Kooperationsgespräche oder Übernahmeverhandlungen im Ausland, geplante Investments etc.?*
- *Wie hoch dürfen Geldbeträge maximal sein, deren Überweisung ins Ausland die Zielperson selbstständig ohne Zusatzgenehmigungen anweisen darf?*
- *Sind technische Maßnahmen erforderlich, um die E-Mail-Adresse der Führungskraft zu fälschen (im Englischen als „spoofen" bezeichnet), oder muss zuvor eine Domain registriert werden, die der Originaldomain sehr ähnlich ist?*

Hinweis:
Im letzten Fall ist dies taktisch klüger, da durch eine gefälschte E-Mail-Adresse eine Kommunikation mit der Zielperson aufgebaut werden kann. Bei einer getäuschten E-Mail besteht darüber hinaus die große Gefahr, dass die Zielperson antwortet, obwohl dies nicht vom Angreifer geplant war, und somit die tatsächliche Führungskraft von dem Angriff erfahren könnte.

- *Wird die Führungskraft zum Zeitpunkt des Angriffs nicht im Unternehmen und bestenfalls auch nicht telefonisch erreichbar sein?*

Um diese notwendigen Informationen in der Preparation-Phase des Angriffs zu gewinnen, bedienen sich die Angreifer häufig öffentlich zugänglicher Quellen mithilfe von OSINT, aber auch Vishing-Anrufe sind ein zweckmäßiges Mittel, um notwendige Schlüsselinformationen zu gewinnen. Damit diese CEO-Fake-E-Mail die gewünschte Wirkung bei der Zielperson auslöst, kommen Social-Engineering-Techniken zum Einsatz, die eine emotionale Achterbahn in der Zielperson auslösen sollen. Im Folgenden wird ein möglicher Text einer Angriffs-E-Mail vorgestellt, in dem wir auch für Sie die jeweiligen Emotionen zugeordnet haben, die mit dem Geschriebenen angesprochen und ausgenutzt werden sollen (Abb. 10.1).

Die Zielperson wird vermutlich eine Reihe von emotionalen Reaktionen durchlaufen:

Kurzer Schreckmoment
Die Nachricht signalisiert ein unerwartetes Problem im Ausland, was einen kurzfristigen Schreckmoment auslösen könnte.

Lob und Anerkennung durch die Unternehmensführung
Die Erwähnung einer Unternehmensangelegenheit im Ausland könnte bei der Zielperson Lob und Anerkennung hervorrufen, da sie in die unternehmensstrategischen Entscheidungen eingebunden zu sein scheint.

Leichtgläubigkeit wird ausgenutzt
Die Zielperson könnte geneigt sein, der Nachricht aufgrund ihrer scheinbaren Authentizität und der Autorität der Führungskraft leichtgläubig zu vertrauen.

Guten Morgen Frau Müller,

wie Sie sicher wissen, planen wir den Kauf eines Unternehmens in Asien. Leider ist uns ein peinlicher Fehler unterlaufen und wir haben es versäumt, dem Treuhänder, welcher diesen Kauf begleitet, die Kaufsumme fristgerecht zu überweisen, was den Kauf unmittelbar gefährdet. (Angst)

Aufgrund Ihrer Diskretion und bislang einwandfreien Arbeit in unserem Unternehmen (Lob und Anerkennung) möchte ich Ihnen die Verantwortung für dieses überaus wichtige Projekt übertragen. (Hilfsbereitschaft)

Da die Transaktion absolut vertraulich behandelt werden muss, bitte ich Sie, den Stand der Transaktion nur mit mir und ausnahmslos per E-Mail abzustimmen. Niemand in unserem Hause darf davon etwas erfahren. Sollte dies an die Öffentlichkeit kommen, wird der Unternehmenskauf scheitern. (Druck und Dringlichkeit)

Ich zähle auf Ihre Diskretion und bedanke mich schon jetzt für Ihre Mitarbeit. (Diskretion)

Im Anhang finden Sie alle relevanten Informationen für die Überweisung.

Mit besten Grüßen

Name
Signatur &Logo

Abb. 10.1   CEO-Fraud – Beispiel

Hilfsbereitschaft wird ausgelöst
Die Betonung der Dringlichkeit und Notwendigkeit einer sofortigen Zahlung könnte die Hilfsbereitschaft der Zielperson wecken.

Druck durch die Verschwiegenheitsforderung
Die Aufforderung zur absoluten Verschwiegenheit könnte Druck erzeugen, insbesondere wenn damit gedroht wird, dass eine Weitergabe der Informationen unerwünschte Auswirkungen auf das Unternehmen haben könnte.

Kein Spielraum zum Nachfragen oder Rat einholen, dadurch Verstärkung des Drucks
Die Einschränkung des Handlungsspielraums und die Betonung der Dringlichkeit könnten den Druck verstärken, da die Zielperson keine Möglichkeit hat, um Rat zu fragen oder weitere Informationen einzuholen.

Angst vor persönlichen und betrieblichen Konsequenzen
Die Zielperson könnte Ängste bezüglich persönlicher Konsequenzen aufgrund von mangelnder Unterstützung oder betrieblicher Konsequenzen aufgrund eines möglichen Scheiterns hegen.

Angst oder Respekt vor Autoritäten (Führungskraft/Rechtsanwalt)
Die Erwähnung der Führungskraft und eines Rechtsanwalts könnte bei der Zielperson Angst oder Respekt vor Autoritäten hervorrufen.

Insgesamt wird durch gezielte emotionale Ansprache versucht, die Zielperson dazu zu bewegen, nichts zu hinterfragen und sofort zu handeln.

In einigen Fällen werden nicht nur rein textbasierte CEO-Frauds ausgeführt, sondern auch mit anderen Social-Engineering-Methoden kombiniert. So setzen die Human Hacker ihre Täuschungsmanöver fort, indem die Zielperson kurz nach dem Öffnen der E-Mail einen Anruf von einer Person erhält, die sich als der vermeintliche Rechtsanwalt des eigenen Unternehmens ausgibt. In diesem Telefonat wird ausdrücklich auf die gerade empfangene, als zeitkritisch dargestellte E-Mail Bezug genommen, was zusätzlichen Handlungsdruck auf die Zielperson ausübt.

Im anschließenden Abschnitt werfen wir einen detaillierten Blick auf die Wirkmechanismen dieser emotionalen Reaktionen anhand eines konkreten Präzedenzfalls.

10.1   Fallbeschreibung: CEO-Fraud Sparkasse Pforzheim Calw

„CEO-Fraud mit Überweisung von 1.7 Mio. Euro bei Firmenkunde der Sparkasse Pforzheim Calw – Sparkasse haftet"
(Handelsblatt, 2018 [1]).

Die Buchhalterin eines Unternehmens erhält eine gefälschte E-Mail ihres vermeintlichen Geschäftsführers, der angibt, sich derzeit in China für den Kauf eines Unternehmens zu befinden. Unter Verweis auf einen angeblich bestehenden Zeitdruck und die Notwendigkeit strikter Diskretion fordert er die Buchhalterin auf, den verfügbaren Kontostand bei der Bank zu überprüfen.

Zwei Stunden später erfolgt die Anweisung zur Vorbereitung einer Überweisung nach China, verbunden mit der Aufforderung, eine Unterschriftenprobe des tatsächlichen Geschäftsführers an die BaFin (Bundesanstalt für Finanzdienstleistungsaufsicht) per E-Mail zu übermitteln. Der Angreifer verwendet dabei eine von ihm kontrollierte BaFin-E-Mail-Adresse.

Die Buchhalterin, telefonisch instruiert, erstellt einen Überweisungsträger mit dem Firmenstempel der Sparkasse und leitet diesen an den Angreifer weiter. Dieser versieht den Überweisungsträger mithilfe der über die BaFin-E-Mail-Adresse erhaltenen Unterschrift und sendet ihn zurück. Innerhalb von drei Tagen überweist die Bank rund 1,7 Mio. EUR.

Die Täuschung wird erst später erkannt als die Mitarbeiterin die gefälschte E-Mail-Adresse mit **.st** anstelle von **.de** bemerkt.

Das Unternehmen erhebt erfolgreich Klage gegen das Bankinstitut, da die Buchhalterin vertraglich nicht befugt war, die Überweisung zu veranlassen. Das betroffene Finanzinstitut haftet für den entstandenen Schaden in Höhe von 1,7 Mio. EUR.

10.2 Analyse

In der nachfolgenden Fallanalyse wird nur von einem Angreifer gesprochen, da die Berichterstattung keine Informationen über die mögliche Anzahl von Angreifern liefert. Aufgrund der in der Fallanalyse erklärten Aufwände ist es jedoch nicht auszuschließen, dass eine kriminelle Gruppe diesen Angriff vorbereitet und durchgeführt hat.

Das betroffene Familienunternehmen wird über den Angriffsvektor E-Mail mit den Angriffsmethoden Spear-Phishing und CEO-Fraud erfolgreich angegriffen. Spear-Phishing bezeichnet hierbei einen zielgerichteten Angriff über E-Mail-Kommunikation, wobei der Inhalt und Ablauf sorgfältig an eine bestimmte Zielperson angepasst werden. **Die Spear-Phishing-Methode wird hierbei mit dem Angriffsmuster CEO-Fraud kombiniert.**

Um einen erfolgreichen dreitägigen Angriff zu gewährleisten, bedarf es sorgfältiger Vorbereitungen, um potenzielle Erfolgsfaktoren zu kontrollieren und zu steuern.

Identifikation der geeigneten Zielperson
Zur Identifikation der geeigneten Zielperson im Unternehmen muss der Angreifer sorgfältig Personen auswählen und dabei deren Kontaktdaten, Positionen und Befugnisse berücksichtigen. Die ausgewählte Zielperson sollte in der Lage sein, die Unterschrift des richtigen Geschäftsführers zu beschaffen.

Analyse der Beziehungsebene
Nach der Identifizierung der Zielperson erfolgt die Analyse der Beziehungsebene zwischen dem Geschäftsführer und der Zielperson. Diese Analyse ermöglicht eine gezielte Anpassung der Kommunikationsstrategie des Angreifers, wobei Beispiele für die typische Wortwahl und Kommunikationsart des echten Geschäftsführers berücksichtigt werden müssen.

Beschaffung authentischer E-Mails
Für eine überzeugende Kommunikation sind authentische E-Mails des Geschäftsführers erforderlich, die der Angreifer durch Dumpster Diving oder den Zugriff auf digitale E-Mail-Verläufe beschaffen kann. Die Nachahmung der E-Mail-Optik erfordert in Relation einen geringen Aufwand, insbesondere nach Erhalt originaler E-Mails.

Bestimmung des optimalen Zeitpunkts
Die Bestimmung des optimalen Zeitpunkts für den Angriff erfordert gründliche Recherche und Aufklärung über die Unternehmensabläufe. Die Kommunikation sollte ausschließlich per E-Mail erfolgen, um eine konsistente Täuschung aufrechtzuerhalten. Dabei darf die Zielperson keine anderen Kommunikationskanäle nutzen, um den Identitätsdiebstahl zu verhindern.

Blockierung der Geschäftsführererreichbarkeit
Die vollständige Blockierung der Erreichbarkeit des Geschäftsführers während des Angriffs ist entscheidend, um die Glaubwürdigkeit aufrechtzuerhalten. Der Angreifer verwendet eine E-Mail-Adresse, die der Originaladresse des Geschäftsführers ähnelt, jedoch die Endung **.st** anstelle von.de aufweist.

Um sämtliche genannte Faktoren für einen erfolgreichen Angriff umzusetzen, sind umfangreiche Vorbereitungsschritte seitens der Angreifer erforderlich. Hierzu zählt die Beschaffung der relevanten Hintergrund- und Schlüsselinformationen, die als Grundlage für die Entwicklung von Angriffsstrategien und -taktiken dienen. Diese Informationen fungieren als Verstärker, um die überzeugende Wirkung der Korrespondenz zu intensivieren. Um den Fokus auf die verschiedenen Verstärkungsmittel dieses Angriffs zu richten, betrachten wir im Folgenden weitere Elemente dieser manipulativen Vorgehensweise.

Der Human Hacker instruiert die Mitarbeiterin, eine Probenunterschrift des Geschäftsführers an die Bundesanstalt für Finanzdienstleistungsaufsicht (BaFin) zu übermitteln. Zu diesem Zweck stellt er ihr eine falsche E-Mail-Adresse zur Verfügung, die vermutlich der E-Mail-Adresse der BaFin ähnelte.

Dabei bedient er sich der machtvollen Position und Wirkung der Bundesanstalt sowie der allgemeinen Meldepflicht für derartige umfangreiche Transaktionen und nutzt dies als Verstärkungsmittel. **Der Human Hacker bedient sich somit der Mächtigkeit einer Institution als Verstärkungsmittel.** Als **Verstärker** wird hier ein manipulatives Instrument bezeichnet, das dazu dient, den erzeugten Eindruck in einem Social-Engineering-Angriff zu festigen.

Das Ziel besteht darin, dass die Zielperson möglichst keine Zweifel an der Rechtmäßigkeit der Situation hegt. Hierfür müssen die Informationen jedoch möglichst realistisch sein und mit wesentlichen Schlüsseldetails verstärkt werden. Dies erfordert wiederum eine sorgfältige Aufklärungsarbeit in der Preparation-Phase, einschließlich der Ausspionierung der Zielorganisation sowie möglicher anderer Social-Engineering- oder Hackerangriffe.

Durch die Auswahl dieses Verstärkungsmittels kann die Mitarbeiterin weiterhin getäuscht und kontrolliert werden, was sich in den anschließenden Handlungen, nämlich der Übermittlung der Originalunterschrift an die genannte E-Mail-Adresse und der Einleitung der Vorbereitungen in Zusammenarbeit mit der Sparkasse für die Überweisung, widerspiegelt.

Zusätzlich zu diesen Aspekten werden auch **menschliche Eigenschaften sowie vermutlich die unzureichende Sensibilisierung der Mitarbeiter** als ausnutzbare und verwundbare Stellen identifiziert. Diese sind in unserer Analyse im Sinne des Ursache-Wirkungs-Prinzips in die Kausalitätskette eingebunden, die wie folgt spezifiziert werden können:

Die erste E-Mail betont die Dringlichkeit und die Notwendigkeit der Diskretion. Durch die direkte Ansprache der Mitarbeiterin durch den „falschen Geschäftsführer" werden natürliche menschliche Eigenschaften gezielt ausgenutzt.

Die Nennung von Diskretion vermittelt der Mitarbeiterin vermutlich Stolz und Anerkennung, indem der Geschäftsführer persönlich das Vertrauen in ihre Fähigkeit setzt, eine derart wichtige Aufgabe diskret zu erfüllen.

Anerkennung stellt eines der fundamentalsten Bedürfnisse des Menschen als soziales Lebewesen dar. Sie erzeugt das Gefühl der Gruppenzugehörigkeit und kann manchmal auch die Position in der Hierarchie innerhalb einer sozialen Struktur beeinflussen. Die Zielperson fühlt sich durch die ihr zuteilwerdende Aufmerksamkeit und Anerkennung gelobt und ermutigt. Diese natürliche emotionale Reaktion versuchen die Human Hacker zu nutzen, um das rationale Hinterfragen der Umstände zu unterbinden. Die durch das brisante Thema entstehende Neugier verstärkt zusätzlich die Verdrängung.

Ein weiteres typisches menschliches Verhalten in diesem Kontext ist die **Erzeugung von Druck.** Der Betrüger betont in der E-Mail, dass diese einmalige Chance nicht mehr lange bestehen würde. Damit erzeugt er einerseits Zeitdruck bei der Zielperson und andererseits Hierarchiedruck aufgrund des Gefälles zwischen der Buchhalterin und dem Geschäftsführer. Entscheidungen unter Druck zu treffen, fällt den meisten Menschen schwer, da die Möglichkeit eingeschränkt wird, die Rahmenbedingungen der Lage umfassend kognitiv zu analysieren und Handlungsoptionen miteinander zu vergleichen und abzuwägen.

Zeitdruck und Hierarchiedruck dienen somit der Absicht des Angreifers, das rationale Hinterfragen seitens der Zielperson zu verdrängen und alternative Handlungsoptionen in Betracht zu ziehen, wie beispielsweise eine eigene Entscheidung gegen die Anweisungen des vermeintlichen Chefs zu treffen. Statt rational zu handeln, bewegt der Angreifer die Zielperson dazu, die scheinbar unbedenkliche Situation zu akzeptieren und gehorsam zu handeln.

Solche Verhaltensweisen treten häufig in Fällen auf, in denen die Zielpersonen keine oder nur geringfügige Sensibilisierungsmaßnahmen oder Schulungen im Bereich Social Engineering erhalten haben. Social-Engineering-Awareness-Maßnahmen umfassen unter anderem die Aufklärung über typische Angriffsmuster, wie beispielsweise den CEO-Fraud, sowie über Spear-Phishing-Angriffe. In Social-Engineering-Schulungen werden Erklärungen dazu gegeben, wie Human Hacker menschliche Eigenschaften ausnutzen und wie man sich davor schützen kann. Durch Training in sicheren und stressfreien Umgebungen können hilfreiche Verhaltensweisen erlernt werden, was dazu führen könnte, dass dieser Angriff rasch aufgedeckt worden wäre.

In unserer Fallanalyse gilt es vorrangig, das Verhalten der Mitarbeiterin des Firmenkunden der Sparkasse zu analysieren, da der Angriff innerhalb ihres Verantwortungsbereichs stattfand.

Dennoch wurde die Sparkasse rechtlich zur Verantwortung gezogen, da ihre Angestellten den Überweisungsauftrag der Buchhalterin angenommen hatten. Die gerichtliche Entscheidung basiert auf den vertraglichen Vereinbarungen zwischen der Sparkasse und dem Firmenkunden hinsichtlich der Berechtigung zur Überweisungsbeauftragung.

Diese Vereinbarungen legten fest, welche Personen dazu autorisiert waren, und die Buchhalterin gehörte nicht dazu. Infolgedessen kam es zu einem Verstoß gegen die vertraglichen Vereinbarungen seitens der Mitarbeiter der Sparkasse, was den Haftungsanspruch des Firmenkunden begründete. Somit hatte der Angriff auf den Firmenkunden erhebliche Auswirkungen auf die Sparkasse, obwohl der Angreifer diese nicht als primäres Ziel auserkoren hatte. Dennoch sind Banken nicht immun gegen derartige Angriffe. Die aktuelle Berichterstattung mag zwar keinen uns bekannten Vorfall innerhalb einer Bank dokumentieren, allerdings erscheinen nach unserer Einschätzung ähnliche Angriffsmuster unter Verwendung der CEO-Fraud-Methodik mit einer Bank als direktes Ziel äußerst realistisch.

10.3   Zusammenfassung

Als Unterart der BEC-Angriffe trägt der CEO-Fraud somit wesentlich zu den weltweiten, jährlichen Schäden in Milliardenhöhe bei. Das bislang berühmteste deutsche Opfer des CEO-Fraud ist der Automobilzulieferer Leoni AG mit einem Verlust von 40 Mio. EUR im Jahr 2016 [2]. Aber auch kleinere Beträge werden von den Angreifern nach diesem Prinzip ergaunert.

Abschließend sei betont, dass der CEO-Fraud eine Angriffsform ist, die eine umfangreiche Vorbereitung erfordert. Hinter diesem Betrugsmechanismus steht nicht nur die bloße Durchführung von Geldtransaktionen, sondern vielmehr eine ausgeklügelte Strategie, die die gezielte Ausnutzung menschlicher Eigenschaften der Zielpersonen einschließt.

Die Täuschung beginnt bereits mit einer detaillierten Aufklärungsarbeit in der Preparation-Phase, in der der Angreifer potenzielle Opfer und ihre Positionen in der Organisation sorgfältig analysiert.

Durch die gezielte Auswahl von Zielpersonen sowie die Identifikation von Hierarchie- und Kommunikationsstrukturen wird eine Vertrauensbasis geschaffen. Die betonte Dringlichkeit, die geschickte Ansprache der Zielpersonen durch vermeintliche Autoritäten und der Einsatz von psychologischen Verstärkungsmitteln wie Anerkennung oder Druck sind Schritte, die auf die gezielte Manipulation menschlicher Verhaltensweisen abzielen.

Die Methodik des CEO-Fraud verdeutlicht somit nicht nur die finanziellen Risiken, sondern auch die subtile und präzise Ausrichtung auf die Schwächen menschlicher Natur.

Die hohe Anzahl erfolgreicher Angriffe unterstreicht die Notwendigkeit einer ganzheitlichen Sicherheitsstrategie, die neben technischen Schutzmaßnahmen auch auf eine umfassende Sensibilisierung der Mitarbeiterinnen und Mitarbeiter setzt. Nur durch diese integrierte Herangehensweise kann effektiv gegen die Vielschichtigkeit und Raffinesse des CEO-Fraud vorgegangen werden.

Literatur

1. Handelsblatt, Falscher Chef kassiert knapp 1,7 Millionen Euro – Sparkasse haftet für die Überweisung, unter: https://www.handelsblatt.com/finanzen/banken-versicherungen/banken/betrugsmasche-falscher-chef-kassiert-knapp-1-7-millionen-euro-sparkasse-haftet-fuer-die-ueberweisung/22835478.html (Zugriff: 11.11.2023).
2. Golem, CEO-FRAUD: Autozulieferer Leoni um 40 Millionen Euro betrogen, unter: https://www.golem.de/news/ceo-fraud-autozulieferer-leoni-um-40-millionen-euro-betrogen-1608-122741.html (Zugriff: 11.11.2023).

Shoulder Surfing

11

Die Methode des Social-Engineering-Angriffs, bekannt als **Shoulder Surfing,** kann den Angriffs- bzw. Ausspähvektoren zugeordnet werden und bezeichnet im vorliegenden Kontext das gezielte Beobachten des Opfers, um Informationen zu erlangen.

Shoulder Surfing wird insbesondere im Zusammenhang mit EC- oder Kreditkartenbetrug erwähnt, da Täter versuchen, PINs und Zugangsdaten zu erlangen, um illegal Geld abzuheben, zu überweisen oder – vor Einführung der Multifaktorauthentifizierung – Bank- oder andere Online-Konten zu übernehmen.

Jedoch beschränkt sich die Relevanz von Shoulder Surfing nicht allein auf Angreifer, die auf private Bankkonten von Einzelpersonen abzielen. Neben der Möglichkeit, kritische Informationen wie PINs oder Zugangsdaten durch Shoulder Surfing zu erlangen, ermöglicht diese Methode den Tätern ebenfalls den Zugriff auf andere neuralgische Informationen ihrer Opfer.

Mit der Verbreitung von Smartphones, die häufig über hochauflösende Kameras verfügen, genügt bereits ein Foto oder kurzes Video, um relevante Informationen zu gewinnen. Der Angreifer kann daraufhin das gesammelte Material in Ruhe auswerten und gegebenenfalls nachbearbeiten. Die fortschreitende Technologie, insbesondere die hochauflösenden Kameras in Smartphones, erweitert die Reichweite von Shoulder Surfing und unterstreicht die Bedeutung von Sicherheitsvorkehrungen, um persönliche Informationen vor dieser subtilen, aber effektiven Angriffsmethode zu schützen. Folglich kann der Human Hacker daraufhin sein gesammeltes Material in aller Ruhe auswerten und bei Bedarf nachbearbeiten.

Allerdings kann ein kurzzeitiger Blick auf den Laptop, beispielsweise in öffentlichen Verkehrsmitteln, bereits Aufschluss über das verwendete Betriebssystem geben. Ein erfahrener Human Hacker erkennt sofort die geöffneten Programme, während die Icons auf dem Desktop Informationen über die installierte Software preisgeben. In diesem Zusammenhang lassen sich grundsätzlich zwei Angriffstechniken des Shoulder Surfing unterscheiden:

Die **aktive Variante** über den direkten Blick, bei der der Angreifer unauffällig und unbemerkt persönliche Informationen sammelt, sowie die **passive Variante,** bei der der Human Hacker durch die Verwendung technischer Hilfsmittel Informationen ausspäht.

11.1   Aktive versus passive Variante

Die differenzierte Analyse dieser Angriffsmethode verdeutlicht zudem ihre vielfältigen Anwendungsbereiche. **Bei der aktiven Variante erfordert diese Vorgehensweise eine gewisse räumliche Nähe des Human Hacker zum Opfer.** Alltägliche Situationen bieten zahlreiche Gelegenheiten dafür – sei es an Geldautomaten, in öffentlichen Verkehrsmitteln, an Bushaltestellen, Flughäfen, Supermärkten, Cafés, Bibliotheken oder während Veranstaltungen.

Selbst in virtuellen Meetings gewähren unachtsam geteilte Bildschirminhalte oft Einblicke in genutzte Software oder möglicherweise sogar in die E-Mails des virtuellen Gesprächspartners.

Bei der Anwendung technischer Hilfsmittel im Rahmen der **passiven Variante benötigen die Human Hacker in der Regel eine gewisse Vorbereitungszeit, wodurch es sich eher um einen statischen Angriff handelt.** Hierbei kommen Technologien wie Kameras, Ferngläser oder Spektive zum Einsatz. Diese Technik kann wiederum mobil genutzt und sowohl manuell geführt als auch fest installiert oder positioniert werden. Konkret bedeutet dies, dass sich eine Person nicht einmal sichtbar einen halben Meter hinter oder neben der Zielperson aufhalten muss, um durch Shoulder Surfing Informationen zu gewinnen.

Beim Shoulder Surfing bieten die Opfer in der Regel einem potenziellen Angreifer teilweise regelrecht ein Buffet an Informationen, nicht selten sogar ohne die Notwendigkeit, Zugangsberechtigungen zu überwinden – und das alles noch kostenfrei. Grundlegendes Shoulder Surfing erfordert kein oder nur ein geringes Skill-Set des Human Hacker und ist schwer bis kaum nachweisbar. Aus diesem Grund stellt Shoulder Surfing eine äußerst attraktive Angriffstechnik für Informationsgewinnung dar, besonders im Kontext des Social Engineering.

11.2   Analyse

Doch warum nehmen viele Menschen diese Gefahr nicht wahr? Darauf gibt es wohl mehr als eine mögliche Antwort. Ein Grund könnte in der vermeintlichen Banalität der Situationen liegen, in denen Shoulder Surfing auftreten kann. Menschen neigen dazu, ihre Umgebung in vertrauten und alltäglichen Situationen als sicher und harmlos einzustufen, wodurch sie die potenzielle Gefahr des Shoulder Surfing oft nicht wahrnehmen.

Darüber hinaus spielt die oft unterschätzte Technik des Angriffs, die in seiner aktiven Variante wenig bis gar keine technischen Fähigkeiten erfordert, eine Rolle in der verbreiteten Unterschätzung dieser Bedrohung. Im Folgenden beleuchten wir einige der Gründe, die eine Antwort auf unsere gestellte Frage liefern.

Unwissenheit

Viele Menschen sind schlichtweg nicht über die Gefahren des Shoulder Surfing informiert und ihnen fehlt das notwendige Wissen über diese Technik. Möglicherweise möchten sie auch nicht wahrhaben, dass es tatsächlich Individuen gibt, die bereit sind, sie zum Opfer zu machen, sobald sich die Gelegenheit bietet. Dabei ist es den Tätern in den meisten Fällen gleichgültig, wen sie als Opfer auswählen. Ein Sprichwort besagt: **Gelegenheit macht Diebe.** In diesem Kontext bieten wir Kriminellen täglich die Gelegenheit, uns anzugreifen, beispielsweise während wir mobil arbeiten, ohne uns der damit verbundenen Gefahren bewusst zu sein und entsprechende Gegenmaßnahmen zu ergreifen.

Ignoranz

Einige Menschen sind sich durchaus der mit Shoulder Surfing verbundenen Gefahren bewusst, aber diese sind ihnen schlichtweg egal. In ihren täglichen Routinen und innerhalb ihrer eigenen Bubble ignorieren sie die lauernden Gefahren, die tagtäglich präsent sind. Durch ihre Leichtsinnigkeit gefährden sie nicht nur ihre eigene Datensicherheit, sondern setzen auch die Sicherheit ihres Unternehmens aufs Spiel.

Stress

Stress wirkt sich als Wahrnehmungskiller aus. In stressigen Situationen setzen wir unbewusst Prioritäten in der Wahrnehmung. Die Wahrnehmungsfilter, die nun nur noch das vermeintlich Wichtige durchlassen, eliminieren unbewusst alles andere, um kognitive Ressourcen zu schonen. Ein gestresster Mensch nimmt demnach eine niederschwellige Gefahr oft nicht bewusst wahr, insbesondere wenn er zuvor nichts von dieser Gefahr gehört hat (**Unwissenheit**). In solchen Momenten konzentriert er sich auf die unmittelbare Aufgabe oder Herausforderung und blendet alles andere, vermeintlich Unwichtige, aus. Der Blick des Sitznachbarn zur Seite auf den offenen Laptop entgeht seiner Wahrnehmung und das mobile Arbeiten, zum Beispiel im Zug, wird unbewusst zu einer potenziellen Bedrohung für die Informationssicherheit.

Tägliche Beispiele für derartiges Verhalten sind leicht zu finden. Menschen verweilen in Cafés, in Bahnen, in Hotel-Lounges oder auf Konferenzen in vermeintlich ruhigen Ecken und fühlen sich sicher. Stress zwingt sie dazu, sich ausschließlich auf das Wesentliche zu fokussieren. **Doch was ist in solchen Situationen das Wesentliche, insbesondere wenn man in der Bahn arbeitet? Die Aufgabe zu erledigen oder die Sicherheit des eigenen Unternehmens zu wahren? Je mehr Stress oder Zeitdruck die Person in dieser Lage verspürt, desto weniger wird sie ihre Umgebung im Auge behalten, um zu überprüfen, ob jemand in der Nähe die Möglichkeit hat, auf ihren Bildschirm zu schauen.** Wenn jemand schlichtweg nicht akzeptieren möchte, dass ihm selbst so etwas widerfahren könnte, wird er auch nicht die notwendigen Vorsichtsmaßnahmen ergreifen.

Ein weiteres häufiges Phänomen ist die Delegation von Verantwortung an andere Personen oder technische Maßnahmen, um sich selbst nicht mehr damit befassen zu müssen.

Ein exemplarisches Erlebnis am Flughafen verdeutlicht dies: Während Geschäftsreisende am Terminal besonders auf ihre Laptoptaschen achten, lässt die Wachsamkeit nach dem Einchecken in die Business Lounge oft nach. Das scheinbar elitäre Umfeld suggeriert ein Gefühl der Sicherheit. **Wie gut, dass Kriminelle und Wirtschaftsspione sich weder in Flughafen- oder Bahn-Lounges noch in Golfclubs oder Segelclubs aufhalten ...**

Das Phänomen der **unliebsamen Verantwortungsabgabe** begegnete uns auch außerhalb des Kontextes von Shoulder Surfing in verschiedenen Unternehmen.

Nach einem unserer Social-Engineering-Pentests äußerten Mitarbeiter eines großen mittelständischen Unternehmens Folgendes:

„Wir verstehen gar nicht, warum hier so viel Aufhebens gemacht wird. Wir haben doch einen Sicherheitsdienst, der jede Person, die hier reinkommt, überprüft. Das muss ich doch nicht auch nochmal machen, oder?"

Wie schön wäre es doch, wenn dies so simpel wäre. Man muss auch innerhalb des Unternehmens und direkt am Arbeitsplatz selbst wachsam bleiben, denn weder eine Sicherheitsabteilung, gleichgültig wie umfangreich sie sein mag, noch alleinige sicherheitstechnische Lösungen können allein für die Sicherheit sorgen.

11.3   Zusammenfassung

Shoulder Surfing ist eine subtile Angriffsmethode, bei der Angreifer durch gezieltes Beobachten sensibler Informationen wie PINs und Zugangsdaten versuchen, illegale Transaktionen durchzuführen. Die fortschreitende Technologie erweitert die Reichweite von Shoulder Surfing und unterstreicht die Notwendigkeit von Sicherheitsvorkehrungen. Die Angriffstechnik unterscheidet sich in aktive und passive Varianten, wobei sie sich besonders in alltäglichen Situationen mit räumlicher Nähe zum Opfer manifestiert.

Die Opfer bieten den Angreifern unzählige Informationen, ohne Zugangsberechtigungen überwinden zu müssen. Shoulder Surfing erfordert geringe Fähigkeiten und ist schwer nachweisbar, was es zu einer attraktiven Angriffstechnik im Bereich Social Engineering macht.

Die geringe Wahrnehmung der Gefahr durch Menschen könnte auf die vermeintliche Banalität der Situationen zurückzuführen sein, in denen Shoulder Surfing auftreten kann. Unwissenheit über die Technik und Ignoranz spielen ebenfalls eine Rolle. Stress als Wahrnehmungskiller und die Tendenz, Verantwortung abzugeben, verstärken die Gefahr zusätzlich.

Die nachfolgende Diskussion über „Dumpster Diving" vertieft die Thematik der Social-Engineering-Angriffstechniken auf physischer Ebene.

Dumpster Diving

12

In der Sphäre des Informationsdiebstahls offenbart sich eine oftmals unterschätzte, jedoch äußerst wirkungsvolle Praktik: das **Dumpster Diving.** Diese Methode bezieht sich auf das systematische Durchsuchen von Müllcontainern, mit dem Ziel, vertrauliche Informationen zu erlangen. Kriminelle Akteure, potenzielle Wettbewerber oder einfach nur neugierige Individuen durchforsten Abfallbehälter nach jeglichem Material, das ihnen potenziell wertvolle Erkenntnisse liefern könnte. Dazu zählen vertrauliche Dokumente, nicht geschredderte Papiere, antiquierte Festplatten, technische Geräte und mehr. Die gewonnenen Informationen dienen dann verschiedenen Zwecken wie Identitätsdiebstahl, Betrug oder dem Erlangen von Wettbewerbsvorteilen. Im Folgenden beleuchten wir eingehend diese subtile, doch höchst wirkungsvolle Technik des Dumpster Diving.

Im Kontrast zu digitalen Bedrohungen, die sich auf virtuelle Sphären konzentrieren, manifestiert sich der Dumpster Diver in einer direkten Inanspruchnahme physischer Datenträger.

Das Dumpster Diving bildet eine Technik, die eng mit dem Bereich des Social Engineering verwoben ist. **In der Vorbereitungsphase (Preparation-Phase)** greifen Angreifer auf digitale und analoge Informationsquellen (engl. Information Gathering bezeichnet) zurück und nutzen die erlangten Informationen, um gezielte Angriffe zu orchestrieren. Diese Angriffe können vielschichtig sein und beinhalten beispielsweise die Erstellung gefälschter Identitäten auf Grundlage der gesammelten Informationen. Diese Identitäten dienen dazu, Zugang zu geschützten Bereichen zu erlangen, Mitarbeiter zu täuschen oder Informationen für die Generierung und Durchführung von Spear-Phishing-E-Mails oder Vishing zu nutzen. Die gewonnenen Erkenntnisse gestatten den Angreifern, ihr Verständnis über die Zielindividuen oder das Zielunternehmen zu vertiefen und ihre Angriffe präziser zu gestalten.

Als Beispiel mag das Zusammenstellen einer Rechnung dienen, die spezifische Ansprechpartner, erbrachte Leistungen, Kundennummern und andere relevante

© Der/die Autor(en), exklusiv lizenziert an Springer-Verlag GmbH, DE, ein Teil von Springer Nature 2024
E. Koza et al., *Social Engineering und Human Hacking,*
https://doi.org/10.1007/978-3-662-69388-9_12

149

Informationen aufführt. Diese scheinbar banale Rechnung könnte den Ausgangspunkt für die Entwicklung eines maßgeschneiderten Angriffsszenarios darstellen. In den kommenden Abschnitten werden wir diese komplexen Wechselwirkungen und ihre Implikationen für die Informationssicherheit umfassend analysieren.

12.1 Techniken des Dumpster Diving und ihre Anwendungen

Die Methode der selektiven Dokumentenextraktion repräsentiert einen elaborierten Ansatz im Rahmen des Dumpster Diving, bei dem Angreifer zielgerichtet nach spezifischen Dokumenten suchen, um wertvolle Informationen zu erlangen. Diese Informationsgewinnung kann sowohl auf digitalen als auch analogen Datenträgern basieren. Im Gegensatz zu digitalen Datenträgern ermöglichen analoge Datenträger eine nahezu sofortige Aufschlüsselung und Extraktion von Informationen in beinahe Echtzeit.

In solchen Szenarien können Angreifer nach illegalem Zutritt in ein Unternehmen willkürlich oder gezielt nach Informationen suchen.

Dabei können sie eine breite Palette an Informationen extrahieren, angefangen bei allgemeinen bis hin zu hochspezifischen Inhalten wie Forschungsergebnissen, strategischen Dokumenten, Rezepturen und mehr. Diese Informationen können auf unterschiedliche Weise erbeutet werden, sei es durch physische Mitnahme oder durch moderne digitale Aufnahmetechnologien wie integrierte Mikrokameras. Der Einsatz von integrierten Mikrokameras bietet dabei zwei entscheidende Vorteile. Durch den Einsatz moderner Aufnahmetechnologien lässt sich zunächst eine umfangreiche Datenmenge heimlich und unter Minimierung jeglicher offensichtlichen Aufmerksamkeit erfassen. In diesem Zusammenhang bezieht sich die Angriffstechnik auf die Integration von Mikrokameras in dezente Geräte, wie beispielsweise einem Schreibutensil, das vorrangig dazu dient, Informationen unbemerkt zu dokumentieren, ohne dabei erhebliche Aufmerksamkeit oder Verdachtsmomente zu erregen.

Darüber hinaus kann der Angreifer im Falle der Entdeckung auf einen unscheinbaren Stift verweisen, der in Wirklichkeit mit einer Kamera ausgestattet ist.

Das Tragen eines solchen Stiftes ist an sich nicht strafbar und durch diese subtile Vorgehensweise kann der Angreifer im Falle einer Konfrontation behaupten, sich im Unternehmen geirrt zu haben.

Die Integration moderner digitaler Technologien erleichtert somit erheblich die Vorgehensweise eines Angreifers und erhöht zugleich die Wahrscheinlichkeit eines unentdeckten Vorgehens.

Dumpster Diver verstehen es meisterhaft, sich ihrer Umgebung anzupassen, und nutzen gezielte Legenden, um keinerlei Aufmerksamkeit zu erregen. In einem Bankinstitut mag beispielsweise ein gepflegter Anzug und ein unauffälliges, gut trainiertes Auftreten ausreichen, um scheinbar unbeobachtet nicht ausreichend gesicherte Bereiche zu durchstöbern. Die Effektivität solcher Legenden wird durch folgendes Beispiel veranschaulicht:

Zwei Männer, in blaue Overalls gekleidet und augenscheinlich wie Techniker auftretend, betreten einen stark frequentierten Bereich eines Krankenhauses. Mit dem passenden Repertoire an Werkzeugen und Geräten demontieren sie offensichtlich einen großen Flachbildfernseher und nehmen ihn mit. Die Mitarbeiter haben die Aktion durchaus wahrgenommen, allerdings aufgrund des äußeren Erscheinungsbildes der Männer, das typisch für Techniker ist, keine Verdachtsmomente gehegt. Die Unbedarftheit der Mitarbeiter, die automatisch davon ausgingen, dass die Handlungen der vermeintlichen Techniker legitim waren, verdeutlicht die Macht der äußeren Erscheinung und unterstreicht die Wichtigkeit einer kritischen Sicherheitsbewertung selbst bei scheinbar vertrauten Situationen.

Dieses Exempel (nach wahrer Begebenheit) illustriert eindrücklich die Wirksamkeit von Legenden. Die visuelle Wahrnehmung, unter Zuhilfenahme des „Systems 1" nach Daniel Kahneman, erfasst zügig visuelle Reize und trifft rasche Entscheidungen. Die automatische Identifikation der beiden Männer in blauen Overalls als Techniker verdeutlicht, dass unsere Wahrnehmung und Entscheidungsfindung häufig auf prompten, intuitiven Annahmen basiert.

Dies hebt die Relevanz hervor, dass unsere Wahrnehmung durch vorher festgelegte Konzepte und vorgefasste Bilder beeinflusst wird, und verdeutlicht die Notwendigkeit einer bewussten Sicherheitsbewertung, um derartigen impliziten Annahmen kritisch zu begegnen.

Der Diebstahl physischer Artefakte aus dem Müll beschränkt sich nicht ausschließlich auf Informationen. Auch Mitarbeiterausweise, Batches, Zugangskarten oder Transponder können entwendet werden. Dies eröffnet Angreifern die Möglichkeit, Identitäten zu konstruieren und unbefugten Zugang zu geschützten Bereichen zu erlangen.

Neben der Extraktion von Informationen mittels analoger Datenträger kann auch gezielt oder zufällig nach digitalen Datenträgern, wie USB-Sticks, während des Durchgangs durch Büroflächen gesucht werden. Diese kleinen, unsichtbaren Informationsquellen beherbergen häufig unverschlüsselte und vielfältige Informationen. Im Falle einer fehlenden Richtlinie zur Sicherung von Clear Screens und Desk in einem Bankinstitut können diese unscheinbaren Komponenten leicht auf Schreibtischen platziert oder sogar im Müll entsorgt werden, wo sie schließlich von einem geschickten Dumpster Diver entwendet werden können.

Im Gegensatz zu analogen Datensätzen, die unmittelbar sichtbar und lesbar sind, erfordern digitale Datenträger zunächst eine Ausleseprozedur und in einigen Fällen sogar eine Rekonstruktion, um auf die enthaltenen Informationen zugreifen zu können. Die Rekonstruktion digitaler Datenträger aus dem Müll eröffnet Angreifern eine reiche Quelle an sensiblen Informationen.

Dieses Beispiel bietet eine treffende Gelegenheit, die Aussage aus Kap. 8 des White Chapter näher zu erläutern. Diese besagt, dass eine angemessene Verteidigung nur dann definiert werden kann, wenn die holistische Informationssicherheit berücksichtigt wird. Hierbei müssen die Verteidigungskonzepte ineinandergreifen und alle drei Ebenen der Triangulation der Informationssicherheit – Mensch, Organisation und Technik – adressieren. So müssen zur Abwehr des vorgestellten Szenarios Mechanismen zur physischen Zutrittskontrolle und zum

Besuchermanagement integriert, geschult und trainiert werden. Es bedarf der Umsetzung von Maßnahmen im Bereich der Clear Screen [1, 2] und Desk, der Verschlüsselung von Festplatten und der ordnungsgemäßen Entsorgung von Datenträgern gemäß Standards wie der DIN 66399 [3]. Eine effektive Verteidigung erfordert somit eine geschickte Kombination technischer, organisatorischer und individueller Praktiken, die nur dann ihre volle Wirksamkeit entfalten, wenn sie miteinander verzahnt sind und als ein ganzheitliches Konzept umgesetzt werden.

12.2 Analyse

Das Dumpster Diving stellt eine subversive Methode des Informationsdiebstahls dar, die in vielerlei Hinsicht eine bemerkenswerte Effektivität aufweist. Analytisch betrachtet spielen mehrere Faktoren eine entscheidende Rolle, darunter menschliche, organisatorische und technologische Aspekte. Diese Faktoren liefern eine Erklärung dafür, warum Dumpster Diving eine bemerkenswert erfolgreiche Methode des Informationsdiebstahls ist.

Schwachstellen in der Aufmerksamkeit und Wahrnehmung

Der Mensch neigt dazu, sich auf bestimmte Tätigkeiten zu fokussieren, während er andere vernachlässigt.

Dies resultiert vornehmlich aus der Tatsache, dass die kognitive Ausrichtung und Verarbeitung von Reizen durch unsere Wahrnehmung durch die gegebene Aufgabenstellung determiniert werden. Das bedeutet, dass die Konzentration auf eine spezifische Aufgabe gleichzeitig mit einigen Opportunitätskosten einhergeht. Während also der Fokus auf einen bestimmten Kernbereich gerichtet ist, werden die Wahrnehmungsprozesse gemäß der Aufgabenstellung sensibilisiert und ausgeführt. Dies impliziert auch, dass andere Reize, die möglicherweise nichts mit der eigentlichen Aufgabe zu tun haben, ignoriert werden. Dumpster Diver machen sich diese Schwäche zunutze, indem sie in oft übersehenen Bereichen nach Informationen suchen.

Vertrauen und Autorität

Das gezielte Imitieren von Rollen und Legenden, beispielsweise durch das Annehmen des Erscheinungsbilds von Prüfern, Technikern oder Reinigungspersonal, ermöglicht es Angreifern, das Vertrauen ihrer Umgebung zu gewinnen und somit in unauffälliger Weise zu agieren.

Indem sie sich äußerlich an gängige und vertraute Figuren in einer bestimmten Umgebung anpassen, schaffen es die Angreifer, eine Aura der Authentizität zu erzeugen. Dieser Anschein von Vertrautheit eröffnet ihnen nicht nur Zugang zu sensiblen Bereichen, sondern ermöglicht es auch, ihre Aktivitäten ohne großes Misstrauen oder Argwohn durchzuführen. Das gezielte Imitieren von Rollen und das Schaffen von Legenden sind Strategien, die auf psychologischen Mechanismen des Vertrauens und der Autorität basieren. Indem die Angreifer eine scheinbar legitime Position innerhalb der Zielumgebung einnehmen, können sie ihre Handlungen tarnen und ihre Ziele wirkungsvoller erreichen. Dies verdeutlicht, dass das Vertrauen der Menschen in die scheinbare Autorität einer Rolle oft als Einfallstor für unauffällige, aber potenziell schädliche Aktivitäten dient.

Fehlende Sicherheitszonen

Das Fehlen klar definierter Sicherheitszonen in Unternehmen und Organisationen bedeutet, dass es keine eindeutig abgegrenzten Bereiche gibt, in denen sensible und klassifizierte Informationen sicher aufbewahrt werden können. Dies birgt die Gefahr, dass vertrauliche Daten unsachgemäß gelagert oder leicht zugänglich sind, insbesondere in Bereichen, die für Unbefugte offen stehen.

Fehlende Clear Desk und Screen

Das Fehlen klarer Richtlinien für aufgeräumte Arbeitsplätze bedeutet, dass es keine klaren Anweisungen darüber gibt, wie Mitarbeiter ihre Arbeitsbereiche organisieren sollen, um den Schutz sensibler Informationen zu gewährleisten. Dies kann zu einer unstrukturierten Umgebung führen, in der vertrauliche Unterlagen leicht zugänglich oder unbeabsichtigt entsorgt werden. Zudem kann das Fehlen einer klaren Regelung für den Umgang mit klassifizierten Informationen und Daten ebenfalls dazu führen, dass Unternehmen keine einheitlichen Standards haben, um sicherzustellen, dass sensible Daten angemessen geschützt und klassifiziert werden. Dies kann zu Unsicherheiten darüber führen, was eine vertrauliche Information ist und wie mit vertraulichen Informationen umzugehen ist.

Fehlendes Besuchermanagement

Das Fehlen eines effektiven Besuchermanagementsystems in Unternehmen kann schwerwiegende Konsequenzen für die Sicherheit sensibler Bereiche haben. Ein wirksames Besuchermanagementsystem sollte die Identifizierung, Überwachung und Kontrolle externer Personen ermöglichen, die das Unternehmensgelände betreten.

Die Schwierigkeiten, den Zugang von externen Personen zu überwachen und zu kontrollieren, können verschiedene Formen annehmen.

Ohne klare Richtlinien und Prozeduren zur Registrierung und Identifikation von Besuchern, aber auch Partnerfirmen können unbefugte Personen leicht unerkannt und unbeaufsichtigt in das Unternehmen eintreten. Dies könnte zu unautorisiertem Zugang zu sensiblen Bereichen führen, in denen vertrauliche Informationen aufbewahrt werden. Ein mangelhaftes Besuchermanagementsystem kann es auch erschweren, Besucheraktivitäten angemessen zu überwachen. Dies umfasst Aspekte wie die Begleitung von Besuchern durch autorisierte Mitarbeiter oder auch Arbeiten in Hochsicherheitsbereichen, um sicherzustellen, dass sie nur befugte Bereiche betreten, und die zeitliche Begrenzung des Aufenthalts von Besuchern.

Zudem könnte das Fehlen einer klaren Dokumentation und des Protokollierens von Besucheraktivitäten dazu führen, dass im Nachhinein nicht nachvollziehbar ist, wer sich zu welchem Zeitpunkt im Unternehmen aufgehalten hat und welche Bereiche besucht wurden. Dies erschwert die forensische Analyse im Falle eines Sicherheitsvorfalls erheblich. Insgesamt stellt das mangelnde Besuchermanagementsystem eine Eintrittspforte für unbefugte Personen dar, die gezielt oder zufällig sensible Bereiche betreten könnten. Die wissenschaftliche Perspektive unterstreicht daher die Notwendigkeit, klare und effektive Besuchermanagementrichtlinien zu etablieren, die die Identifikation und Überwachung von Besuchern verbessern sowie den Zugang zu sensiblen Bereichen streng kontrollieren.

Unregulierter Umgang mit IT-Assets

Das Fehlen angemessener Prozeduren für den Umgang mit IT-Assets, einschließlich der Entsorgung von analogen und digitalen Datenträgern, bedeutet, dass Unternehmen keine klaren Richtlinien und praktischen Verfahren haben, wie alte Hardware und Datenträger sicher entsorgt werden sollen. Dies kann dazu führen, dass sensible Informationen auf unangemessene Weise offengelegt werden, insbesondere wenn diese Datenträger im Müll landen.

Fehlende Verschlüsselung und sichere Entsorgung

Fehlende Verschlüsselung und unzureichende Sicherheitsmaßnahmen bei der Entsorgung stellen eine Schwachstelle dar, die von einem Dumpster Diver gezielt ausgenutzt wird. Diese Angreifer bedienen sich gleichermaßen analoger und digitaler Informationsquellen. Während analoge Informationen unmittelbar lesbar sind, erfordert die Auswertung digitaler Datenträger unter Umständen zusätzlichen Aufwand. Die Vernachlässigung von Verschlüsselungspraktiken erhöht das Risiko von Datenlecks und unberechtigtem Informationszugang erheblich.

Eine unsachgemäße Entsorgung von Datenträgern verstärkt dieses Problem zusätzlich. Dumpster Diver können sich gezielt auf die Suche nach ungeschützten Datenträgern machen, sei es in physischer Form wie Papierdokumenten oder digitalen Formaten wie unverschlüsselten USB-Sticks. Die mangelnde Beachtung sicherer Entsorgungsverfahren begünstigt die unautorisierte Beschaffung von Informationen, da diese leicht zugänglich und ungeschützt vorliegen.

Die Erfolgsformel des Dumpster Diving besteht somit aus einer geschickten kombinatorischen Ausnutzung von menschlichen, organisatorischen und technologischen Faktoren. Eine tiefgehende analytische Betrachtung dieser Methode verdeutlicht, wie scheinbar triviale Schwachstellen zu erheblichen Sicherheitsrisiken führen können. Daher unterstreicht die Betrachtung des Dumpster Diving nicht nur die Notwendigkeit umfassender Sicherheitskonzepte, sondern auch die Bedeutung einer kontinuierlichen Sensibilisierung und Schulung, von Training und Übung aller relevanten Akteure.

12.3   Zusammenfassung

Der Dumpster Diver stellt eine erhebliche Gefahr für die Sicherheit von Unternehmen und Individuen dar, indem er sensible Informationen aus analogen und digitalen Datenträgern extrahiert. Es ist entscheidend zu erkennen, dass Dumpster

Diving nicht nur als direkter Angriff fungiert, sondern oft auch als Vorbereitung für tiefgreifendere Chain-Attacken.

Der effektive Schutz vor solchen Angriffen erfordert eine differenzierte Herangehensweise auf allen drei Ebenen der Triangulation der Informationssicherheit. Es genügt nicht, bloße Richtlinien zu formulieren – vielmehr müssen diese in konkreten Mechanismen umgesetzt und aktiv gelebt werden. Eine Sicherheitskultur, die über bloße theoretische Konzepte hinausgeht, ist von entscheidender Bedeutung.

Die praktische Umsetzung von Schulungen, Sensibilisierung, Training und Übungen ist entscheidend, um ein tiefgreifendes Sicherheitsbewusstsein zu schaffen und in den Alltag zu integrieren. Es ist nicht nur erforderlich, Sicherheitsrichtlinien zu kennen, sondern auch aktiv in die Praxis umzusetzen. Die Sicherheit sollte nicht nur auf dem Papier existieren, sondern in den täglichen Abläufen und Entscheidungen verankert sein. Dies bedeutet, dass die Prinzipien der Sicherheit in jeder Handlung und jeder Entscheidung praktisch umgesetzt werden müssen. Nur durch die Integration von Sicherheit in den betrieblichen Alltag können Unternehmen eine wirksame Verteidigung gegen Social-Engineering-Angriffe wie Dumpster Diving sicherstellen.

Die wirksame Verteidigung gegen Social-Engineering-Angriffe, einschließlich Dumpster Diving, erfordert zudem nicht nur individuelles sicheres Verhalten, sondern auch eine kollektive Sicherheitskultur. Die Etablierung dieser Sicherheitskultur ist ein fortlaufender Prozess, der durch kontinuierliches Lernen, Anpassen und Verfeinern geprägt ist.

Das nächste Kapitel widmet sich der Analyse der Angriffspfade in Zusammenhang mit unautorisiertem physischen Zutritt zu sicheren Bereichen. Dabei liegt der Fokus auf der spezifischen Social-Engineering-Angriffsform des Tailgating.

Literatur

1. Deutsches Institut für Normung (DIN), Informationssicherheit, Cybersicherheit und Datenschutz – Informationssicherheitsmanagementsysteme – Anforderungen (ISO/IEC 27001:2022).
2. Deutsches Institut für Normung (DIN), Informationssicherheit, Cybersicherheit und Schutz der Privatsphäre – Informationssicherheitsmaßnahmen (ISO/IEC 27002:2022).
3. Deutsches Institut für Normung (DIN), DIN 66399-1:2012-10 Büro- und Datentechnik – Vernichten von Datenträgern – Teil 1: Grundlagen und Begriffe, S. 1–8.

Tailgating 13

Die Social-Engineering-Angriffsart **Tailgating,** auch als **Piggybacking** bekannt, basiert auf der Strategie, den Weg des geringsten Widerstands zu wählen, indem sich ein Angreifer unbemerkt Zugang zu einem gesicherten Bereich verschafft.

Ähnlich wie ein Einbrecher den einfachsten Weg durch die Schwachstellen eines Hauses sucht, sucht der Angreifer nach Schlupflöchern und Vulnerabilitäten im Zugang zu geschützten Räumen und Bereichen.

Betrachten wir als Beispiel ein Haus mit umfassendem Schutz an allen Zugangsbereichen, einschließlich Fenstern und Türen durch den Einsatz spezieller Sicherheitstüren und -fenster. Doch was, wenn der Hausbesitzer oder eines der Kinder nach Hause käme und der Angreifer einfach mit hineinginge? Obwohl dies auf den ersten Blick befremdlich wirken mag, ist genau dies das Funktionsprinzip von Tailgating.

In unserem Beispiel benötigt ein Angreifer natürlich eine überzeugende Legende, um mit hineingenommen zu werden. Nehmen wir an, es findet gerade eine Gartenparty statt und der Angreifer gibt vor, ein Freund eines Gastes zu sein, der ihn eingeladen hat. Die Größe der Gartenparty spielt hierbei eine entscheidende Rolle. Je kleiner die Veranstaltung, desto schwieriger wird es für den Angreifer sein, unbemerkt einzudringen. Doch wie sähe es auf einer Hochzeit mit 200 Gästen aus? Wer würde ihn im festlichen Anzug oder Abendkleid an der Tür abweisen, besonders wenn er ein Geschenk in der Hand trägt?

Im Kontext von Unternehmen ist Tailgating im Rahmen von Social Engineering besonders effektiv. Je größer das Unternehmen und je unpersönlicher der interne Umgang, desto günstiger sind die Bedingungen für einen Angreifer. Bürogebäude, Labore oder Lagerhäuser können potenzielle Schauplätze für diese Taktik sein. Hierbei geht es darum, sich als unberechtigte Person mit minimalem Aufwand Zugang zu einem gesicherten Bereich zu verschaffen, indem man sich hinter einer berechtigten Person tarnt.

E. Koza et al., *Social Engineering und Human Hacking,*
https://doi.org/10.1007/978-3-662-69388-9_13

13.1   Techniken des Tailgating und seine Anwendungen

Human Hacker nutzen beim Tailgating geschickt das **(Ur-)Vertrauen,** das Mitarbeiter in ihre Mitmenschen setzen, um unbemerkt einzudringen und Zugriff auf sensible Informationen, Systeme oder physische Ressourcen zu erlangen. *Das Vertrauen, das in sozialen und zwischenmenschlichen Interaktionen grundsätzlich herrscht, wird hierbei gezielt tückisch ausgenutzt. Für die meisten Menschen stellt das grundlegende Vertrauen in ihre Mitmenschen sowie ein gewisses Maß an Höflichkeit sozusagen den Default-Modus dar.*

Dies impliziert, dass Menschen grundsätzlich anfänglich nicht von böswilligen oder illegitimen Absichten des Gegenübers ausgehen. Selbst in Situationen, in denen eine Person die Höflichkeit zeigt, eine Tür für jemanden offen zu halten, kann dieser scheinbar positive Akt von Angreifern taktisch genutzt werden, um unbemerkt Zugang zu geschützten Bereichen zu erlangen.

Dabei können die Vorgehensweisen eines Angreifers äußerst vielfältig sein.

Legendentaktik
Beispielsweise könnte er sich als Lieferant, Handwerker, Kurier oder neuer Mitarbeiter ausgeben und höflich darum bitten, von einem autorisierten Mitarbeiter durch die Sicherheitsschleuse gelassen zu werden. Wenn der Angreifer dabei schwer aussehende Kisten trägt, wird die Hilfsbereitschaft der Mitarbeiter oft verstärkt, da wir tendenziell dazu neigen, Menschen, die gerade keine Hand frei haben, die Tür aufzuhalten.

Hektiktaktik
In Situationen, in denen im Eingangsbereich Hektik herrscht, können sich Angreifer einfach an Mitarbeitern vorbeidrängeln, um Zugang zu erhalten. Telefoniert der Angreifer während seines unbefugten Eintritts und wirkt dabei äußerst konzentriert und beschäftigt, sinkt die Wahrscheinlichkeit, dass er angesprochen wird, weiter. Menschen sind häufig so sozialisiert, dass sie es als unhöflich empfinden, jemanden zu stören, der sich in einem vermeintlich wichtigen Telefonat befindet.

Rapporttaktik
Eine weitere Taktik besteht darin, vor dem Eintritt Rapport zur Zielperson aufzubauen. Dies kann beispielsweise durch gemeinsames Rauchen einer Zigarette und Small Talk im ungesicherten Bereich vor der Sicherheitstür erfolgen. Ein Beispiel hierfür könnte das Tragen von einem weißen Kittel und spezifischer medizinischer Kleidung sein, gepaart mit dem Mitführen von Stethoskopen und anderen medizinischen Utensilien. Indem sich der Angreifer als gleichwertiges Mitglied des medizinischen Personals ausgibt, kann er leicht das Vertrauen der Mitarbeiter gewinnen. Das gemeinsame Rauchen im Außenbereich des Krankenhauses könnte dabei als Gelegenheit genutzt werden, um informell mit den vermeintlichen Kollegen

in Kontakt zu treten und so sogar gemeinsam Zugang zu sensiblen Bereichen der Nuklearmedizin zu erhalten.

Massetaktik
Manchmal genügt es auch, als Angreifer in der Masse unterzutauchen, beispielsweise im Rahmen einer Werksbesichtigung.

Autoritätstaktik
Eine besonders ausgeklügelte Methode besteht darin, an der Zieltür in der Corporate Identity des Zielunternehmens einen Aushang anzubringen, der darum bittet, die Tür heute geöffnet zu lassen, damit Reinigungskräfte oder Handwerker ihre Arbeit verrichten können. Diese Taktik nutzt die Neigung von Menschen, autoritären Regeln zu folgen, geschickt aus. Wenn ein autorisierter Mitarbeiter feststellt, dass die Tür entgegen der Anweisung geschlossen wurde, wird er dies wahrscheinlich als Versehen interpretieren und die Tür nach dem Eintreten offenlassen. Diese Methode erfordert keine direkte zwischenmenschliche Interaktion, nutzt jedoch die Prinzipien des Social Engineering aus.

Man könnte dies als passives Tailgating bezeichnen, bei dem letztendlich die gleiche Gefahr entsteht: Eine unbefugte Person kann sich im Unternehmen oder in gesicherten Bereichen frei bewegen. Sobald die Tür einmal offensteht, wird auch das Eindringen mehrerer Angreifer problemlos möglich. Die Wirksamkeit dieser Vorgehensweise lässt sich durch praktische Tests überprüfen, um die Sicherheit eines Unternehmens oder einer Organisation zu bewerten.

13.2 Analyse

Die Erfolgsfaktoren von Tailgating sind vielfältig und reichen von psychologischen Aspekten bis hin zu organisatorischen Schwachstellen. Eine detaillierte Analyse dieser Faktoren ist entscheidend, um die Wirksamkeit von Maßnahmen zur Verhinderung von Tailgating zu erhöhen. Im Folgenden werden einige der zentralen Gründe für die Effektivität von Tailgating betrachtet, wobei ein Schwerpunkt auf psychologischen Aspekten liegt.

Mangelndes kollektives Sicherheitsbewusstsein
Eine zentrale Herausforderung besteht darin, dass viele Mitarbeiter möglicherweise nicht ausreichend über die subtilen psychologischen Taktiken informiert sind, die beim Tailgating zum Einsatz kommen. Die psychologische Manipulation durch die Angreifer spielt dabei eine entscheidende Rolle. Ein mangelndes Bewusstsein für die Psychologie des Social Engineering könnte dazu führen, dass Mitarbeiter sich der Gefahr nicht vollständig bewusst sind.

Gesellschaftliche Konventionen
Die soziale Norm und das Streben nach Konformität sind ebenfalls maßgebliche psychologische Faktoren. Menschen neigen dazu, sich an sozialen Normen zu

orientieren, und möchten nicht als unhöflich oder misstrauisch gelten. Dies kann dazu führen, dass offensichtliche Anomalien und „Red Flags" im Verhalten von Angreifern ignoriert werden, selbst wenn ein sicherheitsbewussteres Handeln angemessen wäre. Die Tendenz zur Konformität verstärkt sich in hektischen Situationen, in denen Tailgating besonders leicht möglich ist. In solchen Momenten sind Mitarbeiter möglicherweise weniger geneigt, gegen die vermeintliche soziale Norm vorzugehen.

Fehlende Verantwortlichkeiten für Personenüberprüfung
Zusätzlich fühlen sich Mitarbeiter in der Regel nicht direkt verantwortlich für die Überprüfung von Personen, die sich im Gebäude bewegen. Diese Aufgabe wird häufig als nicht prioritär angesehen, insbesondere wenn es eine hohe Fluktuation von Mitarbeitern gibt oder externen Personen wie Dienstleister und temporäre Mitarbeiter, die regelmäßig Zugang zum Unternehmen haben. Die Komplexität wird weiter erhöht, wenn Mitarbeiter aus Höflichkeit oder Scheu davor, eine unbekannte Person anzusprechen, es vermeiden, auf verdächtiges Verhalten hinzuweisen.

Verletzung des Perimeterschutzes
Darüber hinaus können Türen aus Bequemlichkeit offengelassen werden. In manchen Fällen ist es jedoch auch eine Mischung aus technischen Konfigurationsfehlern und mangelndem Bewusstsein. Insbesondere bei einer zu großzügig eingestellten Schließzeit von Sicherheitseinrichtungen eröffnet sich für einen Angreifer eine potenzielle Eintrittsmöglichkeit. Nehmen wir beispielsweise an, dass die Öffnungszeit einer Sicherheitsschleuse nach erfolgreicher Verifikation und Autorisierung großzügig auf 15 s festgelegt ist. In diesem Zeitfenster kann ein geschickt agierender Angreifer unbemerkt im Anschluss an eine legitime Person die Schleuse passieren und diese vergleichsweise lange Zeitspanne nutzen, um unbemerkt hinter ihr in das Gebäude einzutreten. Dies ermöglicht dem Angreifer, von der Autorisierung einer legitimierten Person zu profitieren und auf diese Weise Zugang zum gesicherten Bereich zu erhalten, ohne von den Sicherheitseinrichtungen erfasst zu werden. Die richtige Einstellung der Schließzeit ist daher von entscheidender Bedeutung, um solche potenziellen Schwachstellen zu minimieren und die Sicherheit gegenüber Tailgating zu verbessern.

Der physische Zutritt auf geschützte Bereiche stellt eine erhebliche Bedrohung dar, da Angreifer potenziell auf vertrauliche Informationen zugreifen und erheblichen Schaden anrichten können. Dies betrifft diverse Räumlichkeiten wie Büros, Serverräume, Lagerhallen und andere abgesicherte Bereiche. Sensible Daten sind hierdurch anfällig für unbefugtes Betrachten, Diebstahl oder Manipulation. Angreifer setzen dabei nicht selten auf spezielle Hacker-Hardware-Tools wie akustische Abhörmittel oder Keylogger oder installieren Malware, um ihre Ziele zu erreichen.

Die Durchführung von Tailgating eröffnet Angreifern die Möglichkeit, Wertgegenstände, sowohl private als auch geschäftliche, zu stehlen, Geräte zu beschädigen und Geschäftsprozesse zu beeinträchtigen oder zu manipulieren. Tailgating gilt als eine der wohl einfachsten und kostengünstigsten Methoden, um unbemerkt physisch in ein Gebäude oder einen Sicherheitsbereich einzudringen.

Insgesamt birgt Tailgating für Unternehmen die Gefahr erheblicher finanzieller Verluste, von Reputationsschäden, Vertrauensverlust, erfolgreichen Cyberangriffen, Datenlecks und anderen Störungen des Geschäftsbetriebs. Daher ist es von entscheidender Bedeutung, adäquate Sicherheitsmaßnahmen zu ergreifen, um das Risiko von Tailgating-Angriffen zu minimieren und den Schutz sensibler Informationen und Ressourcen zu gewährleisten.

13.3 Zusammenfassung

Tailgating stellt eine oft unterschätzte Gefahr im Kontext des Social Engineering dar, die Unternehmen und Einzelpersonen ernsthaft berücksichtigen sollten. Eine Stärkung der Sicherheitskultur, aufmerksame Beobachtung von verdächtigem Verhalten und die gezielte Kontrolle des Zugangs zu sensiblen Informationen und Ressourcen sind entscheidend. Durch Sensibilisierung, Schulungen und die Implementierung geeigneter technisch-organisatorischer Sicherheitsmaßnahmen können wir uns bestmöglich vor der Bedrohung durch Tailgating schützen.

Vishing

14

Im Rahmen des Social Engineering haben Human Hacker eine Vielzahl von Methoden entwickelt, um Zugang und Zugriff zu sensiblen Informationen zu erlangen. Eine besonders ausgeklügelte Taktik innerhalb dieser Strategien ist das **Vishing (Voice Phishing).** Beim Vishing setzen Human Hacker gezielte Telefonanrufe ein, um wertvolle Schlüsselinformationen zu erschleichen oder die angerufene Person zu Handlungen zu verleiten, die potenziell schädlich für sie oder ihr Unternehmen sind.

Dieses Kapitel widmet sich der Analyse der Kunst des täuschenden Telefonats im Kontext des Social Engineering. Es beleuchtet, warum Vishing für Angreifer äußerst erfolgreich ist und welche Gefahren es für Unternehmen und die persönliche Sicherheit birgt.

14.1 Vishing versus Spear-Vishing

In Analogie zu Phishing-Angriffstaktiken manifestieren sich Vishing-Angriffe in der Praxis sowohl in Form von breit gestreuten **Schrotflinte-Angriffen** als auch als hoch spezialisierte gezielte Spear-Attacken. Die Präzision einer Schrotflinte hängt von verschiedenen Faktoren ab, einschließlich des Schrotmusters, der Entfernung zum Ziel, der Art der Munition und der Bauweise der Waffe. Im Allgemeinen sind Schrotflinten dafür konzipiert, Schrotmunition zu verschießen, die aus einer Vielzahl kleiner Kugeln (Schrote) besteht. Auf längere Entfernungen nimmt die Präzision jedoch ab, da sich das Schrotmuster ausbreitet. Die spezifischen Ballistikeigenschaften variieren je nach Art der Munition und dem Kaliber der Schrotflinte. Ziel der Schrotflinte ist es oft, eine größere Fläche zu treffen.

So setzen Schrotflinte-Angriffe oder auch Schrotflinte-Taktiken eher auf die Quantität der Angriffsaktivitäten als auf eine detaillierte Vorbereitung für eine bestimmte Zielperson. Bei Schrotflinte-Vishing-Angriffen liegt der Fokus eher auf der Menge der durchgeführten Angriffsaktivitäten als auf einer ausführlichen Vorbereitung für eine spezifische Zielperson.

Das bedeutet, dass die Angreifer breit angelegte Aktionen und Targeting durchführen, ohne im Vorfeld spezifische Informationen über die anvisierten Einzelpersonen zu sammeln. Der Ansatz besteht darin, durch die Quantität der Angriffe eine höhere Wahrscheinlichkeit für erfolgreiche Manipulationen zu erreichen, anstatt sich intensiv auf einzelne Ziele zu konzentrieren.

Bezeichnende Beispiele für Schrotflinte-Taktiken sind die Betrugsanrufe im Namen von Europol während der Sommermonate 2022, die trotz einer vermuteten Dunkelziffer zu zahlreichen Meldungen und Beschwerden bei der Bundesnetzagentur führten [1]. *In diesen betrügerischen Anrufen initiiert eine Computerstimme den Kontakt, indem sie die angerufene Person dazu auffordert, die Taste 1 zu drücken. Dies dient der Verbindung zu einem scheinbaren Sachbearbeiter von Europol (gelegentlich auch Interpol, Bundeskriminalamt oder Verfassungsschutz).*

Im weiteren Gesprächsverlauf stellen die Human Hacker gezielte Fragen, um persönliche Informationen zu erhalten oder die Opfer zur Herausgabe von Geld zu bewegen. Bei der Durchführung solcher Angriffe steht die Quantität der Anrufe im Vordergrund, mit dem Ziel, Personen zu erreichen, die den Anweisungen der Angreifer folgen. Im Kontrast dazu stehen die subtileren und schwer zu enttarnenden Spear-Vishing-Angriffe, die gezielt auf ein bestimmtes Unternehmen oder eine individuelle Zielperson ausgerichtet sind.

Spear-Vishing bezeichnet eine hochspezialisierte Form des Vishing-Angriffs, bei dem der Anruf gezielt auf eine bestimmte Zielperson oder ein spezifisches Zielunternehmen ausgerichtet ist. Die Ausführung dieser Angriffsvariante erfolgt in der Regel auf der Grundlage einer präzisen Informationsgewinnung durch OSINT und SOCMINT. Durch diese vorherige Analyse werden individuelle Charakteristika, berufliche Positionen oder andere relevante Details über die Zielperson oder das Zielunternehmen identifiziert, um den Vishing-Anruf noch gezielter und überzeugender zu gestalten.

Betrachten wir ein Spear-Vishing-Szenario genauer. Angenommen, ein Human Hacker benötigt für seinen Hauptangriff spezifische Schlüsselinformationen über sein Zielunternehmen, wie beispielsweise Details zur genutzten Firewall. Um diese Informationen zu erlangen, könnte er sich als Vertriebsmitarbeiter eines Firewall-Herstellers ausgeben. In einem Telefonat mit dem Zielunternehmen erklärt und bewirbt er die Produkte des Herstellers. Die Reaktion der Person am Telefon wird entscheidend für den weiteren Verlauf des Angriffs sein.

Getarnt als einfacher Vertriebsanruf wird es für den Angerufenen herausfordernd, nicht die genutzte Firewall zu nennen. Die Effektivität hängt von der Gesprächsführung des Human Hacker ab und davon, ob der Angerufene überhaupt bereit ist, sich auf das Gespräch einzulassen.

Die Kreativität des Human Hacker kennt dabei keine Grenzen. Er kann sich als Kolleg*in, Kunde, Bewerber, ausgelagerter Support, Aufsichtsbehörde und vieles mehr ausgeben. Neben den von Human Hacker angewendeten psychologischen Manipulationstechniken kommen auch technische Manipulationstechniken zum Einsatz. Dies unterstreicht erneut unsere in Abschn. 2.5 des White

Chapter *definierte Ausgangsdefinition zum Social Engineering, bei dem sowohl menschliche als auch technische Manipulationsmethoden eine entscheidende Rolle spielen.*

Im Kontext des Vishing wird die Gefahr durch den gezielten technischen Einsatz von Manipulationstechniken signifikant verschärft. Diese Praxis macht Vishing besonders gefährlich, da sie auf fortschrittlichen technischen Mechanismen basiert, die darauf abzielen, die Illusion des Human Hacker für die Zielperson zu verstärken und diese tiefer in die Manipulation einzuführen.

Die gezielte Anwendung technischer Manipulationstechniken bei Vishing-Angriffen ermöglicht es dem Human Hacker, von jedem Ort der Welt aus anonyme Anrufe zu tätigen. Durch das Spoofing von Telefonnummern kann er sich zusätzlich als jede gewünschte Person oder Organisation ausgeben. Diese Form des Vortäuschens wird als Call-ID-Spoofing bezeichnet [2].

Zusätzlich können mithilfe von Applikationen Hintergrundgeräusche eingespielt werden, welche die Stimme des Angreifers technisch verzerren oder sogar manipulieren, sodass sie der Originalstimme ähnelt, für die sich der Human Hacker ausgibt.

Für das menschliche Gehirn ist es nahezu unmöglich, die wahrgenommenen auditiven Reize zu ignorieren und keine eigenen Schlüsse zur vermeintlichen Wirklichkeit zu ziehen.

Wenn am Telefon eine scheinbar gestresste Person dringend bestimmte Informationen benötigt und zeitgleich passende Hintergrundgeräusche wie Fahrzeuglärm, Durchsagen am Flughafen oder Bahnhof oder lebhafte Geräuschkulissen aus einem Großraumbüro vernehmbar sind, üben diese akustischen Elemente einen maßgeblichen Einfluss auf unsere emotionalen Reaktionen sowie unsere Bewertung der Situation aus. Dies wiederum prägt entscheidend den Verlauf des Telefongesprächs und beeinflusst die Wahrnehmung der Dringlichkeit und Authentizität der dargestellten Situation.

14.2 Analyse

Warum erlangt Vishing trotz seiner potenziellen Gefährlichkeit nicht die gleiche Aufmerksamkeit wie andere Angriffsvektoren?

Die begrenzte Bekanntheit von Vishing als Angriffsvektor trotz seiner erheblichen Gefährlichkeit könnte durch verschiedene Faktoren erklärt werden. Zwei mögliche Theorien sind folgende:

Erstens könnte die relative Unbekanntheit von Vishing auf die subtile Natur dieses Angriffsvektors zurückzuführen sein. Im Vergleich zu bekannten Angriffsmethoden wie Phishing oder Ransomware-Attacken agiert Vishing oft im Verborgenen, indem es auf die Täuschung über Telefonate setzt, ohne dabei sofortige sichtbare Auswirkungen zu hinterlassen. Diese Unauffälligkeit könnte dazu führen, dass Vishing weniger Aufmerksamkeit erhält.

Zweitens spielt möglicherweise auch eine Rolle, dass die breite Öffentlichkeit, Unternehmen und sogar Sicherheitsexperten nicht ausreichend über die technischen Raffinessen und die Wirksamkeit von Vishing informiert sind. Dies könnte zu einer unterschätzten Wahrnehmung führen, da Vishing als weniger „spektakulär" oder bedrohlich eingestuft wird.

In diesem Kapitel werden wir die verschiedenen Aspekte von Vishing eingehend beleuchten, um ein umfassendes Verständnis für diese unterschätzte, aber äußerst gefährliche Form des Social Engineering zu vermitteln.

14.2.1 Unsichtbare Gefahr

In der Regel wird nach einem Cyberangriff oder einem anderen Sicherheitsvorfall ein Team von digitalen Forensikern aktiv, um die betroffenen Systeme zu analysieren und den Angriffspfad detailliert zu rekonstruieren. Das Ziel besteht darin, den genauen Ablauf des Angriffs nachzuverfolgen, die Angriffsart zu identifizieren, die ausgenutzte Schwachstelle zu lokalisieren und die Schadenswirkung zu bestimmen.

Diese Experten sichern dabei entscheidende Evidenzen, um auch geeignete Maßnahmen zur Wiederherstellung zu definieren und die Systeme durch gezielte Recovery-Prozesse wieder in ihren ursprünglichen qualitativen und quantitativen Zustand zu versetzen. Ihre Aufgabe endet jedoch nicht hier. Zu den weiteren Tätigkeiten in diesem Bereich gehören auch die sogenannten Lessons Learned oder Post-Incident-Aktivitäten. Diese dienen dazu, aus der durchgeführten Analyse präventive Maßnahmen abzuleiten, die das erneute Auftreten eines ähnlichen Angriffs verhindern sollen. Damit trägt die forensische Untersuchung nicht nur zur Schadensbegrenzung bei, sondern auch zur kontinuierlichen Verbesserung der Sicherheitsinfrastruktur eines Unternehmens. Dieser Prozess ähnelt dem Vorgehen der Polizei bei einem Einbruch, bei dem ermittelt wird, wie der Einbrecher Zugang zum Haus erlangt hat.

Im Falle eines Vishing-Angriffs jedoch gestaltet sich die **Post-mortem-Rückverfolgbarkeit als äußerst herausfordernd,** insbesondere wenn der Angriff nicht als solcher erkannt wurde. Im Bereich der Informationstechnologie bezeichnet post mortem eine retrospektive Analyse nach Abschluss eines Ereignisses. Im Kontext von Sicherheitsvorfällen bedeutet dies eine detaillierte Untersuchung, um Ursachen zu identifizieren, Lehren zu ziehen und präventive Maßnahmen für die Zukunft zu entwickeln. Im Zusammenhang mit Vishing-Angriffen untermauert die erschwerte Post-mortem-Rückverfolgbarkeit die Notwendigkeit für ein gründliches Debriefing, um festzustellen, ob ein Vishing-Angriff vorlag, insbesondere wenn dieser nicht als solcher erkannt wurde.

Ein umfassendes Debriefing könnte jedoch Aufschluss darüber geben, ob es sich um einen Vishing-Angriff gehandelt haben könnte. Debriefing ist eine Vorgehensweise, bei der nach einem Ereignis eine systematische Bewertung und Analyse durchgeführt wird. Es beinhaltet oft das Sammeln von Informationen, das Teilen von Erkenntnissen und das Diskutieren von Erfahrungen. Im Kontext von Vishing-Angriffen dient das Debriefing dazu, die Reaktionen, Entscheidungen und Abläufe zu überprüfen. Es ermöglicht den Beteiligten, ihre Perspektiven zu teilen.

Nun betrachten wir gemeinsam ein konkretes Szenario, um das Verständnis zu vertiefen:

Ein mittelständisches Unternehmen sah sich mit den Folgen einer Ransomware-Attacke konfrontiert, bei der sämtliche Daten verschlüsselt wurden. Obwohl Forensiker den infiltrierten Systemanwender und den Systemknoten identifizieren konnten, blieb das Einfallstor einer schädlichen E-Mail unentdeckt. Bei weiterer Tiefenanalyse und sogenannter Dead-Forensik wurde klar, dass der betroffene Systemanwender einen Anruf von einem vermeintlichen externen IT-Support erhielt. Dieser überredete den Systemanwender dazu, eigenhändig eine Domain im Browser einzugeben und durch einen gezielten Link-Klick auf der kompromittierten Website den Angriff zu initialisieren.

In derartigen Szenarien besteht die Herausforderung darin, dass ein „Anruf" in der Regel nicht sofort als „Angriff" identifiziert, lokalisiert und somit als irrelevant für den Angriffsverlauf betrachtet wird.

Wie bereits in Abschn. 4.7 des White Chapter erläutert, basiert die Annahme darauf, dass alles, was wahrgenommen werden kann, auch angegangen werden kann. Diese Perspektive lässt sich ebenfalls auf Vishing-Angriffe anwenden. Das zentrale Problem liegt darin, dass Vishing-Anrufe häufig von den angerufenen Systemnutzern weder als potenzielle Angriffsversuche erkannt noch gemeldet werden. Eine Ursache könnte darin liegen, dass die Mitarbeiter möglicherweise nicht ausreichend über die verschiedenen Arten von Angriffen und die damit verbundenen Gefahrensituationen informiert sind, was die Erkennung solcher Angriffsarten erschwert (**fehlende Wahrnehmung**). Ein weiterer möglicher Grund könnte in der Zurückhaltung der Mitarbeiter liegen, Anomalien bei solchen Anrufen zu melden, aus Angst vor möglichen Repressalien (**fehlende Sicherheitskultur**). Dies trägt dazu bei, dass die Gefahr des Vishing weitgehend unentdeckt bleibt und unter dem Radar bleibt.

Die Bewertung und Analyse von Vishing-Angriffen innerhalb eines Unternehmens gestalten sich aufgrund der heimlichen Natur dieser Angriffe als besonders anspruchsvoll. Diese Herausforderung ergibt sich nicht nur aus den technischen Aspekten, sondern auch daraus, dass viele Unternehmen die potenziellen Gefahren durch Vishing noch nicht ausreichend verinnerlicht haben. Die spezifische Form dieser Angriffe bleibt daher oft unbeachtet auf der Agenda für Sicherheitsbewusstsein.

14.2.2 Verborgene Gefahr

Wenn niemand über eine Gefahr spricht, existiert diese Gefahr dann überhaupt? Wenn über Gefahren und Bedrohungen nicht gesprochen wird, könnte man argumentieren, dass sie in gewisser Weise im verborgenen Schatten verbleiben. **Vishing als verborgene Gefahr legt nahe, dass die Gefahr absichtlich oder unbeabsichtigt versteckt oder verschleiert wird.**

Betrachten wir gemeinsam die Mechanismen und die Akteure des Sicherheitsmarkts genauer. Der Sicherheitsmarkt in Deutschland ist gesättigt mit

Dienstleistern und Technologieanbietern, die darauf abzielen, ihre sicherheits-technischen Produkte und Dienstleistungen zu verkaufen – eine nachvollziehbare Absicht.

Bei aktiver Suche nach derartigen Lösungen stößt man auf eine Vielzahl von Ansätzen, die unterschiedliche Sicherheitsprobleme adressieren, jedoch nicht not-wendigerweise das Vishing. Eine einfache Interpretation könnte darauf hindeuten, dass das breite Angebotsspektrum dazu führen könnte, dass nur über Probleme und Gefahren gesprochen wird, für die der Markt konkrete Lösungen bereithält. Im Fall von Vishing existiert jedoch nur eine vergleichsweise kleine Nische von hochspezialisierten Unternehmen. Dies führt möglicherweise dazu, dass dieses spezifische Problem nicht so weitreichend bekannt ist wie sein prominenterer Ver-wandter, das E-Mail-Phishing.

Es ist von Bedeutung zu unterstreichen, dass Human Hacker nicht zwangs-läufig darauf abzielen, durch Telefonate Passwörter oder äußerst sensible in-terne Informationen zu erlangen. Vielmehr fokussieren sie sich oft auf vermeint-liche Kleinigkeiten, die es einem Human Hacker gestatten, mit jedem gewonnenen Informationsfragment ein klareres Gesamtbild zu formen, vergleichbar mit einem Puzzle.

In der Domäne des Social Engineering wird dieses Prinzip häufig als Puzzle-bild (engl. Jigsaw Puzzle) oder Schatzsuche (engl. Treasure Hunt) bezeichnet. Selbst die scheinbar belangloseste Information, die der Angerufene möglicher-weise unbeabsichtigt oder nachlässig während eines Telefongesprächs offenbart, kann als Basis für einen potenziell erfolgreichen Folgeangriff mit weitreichenden Konsequenzen dienen.

14.2.3 Erfolgreiche Gefahr

Warum nutzen Angreifer Vishing? Angreifer wählen Vishing als effektiven An-griffsvektor, um zielgerichtete Schlüsselinformationen zu erhalten und dadurch den Zugang zu Unternehmenszielen zu erleichtern.

Schlüsselinformationen umfassen fundamentale Details über das Zielsystem oder das Zielunternehmen. Diese dienen Human Hacker als entscheidende Res-source zur Optimierung ihrer Angriffsstrategien. Das Spektrum an Informationen kann technische Aspekte wie das genutzte Betriebssystem, die Firewall, das Anti-virusprogramm, den verwendeten Browser oder spezialisierte Softwarelösungen wie SAP, ERP oder DMS einschließen. Darüber hinaus können auch sensible Bank- und Finanzdaten, Kundendaten von besonderer Sensibilität, Informationen über Lieferanten, Einblicke in interne Geschäftsprozesse, Zuordnungen von Ver-antwortlichkeiten, Kenntnisse über Urlaubszeiträume von Führungskräften sowie Einblicke in die Unternehmenskultur als Zielobjekte fungieren. Die Erlangung sol-cher Schlüsselinformationen ermöglicht es Human Hacker, dass sie ihre Angriffe äußerst zielgerichtet gestalten und die vorhandenen Schwachstellen im Sicher-heitssystem des Zielunternehmens präziser ausnutzen. Diese gezielte Ausrichtung erhöht die Effizienz und Erfolgsaussichten der Angriffe erheblich.

Im Vergleich zu aufwendigen Exploitarten investieren Human Hacker weniger Zeit und Ressourcen, indem sie Mitarbeiter unter plausiblen Vorwänden zu Telefonaten verleiten. Im Verlauf dieser Gespräche erfragen die Angreifer Informationen geschickt oder bringen die Angerufenen dazu, sensible Daten freiwillig preiszugeben.

Zusätzlich nutzen Human Hacker Vishing, um die angerufene Person zur Ausführung bestimmter Handlungen zu bewegen, entweder während des Gesprächs oder im Anschluss daran. Oft kombinieren sie verschiedene Angriffsvektoren wie Vishing-Anrufe mit Spear-Phishing-Mails oder Smishing. Smishing ist eine Form von Phishing, die auf die Übermittlung von betrügerischen Nachrichten über SMS (Kurznachrichtendienst) abzielt. Diese Art von Angriff kombiniert geschickt die weitverbreitete Nutzung von Mobiltelefonen mit den Taktiken des Phishing, um Opfer zu täuschen und sensible Informationen zu stehlen. Die Smishing-Nachrichten enthalten häufig Links oder Telefonnummern, auf die die Opfer reagieren sollen. Wenn Opfer auf die Links klicken, werden sie zu gefälschten Websites weitergeleitet, die echten Seiten täuschend ähnlich sehen. Dort werden sie aufgefordert, vertrauliche Informationen wie Passwörter, Kreditkartendaten oder persönliche Identifikationsmerkmale einzugeben.

Die beabsichtigten Handlungen können das Öffnen schädlicher Links, die Eingabe von schädlichen URLs oder der Download infizierter Software sein.

Die Anleitung zu unautorisierten Geldtransaktionen gehört ebenfalls zu den Zielen von Vishing-Angriffen, wie sie bei BEC oder dem Enkeltrick auftreten.

Durch die gezielte Nutzung des Telefons können sich Angreifer als vertrauenswürdige Personen ausgeben, was im Vergleich zu Phishing-Mails einen persönlicheren Kontakt ermöglicht. Der direkte Kontakt eröffnet den Angreifern andere Manipulationsmöglichkeiten und erschwert die Abwehr durch die Anwendung von Social-Engineering-Techniken in Echtzeit erheblich. Dies macht Vishing-Angriffe typischerweise erfolgreicher als Phishing-Angriffe. In vielen Fällen werden subtile Vishing-Anrufe möglicherweise nicht einmal als Angriffe erkannt und bleiben somit unerkannt.

14.3   Zusammenfassung

Die Landschaft von Vishing-Angriffen wird durch breit angelegte Schrotflinten-Attacken und hochspezialisierte Spear-Attacken geprägt. Die Schrotflinten-Taktik zeichnet sich durch breite Streuung und Quantität von Angriffsaktivitäten aus, wobei der Fokus auf Masse liegt, um eine höhere Erfolgschance für Manipulationen zu erreichen. Im Gegensatz dazu steht Spear-Vishing als hochspezialisierte Variante, die gezielt auf bestimmte Zielpersonen oder Unternehmen abzielt.

Charakteristisch für die Schrotflinten-Taktik sind ihre breite Streuung und geringe bis keine Vorbereitung im Vergleich zu spezifischen Angriffen. Ein Beispiel sind Betrugsanrufe im Namen von Europol, die auf breiter Front durchgeführt wurden. Demgegenüber erfolgt Spear-Vishing auf Basis präziser Informationsgewinnung durch OSINT und SOCMINT, um den Angriff gezielter und überzeugender zu gestalten.

Die Kreativität des Human Hacker zeigt sich in verschiedenen Tarnungen, von Kollegen über Kunden bis zu Behörden, unter Verwendung sowohl psychologischer als auch technischer Manipulationstechniken. Der gezielte Einsatz technischer Manipulationstechniken, wie Call-ID-Spoofing und Hintergrundgeräusche, verstärkt die Illusion des Human Hacker und macht Vishing besonders gefährlich.

Insgesamt bedienen sich Vishing-Angriffe verschiedener Taktiken, wobei die Schrotflinten-Taktik auf Quantität setzt und Spear-Vishing gezielt und präzise vorgeht. Die Vielfalt der Tarnungen und der technische Einsatz machen Vishing zu einer ernsthaften Bedrohung, die durch Bewusstseinsbildung und verbesserte Sicherheitsmaßnahmen adressiert werden muss.

Literatur

1. Spiegel, Betrug am Telefon, Behörden verzeichnen große Welle von falschen Europol-Anrufen, unter: https://www.spiegel.de/netzwelt/web/europol-masche-behoerden-verzeichnen-welle-von-betrugs-anrufen-a-392d3286-c372-41d9-ad41-fff5995ae34f (Zugriff: 21.12.2023).
2. Bundesnetzagentur, Manipulation von Rufnummern, unter: https://www.bundesnetzagentur.de/DE/Vportal/TK/Aerger/Faelle/Manipulation/start.html (Zugriff: 14.12.2023).

Enkelkind-Betrug

15

Der Begriff **Enkelkind-Betrug** bezieht sich auf eine Form des Betrugs, bei dem in der klassischen Form ältere Menschen, insbesondere Großeltern, von Kriminellen kontaktiert werden, die sich als ihre Enkelkinder ausgeben. Diese Betrüger nutzen dann Manipulationstechniken aus dem Social Engineering, um das Vertrauen der älteren Menschen zu gewinnen und sie dazu zu bringen, Geld zu übergeben oder persönliche Informationen preiszugeben.

15.1   Formen des Enkelkind-Betrugs

Typischerweise erfolgt der Enkelkind-Betrug in Form eines Telefonanrufs, bei dem der Betrüger behauptet, in einer Notlage zu sein, wie beispielsweise einem Unfall, einer Verhaftung oder einem zeitkritischen, finanziellen Problem. Der Betrüger gibt vor, das Enkelkind des Opfers zu sein, und bittet um finanzielle Unterstützung, ohne dass die Großeltern Verdacht schöpfen.

Die Taktik des Enkelkind-Betrugs basiert auf emotionaler Manipulation und dem Vertrauen, das ältere Menschen in ihre Enkelkinder setzen. Zusätzlich werden in vielen Fällen die altersbedingten Umstände, wie z. B. Gedächtnisschwäche oder Hörbeschwerden und die möglicherweise damit verbundene Unsicherheit oder gar Scham der älteren Menschen gezielt ausgenutzt. Die Betrüger können zudem auch persönliche Informationen aus sozialen Medien oder anderen Quellen nutzen, um die Glaubwürdigkeit ihrer Geschichte zu erhöhen.

Abgesehen von direkten Telefonanrufen ist eine Zunahme von betrügerischen Angriffen über SMS zu verzeichnen. In diesen Szenarien gibt der Betrüger vor, das Kind des potenziellen Opfers zu sein, und gibt an, sein Mobiltelefon verloren oder beschädigt zu haben.

Die Ausführung des betrügerischen Vorgehens mittels SMS beinhaltet die Übermittlung einer vermeintlichen neuen Telefonnummer, gefolgt von einer ausschließlich schriftlichen Kommunikation über einen Messenger. In zahlreichen

Fällen zeichnet sich dieses Vorgehen durch eine Schrottflinte-Taktik aus. Hierbei werden automatisierte SMS-Zustellungswellen eingesetzt, die bspw. bis zu 1000 Empfänger gleichzeitig erreichen können. Die Kriminellen setzen dabei auf arithmetische und stochastische Prinzipien. Unter der Annahme einer 1-prozentigen Erfolgschance, repräsentiert durch die Rücklaufquote der zugestellten SMS, ergibt sich genau (1000 * 0,01 = 10) eine Opferzahl von zehn Personen, die in die betrügerische Falle geraten.

Im Verlauf unserer Forschungstätigkeiten haben wir uns bewusst auf einen derartigen Angriff eingelassen und die Kommunikation mit dem Betrüger aktiv gesteuert (Abb. 15.1).

Wir haben den Kontakt mit dem vermeintlichen Angreifer aufgenommen und uns auf sein Vorgehen eingelassen. Wir suggerieren, dass die plötzliche Änderung der Telefonnummer ohne Weiteres akzeptiert wurde, und daraufhin befolgen wir die ersten Anweisungen des Angreifers, indem wir mit ihm die Kommunikation auf

Abb. 15.1 Spam via SMS – Teil 1

WhatsApp verlagern. Wir überlassen dem Angreifer die Initiative im Gesprächs-
verlauf und zeigen uns vorerst passiv (Abb. 15.2).

Unsere Vorgehensweise besteht darin, zu warten, bis der Angreifer sich hin-
reichend sicher fühlt und erst dann mit seiner eigentlichen Forderung, nämlich
der Überweisung von Geld, herausrückt. Nach der expliziten Äußerung seiner
Forderung, die da lautet: „zur Bezahlung des Handys und Laptops", initiieren
wir behutsam eine Umkehrung der Dynamik. Wir signalisieren grundsätzlich Zu-
stimmung, betonen jedoch, dass wir uns derzeit in Bewegung befinden und der
Forderung nicht unmittelbar nachkommen können (Abb. 15.3).

Im weiteren Verlauf suggerieren wir, dass wir der gestellten Forderung nach-
gekommen sind. In der Folge verlangt der vermeintliche Angreifer einen Beweis in
Form eines Screenshots der erfolgten Zahlung. An diesem Punkt ergibt sich unsere
Gelegenheit, den Verlauf des Angriffs zu manipulieren. Wir behaupten nun, dass

Abb. 15.2 Spam via SMS – Teil 2

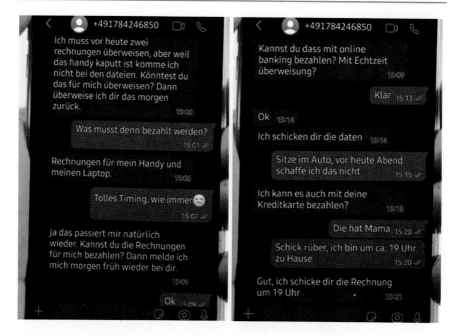

Abb. 15.3 Spam via SMS – Teil 3

Abb. 15.4 Spam via SMS – Teil 4

wir das gewünschte Beweisfoto erfolgreich auf dem gemeinsamen Ordner in Drop-
box hochgeladen haben. Wir versenden nun den Dropbox-Link (Abb. 15.4).

Wie möglicherweise Ihnen – nicht jedoch dem Angreifer – aufgefallen ist, sieht
der von uns versandte Link fast wie ein tatsächlicher Dropbox-Link aus, aber eben
nur fast. Es handelte sich dabei um einen von uns präparierten Tracking-Link. Der

Angreifer schien diese Manipulation nicht bemerkt zu haben, klickte auf den Link und offenbarte uns somit seinen Standort: Amsterdam.

Bei den zuvor genannten Angriffsvarianten handelte es sich um (scheinbar) anonyme Angriffe. Diese Vorgehensweise erscheint aus der Perspektive des Betrügers insbesondere deshalb sinnvoll, da er auf diese Weise seine eigene Identität wahren und gleichzeitig seine Angriffe nahezu von jedem Ort auf der Welt durchführen kann.

Es existieren jedoch auch Betrugsversuche, bei denen eine direkte Kommunikation mit dem Opfer erfolgt. In diesen Fällen substituiert der Angreifer häufig den vermeintlichen Enkel gegen eine Autoritätsperson, wie beispielsweise einen Polizisten. Insbesondere bei älteren Menschen erweist sich die Manipulation durch vermeintliche Autoritäten oft als wirkungsvoller im Vergleich zu jüngeren Menschen.

Ein exemplarisches Szenario hierfür ist das des **falschen Polizisten:**

Der Tag begann für ein Rentnerehepaar aus Norddeutschland scheinbar gewöhnlich, bis sie unvermittelt einen Anruf von einem vermeintlichen BKA-Beamten erhielten. Dieser behauptete im Rahmen einer angeblichen Telefonüberwachung von gefährlichen Serieneinbrechern zu erfahren, dass ihr Zuhause am selben Tag Ziel eines Einbruchs werden sollte. Die nachrichtliche Verkündung versetzte das Rentnerpaar in einen Zustand der Panik.

Der betrügerische BKA-Beamte setzte die Rentner unter Druck, sofort sämtliches Bargeld und wertvollen Schmuck in Sicherheit zu bringen, um sie angeblich vor dem drohenden Einbruch zu schützen. Hierbei wurde ihnen versichert, dass ein Polizeibeamter der örtlichen Kriminalpolizei zeitnah eintreffen würde, um die Wertsachen entgegenzunehmen und eine Empfangsbescheinigung auszustellen. Diese Maßnahme sollte gewährleisten, dass die Wertsachen nach der mutmaßlichen Festnahme des Einbrechers zurückgegeben würden.

Während des Telefonats ertönte plötzlich die Türklingel und der vermeintliche Polizeibeamte der örtlichen Kriminalpolizei stand vor der Tür. In ihrem von Angst getriebenen Zustand waren die Rentner davon überzeugt, dass dies der erwartete Polizist sei. Sie übergaben ihm widerstandslos Bargeld und Wertsachen im Gesamtwert von etwa 60.000 EUR.

Der falsche Polizeibeamte verstärkte erneut die vermeintliche Gefahr durch den Einbrecher und drängte das Rentnerehepaar, aus Sicherheitsgründen umgehend ihre Wohnung zu verlassen. Angeblich wurde behauptet, ihr Haus sei bereits vom BKA überwacht worden und die Sicherheit des Paares dürfe keinesfalls gefährdet werden.

In ihrer hastigen Eile verließen die Rentner ihre geliebte Wohnung. Nach einigen Minuten keimten jedoch Zweifel an der Situation auf und sie entschlossen sich, das örtliche Polizeirevier aufzusuchen, um die Angelegenheit zu klären. Dort wurde ihnen schnell bewusst, Opfer eines heimtückischen Betrugs geworden zu sein.

Trotz einer vagen Täterbeschreibung konnten sie keine konkreten Angaben zur Identität des Betrügers machen.

Die Thematik des Enkelkind-Betrugs zeigt sich äußerst facettenreich und kann nicht auf einfache Angriffsarten reduziert werden. Vielmehr ist es wichtig zu verstehen, dass gegenwärtig zwei besonders vulnerable Personengruppen existieren, die aufgrund ihrer Ahnungslosigkeit, Leichtgläubigkeit sowie ihrer potenziell kognitiven und emotionalen Empfänglichkeit besonders anfällig für kriminelle Machenschaften sind. Dies betrifft sowohl ältere Personen im Rentenalter als auch Kinder in der Grundschule und Sekundarstufe, also die jugendliche Bevölkerungsgruppe.

Es gilt zu betonen, dass die Herausforderungen und Risiken für diese beiden vulnerablen Gruppen in unterschiedlicher Weise ausgeprägt sind. Bei älteren Menschen im Rentenalter manifestieren sich die Schwachstellen oft in einer generellen Unkenntnis moderner Betrugsmethoden, einer ausgeprägten Leichtgläubigkeit sowie einer möglichen kognitiven und emotionalen Disposition, die eine erhöhte Anfälligkeit für betrügerische Aktivitäten mit sich bringt.

Im Gegensatz dazu sind Kinder und Jugendliche in der Grundschule und Sekundarstufe aufgrund ihrer noch nicht ausgereiften kognitiven Fähigkeiten und ihrer eingeschränkten Lebenserfahrung besonders gefährdet. Ihre Leichtgläubigkeit und Unwissenheit über die vielfältigen Betrugsmaschen machen sie zu einem Ziel für kriminelle Akteure, die gezielt die emotionale und soziale Entwicklung dieser jungen Menschen ausnutzen.

In Anbetracht dieser unterschiedlichen Risikoprofile bedarf es einer differenzierten Betrachtung und präventiver Maßnahmen, um beide vulnerablen Gruppen effektiv zu schützen.

15.2 Analyse

In unserer Analyse kommen wir zu den nachfolgenden Präzisierungen:

Die begriffliche Klärung betreffend des „Enkelkind-Betrugs" führt zu der Erkenntnis, dass dieser Begriff im Kontext betrügerischer Handlungen, die auf der Ausnutzung emotionaler Beziehungen innerhalb von Familiensystemen basieren, eine breitere Anwendung findet. Hierbei erstreckt sich die Zielgruppe dieser Betrügereien über verschiedene Mitglieder der Familie, darunter Großeltern, Enkelkinder, Eltern und Kinder. Die Betrüger adaptieren dabei unterschiedliche Rollen innerhalb der familiären Struktur, um Vertrauen zu gewinnen und ihre betrügerischen Absichten zu verschleiern.

Es ist von essenzieller Bedeutung, zu realisieren, dass betrügerische Angriffe diverse Formen annehmen können und sich auf vielfältige familiäre Beziehungen fokussieren können. Die Grundkonzeption besteht darin, das Vertrauen sowie die emotionalen Bindungen innerhalb der Familienstruktur zu manipulieren mit dem Ziel, finanzielle Gewinne zu erzielen.

In unserer analytischen Betrachtung identifizieren wir die Herausforderung für Großeltern, die trotz der Nutzung zeitgemäßer Technologien Schwierigkeiten haben könnten, betrügerische von nicht betrügerischen Handlungen zu unterscheiden. Diese Komplexität resultiert maßgeblich aus der Tatsache, dass Großeltern eine demografische Gruppe darstellen, die möglicherweise nicht über das Wissen und die Fähigkeiten verfügt, mit der rasanten Entwicklung von Angriffsvektoren Schritt zu halten. Infolgedessen könnten sie unter Umständen nicht wissentlich in der Lage sein, derartige Anfragen als Angriffe zu identifizieren.

Die Dimensionen von Wissen und Können werden dabei zentral. Das Wissen bezieht sich auf die theoretische Kenntnis über moderne Technologien, Sicherheitsaspekte und Betrugsmuster. Großeltern könnten aufgrund ihrer möglichen begrenzten Kenntnisse in diesem Bereich Schwierigkeiten haben, die subtilen Nuancen betrügerischer Vorgehensweisen zu erfassen. Das Können hingegen bezieht sich auf die praktische Umsetzung dieses Wissens, insbesondere in Bezug auf die Anwendung von Sicherheitspraktiken und die Fähigkeit, betrügerische Anfragen zu erkennen und angemessen darauf zu reagieren.

Zusätzlich zu diesen Faktoren spielen auch kulturelle Einflüsse sowie die im Laufe der Jahre kultivierte Verhaltensabsicht der Großeltern eine relevante Rolle. Die Verhaltensabsicht, als evolutionär entwickeltes intuitives Verhalten, wird aktiviert, wenn das eigene Kind oder Enkelkind in Gefahr oder Schwierigkeiten zu sein scheint. Die kulturelle Dimension der Verhaltensabsicht gründet sich in der „Man-hilft-sich-gegenseitig-Mentalität", die besonders für unsere älteren Mitmenschen einen gesellschaftlichen Wert besitzt. Diese Einstellung wurde insbesondere nach den Kriegszeiten zu einem integralen Bestandteil der Werteordnung.

Die betrügerische Vorgehensweise, in der sich die Täter als Autoritätspersonen ausgeben, fokussiert sich ebenfalls bewusst auf ältere Menschen, die aufgrund ihrer Gutgläubigkeit (Naivität) und ihres Vertrauens in staatliche Institutionen besonders anfällig sind.

Die Vorgehensweise der Täter zeichnet sich durch eine hohe Professionalität aus, wobei der initiale Kontakt in der Regel über das Telefon hergestellt wird. In den Gesprächen agieren die Betrüger äußerst überzeugend und eloquent, setzen ihre verängstigten Opfer unter erheblichen Druck und arrangieren in vielen Fällen sogar während des ersten Telefonats einen Kontakt zwischen einem Komplizen und dem Opfer, um die Wertgegenstände persönlich abzuholen. Die Opfer sehen sich oft in einer hilflosen Situation ohne ausreichend Zeit zur kritischen Reflexion, wodurch sie sich den vermeintlichen Behördenvertretern schutzlos ausliefern. In zahlreichen tragischen Fällen werden die gesamten Ersparnisse der Opfer erbeutet.

Die erfolgreiche Manipulation basiert auf zwei wesentlichen Faktoren: Erstens übernehmen die Kriminellen die Rolle einer Autoritätsperson und schaffen dadurch ein hohes Maß an Vertrauen, das selten infrage gestellt wird. Zweitens erzeugen sie künstliche Zeitdrucksituationen, um Druck auf die Opfer auszuüben und keine Gelegenheit für eine überlegte Reaktion zu lassen. Dies führt dazu, dass eine sorgfältig vorbereitete Legende oder Rolle auf eine sehr kurze Reaktionsmöglichkeit trifft, wodurch die Betrüger oft erfolgreich sind.

Die Täter können die Wertgegenstände direkt in Empfang nehmen und erhalten gleichzeitig Zugang zur leeren Wohnung oder zum leeren Haus. Dies ermöglicht es ihnen, innerhalb eines begrenzten Zeitfensters ungestört die Räumlichkeiten nach Wertgegenständen zu durchsuchen.

15.3 Zusammenfassung

Der Enkelkind-Betrug, bei dem Kriminelle älteren Menschen vortäuschen, ihre Familienangehörigen zu sein, erfolgt typischerweise durch Telefonanrufe, in denen finanzielle Unterstützung unter dem Vorwand von Notsituationen angefragt wird. Diese Taktik nutzt emotionale Manipulation und das Vertrauen der älteren Menschen aus, oft verstärkt durch altersbedingte Schwächen. Neben telefonischem Kontakt hat sich auch der betrügerische SMS-Angriff zunehmend verbreitet. Eine manipulative Reaktion auf einen solchen Betrugsversuch wurde durch die Simulation eines „Catch-and-Release"-Szenarios durchgeführt, wobei der Angreifer unwissentlich seinen Standort preisgab. Der Enkelkind-Betrug ist facettenreich, nutzt verschiedene Rollen in familiären Beziehungen und erfordert differenzierte präventive Maßnahmen für vulnerable Gruppen wie ältere Menschen.

Phishing 16

In der gegenwärtigen Ära der digitalen Vernetzung stellen E-Mails ein unentbehrliches Kommunikationsmittel dar. Bedauerlicherweise hat die zunehmende Relevanz von E-Mails auch die Verbreitung von Cyberkriminalität, insbesondere von E-Mail-Phishing, begünstigt.

Das vorliegende Kapitel hebt daher eine entscheidende Erkenntnis hervor: Trotz fortschrittlicher Sicherheitstechnologien bleibt der menschliche Faktor im Kontext des E-Mail-Phishings von zentraler Bedeutung. Selbst ausgefeilte Sicherheitsmaßnahmen wie E-Mail-Filter, Sender Policy Framework (SPF), Domain-based Message Authentication, Reporting, and Conformance (DMARC) und Domainkeys Identified Mail (DKIM) vermögen nicht zu 100 Prozent zu verhindern, dass ein Benutzer eine gefälschte E-Mail erhält, öffnet, einen schädlichen Link anklickt oder vertrauliche Informationen preisgibt, sofern er nicht wachsam und sicherheitsbewusst agiert.

16.1 Formen des Phishings

Der Begriff **Phishing** *leitet sich von der englischen Bezeichnung* **Fishing (angeln)** *ab, wobei die* **Phisher (Angler),** *also die Angreifer, versuchen, ihre Opfer mit präparierten digitalen Ködern zu fangen.* Hierbei werden in der Regel gefälschte Kommunikationsmittel wie E-Mails, Websites oder auch Kurznachrichten verwendet, die vortäuschen, von vertrauenswürdigen Quellen zu stammen. Diesen Vergleich mit einem Angler behalten wir noch kurz bei, denn auch bei Anglern gibt es grundsätzlich unterschiedliche Typen bzw. Ansätze.

Ansatz 1: One-against-many-Taktik
Der Angler manifestiert eine gleichgültige Präferenz bezüglich der Fischart und strebt lediglich einen erfolgreichen Fang an. Die Auswahl seines Köders erfolgt dabei strategisch, um die höchste Erfolgswahrscheinlichkeit zu gewährleisten.

© Der/die Autor(en), exklusiv lizenziert an Springer-Verlag GmbH, DE, ein Teil von
Springer Nature 2024
E. Koza et al., *Social Engineering und Human Hacking,*
https://doi.org/10.1007/978-3-662-69388-9_16

Ansatz 2: One-on-one-Taktik
Bei dieser Taktik fokussiert sich der Angler gezielt auf eine spezifische Fischart, wählt seinen Köder bewusst entsprechend aus und verfolgt klar definierte Ziele bezüglich seines Beuteobjekts.

Ansatz 3: Catch-and-Release-Taktik
Der primäre Anreiz des Anglers besteht nicht in der Bewahrung seines Fangs; vielmehr verfolgt er andere Motive, die ihn dazu bewegen, den gefangenen Fisch nach dem Erfolg zurückzusetzen (Catch and Release). Sein Interesse liegt vornehmlich im Vergnügen des Angelns selbst, möglicherweise in der späteren Erzählung des Erlebnisses gegenüber seinen Anglerkollegen oder der Präsentation von Bildern seiner Beute.
  Im Kontext der Cyberkriminalität sind diese drei Arten ebenfalls vertreten.

Ansatz 1: One-against-many-Taktik
Im Unterschied zur individuellen One-on-one-Taktik kann die breit angelegte Strategie als „one against many" bezeichnet werden, häufig auch als „Massen- oder Schrottflinten-Phishing" bekannt. Bei dieser Methode werden in großem Umfang gefälschte Kommunikationen versendet, um möglichst viele potenzielle Opfer zu erreichen. Der Fokus liegt dabei auf der Entwicklung von aktuellen Legenden seitens der Kriminellen, wobei emotionale Themen, wie beispielsweise Corona-Prämien oder Inflationsausgleichsprämien, genutzt werden. Ziel ist es, die höchste Erfolgswahrscheinlichkeit zu gewährleisten, indem eine breite Masse an Menschen mit emotional ansprechenden Themen angesprochen wird, die teilweise auch von staatlichen Akteuren medial präsentiert wurden.

Ansatz 2: One-on-one-Taktik
Die One-on-one-Taktik geht wiederum auf die sogenannte Spear-Phishing-Methode zurück. Spear Phishing ist eine spezifische Form des Phishingangriffs, bei dem sich der Angreifer gezielt auf eine bestimmte Person, Organisation oder Gruppe fokussiert. Der Begriff „Spear" (deutsch: Speer) unterstreicht die gezielte Natur dieses Angriffs, vergleichbar mit dem gezielten Wurf eines Speers auf ein einzelnes Ziel. Auch hier existieren Parallelen, wie Sie bereits bemerkt haben. In dieser Analogie wird ebenfalls eine spezifische Zielperson ausfindig gemacht, die dann mit individuellen Legenden und Illusionen (spezifische Fisch- und Köderart, die aufeinander abgestimmt sind) manipuliert und kompromittiert werden soll.

Ansatz 3: Catch-and-Release-Taktik
Im Kontext des Phishings bezieht sich der Begriff „catch and release" auf eine Vorgehensweise, bei der die Angreifer darauf abzielen, ihre Fähigkeiten zu präsentieren, anstatt direkte finanzielle Gewinne oder persönliche Vorteile zu erlangen. Diese Taktik ähnelt dem Prinzip des Fangens und Freilassens beim Angeln, bei dem der Fokus nicht darauf liegt, den „Fisch" dauerhaft zu behalten. Im Phishingszenario wählen die Angreifer spezifische Ziele aus, nicht unbedingt mit dem Ziel, Geld oder persönliche Informationen zu erlangen, sondern um ihre

technischen Fähigkeiten zu demonstrieren. Nach dem „Fang" – dem erfolgreichen Durchführen des Phishingangriffs – verzichten sie möglicherweise darauf, die erlangten Daten für schädliche Zwecke zu verwenden.

Stattdessen könnten sie diese Informationen als Beweis für ihre Fähigkeiten innerhalb der Hacker-Community verwenden oder möglicherweise sogar Sicherheitslücken den Betroffenen melden, um diese zu schließen. Diese Catch-and-Release-Taktik hebt sich von den rein finanziell motivierten Phishingangriffen ab und steht mehr im Zeichen der Selbstinszenierung und des technischen Könnens der Angreifer.

Nachfolgend schauen wir uns die einzelnen Ansätze im Detail an.

16.1.1 One-against-many-Taktik

Die E-Mail stellt zweifelsohne den gefährlichsten externen Angriffsvektor in diesem Kontext dar. Die vorgetragene Aussage fußt auf der Erkenntnis, dass E-Mails im Vergleich zu anderen elektronischen Übertragungsmitteln häufiger und vielfältiger eingesetzt werden. Die breite Anwendung von E-Mails in verschiedenen Interaktionen im Online-Bereich, sei es bei Geschäftsbeziehungen, Informationsaustausch oder Transaktionen, macht sie zu einem prominenten Angriffsvektor für Kriminelle. Zudem wird die E-Mail sowohl im privaten als auch im beruflichen Kontext für Plattformregistrierungen, Zeitschriften- oder Newsletter-Abonnement, Online-Käufe, Registrierungen und Mitgliedschaften, Benachrichtigungen von Plattformen, Bewerbungen und berufliche Kommunikation, Veranstaltungsankündigungen und Kommunikation zwischen Unternehmen und zwischen Privatpersonen eingesetzt. Diese Vielseitigkeit bietet Angreifern eine breite Palette von Möglichkeiten, unterschiedliche Täuschungen und Legenden zu nutzen. Durch die weitverbreitete Nutzung von E-Mails in verschiedenen Kontexten steigt die Wahrscheinlichkeit, dass Menschen auf betrügerische Versuche hereinfallen. Die Tatsache, dass E-Mails allgegenwärtig sind und in zahlreichen Situationen verwendet werden, schafft ein erhebliches Potenzial für Angriffe. Die Diversität und die hoch frequentierte Nutzung der E-Mail-Anwendungen schaffen somit ein beträchtliches Potenzial für Phishingangriffe. So bleibt trotz getroffener Investitionen in technische IT-Sicherheitsmaßnahmen immer noch das Restrisiko, dass der Benutzer am Ende die letzte Entscheidung darüber trifft, wie er sich gegenüber der Technologie verhalten möchte. Ein exemplarisches Szenario könnte eine E-Mail darstellen, in der sich der Angreifer als Paketlieferant ausgibt. In dieser Hinsicht sind die gewählten Methoden und Köder von entscheidender Bedeutung, um eine möglichst große Zahl potenzieller Opfer zu erreichen.

Der Abbildung (Abb. 16.1) ist zu entnehmen, dass Organisationen im Dienstleistungssektor wie DHL, PayPal, Amazon und Bankinstitute, die eine beträchtliche Anzahl von Kunden für sich gewonnen und gebunden haben, in großem Stil als vermeintliche Auslöser für die One-against-many-Phishingkampagnen missbraucht werden. Auch die E-Mails, die scheinbar von Microsoft stammen oder auf Produkte des Unternehmens verweisen, erfreuen sich aufgrund ihrer weitver-

Von: Lisa Mustermann <lm@beispiel-gmbh.com>
Datum: Freitag, 6. Oktober um 09:45
An: Max Müller <m.mueller@dienstleister-ag.com>
Betreff: Rechnung letzte Lieferung

Sehr geehrter Herr Müller,

vielen Dank für Ihre erneute Lieferung gestern Morgen.

Leider muss uns Ihre Rechnung in der aktuellen Hektik irgendwie abhanden
gekommen sein... Das tut mir sehr leid! Dürfte ich Sie bitten, mir diese bitte
noch einmal zukommen lassen?
Gerne am besten direkt per Mail, damit es keine längeren Verzögerungen bei der
Zahlung gibt.

Vielen Dank Ihnen im Voraus und schon einmal ein schönes Wochenende!

Mit freundlichen Grüßen

Lisa Mustermann
Buchhaltung

Signatur & Logo

Abb. 16.1 One-against-many-Taktik

breiteten Nutzung großer Beliebtheit. Allein im Jahr 2022 registrierten wir eine
besorgniserregende Anzahl von über 30 Mio. schädlichen Nachrichten, die un-
rechtmäßig das Logo von Microsoft nutzten oder in Bezug zu dessen Produkten
standen. Diese heimtückischen Botschaften verbargen potenziell gefährliche Elemente, darunter Excel-Tabellen mit verborgenem Schadcode, perfide Links zu ge-
teilten One-Drive-Ordnern oder hinterhältige Microsoft-Update-Links, die durch
einen scheinbar harmlosen Klick aktiviert werden konnten [1].

*Die theoretische Wahrscheinlichkeit, eine Phishingmail mit dem One-against-
many-Charakter rechtzeitig zu erkennen, ist im Vergleich zur One-on-one-Taktik
hoch, da sie nicht speziell für den Empfänger verfasst wurde und möglicherweise
der Kontext oder Absender nicht mit der individuellen Situation harmonisiert.
Dennoch ist unser Verhalten in Bezug auf Phishingmails stark von den Rahmenbedingungen beeinflusst, unter denen wir mit ihnen konfrontiert werden, und nicht
nur vom Inhalt der Mail selbst.*

Wenn beispielsweise die Erwartung auf ein sehnsüchtig erwartetes Paket besteht, empfinden wir möglicherweise Freude über die vermeintliche Gelegenheit,
den Versandstatus über einen in der Mail enthaltenen Link nachverfolgen zu können, auch wenn der angegebene Lieferdienst nicht korrekt ist. In einer Situation, in
der wir kürzlich technische Probleme mit unserem Online-Banking-Account hatten, mag eine vermeintliche Nachricht von unserer Bank, die ein wichtiges Update
ankündigt, als willkommener und dringend benötigter Hinweis erscheinen.

Kriminelle neigen dazu, aktuelle Themen geschickt in ihre Phishingmails zu integrieren. Während der COVID-Pandemie wurde beispielsweise beobachtet, dass sie unverzüglich Phishing-E-Mails mit Bezug auf das Thema Corona oder angebliche Corona-Unterstützungsleistungen entwarfen, um die Phase der Unsicherheit und Angst in der Gesellschaft gezielt auszunutzen.

Darüber hinaus zeigt sich, dass viele Personen nicht mit technischen Verfahren wie Spoofing vertraut sind und weiterhin ein beträchtliches Maß an Vertrauen in die visuelle Gestaltung von E-Mails setzen. *Dies lässt sich darauf zurückführen, dass unsere Wahrnehmung, insbesondere in simplen und vermeintlich belanglosen Kontexten, auf direkten Verbindungen zu System 1 nach Kahneman basiert. System 1 ermöglicht es, schnelle Entscheidungen zu treffen. In diesem Fall kann System 1, ähnlich wie bei der Wahrnehmung des Postboten (**vgl. Abschn.** 4.6 des **White Chapter**), allein aufgrund vertrauter Brandings und äußerer Erscheinungsbilder die Schlussfolgerung ziehen, dass es sich um eine legitime E-Mail handelt.*

Zusätzlich hierzu erfassen erfahrene Leser einen Text oder auch einen Textabschnitt nicht mehr Schritt für Schritt, Buchstabe für Buchstabe, wie es Anfänger tun. Vielmehr erkennen sie ein Wort und dessen Bedeutung sofort beim ersten Blick.

Selbst in durcheinander geworfenen Wörtern können sie eine Erkennung durchführen, da das Gehirn sich an Wörter mit ihrer spezifischen Reihenfolge erinnert.

In simplen Situationen reicht es aus, die richtige Reihenfolge des ersten und letzten Buchstabens zu erfassen, damit das Gehirn trotz der durcheinander geworfenen Zwischenbuchstaben das korrekte Wort erkennen kann.

Satt Bchusabte-für-Bhucsbtae zu lseen, stzet das Ghiern breetis elernrte Wteörr zu sivnnlolen Ehinieten zummsaen – es atnipzciert das koekrrte Wrot.

Diese Tendenz des menschlichen Gehirns, bekannte Muster (hier: vertraute Wörter) auch in zufälligen Anordnungen zu identifizieren (auch als Pareidolie benannt), zeigt sich selbst dann, wenn diese Muster in der Realität nicht existieren. Die Erwartungshaltung an ein vertrautes Wort ermöglicht die Identifikation in einer ähnlichen Anordnung.

Dennoch reicht dies allein nicht aus, um den vorliegenden Text zu verstehen; der Kontext des gesamten Textes ist entscheidend. Wenn diese Wörter isoliert betrachtet werden und nicht im Zusammenhang eines ganzen Satzes gelesen werden, wird es erheblich schwieriger, ihre Bedeutung zu erschließen.

In Phishing-E-Mails wird häufig auf den Mechanismus der Dringlichkeit, des Drucks und der Angst gesetzt, um Stressreaktionen beim Empfänger auszulösen. Dies führt dazu, dass die Wahrnehmung in stressigen Situationen beeinträchtigt wird und das Gehirn dazu neigt, bekannte Muster zu bevorzugen und zu akzeptieren. Unter solchem Stress kann die Einführung eines präparierten Links, wie beispielsweise „www.BeipsielBank.de", fälschlicherweise als „www.Beispielbank.de" wahrgenommen und der Link unbedacht angeklickt werden. Das oben diskutierte Konzept der schnellen Worterkennung und Antizipation verstärkt diese Tendenz, da das Gehirn dazu neigt, vertraute Elemente inmitten von Stresssituationen hervorzuheben und darauf zu reagieren. Dies verdeutlicht, wie die bewusste Beeinflussung von Emotionen und Stress in Phishingangriffen die Wahrnehmung des Opfers gezielt manipulieren kann, um irreführende Handlungen zu provozieren.

16.1.2 One-on-one-Taktik (Spear Phishing)

In der **One-on-one-Taktik** bedienen sich die Kriminellen des Spear-Phishing-An-satzes und nutzen spezifisch vorbereitete E-Mails, die auf eine bestimmte Einzel-person oder ein bestimmtes Ziel abzielen. Bei dieser Taktik hat der Angreifer ein konkretes Ziel im Visier und fischt metaphorisch gesprochen gezielt mit einem Speer nach einer bestimmten Organisation oder Person.

Ähnlich einem Angler, der eine spezifische Fischart ins Auge fasst, muss der Angreifer intensiv über sein Ziel recherchieren, um erfolgreich zu sein. Dies be-inhaltet das Sammeln von Informationen über das Vorkommen und den Lebens-raum, die Lebensbedingungen, das Verhalten und die Gewohnheiten, das Aussehen sowie die bevorzugte Nahrung des Ziels, um es gezielt zu ködern. In Analogie dazu sammeln auch Kriminelle Informationen über ihre Zielobjekte.

Um dieses Wissen zu erlangen, nutzen sie vielfältige Quellen. Eine äußerst ef-fektive Methode, um Hintergrundinformationen über eine Zielperson oder Ziel-organisation zu erhalten, sind die OSINT (vgl. Abschn. 2.4 des White Chapter) und die SOCMINT.

Soziale Medien bieten Kriminellen ein reichhaltiges Terrain. Je mehr Informa-tionen eine Zielperson im Internet über sich preisgibt, desto zahlreicher werden die Ansatzpunkte für den Kriminellen.

Dies erleichtert die Entwicklung erfolgreicher Angriffsszenarien und ermög-licht eine präzisere Vorhersage des Verhaltens der Zielperson.

Beim Social Engineering zielt man nun darauf ab, die Wahrnehmung, die Deu-tung von Situationen und somit das Verhalten der Zielperson im Vorfeld zu ana-lysieren und gezielt zu beeinflussen. Es existieren diverse Methoden, um die ge-sammelten Informationen in einen Spear-Phishing-Angriff zu integrieren. Die Differenzierung und Zuordnung der gesammelten Hintergrundinformationen in bestimmte Kontextkategorien erscheinen dabei aus Sicht des Angreifers als regel-rechtes Eldorado.

Business-Kontext
- Informationen oder Hinweise zum Arbeitsalltag
- Arbeitsbedingungen
- Aufgaben
- Routinen
- Ausbildungsstand
- Karrierestationen
- Interne Arbeitskontakte
- Verbindungen zu anderen Unternehmen
- Genutzte Kommunikationskanäle, bevorzugte Kommunikationsstile u. v. m.

Privater Kontext
- Informationen oder Hinweise über den Wohnort
- Lebensbedingungen
- Familie
- Umfeld
- Freunde und Bekannte
- Hobbys und Interessen
- Kauf- bzw. Konsumverhalten u. v. m.

Persönlicher Kontext
- Informationen oder Hinweise über die Persönlichkeitsmerkmale
- Lebensmotive
- Einstellungen
- Normen und Werte
- Sozialverhalten
- Persönliche Stärken und Schwächen
- Kommunikationsstile u. v. m.

Die Effektivität eines Spear-Phishing-Angriffs ist von verschiedenen Faktoren abhängig und nicht alle erforderlichen Schlüsselinformationen sind für den Angreifer leicht im Voraus zu recherchieren.

Mitunter handelt es sich um scheinbare Kleinigkeiten, die jedoch einen entscheidenden Einfluss auf den Erfolg des Angriffs ausüben können. Ein konkretes Beispiel mit exemplarischer Deutung veranschaulicht dies (Abb. 16.2):

Die präsentierte E-Mail gibt den Anschein einer alltäglichen Geschäftskorrespondenz zwischen zwei Geschäftspartnern. Auf den ersten Blick lässt sich aus dem E-Mail-Kontext nichts Ungewöhnliches oder Verdächtiges ableiten. Falls das Opfer jedoch ausschließlich auf den sachlichen Inhalt der E-Mail achtet, besteht die Wahrscheinlichkeit, dass es auf diesen Angriff hereinfällt. Wenn jedoch Aspekte wie die Anrede, der Schreibstil und der Grad der Förmlichkeit nicht zum Absender passen – beispielsweise weil Absender und Empfänger bereits informell miteinander umgehen –, kann dies Skepsis beim Empfänger auslösen und sogar dazu führen, dass die Zielperson den vermeintlichen Absender persönlich auf die erhaltene E-Mail anspricht.

Für einen Kriminellen stellen oft scheinbare Kleinigkeiten entscheidende Schlüsselinformationen dar, die die Wahrscheinlichkeit eines erfolgreichen Angriffs erheblich erhöhen können.

Fragen nach der Art der Beziehung zwischen Absender und Empfänger (Opfer) sowie nach der schriftlichen Anrede und Verabschiedung können hierbei relevante Hinweise liefern.

Ein Empfänger, der sich ausschließlich auf den sachlichen E-Mail-Kontext konzentriert und andere Aspekte aus Zeitgründen *(Stress, Routine)* vernachlässigt, kann schnell Opfer eines Spear-Phishing-Angriffs werden. Die hohe Kunst des Social Engineering mithilfe des externen Angriffsvektors über E-Mail-Verkehr be-

Von: Lisa Mustermann <lm@beispiel-gmbh.com>
Datum: Freitag, 6. Oktober um 09:45
An: Max Müller <m.mueller@dienstleister-ag.com>
Betreff: Rechnung letzte Lieferung

Sehr geehrter Herr Müller,

vielen Dank für Ihre erneute Lieferung gestern Morgen.

Leider muss uns Ihre Rechnung in der aktuellen Hektik irgendwie abhanden
gekommen sein... Das tut mir sehr leid! Dürfte ich Sie bitten, mir diese bitte
noch einmal zukommen lassen?
Gerne am besten direkt per Mail, damit es keine längeren Verzögerungen bei der
Zahlung gibt.

Vielen Dank Ihnen im Voraus und schon einmal ein schönes Wochenende!

Mit freundlichen Grüßen

Lisa Mustermann
Buchhaltung

Signatur & Logo

Abb. 16.2 Spear Phishing – Beispiel 1

steht darin, das Verhalten eines Opfers gezielt zu beeinflussen. Hierbei kann nicht
nur eine realistisch aussehende Geschäftskorrespondenz, sondern es können auch
die persönlichen Eigenschaften des Opfers ausgenutzt werden. Wenn der Angreifer
Informationen über den Persönlichkeitstyp, die Motive und Eigenschaften seines
Opfers hat, kann er dies gezielt für seine Zwecke nutzen.

Im Folgenden geben wir weitere Beispiele an, um Ihnen einen tieferen Einblick
in die Thematik zu ermöglichen. Dies dient dazu, die Bedeutung der vermittelten
Konzepte praxisnah zu unterstreichen und Ihnen einen fundierteren Überblick über
die Vielfalt von Spear-Phishing-Szenarien sowie die Ausnutzung menschlicher
Emotionen zu verschaffen (Abb. 16.3, 16.4, 16.5 und 16.6).

16.2 Analyse

In sämtlichen angeführten Beispielen spielt zweifellos auch das individuelle Maß
an Neigung zur kritischen Hinterfragung, Vorsicht oder Leichtgläubigkeit eine
bedeutende Rolle. *Das Thema der Wahrnehmung wird in ausführlicher Weise im
White Chapter dieses Werkes behandelt, auf das wir bereits an dieser Stelle hinweisen möchten.*

Phishing- und Spear-Phishing-Angriffe können nicht nur im beruflichen Umfeld, sondern auch im privaten Leben auf uns zukommen. Zum Zwecke der Ana-

Von: IT
Datum: Freitag, 6. Oktober um 09:45
An: Anne Sorglos <annesorglos@beispiel-ag.de>
Betreff: Probleme mit ZE-Software

Guten Morgen Frau Sorglos,

in letzter Zeit macht unsere Zeiterfassungssoftware immer wieder Probleme. Wir bräuchten einmal die Info, welche Mitarbeitenden das schon betroffen hat, um die Kontoeinstellungen bei den Betroffenen noch einmal zu prüfen.

Es wäre uns eine große Hilfe, wenn Sie dieses Formular einmal an Ihre Abteilung weiterleiten könnten mit der Bitte, die Umfrage auszufüllen, damit wir schnellstmöglich das Problem beheben können:

Wichtig_UmfrageZE-Software.xlsm

Vielen Dank und beste Grüße

Jan-Ole Meier
IT-Leiter

Signatur & Logo

Abb. 16.3 Spear Phishing – Beispiel Hilfsbereitschaft

lyse und als Erklärungsgrundlage möchten wir ein Beispiel aus einem unserer Social-Engineering-Penetrationstests vorstellen, welches die kritische Bedeutung der Verwendung einer geschäftlichen Mailadresse für private Angelegenheiten verdeutlicht:

Fallbeschreibung
Ein Mitarbeiter hatte sich bei einem Wanderverein für einen Newsletter angemeldet und dabei seine geschäftliche Mailadresse statt der privaten verwendet. Im Laufe der Zeit wurde der Verein durch cyberkriminelle Aktivitäten gehackt und die Mailadressen aus der Newsletter-Liste wurden im Darknet veröffentlicht. Bei der Vorbereitung unseres digitalen Penetrationstests stießen wir auf dieses Datenleck. Zwar lagen keine vollständigen Zugangsdaten vor, die wir nutzen konnten, aber der offensichtliche Zusammenhang zwischen der geschäftlichen Mailadresse und der Newsletter-Liste des Wandervereins ermöglichte uns die direkte Erstellung einer maßgeschneiderten Spear-Phishing-Mail. Der betroffene Mitarbeiter erhielt eine täuschend echte E-Mail von seinem Wanderverein, die auf sein Hobby einging und eine geführte Wandertour als Gewinn präsentierte – der Empfänger musste sich lediglich unter einem angegebenen Link anmelden, um die kostenfreie Tour zu buchen. Er tat dies arglos mit einem einzigen Klick und gefährdete dabei unwissentlich die Sicherheit seines Unternehmens erheblich – wenn es sich nicht um einen Penetrationstest im Sinne des „White Hat Hacking" gehandelt hätte.

Von: Lisa Müller <lmueller@beispiel-ag.de>
Datum: Freitag, 6. Oktober um 09:50
An: Peter Schlau <pschlau@beispiel-ag.de>
Betreff: Beförderungsplanung

Hallo Herr Schlau,

bitte ignorieren Sie die letzte Mail, ich habe versehentlich an Sie statt Frau Petra Schau der Geschäftsführerin geschickt. Das tut mir leid! Bitte behandeln Sie die Informationen vertraulich!

Vielen Dank und Entschuldigung noch einmal!
LG Lisa Müller

Signatur & Logo

Von: Lisa Müller <lmueller@beispiel-ag.de>
Datum: Freitag, 6. Oktober um 09:45
An: Peter Schlau <pschlau@beispiel-ag.de>
Betreff: Beförderungsplanung

Sehr geehrte Frau Schau,

wie in unserer letzten Abstimmungsrunde besprochen, kommt hier noch einmal zur Übersicht die voraussichtliche Beförderungsplanung für die kommenden 24 Monate.

Beförderungsplanung_v.3.xlsm

Mit freundlichen Grüßen

Lisa Müller
Leiterin Abteilung Human Ressources

Signatur & Logo

Abb. 16.4 Spear Phishing – Beispiel Neugier

In diesem Beispiel wurden also ein persönliches Interesse und eine Unvorsichtigkeit bei der Newsletter-Anmeldung gezielt ausgenutzt, um einen erfolgreichen Angriff auf ein geschäftliches Mailkonto durchzuführen. Dieses authentische Szenario unterstreicht die Dringlichkeit und Relevanz, klare Richtlinien für die Nutzung geschäftlicher Mailadressen festzulegen, diese klar zu kommunizieren und sich im Sinne der Sicherheitsbewusstseinsrichtlinien korrekt zu verhalten.

Generell kann jeder zum Ziel eines Phishingangriffs werden. Allerdings beeinflussen bestimmte persönliche Merkmale und Umstände, wie anfällig wir für

Von: Lisa Lieb <lisa.lieb@beispiel-ag.de>
Datum: Freitag, 31. August um 15:15
An: Ingo Igel <ingo.igel@beispiel-ag.de>
Betreff: Coupon

Hallo Ingo,

heute gibt es gute Nachrichten! :-)

Anfang des Jahres konnten wir glücklicherweise Amazon als Kooperationspartner gewinnen und da die letzten Monate so super liefen (vielen Dank noch einmal an dieser Stelle, ihr habt das echt klasse gemacht!), haben wir uns kurzerhand entschieden, für den September als kleines Zeichen der Wertschätzung einen 250 €-Gutschein für die nächste Amazon-Shopping-Tour zur Verfügung zu stellen!

Hier erhältst du deinen personalisierten Gutschein-Code, den du dann ganz einfach bei deiner nächsten Bestellung einlösen kannst:

www.beispiel-ag.deingutscheincode.de/amazon

Wenn es Probleme beim Aufrufen des Codes gibt, melde dich gerne bei mir.

Wir wünschen dir viel Freude beim Einlösen – und bedanken uns noch einmal herzlich für Deinen tatkräftigen Einsatz! :-)

Sonnige Grüße

Lisa Lieb
Personalabteilung

Signatur & Logo

Abb. 16.5 Spear Phishing – Beispiel Lob und Anerkennung

Phishingmails sind, insbesondere für Spear-Phishing-Mails. Unterschiedliche Studien zeigen auf, dass neben dem Geschlecht und dem Alter auch bestimmte Charaktereigenschaften wie Impulsivität, Gewissenhaftigkeit und Neurotizismus einen Einfluss auf unsere Anfälligkeit für Spear-Phishing-Angriffe haben [2–6].

Zudem hat der Trainingsstand in Bezug auf Social-Engineering-Angriffe erheblichen Einfluss auf unsere Fähigkeit, Angriffe bzw. die Red Flags zu erkennen und abzuwehren.

Im White Chapter sind wir detaillierter auf die Rolle von Persönlichkeitsmerkmalen bei der Resilienz gegenüber Social-Engineering-Angriffen eingegangen.

Die Herausforderung, eine abschließende analytische Erklärung für den Erfolg von Phishing zu definieren, ergibt sich aus der Komplexität der Ursachen und Wirkungen, die durch das Prinzip der Kausalitätskette bestimmt sind. Der Mechanis-

Von: Hartmut Hart <h.hart@beispiel-ag.de>
Datum: Freitag, 15. März um 17:45
An: Lisa Müller <l.mueller@beispiel-ag.de>
Betreff: DRINGEND!

Guten Abend Frau Müller,

bitte unbedingt vor Feierabend noch die Überweisung an die Beispiel GmbH
vornehmen! Sonst verlieren wir hier unsere Kooperation! Das können wir uns
gerade nicht leisten. Habe Herrn Schmidt zugesichert, dass das Geld bis heute
Abend überwiesen wird!

Bin jetzt die nächsten 7 Stunden im Flieger, daher die Infos im Anhang. Da steht
alles genau drin.

Bitte schnellmöglich erledigen! Danke.

Hart
Geschäftsführer
Signatur & Logo

Abb. 16.6 Spear Phishing – Beispiel hierarchischer Druck

mus, der Menschen anfällig für Phishing macht, ist in vielfältige Kontexte eingebettet und von zahlreichen Faktoren abhängig.

Das Zusammenspiel von psychologischen, sozialen und kognitiven Aspekten
erzeugt eine Vielzahl von Einflüssen, die sich gegenseitig verstärken können. Die
Neigung zur Neugier, der Glaube an Autoritäten, emotionale Auslöser wie Dringlichkeit und Angst sowie die allgemeine Unachtsamkeit in der digitalen Kommunikation sind nur einige Elemente dieses komplexen Gefüges.

Darüber hinaus spielen individuelle Unterschiede in der Persönlichkeit und im
Kenntnisstand zu Cybersicherheit eine entscheidende Rolle. Menschen reagieren
unterschiedlich auf Phishingtaktiken basierend auf ihrem Temperament, ihrer Impulsivität und ihrer Fähigkeit, kritisch zu denken.

Die Komplexität dieser Mechanismen erschwert die Identifikation einer ein-
deutigen Ursache-Wirkung-Beziehung. Vielmehr wirken verschiedene Elemente in
einem Netzwerk zusammen und ihre Bedeutung kann je nach Kontext variieren.
Daher sind eine umfassende Sensibilisierung und Schulung notwendig, um die
vielschichtigen Herausforderungen von Phishing zu adressieren und eine ganzheitliche Sicherheitsstrategie zu entwickeln.

16.3 Zusammenfassung

E-Mails sind trotz fortschrittlicher Sicherheitstechnologien anfällig für Phishingangriffe, bei denen der menschliche Faktor entscheidend bleibt. Phishing manifestiert sich in verschiedenen Ansätzen, vergleichbar mit Angelmethoden. Die

„One-against-many-Taktik" zielt auf breit angelegte Angriffe ab, die „One-on-one-Taktik" fokussiert gezielt bestimmte Ziele und die „Catch-and-Release-Taktik" demonstriert technische Fähigkeiten ohne unmittelbaren finanziellen Gewinn. Im E-Mail-Kontext sind diese Ansätze als Massenphishing, Spear Phishing und Catch-and-Release-Phishing bekannt. E-Mails bleiben ein gefährlicher Angriffsvektor aufgrund ihrer vielfältigen Verwendung, trotz getroffener Sicherheitsmaßnahmen. Die Interaktion von psychologischen, sozialen und kognitiven Aspekten erzeugt eine Vielzahl von Einflüssen, die sich gegenseitig verstärken.

Literatur

1. Proofpoint, State of the Phish-Bericht 2023, unter: https://www.proofpoint.com/sites/default/files/infographics/pfpt-de-ig-state-of-the-phish-2023.pdf (Zugriff: 10.10.2023).
2. Mohamad Alhaddad, Masnizah Mohd, Faizan Qamar, Mohsin Imam, Study of Student Personality Trait on Spear-Phishing Susceptibility Behavior, in: International Journal of Advanced Computer Science and Application, Vol. 14, No. 5, 2023, S. 667–678.
3. Steve Sheng, Mandy Holbrook, Ponnurangam Kumaraguru, Lorrie Faith Cranor, Julie Downs, Who falls for phish?: a demographic analysis of phishing susceptibility and effectiveness of interventions, in: CHI '10: Proceedings of the SIGCHI Conference on Human Factors in Computing Systems, 2010, S. 373–382.
4. Tian Lin, Danel E Capecci, Donovan M Ellis, Harold A Rocha, Sandeep Dommaraju, Daniela S Oliviera, Natalie C Ebner, Susceptibility to Spear-Phishing Emails: Effects of Internet User Demographics and Email Content, in: ACM Transactions on Computer-Human Interaction (TOCHI), Vol. 26, 2018, S. 1–28.
5. Tzipora Halevi, Nasir D. Memon, Oded Nov, Spear-Phishing in the Wild: A Real-World Study of Personality, Phishing Self-Efficacy and Vulnerability to Spear-Phishing Attacks, in: SSRN Electronic Journal, 2015.
6. Marcus Butavicius, Kathryn Parsons, Malcolm Pattinson, Agata McCormac, Breaching the Human Firewall: Social engineering in Phishing and Spear-Phishing Emails, in: Australasian Conference on Information Systems, 2015.

Smishing 17

Im Kontext der Mobilkommunikation hat sich neben den traditionellen Phishing-methoden eine neue Bedrohung etabliert: **Smishing, ein Kofferwort aus SMS-Phishing.** *Diese spezielle Art des Phishingangriffs zielt darauf ab, Mobilfunk-nutzer über SMS und andere Instant-Messenger-Dienste zu attackieren. Ähnlich wie beim traditionellen Phishing und Spear Phishing verfolgt Smishing das Ziel, sensible Informationen zu stehlen, Empfänger zu bestimmten Handlungen zu be-wegen und Mobilgeräte mit Malware zu infizieren.*

17.1 Formen des Smishing

Smishing-Angriffe können in Form von Massenangriffen im Still der **One-against-many-Taktik,** vergleichbar mit Phishing, oder durch gezielte Manipula-tion, ähnlich wie beim Spear Phishing, erfolgen. Beliebte vermeintliche Absender von Massen-Smishing-Angriffen sind beispielsweise:

- Banken und Finanzinstitutionen,
- Regierungen,
- Behörden, national oder international, meist aus dem Sicherheitsbereich wie BSI oder BKA,
- Kundensupport,
- Versanddienstleister,
- Mobilfunkanbieter und auch
- die eigene Mailbox mit einer neuen Nachricht.

Spear-Smishing-Angriffe hingegen beinhalten Recherchen über die Zielpersonen, um personalisierte und vertrauenswürdige Nachrichten zu erstellen. Ein Beispiel hierfür ist der CEO-Fraud, den wir im Black Chapter näher beleuchtet haben.

© Der/die Autor(en), exklusiv lizenziert an Springer-Verlag GmbH, DE, ein Teil von
Springer Nature 2024
E. Koza et al., *Social Engineering und Human Hacking,*
https://doi.org/10.1007/978-3-662-69388-9_17

In prominenten Fällen wie dem SMS-basierten Malware-Angriff FluBot, der in den Jahren 2020/2021 stattfand, wurden zahlreiche Mobilgeräte weltweit kompromittiert. Diese Angriffe erfolgten durch das Versenden von Schadsoftware über gefälschte Links oder schädliche Anhänge in Smishing-Nachrichten. Durch das Öffnen dieser Links oder Anhänge ermöglichten die Opfer den Angreifern, schädliche Aktionen wie das Stehlen von Anmeldeinformationen oder das Ausspähen persönlicher Daten von infizierten Mobiltelefonen durchzuführen. Die Empfänger wurden durch den FluBot-Angriff dazu verleitet, einen Link zu öffnen und eine App zu installieren. Bei dieser Installation wurden Zugriffsrechte erfragt, die von den meisten Nutzern nicht genauer hinterfragt wurden. Die Angreifer erlangten dadurch Zugriff auf hochsensible Informationen wie Online-Banking-Anmeldedaten. Durch die genehmigten Zugriffsrechte auf das Telefonbuch verbreitete die Malware zusätzlich Smishing-Nachrichten an die gespeicherten Kontakte und breitete sich so viral aus. Internationale Ermittlungen in elf Ländern führten schließlich zur behördlichen Kontrolle von FluBot [1].

Die Täuschungskraft von Smishing beruht auf der geschickten Ausnutzung der Mobiltelefone als alltägliche Begleiter. Smartphones haben sich zu vielseitigen Geräten entwickelt, die nicht nur für private Unternehmungen wie persönliche Kommunikation, soziale Medien, Bankgeschäfte und berufliche Aufgaben, sondern auch für geschäftliche Aktivitäten genutzt werden. Diese Dualität kann möglicherweise zu einer Schwankung im Sicherheitsbewusstsein der Nutzer führen. Durch die häufige und schnelle Wechselnutzung zwischen privaten und dienstlichen Kontexten auf dem gleichen Gerät können die psychologischen Methoden des Phishings besonders effektiv auf Mobiltelefone angewendet werden.

Die Analyse zeigt auch, dass selbst Personen, die ihre Handys ausschließlich für private Zwecke nutzen, auch Opfer von Smishing werden.

Dies lässt sich durch verschiedene Faktoren erklären, darunter die verbreitete digitale Sorglosigkeit. Viele Nutzer, die ihre Mobiltelefone nur privat verwenden, neigen dazu, eine lockere Haltung gegenüber digitaler Sicherheit einzunehmen. **Diese Mentalität kann sich in Gedanken wie: „meine Daten sind ja nicht wirklich wichtig" oder „es ist ja bisher noch nichts passiert", äußern.**

Die zugrunde liegende Annahme, dass persönliche Daten nicht von großem Wert oder Interesse für Angreifer sind, führt zu einem Nachlässigkeitsverhalten. Die Nutzer könnten dazu geneigt sein, Sicherheitsvorkehrungen zu vernachlässigen und weniger kritisch gegenüber verdächtigen Nachrichten oder Links zu sein. Dieser Ansatz kann dazu führen, dass private Nutzer weniger wachsam sind und eher dazu neigen, auf täuschend echte Smishing-Nachrichten hereinzufallen.

Der Klassiker: „es ist ja bisher noch nichts passiert", spiegelt eine gewisse Gleichgültigkeit gegenüber möglichen Gefahren wider. Solche Nutzer könnten sich in einer vermeintlichen Sicherheitsblase wähnen und glauben, dass sie von Cyberangriffen verschont bleiben. Diese Denkweise begünstigt die Wirksamkeit von Smishing-Angriffen, da die Opfer weniger geneigt sind, proaktive Schritte zur Stärkung ihrer digitalen Sicherheit zu unternehmen.

Ein wesentlicher erklärender Faktor für die Anfälligkeit gegenüber Smishing-Angriffen liegt auch im unzureichenden Wissen über verschiedene Angriffsarten und -vektoren.

Viele Nutzer sind nicht ausreichend informiert über die verschiedenen Arten von Cyberangriffen und die Methoden, die von Angreifern eingesetzt werden. Der Wissensfaktor spielt eine entscheidende Rolle, da ein informierter Benutzerkreis besser in der Lage ist, Bedrohungen zu erkennen und angemessen darauf zu reagieren.

Zusätzlich zu diesem Wissensdefizit tritt der Können-Faktor auf, der die Unsicherheit darüber betrifft, wie man sich effektiv gegen derartige Angriffe verteidigen kann, selbst wenn man über potenzielle Gefahren informiert ist. Es ist nicht nur wichtig zu wissen, dass Bedrohungen existieren, sondern auch zu verstehen, wie man sich proaktiv und reaktiv schützen kann. Dies erfordert spezifische Fähigkeiten, einschließlich der Fähigkeit, Anomalien zu erkennen und Red Flags zu identifizieren, die auf potenzielle Smishing-Angriffe hinweisen könnten. Dazu gehört auch die Entwicklung einer persönlichen Sensibilität für verdächtige Elemente in Nachrichten und das Erkennen von Abweichungen von der Norm.

Die Fähigkeit zur richtigen Reaktion und Abwehr ist ebenso wichtig und erfordert eine persönliche Note, da nicht alle Smishing-Angriffe nach dem gleichen Muster verlaufen. Die Nutzer müssen lernen, wie sie in verschiedenen Situationen angemessen reagieren können, sei es durch das Ignorieren verdächtiger Nachrichten, das Überprüfen von Absendern oder das Melden von verdächtigem Verhalten.

Neben den persönlichen Fähigkeiten spielt auch die technische Kompetenz eine Rolle. Die Nutzer sollten in der Lage sein, bestehende Sicherheitsfunktionen zu nutzen und ihre eigenen Systeme zu härten, um die Angriffsfläche zu minimieren. Dies erfordert ein Verständnis der vorhandenen Sicherheitsmechanismen sowie die Fähigkeit, diese wirksam zu implementieren und zu warten.

In Anbetracht der zunehmenden Nutzung von Smartphones für sensitive Aktionen wie Online-Banking unterstreicht dies die Notwendigkeit eines erhöhten Sicherheitsbewusstseins und technischer Schutzmaßnahmen gegen Smishing-Angriffe.

17.2 Analyse

Die Anfälligkeit für Smishing, insbesondere in der modernen Mobilkommunikationsära, wird durch verschiedene Faktoren beeinflusst. Die Nutzung von Smartphones für vielfältige Aktivitäten, gepaart mit psychologischen und kontextbezogenen Elementen, spielt eine entscheidende Rolle. Die Rezipienten von Smishing-Nachrichten sind oft zwischen privater und geschäftlicher Nutzung ihres Smartphones hin- und hergerissen. So beeinflusst der schnelle Wechsel zwischen privater und geschäftlicher Nutzung die Wahrnehmung und verringert möglicherweise das Sicherheitsbewusstsein. Smartphones werden möglicherweise auch weniger als Angriffsziel wahrgenommen.

Die Täuschungskraft von Smishing nutzt nicht nur technische Schwachstellen, sondern auch psychologische und soziale Faktoren. Die tägliche Nutzung von Smartphones in verschiedenen Szenarien führt zu unterschiedlichen mentalen Zuständen, was die Wahrnehmung von Sicherheitsbedrohungen beeinflusst. Die Risiken von Smishing gehen über das bloße Klicken auf Links hinaus und können zu sensiblen Datenzugriffen und Erpressungsversuchen führen.

Die Effektivität von Smishing beruht auf der geschickten Ausnutzung psychologischer Schwachstellen und Kontextabhängigkeiten. Das Bewusstsein für Cybersicherheit auf Smartphones sollte gestärkt werden, indem sowohl technische Sicherheitsmaßnahmen als auch persönliche Resilienz gefördert werden. Ein umfassendes Verständnis dieser Dynamiken ist entscheidend, um effektive Sicherheitsprotokolle zu etablieren.

17.3   Zusammenfassung

Mit einer unautorisierten Infiltration eines Hackers in ein Smartphone eröffnen sich umfassende Einblicke in das Privatleben der betroffenen Person. Dies umfasst das Betrachten von Fotos, den Zugriff auf gespeicherte Kontakte sowie das Lesen schriftlicher Korrespondenzen. Gleichzeitig erhält der Angreifer die Möglichkeit, die 2-Faktor-Authentifizierung zu manipulieren, Telefongespräche abzuhören und unbemerkt die Videokamera sowie das Mikrofon für heimliche Aufnahmen zu nutzen. Die nachfolgende Konfrontation und Erpressung durch den Einsatz kompromittierenden Materials repräsentiert dabei lediglich eine von vielen Optionen aus der Perspektive der Kriminellen.

Literatur

1. Europol, Takedown of SMS-based FluBot spyware infecting Android phones, unter: https://www.europol.europa.eu/media-press/newsroom/news/takedown-of-sms-based-flubot-spyware-infecting-android-phones (Zugriff: 02.12.2023).

Teil III

Yellow Chapter: Anomalieerkennung und Abwehrstrategien

Die anhaltende Bedrohung durch Social Engineering manifestiert sich in der fortlaufenden Anzahl erfolgreicher Cyberangriffe, bei denen der Faktor Mensch eine entscheidende Rolle spielt. Die Erfolgsrate von Phishingmails innerhalb von Unternehmen, selbst in solchen, die bereits eine gewisse Zeit in die Schulung dieses Angriffsvektors investiert haben, wirft die Frage auf, warum Menschen weiterhin Opfer von Manipulationen werden, obwohl sie eigentlich über die erforderlichen Kenntnisse verfügen sollten.

Diese Problematik lässt sich mit einer grundlegenden Frage oder vielmehr einer These initiieren: Warum erweisen sich Phishingmails trotz regelmäßiger Schulungen im Erkennen von „Red Flags" immer wieder als erfolgreich? Warum unterliegen Menschen Manipulationen, die ihnen eigentlich bekannt sein sollten?

Es wäre vernünftig anzunehmen, dass wiederholte Phishingsimulationen und Trainings die Fähigkeiten zur Erkennung von Phishingmails verbessern sollten. Die meisten Anti-Social-Engineering-Trainings konzentrieren sich darauf, Szenarien aufzuzeigen, die Angreifer derzeit oder in der Zukunft nutzen könnten. In qualitativ hochwertigen Schulungen wird auch auf die häufigsten emotionalen Reaktionen bei Angriffen eingegangen, wie zum Beispiel Angst, Hilfsbereitschaft, Druck, Leichtgläubigkeit und Neugier.

Dennoch sind Social-Engineering-Angriffe oft von Erfolg gekrönt. Um sich effektiv vor Social Engineering zu schützen, ist es erforderlich, multidimensional zu denken und eine umfassende Strategie, besser gesagt ein Anti-Social-Engineering-Mindset, zu entwickeln. Dieses Mindset betrifft nicht nur den menschlichen Faktor, sondern erfordert gleichzeitig die Entwicklung technisch-organisatorischer Sicherheitsmaßnahmen.

Lassen Sie uns daher unsere Anti-Social-Engineering-Strategie, im Einklang mit der Triangulation der Informationssicherheit, in drei Kernbereiche unterteilen:

Technische Sicherheitsmaßnahmen
In diesem Bereich liegt der Fokus auf der Implementierung und Optimierung technologischer Schutzmaßnahmen. Dazu gehören fortgeschrittene E-Mail-Filter,

die auf maschinellem Lernen basieren, um Phishingmails zu erkennen und zu blockieren. Zudem sind regelmäßige Software-Updates und die Anwendung moderner Verschlüsselungstechniken essenziell, um die Integrität von Kommunikations-
systemen zu gewährleisten.

Organisatorische Sicherheitsmaßnahmen

Auf organisatorischer Ebene sollten klare Richtlinien und Verfahren etabliert werden. Dies umfasst unter anderem die Überprüfung von Zahlungsanforderungen
sowie die Implementierung einer umfassenden Schulungsstrategie. Regelmäßige
Awareness-Programme, die auf die psychologischen Aspekte von Social Engineering eingehen, helfen Mitarbeitern, auch subtile Manipulationsversuche zu erkennen.

Personelle Sicherheitsmaßnahmen (Strategie)

Ein grundlegendes Element dieser Strategie ist die individuelle Kenntnis der eigenen Stärken und Schwächen im Kontext von Social Engineering. Das erfordert
eine kontinuierliche Selbstreflexion und Schulung, um bewusst mit den eigenen
Anfälligkeiten umzugehen. Ein bewusstes Erfassen eigener emotionaler Reaktionen, rationaler Entscheidungsprozesse, Risikoeinschätzungen und das ständige Auffrischen von Sicherheitskenntnissen stärken die Widerstandsfähigkeit
gegenüber Manipulationsversuchen. Diese holistische Strategie integriert technische, organisatorische und personelle Sicherheitsmaßnahmen, um einen effektiven
Schutz vor Social-Engineering-Angriffen zu gewährleisten. Dabei wird das Anti-
Social-Engineering-Mindset nicht nur als eine rein technische oder organisatorische Angelegenheit betrachtet, sondern als ein umfassendes holistisches Konzept,
das die individuellen Aspekte jedes Beteiligten berücksichtigt.

Technisches Basisverteidigungskonzept

18

Die Einflussreichweite von Human Hacking und Social Engineering verdeutlicht, dass kriminelle Aktivitäten nicht allein auf den unautorisierten Informationsgewinn oder Authentifizierungsdiebstahl abzielen. Vielmehr werden sie auch dazu genutzt, tiefgreifende Angriffsarten und Operationen zur Beeinträchtigung der Prozesse bis hin zur vollständigen Lahmlegung von Netzwerken zu initiieren. Wie im White Chapter dargestellt, wird deutlich, dass hierfür ein durchdachtes und umfassendes Sicherheitskonzept erforderlich ist, welches die drei Kernelemente der Informationssicherheit in einer kohärenten Kombination aufgreift und praxisorientiert operationalisiert. *Dieses holistische Sicherheitskonzept bildet nicht nur eine Prävention und Reaktion auf spezifische Angriffe, sondern auch eine proaktive Verteidigungslinie gegenüber potenziellen Bedrohungen im Sinne des All-Hazard-Ansatzes* [1]. *Diese Perspektive manifestiert sich in der Erkenntnis, dass neben spezifischen und angriffsorientierten Vorkehrungen und Verteidigungskonzepten ein globales Basisverteidigungskonzept unerlässlich ist. Dieses bildet das fundamentale Gerüst, auf dem die Integration und Umsetzung spezifischer Verteidigungskonzepte erst möglich werden. Im vorliegenden Kontext führen wir zunächst aus, wie ein solches globales technisches Basissicherheitskonzept aussehen könnte:*

Technisches Basisverteidigungskonzept

Bezeichnung:
Zugangssteuerung durch Identity Access Management (IAM)
Maßnahme:
Implementierung von IAM-Plattformen
Anwendung:
Einsatz von Tools wie Microsoft Azure Active Directory oder Okta zur zentralen Verwaltung
von Benutzeridentitäten und Zugriffsrechten
Normreferenzen:
C. 5.15, C. 5.16 ISO/EC 27001:2022 bzw. 27002:2022 [2, 3]
ORP 4 IT-Grundschutz-Kompendium [4]

Bezeichnung:
Rollen- und Berechtigungskonzept
Maßnahme:
Umsetzung von Role-based Access Control (RBAC)
Anwendung:
Implementierung von RBAC zur genauen Steuerung von Berechtigungen in verschiedenen
IT-Systemen, beispielsweise in unternehmenseigenen Netzwerken, um eine präzise Zugriffs-
kontrolle zu gewährleisten
Normreferenzen:
C. 5.18 ISO/EC 27001:2022 bzw. 27002:2022 [2, 3]
ORP 4 IT-Grundschutz-Kompendium [4]

Bezeichnung:
Netzwerktrennung und -segmentierung
Maßnahme:
Einsatz von einem zweistufigen Firewall-Konzept: Firewall – DMZ – Firewall Einsatz von Vir-
tual Local Area Networks (VLANs) und weiteren Firewalls zur Trennung der Netzwerkzonen
und -segmenten
Anwendung:
Segmentierung des Netzwerks in verschiedene VLANs, geschützt durch Firewalls, um un-
autorisierten Zugriff zu verhindern
Normreferenzen:
C. 8.22 ISO/EC 27001:2022 bzw. 27002:2022 [2, 3]
NET.1 IT-Grundschutz-Kompendium [4]

Bezeichnung:
Datensicherung und Backupsysteme
Maßnahme:
Automatisierte Backuplösungen zur redundanten Datensicherung
Anwendung:
Verwendung von Backuptools wie Veeam oder Acronis für regelmäßige Sicherung kritischer
Daten. Bei der Umsetzung von Datensicherungen stehen verschiedene Paradigmen zur Ver-
fügung, darunter die Vollsicherung (Full Backup), inkrementelle Sicherung (Incremental
Backup), differenzielle Sicherung (Differential Backup) und Offline-Sicherung (Tape Backup)
Normreferenzen:
C. 8.13 ISO/EC 27001:2022 bzw. 27002:2022 [2, 3]
CON.8 IT-Grundschutz-Kompendium [4]

Bezeichnung:
Patchmanagement
Maßnahme:
Technischer Prozess zur Identifikation, Implementierung, Überwachung und Verwaltung von Software- und Systemupdates, auch als Patches bekannt. Patches sind Aktualisierungen, die von Softwareherstellern bereitgestellt werden, um Sicherheitslücken zu schließen, Fehler zu beheben und die Leistung von Anwendungen oder Betriebssystemen zu verbessern
Anwendung:
Die Implementierung von Systemen wie Microsoft SCCM (System Center Configuration Manager) zur automatischen Verteilung von Sicherheitspatches ist von zentraler Bedeutung für die Aufrechterhaltung eines robusten Sicherheits-Postures. Alternativ kann auch ein manueller Patching-Prozess etabliert werden, insbesondere im Kontext der sogenannten Operation Technology (OT), wo automatisierter Patch häufig kritisch ist
Der WSUS (Windows Server Update Services) ist ein von Microsoft bereitgestellter Dienst, der es IT-Administratoren ermöglicht, die Verteilung von Updates, Patches und Service Packs für Microsoft-Produkte in einer Windows-Umgebung zu verwalten. Der WSUS fungiert als zentraler Update-Server, der den Datenverkehr von Microsoft-Update-Diensten lokal in der Organisation steuert
Normreferenzen:
C. 8.19, C. 8.31 ISO/EC 27001:2022 bzw. 27002:2022 [2, 3]
OPS. 1.1.3 IT-Grundschutz-Kompendium [4]

Bezeichnung:
Kapazitätsmanagement
Maßnahme:
Technischer Prozess zur umfassenden Planung, Überwachung und Optimierung der Ressourcennutzung in einer IT-Infrastruktur, wie Storage-Kapazitäten oder Überwachung von CPU-Auslastungen
Anwendung:
Verwendung von Monitoring-Systemen wie Nagios oder Prometheus zur kontinuierlichen Überwachung von Ressourcen
Hinweis: Das Kapazitätsmanagement ermöglicht die umfassende Überwachung der CPU-Auslastung und der Inanspruchnahme von Speicherkapazitäten. Diese fortlaufende Überwachung kann als evidenzbasierte Methode dienen, um Anomalien zu erkennen. Schädliche Software wie Viren, Trojaner, Ransomware oder Würmer greifen oft unautorisiert auf die logischen Kapazitäten eines Computers zu. Nicht erklärte CPU-Auslastung oder Überlastung der Speicherkapazitäten können als Evidenz für eine nicht autorisierte Nutzung interpretiert werden. Des Weiteren können Systeme mit einem sogenannte „Baselining" arbeiten. Durch die Festlegung von Standardwerten, die bei Erreichen oder Überschreiten einen Alarm auslösen, kann eine wirksame Früherkennung ungewöhnlicher Aktivitäten erfolgen
Normreferenzen:
C. 8.6 ISO/EC 27001:2022 bzw. 27002:2022 [2, 3]
OPS.1.2.2., DER.1., SYS1.1., SYS.1.5., SYS2.1., NET.1.1., NET.1.2., NET.3.2. IT-Grundschutz-Kompendium [4]

Bezeichnung:
Sichere Installation und Betrieb von Software- und Hardware-Systemen
Maßnahme:
Strikte Trennung der Rollen und Rechte zwischen normalen Benutzern und Superusern, um willkürliche Installationen von Software zu verhindern
Anwendung:
Technische Separierung von Front- und Backend-Komponenten, um eine sichere und kontrollierte Softwarebereitstellung zu gewährleisten
Normreferenzen:
C. 8.19 ISO/EC 27001:2022 bzw. 27002:2022 [2, 3]
APP.6 IT-Grundschutz-Kompendium [4]

Bezeichnung:
Software White- oder Blacklisting
Maßnahme:
Implementierung einer Software-Blacklist zur Untersagung unsicherer Anwendungen
Anwendung:
Implementierung von technischen Restriktionen, um nur validierte und zugelassene Software
(oder auch Quellcode) innerhalb des Netzwerkes aufrufen zu können sowie der Einsatz von
Application Control-Tools
Normreferenzen:
C. 8.7 ISO/EC 27001:2022 bzw. 27002:2022 [2, 3]
SYS.1.1 IT-Grundschutz-Kompendium [4]

Nach der Darlegung des technischen Basisverteidigungskonzepts widmen wir uns
nun spezifischen Verteidigungskonzepten, die auf bestimmte Angriffsarten zugeschnitten sind.

Literatur

1. Bundesamt des Innern, Nationale Strategie zum Schutz Kritischer Infrastrukturen (KRITIS-
   Strategie), Bonifatius GmbH, Paderborn, 2009.
2. Deutsches Institut für Normung (DIN), Informationssicherheit, Cybersicherheit und
   Datenschutz – Informationssicherheitsmanagementsysteme – Anforderungen (ISO/IEC
   27001:2022).
3. Deutsches Institut für Normung (DIN), Informationssicherheit, Cybersicherheit und Schutz
   der Privatsphäre – Informationssicherheitsmaßnahmen (ISO/IEC 27002:2022).
4. Bundesamt für Sicherheit in der Informationstechnik (BSI), IT-Grundschutz-Kompendium,
   2023.

Technische Abwehrtaktiken

19

19.1 Technische Abwehrtaktiken gegen BEC

Die technische Absicherung gegen BEC erfordert eine Vielzahl von Ansätzen und Technologien. Im Folgenden werden alternative und zusätzliche Maßnahmen präsentiert, die eine grundlegende Verteidigung gegen BEC-Angriffe ermöglichen.

19.1.1 Technische Verhaltensanalyse

Die Einführung von Mechanismen, die das herkömmliche Verhalten von Benutzern analysieren, bietet die Möglichkeit, Unregelmäßigkeiten gegenüber normalen Aktivitätsmustern zu identifizieren. Auf diese Weise können Anomalien erkannt werden, die auf einen möglichen BEC-Angriff hindeuten könnten. Mit anderen Worten, durch die Implementierung solcher Lösungen können verdächtige Verhaltensweisen identifiziert werden, die von den gewöhnlichen Abläufen abweichen und somit auf eine potenzielle Bedrohung durch BEC hinweisen.

Im Kontext der Analyse des normalen Benutzerverhaltens zur Erkennung von Abweichungen, die auf einen potenziellen BEC-Angriff hinweisen können, können verschiedene Arten von Anomalien berücksichtigt werden. Hier sind einige Beispiele (Tab. 19.1).

19.1.2 Verschlüsselung von E-Mails

Die Nutzung der Ende-zu-Ende-Verschlüsselung für vertrauliche E-Mails stellt sicher, dass selbst im Falle einer Kompromittierung des E-Mail-Kontos die Inhalte vor unbefugtem Zugriff geschützt bleiben. Diese Art der Verschlüsselung bedeutet, dass die übermittelten Informationen während des gesamten Übertragungswegs,

© Der/die Autor(en), exklusiv lizenziert an Springer-Verlag GmbH, DE, ein Teil von
Springer Nature 2024
E. Koza et al., *Social Engineering und Human Hacking*,
https://doi.org/10.1007/978-3-662-69388-9_19

Tab. 19.1 Anomalien und Hinweise

Anomalie	Hinweis
Ungewöhnliche Zugriffe	Plötzliche oder ungewöhnliche Zugriffe auf geschützte Ressourcen oder Dateien, insbesondere außerhalb der normalen Arbeitszeiten oder von untypischen Standorten
Verändertes Kommunikationsverhalten	Auffällige Änderungen im Kommunikationsverhalten, wie ungewöhnlich häufige oder seltene E-Mails an externe Parteien, besonders wenn sie Finanzinformationen enthalten
Abweichungen im Dateizugriffsmuster	Unübliche Muster beim Zugriff auf Dateien oder Datenbanken, insbesondere wenn es um vertrauliche Informationen geht
Ungewöhnliche Transaktionen	Plötzliche oder unerwartete finanzielle Transaktionen, insbesondere solche, die nicht den üblichen Mustern oder Genehmigungsprozessen entsprechen
Fremdeinwirkung auf E-Mails	Verdächtige Änderungen an E-Mails, wie das Hinzufügen neuer Empfänger, Änderungen von Zahlungsdetails oder das Auftreten ungewöhnlicher Anhänge
Außergewöhnliche Zugriffsversuche	Wiederholte erfolglose Zugriffsversuche auf sensible Systeme oder Anwendungen könnten auf nicht autorisierte Zugriffsversuche hinweisen
Unübliche Geräteverbindungen	Verbindungen von ungewöhnlichen oder nicht standardmäßigen Geräten mit dem Unternehmensnetzwerk könnten ein Anzeichen für eine Kompromittierung sein
Verdächtige Kommunikationsmuster	Auffällige Kommunikationsmuster, wie plötzlich gesteigertes Interesse an vertraulichen Informationen oder ungewöhnliche Anfragen nach Zugriffsrechten

angefangen beim Absender bis hin zum Empfänger, in verschlüsselter Form vorliegen. Das heißt, selbst wenn ein Angreifer Zugriff auf die Übertragung oder das E-Mail-Konto erhält, sind die eigentlichen Inhalte durch eine undurchdringliche Verschlüsselung geschützt. Dies stellt eine zusätzliche Sicherheitsebene dar, die sicherstellt, dass selbst bei potenziellen Sicherheitsverletzungen die Vertraulichkeit der sensiblen Informationen gewahrt bleibt.

19.1.3 E-Mail-Whitelisting

Die Erstellung einer Liste vertrauenswürdiger E-Mail-Adressen, von denen legitime Kommunikation erwartet wird, spielt eine wichtige Rolle bei der Minimierung von Phishing-Angriffen. Beim E-Mail-Whitelisting werden spezifische Absenderadressen als vertrauenswürdig markiert. Dadurch wird signalisiert, dass

E-Mails von diesen Adressen als legitim betrachtet werden sollen. Wenn ein Unternehmen oder eine Organisation eine solche Whitelist etabliert, bedeutet dies, dass nur E-Mails von den aufgeführten Adressen den regulären Posteingang erreichen können, während E-Mails von nichtautorisierten Absendern blockiert oder in den Spam-Ordner verschoben werden.

Diese Maßnahme reduziert die Angriffsfläche für BEC-Angriffe erheblich, da nur vorab autorisierte Absender in der Lage sind, direkten Zugang zum Posteingang zu erhalten. Auf diese Weise wird die Wahrscheinlichkeit, dass Mitarbeiter auf gefälschte E-Mails hereinfallen, erheblich verringert, da nur mit vertrauenswürdigen Quellen kommuniziert wird. Whitelisting ist somit ein effektiver Ansatz, um die Sicherheitslage gegenüber Phishing-Angriffen zu stärken und die Integrität der E-Mail-Kommunikation zu wahren.

19.1.4 E-Mail-Absicherungstechnologie

Die Implementierung von Lösungen zur E-Mail-Authentifizierung und Absicherung auf Anwendungsebene gewährleistet eine sichere und intakte Kommunikation. Diese Maßnahme zielt darauf ab, die Authentizität von E-Mails sicherzustellen, indem spezifische Mechanismen auf Anwendungsebene eingesetzt werden. Dadurch wird sichergestellt, dass die Kommunikation zwischen Absender und Empfänger vertrauenswürdig und nicht durch gefälschte Identitäten beeinträchtigt ist.

E-Mail-Authentifizierung auf der Anwendungsebene umfasst oft Technologien *wie SPF (Sender Policy Framework), DKIM (DomainKeys Identified Mail) und DMARC (Domain-based Message Authentication, Reporting, and Conformance). Diese Standards verifizieren die Herkunft von E-Mails und validieren die Absenderidentität. Auf diese Weise wird* die Integrität *der Kommunikation gewährleistet und die Empfänger können sicher sein, dass die erhaltenen E-Mails von authentifizierten Quellen stammen. Dieser Ansatz trägt dazu bei, Phishing-Angriffe zu minimieren und die Sicherheit der E-Mail-Kommunikation zu stärken.*

Die Kennzeichnung von E-Mails, die von externen Quellen stammen und dennoch im internen E-Mail-Postfach eingehen, stellt eine technische Maßnahme dar, um potenziell gefälschte E-Mails zu identifizieren. Diese Vorgehensweise ermöglicht die frühzeitige Warnung des Benutzers vor einem potenziellen Social-Engineering-Angriff, insbesondere wenn die E-Mail vorgibt, eine interne Kommunikation zu simulieren.

Durch die Kennzeichnung von externen E-Mails im internen Postfach wird eine Differenzierung zwischen internen und externen Quellen ermöglicht. Dies erleichtert die Erkennung von Spoofing, bei dem ein Angreifer vorgibt, eine vertrauenswürdige interne Quelle zu sein. Diese technische Identifikation bietet dem Anwender einen zusätzlichen Hinweis darauf, dass eine erhaltene E-Mail möglicherweise nicht die erwartete interne Herkunft hat. Dadurch wird die Aufmerksamkeit auf potenziell betrügerische E-Mails gelenkt und dem Benutzer ermög-

licht, angemessene Vorsichtsmaßnahmen zu ergreifen, um einem möglichen Angriff vorzubeugen.

Die Implementierung eines Phishing-Alert-Buttons in Outlook oder anderen E-Mail-Programmen stellt eine proaktive Maßnahme dar, um Anwendern die
Möglichkeit zu geben, verdächtige E-Mails zu kennzeichnen und diese mühelos in
einen IT-Security-Quarantäneordner zu verschieben.

Dieses Plug-in ermöglicht es den Anwendern, potenzielle Bedrohungen schnell
zu identifizieren und in einem dedizierten Bereich zur weiteren Prüfung durch
einen IT-Sicherheitsexperten zu platzieren.

Innerhalb dieses Quarantäneordners kann eine gründliche Überprüfung der als
verdächtig markierten E-Mails erfolgen. Bei positiver Bestätigung ihrer Sicherheit
kann die E-Mail dem Anwender wieder zugestellt werden. Im Falle einer tatsächlichen Bedrohung kann die E-Mail gegebenenfalls gelöscht oder es können weitere Sicherheitsmaßnahmen ergriffen werden.

Diese Funktion erleichtert die aktive Beteiligung der Endbenutzer an der Identifizierung und Meldung von potenziell schädlichen E-Mails, wodurch die kollektive Wachsamkeit gegenüber Phishing-Angriffen gesteigert wird. Es betont die Bedeutung einer gemeinschaftlichen Verteidigungsstrategie, bei der sowohl technologische Lösungen als auch die aktive Mitwirkung der Anwender eine integrative
Rolle spielen.

19.1.5 Identitätsprüfung durch technische Verifikationskette

Die Intensivierung der Identitätsprüfung, insbesondere im Kontext finanzieller
Transaktionen, bedingt möglicherweise die Einführung mehrstufiger Authentifizierungsmethoden oder zusätzlicher Überprüfungsverfahren. Dieser Ansatz zielt
darauf ab, die Sicherheit bei sensiblen Transaktionen zu erhöhen, indem er über
herkömmliche Authentifizierungsmethoden hinausgeht.

Mehrstufige Authentifizierungsmethoden könnten beispielsweise die Verwendung von mehreren Identifikationsfaktoren wie Passwörtern, biometrischen
Daten oder Token umfassen. Diese zusätzlichen Schichten der Identitätsprüfung
erhöhen die Schwierigkeit für potenzielle Angreifer, unbefugten Zugriff zu erlangen, selbst wenn grundlegende Authentifizierungsinformationen kompromittiert
werden.

Zusätzliche Überprüfungsverfahren könnten beinhalten, dass autorisierte Personen Transaktionen bestätigen oder genehmigen müssen, bevor sie durchgeführt
werden. Dies könnte beispielsweise die Verwendung von separaten, sicheren
Kommunikationskanälen oder die Implementierung von automatisierten Alarmen
bei ungewöhnlichen Transaktionsmustern umfassen.

Insgesamt zielt die verstärkte Identitätsprüfung darauf ab, die Integrität und
Authentizität von Transaktionen sicherzustellen, insbesondere in Situationen, die
ein erhöhtes Risiko für betrügerische Aktivitäten mit sich bringen, wie es bei finanziellen Operationen der Fall ist.

19.2 Technische Abwehrtaktiken gegen Shoulder Surfing

Technische Abwehrtaktiken gegen Shoulder Surfing, bei dem ein Angreifer versucht, durch das heimliche Beobachten von Tastatureingaben oder Bildschirminhalten an vertrauliche Informationen zu gelangen, können mehrere Strategien umfassen.

19.2.1 Blickschutztechnologien

Einige zeitgenössische Laptops und Monitore sind mit eingebauten Blickschutztechnologien ausgestattet. Diese fortschrittlichen Technologien nutzen polarisiertes Licht, um sicherzustellen, dass der Inhalt des Bildschirms nur aus einem optimalen Betrachtungswinkel deutlich sichtbar ist. Durch den Einsatz polarisierter Filter wird das Licht so ausgerichtet, dass es für Personen, die sich außerhalb des definierten Blickwinkels befinden, erheblich abgeschwächt oder verzerrt wird.

Die Hauptintention dieser Technologien besteht darin, die visuelle Privatsphäre des Nutzers zu schützen, insbesondere in Umgebungen, in denen eine potenzielle Sichtbarkeit durch seitliche Betrachter ein Sicherheitsrisiko darstellen könnte. Indem sie den Blickwinkel auf den Bildschirminhalt begrenzen, ermöglichen diese integrierten Blickschutzlösungen dem Benutzer, vertrauliche Informationen diskreter zu betrachten, ohne befürchten zu müssen, dass sie von neugierigen Augen außerhalb des intendierten Betrachtungsbereichs wahrgenommen werden.

19.2.2 Automatische Bildschirmverdunkelung

Automatische Bildschirmverdunkelung stellt eine Funktion dar, bei der Smartphones und Tablets so eingestellt werden können, dass sich der Bildschirm automatisch verdunkelt, sobald das Gerät nicht frontal betrachtet wird. Diese Konfiguration zielt darauf ab, zu verhindern, dass seitlich stehende Personen Informationen vom Bildschirm ablesen können.

Durch diese technische Maßnahme wird die Sichtbarkeit des Bildschirminhalts auf ein Minimum reduziert, wenn das Gerät nicht in einem bestimmten Blickwinkel gehalten wird. Das automatische Verdunkeln dient dazu, die Privatsphäre des Benutzers zu schützen und potenzielles Mitlesen durch Personen in der Umgebung zu erschweren.

Dieser Mechanismus trägt dazu bei, die Vertraulichkeit von Informationen zu wahren, insbesondere in Situationen, in denen die Unbefugten seitlich auf den Bildschirm schauen könnten.

19.2.3 Bewegungssensoren und Gesichtserkennung

Bewegungssensoren und Gesichtserkennung kommen bei einigen Geräten zum Einsatz, um sicherzustellen, dass der Bildschirminhalt ausschließlich dann angezeigt wird, wenn sich der autorisierte Benutzer direkt vor dem Gerät befindet.

Diese Technologie nutzt Bewegungssensoren, um die physische Anwesenheit des Benutzers zu erkennen, kombiniert mit Gesichtserkennung, um die Identität zu verifizieren. Nur wenn diese beiden Faktoren übereinstimmen, wird der Bildschirminhalt freigegeben. Dieser Ansatz bietet eine zusätzliche Sicherheitsebene, um sicherzustellen, dass der Bildschirm nur dann aktiviert wird, wenn sich der legitime Benutzer physisch vor dem Gerät befindet und identifiziert wurde. Dies trägt dazu bei, unbefugten Zugriff und die Anzeige von Informationen durch nicht autorisierte Personen zu verhindern.

19.2.4 Verzerrungstechnologien

Moderne Technologien haben die Fähigkeit, den Bildschirminhalt leicht zu verzerren, sobald er aus einem seitlichen Blickwinkel betrachtet wird. Diese innovative Herangehensweise hat zum Ziel, die Lesbarkeit für unbefugte Betrachter erheblich zu erschweren.

Wenn der Bildschirm aus einem seitlichen Blickwinkel betrachtet wird, greift die Technologie ein und führt eine leichte Verzerrung des dargestellten Inhalts durch. Dieser Effekt beeinträchtigt die Klarheit und Verständlichkeit der Informationen für Personen, die nicht frontal auf den Bildschirm schauen. Durch diese gezielte Verzerrung wird die Wahrnehmung des Inhalts aus seitlichen Blickwinkeln deutlich erschwert, wodurch sensible Informationen vor unbefugter Kenntnisnahme geschützt werden.

Diese fortschrittliche Technologie stellt somit eine proaktive Maßnahme dar, um die Sicherheit von Bildschirminhalten zu gewährleisten und die Vertraulichkeit von Informationen selbst in Umgebungen mit möglichen seitlichen Betrachtern zu wahren.

19.2.5 Aktive Bildschirmmaskierung

Systeme, die auf der Eyetracking-Technologie basieren, verfügen über die Fähigkeit, den Bildschirminhalt automatisch zu maskieren oder verschwommen darzustellen, sobald sie feststellen, dass der Blickwinkel des Benutzers sich außerhalb des autorisierten Bereichs befindet. Diese fortschrittlichen Systeme nutzen Kameras oder Sensoren, um die Blickrichtung des Benutzers zu verfolgen und festzustellen, ob die visuelle Aufmerksamkeit im genehmigten Bereich liegt.

Wenn das Eyetracking-System erkennt, dass der Benutzer seinen Blick von der autorisierten Ansicht abwendet, wird eine reaktive Maßnahme ausgelöst. Dies kann beispielsweise die automatische Anwendung von Unschärfeeffekten auf den Bildschirminhalt oder die vollständige Maskierung von sensiblen Informationen umfassen. Auf diese Weise wird die Vertraulichkeit der dargestellten Daten gewahrt und ein unbefugtes Ablesen durch seitliche Betrachter verhindert.

Diese Technologie stellt eine innovative Sicherheitsmaßnahme dar, die speziell darauf ausgerichtet ist, die Integrität von Bildschirminhalten in Umgebungen mit potenziell neugierigen Blicken zu schützen und so einen wirksamen Schutz vor unerwünschtem Shoulder Surfing zu bieten. Die Kombination mehrerer dieser technischen Abwehrmaßnahmen bietet eine umfassende Verteidigung gegen Shoulder Surfing, indem sie die Sichtbarkeit von Bildschirminhalten aus seitlichen Blickwinkeln erheblich einschränken oder verhindern.

19.3   Technische Abwehrtaktiken gegen Dumpster Diving

Techniken gegen Dumpster Diving (das Durchsuchen von Müllcontainern nach sensiblen Informationen) konzentrieren sich darauf, die Sicherheit von weggeworfenen oder entsorgten Dokumenten zu gewährleisten und unbefugten Zugriff zu verhindern. Hier sind einige IT-basierte Techniken.

19.3.1 Daten- und Festplattenverschlüsselung

Datenverschlüsselung ist ein entscheidender Schutzmechanismus, der darauf abzielt, die auf Datenträgern gespeicherten Informationen durch eine robuste Verschlüsselung zu sichern. Selbst wenn physische Datenträger versehentlich im Müll landen, bleiben die darauf gespeicherten Daten für unbefugte Personen unlesbar. Diese Sicherheitsmaßnahme gewährleistet, dass der Zugriff auf sensible Informationen selbst in Fällen von physischem Verlust oder unsachgemäßer Entsorgung erheblich erschwert wird. Insbesondere im Kontext von Daten auf Festplatten ist die Implementierung von Festplattenverschlüsselung von entscheidender Bedeutung. Diese spezifische Form der Datenverschlüsselung sorgt dafür, dass sämtliche Daten, die auf der Festplatte gespeichert sind, verschlüsselt werden. Bei Festplattenverschlüsselung werden fortschrittliche Verschlüsselungsalgorithmen verwendet, um sicherzustellen, dass selbst bei physischem Zugriff auf die Festplatte die gespeicherten Daten ohne den richtigen Entschlüsselungsschlüssel nicht interpretierbar sind. Dieser zusätzliche Sicherheitsmechanismus trägt dazu bei, potenzielle Risiken durch unbeabsichtigten Datenverlust oder unautorisierte physische Zugriffe zu minimieren.

19.3.2 Remote Data Wiping

Remote Data Wiping stellt eine sinnvolle präventive Sicherheitsmaßnahme dar, die darauf abzielt, die Möglichkeit zu implementieren, Daten auf gestohlenen oder verlorenen Geräten aus der Ferne zu löschen. Diese Funktion ermöglicht es, sensible Informationen von entfernten Standorten zu entfernen, falls die Geräte unsachgemäß entsorgt werden oder in die Hände unbefugter Personen geraten.

Durch Remote Data Wiping kann die Sicherheit von Daten selbst nach physischem Verlust oder Diebstahl gewährleistet werden. Diese Maßnahme bietet einen proaktiven Ansatz, um sicherzustellen, dass bei einem Verlust oder Diebstahl von Geräten keine vertraulichen Informationen in die falschen Hände gelangen. Die Möglichkeit, Daten aus der Ferne zu löschen, trägt dazu bei, Datenschutzbestimmungen einzuhalten und das Risiko von Datenlecks erheblich zu minimieren. Ein solches Feature sollte in eine umfassende Sicherheitsstrategie integriert werden, um einen effektiven Schutz sensibler Informationen zu gewährleisten.

19.3.3 Secure File Deletion

Secure File Deletion repräsentiert eine wesentliche Sicherheitspraxis, die auf die endgültige Entfernung von Dateien auf digitalen Speichermedien abzielt. Hierbei werden sichere Löschalgorithmen angewendet, um sicherzustellen, dass selbst nach der Entsorgung keine Wiederherstellung der Dateien möglich ist.

Die Verwendung von sicheren Löschalgorithmen ist von entscheidender Bedeutung, um sicherzustellen, dass sensible Informationen nicht wiederhergestellt oder rekonstruiert werden können, nachdem sie aus einem digitalen Speichermedium entfernt wurden. Diese Maßnahme trägt dazu bei, Datenschutzbestimmungen zu erfüllen und das Risiko von Datenlecks zu minimieren, insbesondere wenn digitale Speichermedien ausgemustert oder recycelt werden.

Ein konsequenter Einsatz sicherer Löschalgorithmen sollte als fester Bestandteil einer umfassenden Datensicherheitsstrategie betrachtet werden, um sicherzustellen, dass sensible Informationen effektiv und dauerhaft gelöscht werden können.

19.3.4 Geofencing für digitale Geräte

Die Implementierung von Geofencing-Technologien stellt eine weiterführende Sicherheitsmaßnahme dar, die darauf abzielt, festzulegen, in welchen geografischen Bereichen bestimmte Geräte aktiv sein dürfen. Durch diese Technologie können automatische Löschvorgänge für Daten auf Geräten außerhalb dieser definierten Bereiche aktiviert werden. Geofencing ermöglicht es, digitale Geräte anhand ihres geografischen Standorts zu steuern. Wenn ein Gerät einen vordefinierten Bereich verlässt, kann automatisch eine Löschfunktion aktiviert werden. Dieser Ansatz bietet eine zusätzliche Sicherheitsebene, um sicherzustellen, dass sensible Informationen nicht versehentlich in unsicheren Umgebungen verbleiben. Geofencing eignet sich besonders für mobile Geräte oder solche, die ihre physische Position oft ändern, wie beispielsweise Laptops oder Tablets. Die Integration von Geofencing-Technologien in die Sicherheitsstrategie ermöglicht eine präzise Kontrolle über den Zugriff auf Daten und stärkt somit den Datenschutz und die Datensicherheit.

19.3.5 Data-Loss-Prevention-(DLP-)Software

Die Implementierung von Data-Loss-Prevention-(DLP-)Lösungen stellt eine essenzielle Sicherheitsmaßnahme im Sinne der Prävention dar, die darauf abzielt, den Datenfluss zu überwachen und sicherzustellen, dass sensible Informationen nicht unautorisiert kopiert oder verschoben werden.

DLP-Software bietet eine proaktive Kontrolle über den Umgang mit sensiblen Daten innerhalb eines Unternehmens oder einer Organisation. Durch die Überwachung von Datenströmen kann die DLP-Software potenziell schädliche Aktivitäten erkennen und verhindern, dass sensible Informationen unberechtigterweise kopiert, verschoben oder übertragen werden. Die Implementierung dieser Lösungen ermöglicht eine umfassende Datensicherheit, indem sie die Einhaltung von Richtlinien und Datenschutzstandards gewährleistet. DLP ist besonders relevant, um Insider-Bedrohungen zu minimieren und sicherzustellen, dass sensible Informationen angemessen geschützt sind, sowohl innerhalb als auch außerhalb der organisatorischen Grenzen.

19.3.6 Verschlüsselte Kommunikation bei der Entsorgung

In Bezug auf den Entsorgungsprozess ist es entscheidend, verschlüsselte Kanäle oder sichere Protokolle zu nutzen, wenn Informationen übertragen werden. Diese Sicherheitsmaßnahme dient dazu, Abhörversuche während des Entsorgungsprozesses zu vereiteln.

Die Verwendung von verschlüsselten Kanälen gewährleistet, dass sensible Informationen während des Transports über gesicherte Protokolle geschützt sind. Dieser Ansatz zielt darauf ab, potenziellen Abhörversuchen durch Dritte entgegenzuwirken, indem die übertragenen Daten vor unbefugtem Zugriff geschützt werden. Insbesondere während des Entsorgungsprozesses, bei dem möglicherweise vertrauliche Informationen transportiert werden, trägt die verschlüsselte Kommunikation dazu bei, die Integrität und Vertraulichkeit der Daten zu wahren. Durch die Integration dieser Sicherheitspraktik in den Entsorgungsprozess wird sichergestellt, dass selbst während des Transports von Daten ein angemessenes Sicherheitsniveau aufrechterhalten wird.

19.3.7 Überwachung von Geräteaktivitäten

Die Implementierung von Systemen zur Überwachung der Aktivitäten von IT-Geräten ist eine wesentliche Sicherheitsmaßnahme, um verdächtige Aktivitäten zu erkennen, die auf unsachgemäße Entsorgung hinweisen könnten.

Durch die fortlaufende Überwachung der Aktivität von IT-Geräten können potenzielle Anomalien und verdächtige Handlungen erkannt werden, die auf unsichere Entsorgungspraktiken oder unbefugten Zugriff hinweisen könnten. Diese Überwachungssysteme können Aktivitäten protokollieren, Benachrichtigungen bei ungewöhnlichem Verhalten auslösen und somit eine frühzeitige Reaktion auf potenzielle Sicherheitsrisiken ermöglichen. Die Überwachung von Geräteaktivitäten ist ein integrierter Bestandteil eines umfassenden Sicherheitskonzepts, das darauf abzielt, den gesamten Lebenszyklus von IT-Geräten zu schützen. Diese Maßnahme trägt dazu bei, sicherzustellen, dass Geräte während ihres Einsatzes und insbesondere während des Entsorgungsprozesses angemessen überwacht werden, um die Integrität und Sicherheit von Daten zu gewährleisten.

Diese technischen Lösungen fokussieren sich auf den Schutz digitaler Daten und Systeme, um sicherzustellen, dass selbst bei physischer Entsorgung ein angemessenes Maß an IT-Sicherheit gewährleistet ist.

19.4   Technische Abwehrtaktiken gegen Tailgating

Techniken gegen Tailgating (das unautorisierte Betreten von gesicherten Bereichen hinter einem berechtigten Benutzer) konzentrieren sich darauf, den physischen Zugang zu kontrollieren und unbefugte Personen zu erkennen. Hier sind einige IT-basierte Techniken.

19.4.1 Multifaktorauthentifizierung (MFA) für den Zugang zu sensiblen Bereichen

Die Implementierung von MFA für den Zugang zu sensiblen IT-Räumen oder -kritischen Bereichen ist ein zentraler Sicherheitsmechanismus, der die traditionelle Einfaktorauthentifizierung erweitert. Im MFA-System müssen Benutzer neben ihren regulären Anmeldedaten einen zweiten Authentifizierungsfaktor vorweisen, um ihre Identität zu bestätigen. Hier sind einige technische Details und Ausführungen (Tab. 19.2).

Die Implementierung von MFA bietet nicht nur eine robuste Sicherheit gegen Tailgating, sondern auch gegen verschiedene andere Bedrohungen wie Phishing oder Passwortdiebstahl. MFA macht es schwieriger für Angreifer, durch Phishing gestohlene Anmeldeinformationen zu verwenden. Selbst wenn ein Benutzer auf einen Phishing-Link klickt und seine Anmeldeinformationen eingibt, wird der zusätzliche Authentifizierungsschritt den Angreifer daran hindern, den Account zu übernehmen. Im Fall von Passwortdiebstahl, sei es durch Leaks oder unsichere Praktiken, bietet MFA eine zusätzliche Schutzschicht. Auch wenn das Passwort kompromittiert ist, benötigt der Angreifer den zweiten Authentifizierungsfaktor, um auf das Konto zuzugreifen. Es schafft eine effektive Barriere, die den Zugang zu sensiblen Bereichen nur autorisierten Benutzern gewährt und gleichzeitig die Benutzerfreundlichkeit berücksichtigt.

Tab. 19.2 Technologien und Ausführungen

Technologie	Ausführungen
Authentifizierungsfaktoren	MFA verwendet mindestens zwei der folgenden Authentifizierungsfaktoren: • **Wissensbasierte Faktoren:** reguläre Anmeldedaten wie Benutzername und Passwort • **Besitzbasierte Faktoren:** etwas, das der Benutzer besitzt, z. B. ein Token, eine Smartcard oder ein Mobilgerät • **Biometrische Faktoren:** körperliche Merkmale wie Fingerabdrücke, Gesichts- oder Iris-Scan
Token-basierte MFA	Ein häufiger zweiter Authentifizierungsfaktor ist ein Token. Dies kann ein physisches Gerät sein, das einen einmaligen Code generiert (One-Time Password, OTP), oder ein virtuelles Token, das auf einem mobilen Gerät angezeigt wird
Mobile App-basierte MFA	Viele Organisationen implementieren MFA über mobile Apps. Benutzer erhalten über die App einen zeitbasierten Code, der zur Bestätigung der Identität verwendet wird
Zeitbasierte Codes	MFA-Systeme, insbesondere solche, die auf mobilen Apps basieren, nutzen häufig zeitbasierte Codes. Diese Codes sind nur für kurze Zeit gültig, was ihre Wirksamkeit bei der Verhinderung von unbefugtem Zugriff erhöht
Integrierte Systeme	Moderne MFA-Lösungen integrieren sich nahtlos in vorhandene Authentifizierungsinfrastrukturen. Sie arbeiten oft mit Single-Sign-on-(SSO-)Systemen zusammen, um eine reibungslose und sichere Anmeldeerfahrung zu gewährleisten
Biometrische Integration	Fortschrittliche MFA-Systeme integrieren biometrische Technologien wie Fingerabdruck-Scans oder Gesichtserkennung. Diese bieten eine zusätzliche Sicherheitsebene und eliminieren das Risiko des Verlusts oder Diebstahls physischer Tokens

19.4.2 Zugriffsprotokollierung und -überwachung

Überwachungssysteme können den Zugriff auf bestimmte Bereiche protokollieren und überwachen.

Die Zugriffsprotokollierung und -überwachung sind daher grundlegende Elemente in der Sicherheitsinfrastruktur, die dazu dienen, den Zugang zu spezifischen Bereichen auf mögliche Unregelmäßigkeiten zu überwachen und detailliert zu protokollieren. Diese Überwachungssysteme erfassen präzise Daten zu Zugriffsaktivitäten, ermöglichen die Identifizierung verdächtiger Muster und tragen zur frühzeitigen Erkennung von Sicherheitsrisiken bei. Beispielsweise könnten wiederholte Anmeldungen desselben Benutzers innerhalb eines kurzen Zeitraums oder der gemeinsame Zugriff mehrerer Personen mit lediglich einem gültigen Ausweis auf eine potenzielle Form von unbefugtem Betreten, auch als Tailgating bekannt, hinweisen.

Die Zugriffsprotokollierung liefert umfassende Aufzeichnungen über zeitliche und räumliche Dimensionen des Zugriffs.

Eine sorgfältige Analyse dieser Protokolle ermöglicht es, ungewöhnliche Aktivitäten zu identifizieren, die auf mögliche Sicherheitsverletzungen hindeuten könnten. Insbesondere wird auf die Bedeutung gezielt, gemeinsam genutzte Zugangsberechtigungen zu überwachen, um auf etwaige Sicherheitsbedrohungen wie Tailgating angemessen reagieren zu können.

19.4.3 Biometrische Authentifizierung für IT-Räume

Die Implementierung von biometrischen Zugangskontrollen für spezifische IT-Räume kann sicherstellen, dass nur autorisierte Benutzer mit den richtigen biometrischen Merkmalen Zugang erhalten. Biometrische Authentifizierung für IT-Räume sowie kritische Sicherheitszonen und -bereiche gewährleisten durch die Integration von biometrischen Zugangskontrollen eine präzise Überprüfung der Identität von Personen, die auf spezifische IT-Räume oder kritische Bereiche zugreifen möchten. Diese Sicherheitsmaßnahme stellt sicher, dass ausschließlich autorisierte Benutzer mit den korrekten biometrischen Merkmalen Zugang erhalten.

Biometrische Authentifizierungstechnologien, wie Fingerabdruck- oder Gesichtserkennungssysteme, dienen als zuverlässige Methoden, um die Zugangsberechtigung zu kontrollieren und gleichzeitig sicherzustellen, dass nur Personen mit vordefinierten biometrischen Merkmalen Zugang zu sensiblen IT-Räumen erhalten.

19.4.4 Videoanalyse und KI-Überwachung

Die Implementierung von Videoüberwachung in Eingangsbereichen, insbesondere in sensiblen Zonen, verfolgt vorrangig das Ziel, Tailgating-Versuche zu erkennen und unbefugte Personen im Nachhinein zu identifizieren. Im Sinne einer detektierenden Maßnahme ermöglicht die Videoüberwachung die visuelle Überprüfung von Aktivitäten und die Identifikation von Abweichungen von autorisiertem Zugangsverhalten. Die Videoüberwachung kann per Definitionem jedoch nicht abschließend als Prävention betrachtet werden, da sie auf Erkennung und Identifikation und nicht auf Vermeidung oder Reduzierung basiert.

Der präventive Charakter bezieht sich auf Maßnahmen, die darauf abzielen, potenzielle Verletzungen im Voraus zu verhindern oder die daraus hervorgehenden Risiken zu reduzieren. Die Videoüberwachung agiert hingegen detektiv-reaktiv, indem sie nachträglich Vorfälle aufdeckt.

Unter optimalen Bedingungen können derartige Maßnahmen, insbesondere wenn sie mit Echtzeitauswertung und -reaktion verbunden sind, als korrektive bis reaktive Ansätze betrachtet werden.

In Bezug auf die potenzielle präventive Wirkung der Videoüberwachung muss jedoch berücksichtigt werden, dass dies auch von der Annahme abhängt, dass die alleinige Sichtbarkeit von Kameras abschreckend wirkt. Diese Annahme ist jedoch nicht eindeutig bestätigt, denn trotz weitverbreiteter Kameraüberwachung infiltrieren Kriminelle weiterhin physische Objekte.

Es bleibt ebenfalls anzumerken, dass die Effektivität von Videoüberwachung nicht nur von ihrer technischen Umsetzung, sondern auch von anderen Faktoren wie der Wahrnehmung der Überwachung, der Art der abgedeckten Bereiche und den bestehenden Sicherheitsvorkehrungen abhängt.

Für eine wirksame Implementierung von Videoüberwachung sollten Organisationen eine umfassende Sicherheitsstrategie verfolgen, die über bloße visuelle Überwachungstechnologien hinausgeht. Videoüberwachungssysteme, insbesondere wenn sie durch KI unterstützt werden, bieten die Möglichkeit zur präzisen Analyse von Verhaltensmustern und zur Erkennung von Anomalien. Unterstützt durch KI können diese Systeme in Situationen, in denen mehrere Personen einem autorisierten Benutzer ohne entsprechende Berechtigungen folgen (Tailgating), frühzeitig Alarme auslösen. Diese fortschrittlichen Überwachungstechnologien ermöglichen eine proaktive Identifizierung unbefugten Zugangs und erlauben somit eine zeitnahe Reaktion auf potenzielle Sicherheitsrisiken. In diesem Zusammenhang ist es entscheidend, dass die technologischen Maßnahmen Teil einer umfassenderen Sicherheitsstrategie sind, die organisatorische Aspekte und Schulungen der Mitarbeiter einschließt.

19.4.5 Automatische Zutrittskontrolle

Die Implementierung automatischer Zutrittskontrollsysteme, die auf Authentifizierungsfaktoren basieren, zielt darauf ab, Tailgating zu minimieren. Durch diese Systeme wird der Zugang nur einem einzelnen Benutzer pro Authentifizierungsvorgang gewährt. Diese fortschrittlichen Türzugangskontrollmechanismen nutzen unterschiedliche Authentifizierungsfaktoren, wie beispielsweise biometrische Merkmale oder personalisierte Zugangskarten, um sicherzustellen, dass nur autorisierte Personen Zutritt erhalten. Diese Maßnahme trägt dazu bei, die Integrität des Zugangs zu sichern und gleichzeitig das Risiko von unbefugtem Betreten, insbesondere durch Tailgating, zu minimieren.

Die Implementierung einer effektiven physischen Zutrittssteuerung, beispielsweise auch durch Sicherheitsschleusen oder Sicherheitsdrehkreuze an sämtlichen Eingangsbereichen, bildet die Grundlage für den Schutz vor Tailgating. Hierbei ist besonderes Augenmerk auf die Festlegung entsprechender Rahmenparameter zu richten, wie etwa kurze Schließzeiten oder die Verhinderung unerwünschter Umgehungsversuche des Zugangskontrollsystems.

Letzteres könnte durch zusätzliche, nicht kontrollierte Zugänge oder das Überwinden eines Sicherheitsdrehkreuzes ohne Authentisierung erfolgen.

In Verbindung mit angemessener Sensorik kann so weitgehend sichergestellt werden, dass eine autorisierte Person einer weiteren Person ohne deren individuelle Authentisierung keinen Zugang zum geschützten Bereich gewähren kann. Die

Zutrittsfreigabe erfolgt somit stets nur für eine autorisierte Person zu einem bestimmten Zeitpunkt.

19.4.6 RFID-Zugangskarten mit Zeitzonenbeschränkungen

Beschränkungen ermöglichen eine präzise Steuerung des Zugriffs zu bestimmten Zeiten. Durch die Programmierung von RFID-Zugangskarten können zeitliche Einschränkungen festgelegt werden, um den Zugriff nur zu definierten Zeiten zu gestatten. Dieser Ansatz verhindert wirksam, dass unbefugte Personen außerhalb der regulären Arbeitszeiten Zutritt erhalten. Die zeitliche Programmierung der RFID-Zugangskarten fungiert somit als effektive Sicherheitsmaßnahme, um den Zugang zu bestimmten Bereichen gezielt und kontrolliert zu reglementieren.

19.5 Technische Abwehrtaktiken gegen Vishing

Um sich gegen Vishing zu schützen, konzentrieren sich technische Abwehrmaßnahmen auf die Sicherung der IT- und Kommunikationssysteme. Hier sind einige IT-basierte Techniken.

19.5.1 Anrufauthentifizierungssysteme

Anrufauthentifizierungssysteme repräsentieren fortschrittliche technologische Ansätze zur Überprüfung der Legitimität von Telefonanrufen und zur Gewährleistung ihrer Herkunft von authentifizierten Quellen. Ein konkretes Beispiel solcher Systeme ist STIR/SHAKEN, eine Abkürzung für „Secure Telephone Identity Revisited/Signature-based Handling of Asserted Information Using Tokens". Diese Technologien setzen auf eine verschmolzene Anwendung von etablierten Standards und Protokollen, um die Identität des Anrufenden zu verifizieren.

STIR/SHAKEN bedient sich digitaler Signaturen und Zertifikate, um die Authentizität von Telefonanrufen zu sichern. Jeder Anruf wird hierbei mit einer einzigartigen digitalen Signatur versehen, die von der Anrufquelle generiert wird. Der Empfänger des Anrufs überprüft diese Signatur, um sicherzustellen, dass der Anruf von einer als vertrauenswürdig und authentisch eingestuften Quelle stammt.

Das Verfahren basiert auf der Anwendung von Zertifikaten, vergleichbar mit denen, die bei sicheren Internetseiten für die Identitätsbestätigung verwendet werden. STIR/SHAKEN implementiert ein hierarchisches Modell von Zertifizierungsstellen, um sicherzustellen, dass die generierten Signaturen als glaubwürdig und vertrauenswürdig gelten können.

19.5.2 Whitelisting für legitime Anrufquellen

Die Implementierung von Whitelisting für legitime Anrufquellen umfasst die Erstellung von Listen, die Telefonnummern vertrauenswürdiger und anerkannter Quellen enthalten. Das Hauptziel besteht darin, sicherzustellen, dass Anrufe von bekannten und akzeptierten Quellen nicht fälschlicherweise blockiert oder als verdächtig eingestuft werden. Diese Whitelist fungiert als Referenzpunkt für die Überprüfung eingehender Anrufe. Hierbei wird das Schutzziel „Authentizität" in den Vordergrund gestellt. Das Schutzziel Authentizität betrifft die Gewährleistung der Echtheit oder Glaubwürdigkeit von Informationen, Identitäten oder Entitäten in einem Kommunikations- oder Informationssystem. Es bezieht sich darauf, sicherzustellen, dass die behauptete Identität oder Herkunft von Daten, Nachrichten, Personen oder anderen Elementen korrekt und vertrauenswürdig ist. Authentizität ist ein wesentlicher Aspekt der Informationssicherheit und spielt eine zentrale Rolle bei der Verhinderung von Fälschungen, Betrug oder unbefugtem Zugriff auf sensible Informationen.

Das Ziel besteht darin, sicherzustellen, dass Informationen genau von der Quelle stammen, von der sie zu stammen behauptet wird, und dass sie während der Übertragung oder Verarbeitung nicht manipuliert wurden.

In der praktischen Umsetzung der Authentizitätsprüfung werden die Telefonnummern vertrauenswürdiger Anrufquellen in eine vordefinierte Whitelist aufgenommen. Bei einem eingehenden Anruf wird diese Liste verwendet, um zu überprüfen, ob die Telefonnummer des Anrufers auf der Liste der akzeptierten Quellen steht. Im Falle einer Übereinstimmung wird der Anruf als legitim betrachtet und entsprechend durchgelassen.

Dieser Ansatz kann als eine Form der Zugriffskontrolle für den Kommunikationskanal betrachtet werden, bei der ausschließlich vorab autorisierte Nummern Zugang erhalten, während andere blockiert werden.

19.5.3 Call-Filtering-Technologien

Call-Filtering-Technologien stellen eine innovative Lösung dar, um gezielt gegen Vishing-Angriffe vorzugehen. Diese Tools setzen auf erweiterte Algorithmen und Mustererkennungstechnologien, um betrügerische Anrufe zu identifizieren und abzuwehren. Sie analysieren eingehende Anrufe anhand vordefinierter Vishing-Muster, die typische Merkmale von betrügerischen Anrufen umfassen.

Die Implementierung solcher Systeme ermöglicht es, verdächtige Anrufe in Echtzeit zu erkennen und automatisch zu blockieren. Diese Technologien können auf umfangreiche Datenbanken mit bekannten Vishing-Mustern zugreifen und kontinuierlich aktualisiert werden, um mit neuen Betrugstechniken Schritt zu halten.

Darüber hinaus können Call-Filtering-Tools fortschrittliche Analysemethoden nutzen, um Anrufmuster zu erlernen und Anomalien zu identifizieren, die auf potenzielle Vishing-Versuche hindeuten. Die Integration von maschinellem Lernen ermöglicht eine adaptive und effektive Reaktion auf sich ständig weiterentwickelnde Vishing-Angriffe.

Insgesamt bieten Call-Filtering-Technologien eine proaktive Verteidigungslinie gegen Vishing, indem sie den Benutzer vor betrügerischen Anrufen schützen und somit das Sicherheitsniveau in der Kommunikationsumgebung verbessern.

19.6   Technische Abwehrtaktiken gegen Phishing

In der Auseinandersetzung mit der stetig zunehmenden Bedrohung durch Phishing-Angriffe ist die Implementierung gezielter technischer Abwehrtaktiken von entscheidender Bedeutung. Diese Maßnahmen sind darauf ausgerichtet, die Angriffsfläche zu minimieren und Benutzer vor irreführenden oder betrügerischen Aktivitäten zu schützen. Im Kontext der IT-Sicherheit spielen folgende technische Abwehrstrategien eine wesentliche Rolle.

19.6.1 E-Mail-Authentifizierung auf Anwendungsebene

Die Technik der E-Mail-Authentifizierung auf Anwendungsebene dient dazu, die Integrität der Kommunikation sicherzustellen. Hierbei kommen verschiedene Standards und Protokolle wie SPF (Sender Policy Framework), DKIM (Domain-Keys Identified Mail) und DMARC (Domain-based Message Authentication, Reporting, and Conformance) zum Einsatz.

SPF prüft, ob der Server, der die E-Mail versendet, für die genannte Domain autorisiert ist. Damit wird sichergestellt, dass die E-Mail tatsächlich von einem legitimierten Server der angegebenen Domain stammt. SPF trägt somit dazu bei, Spoofing-Angriffe zu minimieren.

DKIM setzt auf digitale Signaturen, um die Authentizität der E-Mail zu gewährleisten. Dabei signiert der Absenderserver Teile der E-Mail und fügt eine Signatur hinzu. Der Empfängerserver kann diese Signatur über den öffentlichen Schlüssel der Domain überprüfen, um sicherzustellen, dass die E-Mail unverändert vom Absender stammt.

DMARC ist eine Richtlinie, die SPF und DKIM integriert. Sie legt fest, wie Empfängerserver mit E-Mails umgehen sollen, die keine korrekte SPF- oder DKIM-Authentifizierung aufweisen. DMARC bietet einen zusätzlichen Schutzmechanismus gegenüber E-Mails, die gefälschte Absenderadressen verwenden.

In Kombination tragen diese Technologien dazu bei, die Echtheit von E-Mails sicherzustellen und somit die Integrität der Kommunikation auf Anwendungsebene zu schützen.

19.6.2 Identifikation von gespooften E-Mails

Die Identifikation von gespooften E-Mails erfolgt durch die Kennzeichnung von
E-Mails, die von außerhalb der eigenen Organisation verschickt wurden und dennoch im eigenen E-Mail-Postfach eingegangen sind. Diese Maßnahme ermöglicht
die Erkennung von gespooften E-Mails und dient somit der Früherkennung von
möglichen Social-Engineering-Angriffen.

Ein Beispiel für diese Technik wäre der Empfang einer E-Mail von einer vertrauenswürdigen Domain, die jedoch die externen Authentifizierungsmethoden
nicht erfüllt. Dies könnte darauf hinweisen, dass die E-Mail gefälscht ist und
nicht wirklich von der behaupteten vertrauenswürdigen Quelle stammt. Durch die
Identifizierung solcher Unstimmigkeiten können Nutzer rechtzeitig vor potenziellen Spoofing-Angriffen gewarnt werden.

19.6.3 Verstärkte Identitätsprüfung

Die verstärkte Identitätsprüfung zielt darauf ab, insbesondere bei finanziellen
Transaktionen, die Sicherheit zu erhöhen. Dies erfordert möglicherweise die Implementierung mehrstufiger Authentifizierungsmethoden oder zusätzlicher Überprüfungen, um sicherzustellen, dass die Identität des Nutzers zuverlässig bestätigt
wird.

Als Beispiel kann neben den herkömmlichen Anmeldedaten wie Benutzername
und Passwort eine zusätzliche Authentifizierungsmethode erforderlich sein. Dies
könnte beispielsweise die Nutzung eines Einmalpassworts oder die Verwendung
biometrischer Daten wie Fingerabdrücke oder Gesichtserkennung umfassen.
Durch diese mehrstufigen Authentifizierungsschichten wird die Identitätsprüfung
gestärkt und ein höheres Maß an Sicherheit bei sensiblen Transaktionen erreicht.

19.6.4 Technische Lösungen für Schadsoftwareprüfung

Die technischen Lösungen zur Schadsoftwareprüfung auf E-Mail-Ebene basieren
auf fortschrittlichen Antiviren- und Antiphishing-Mechanismen. Diese Systeme
verfolgen das Ziel, schädliche Software zu identifizieren und zu isolieren, bevor
sie Zugang zum E-Mail-Postfach des Benutzers erhält. Dieser Prozess erfolgt
durch die Anwendung von hochentwickelten Sicherheitsalgorithmen und -proto-
kollen. Eine exemplarische Umsetzung dieses Ansatzes könnte die Implementierung einer robusten Sicherheitssoftware darstellen, die mithilfe von Echtzeit-
überprüfungen auf verdächtige Inhalte hin analysiert. Dabei werden verschiedene
Techniken wie die Signaturerkennung, heuristische Analysen und maschinelles
Lernen verwendet. Die Signaturerkennung identifiziert bekannte Muster von
schädlicher Software, während heuristische Analysen auf Verhaltensmustern basieren, um potenziell schädliche Aktivitäten zu erkennen. Darüber hinaus kann ma-

schinelles Lernen dazu verwendet werden, neue Bedrohungen zu erkennen, indem
es Muster und Anomalien in Echtzeit erkennt und darauf reagiert.

19.6.5 Phishing-Alert-Button

Die Integration eines Phishing-Alert-Buttons in E-Mail-Programmen wie Outlook repräsentiert eine zusätzliche Sicherheitsmaßnahme gegen Phishing-Angriffe.
Diese Funktion ermöglicht es Benutzern, verdächtige E-Mails zu identifizieren
und sie durch Markierung in einen dedizierten IT-Security-Quarantäneordner zu
verschieben. In diesem Ordner werden die als verdächtig markierten E-Mails einer
gründlichen Überprüfung durch Sicherheitsexperten unterzogen.

Ein konkretes Beispiel hierfür wäre, wenn ein Benutzer eine als verdächtig
empfundene E-Mail erhält und sie mittels des Phishing-Alert-Buttons markiert.
Die IT-Abteilung kann dann die Authentizität der betreffenden E-Mail verifizieren
und angemessene Schutzmaßnahmen ergreifen. Diese Technologie fokussiert darauf, menschliche Interaktionen im E-Mail-Kontext zu verbessern und die Fähigkeit der Endbenutzer zu stärken, potenziell betrügerische Aktivitäten zu erkennen.
Dieser Ansatz setzt auf eine proaktive Strategie, indem er die Benutzer in den Entscheidungsprozess einbezieht und gleichzeitig einen Mechanismus für eine nachfolgende Überprüfung durch Sicherheitsexperten bereitstellt. In diesem Sinne trägt
der Phishing-Alert-Button dazu bei, die Resilienz gegenüber Phishing-Attacken zu
stärken und die Reaktionsfähigkeit der IT-Sicherheitsinfrastruktur zu verbessern.

19.7 Technische Abwehrtaktiken gegen Smishing

In Anbetracht der anhaltenden Gefahr durch Smishing-Angriffe gewinnt die Umsetzung gezielter technischer Abwehrstrategien zunehmend an Bedeutung. Diese
Maßnahmen zielen darauf ab, die Angriffsfläche zu minimieren und Benutzer vor
irreführenden oder betrügerischen Aktivitäten im Zusammenhang mit SMS-ba-
siertem Phishing zu schützen. Im Kontext der IT-Sicherheit, insbesondere bei der
beruflichen und privaten Nutzung von Smartphones, spielen folgende technische
Abwehrstrategien eine entscheidende Rolle.

19.7.1 Containerisierung durch Mobile Device Management (MDM)

Die Implementierung von Containerlösungen innerhalb des MDM-Systems gewährleistet eine klare Trennung zwischen beruflichen und privaten Daten auf
dem mobilen Gerät. Dies verhindert, dass ein Smishing-Angriff, der den privaten
Bereich betrifft, auf das geschäftliche Umfeld übergreifen kann. Durch die Con-
tainerisierung werden separate Bereiche für geschäftliche und persönliche Anwendungen geschaffen, wodurch eine Isolierung von Daten und Anwendungen

erfolgt. Somit bleiben geschäftliche Informationen geschützt, selbst wenn der private Bereich des Geräts kompromittiert ist.

Diese Technologie bietet eine effektive Sicherheitsmaßnahme, um die Vertraulichkeit und Integrität geschäftlicher Daten auf mobilen Geräten zu gewährleisten.

19.7.2 Zugriffskontrollen und Berechtigungen

Die Definition und strikte Durchsetzung von Zugriffskontrollen und Berechtigungen innerhalb des Containers stellen sicher, dass nur autorisierte Anwendungen und Dienste auf geschäftliche Daten zugreifen dürfen. Diese Maßnahme gewährleistet, dass sensible Unternehmensinformationen nur von befugten Personen und Prozessen abgerufen werden können. Durch die genaue Steuerung von Berechtigungen wird das Risiko unautorisierten Zugriffs minimiert, was die Integrität und Vertraulichkeit der geschäftlichen Daten im Container schützt.

19.7.3 Virtuelle Umgebung für Apps

Die Nutzung von Virtualisierungstechnologien ermöglicht die Ausführung geschäftlicher Anwendungen in einer sicheren virtuellen Umgebung innerhalb des Containers. Diese präventive Maßnahme erschwert es Angreifern erheblich, auf geschäftliche Daten zuzugreifen. Durch die Isolation der Anwendungen in einer virtuellen Umgebung werden potenzielle Sicherheitslücken minimiert, da Angriffe innerhalb der virtuellen Umgebung begrenzt sind und keinen direkten Zugriff auf das gesamte System ermöglichen. Dies trägt dazu bei, die Integrität und Vertraulichkeit der geschäftlichen Daten zu wahren.

19.7.4 Verschlüsselung auf Containerebene

Die Implementierung von Containerverschlüsselungstechnologien gewährleistet, dass selbst im Falle eines erfolgreichen Smishing-Angriffs auf den privaten Bereich, die geschäftlichen Daten weiterhin geschützt sind. Diese präventive Maßnahme sorgt dafür, dass selbst bei Kompromittierung des privaten Bereichs die verschlüsselten geschäftlichen Daten für den Angreifer unzugänglich bleiben. Die Verschlüsselung auf Containerebene stellt somit eine zusätzliche Sicherheitsebene dar, die die Vertraulichkeit und Integrität der sensiblen geschäftlichen Informationen bewahrt.

19.7.5 Mobile App Reputation Services

Die Einbindung von mobilen App-Reputationsdiensten in das MDM-System unterstützt dabei, verdächtige oder bösartige Apps zu identifizieren und zu blockieren, noch bevor sie auf dem Gerät installiert werden. Durch kontinuierliche Überwachung und Analyse von App-Verhalten sowie -Herkunft ermöglichen diese Dienste eine proaktive Erkennung von potenziell schädlichen Anwendungen. Dies trägt dazu bei, die Sicherheit des mobilen Ökosystems aufrechtzuerhalten, indem gefährliche Apps frühzeitig identifiziert und von der Installation auf den Geräten der Benutzer abgehalten werden.

Nachdem wir präzise unser technisches Basissicherungskonzept sowie spezifische Einzelverteidigungskonzepte vorgestellt haben, widmen wir uns nun der Darstellung organisatorischer Verteidigungskonzepte, bevor wir anschließend die individuellen und menschlichen Verteidigungskonzepte betrachten.

Organisatorisches Basisverteidigungskonzept

Das holistische, organisatorische Basisverteidigungskonzept umfasst mehrere entscheidende Elemente, die in ihrer Kombination dazu beitragen, die Organisation wirksam vor Social-Engineering-Angriffen zu schützen. Diese Elemente bilden eine umfassende Sicherheitsstrategie, die sowohl präventive als auch reaktive Maßnahmen integriert. Im Folgenden werden die Schlüsselelemente dieses Konzepts näher erläutert.

Organisatorisches Basisverteidigungskonzept

Bezeichnung
Aufbau eines Sicherheitsteams in einer besonderen Aufbauorganisation.

Maßnahme
Definition und Etablierung eines dedizierten Sicherheitsteams als eigenständige Aufbauorganisation mit spezifischen Aufgaben und Verantwortlichkeiten im Bereich Informationssicherheit und Datenschutz.

Anwendung
Implementierung eines Sicherheitsteams als eigenständige Aufbauorganisation, das sich mit den individuellen und spezifischen Sicherheitsaspekten innerhalb der Organisation befasst. Dies umfasst die Auswahl qualifizierter Teammitglieder, die Entwicklung von internen Aufgaben- und Verantwortungsbereichen und die Konzeption, Durchführung und kontinuierliche Optimierung spezifischer Sicherheitsmaßnahmen im Rahmen der holistischen Informationssicherheit. Dabei müssen folgende Themenebereiche berücksichtigt werden:

E. Koza et al., *Social Engineering und Human Hacking*,
https://doi.org/10.1007/978-3-662-69388-9_20

- Risikomanagement (Risk Assessment, Behandlung, Kommunikation und Überwachung und Verfolgung von Risiken; [1]),
- Business Continuity Management und Notfallmanagement [2, 3],
- Incident Response Management [4–6],
- Vulnerability Management.

Normreferenzen
C. 5.2, C. 8.16 C. 5.29, C.30 ISO/EC 27001:2022, bzw. ISO/IEC 27002:2022 [7, 8].

 ORP.1 IT-Grundschutz-Kompendium [9].

Bezeichnung
Aufbau eines Wissensmanagements mit sicherheitsspezifischen Richtlinien und Prozeduren.

Maßnahme
Entwicklung und Implementierung sicherheitsspezifischer Richtlinien und Verfahren zur Integration in das Wissensmanagement.

 Erstellung klar definierter Leitlinien für den Umgang mit sicherheitsrelevantem Wissen, einschließlich Klassifizierung, Speicherung, Zugriffskontrolle und Austausch von sensiblen Informationen.

 Implementierung von Überprüfungsmechanismen und Schulungen, um sicherzustellen, dass Mitarbeiter mit den sicherheitsrelevanten Wissensmanagementrichtlinien vertraut sind.

 Kontinuierliche Aktualisierung und Anpassung der Richtlinien entsprechend sich entwickelnder Sicherheitsanforderungen und Bedrohungen.

Anwendung
Einrichtung eines Wissensmanagementsystems, das speziell auf sicherheitsrelevante Aspekte ausgerichtet ist. Hierbei werden die erstellten Richtlinien und Verfahren eingebettet, um ein strukturiertes und sicheres Wissensmanagement innerhalb der Organisation zu gewährleisten.

 Implementierung von Mechanismen zur regelmäßigen Überprüfung und Aktualisierung der sicherheitsrelevanten Richtlinien, um sicherzustellen, dass sie den aktuellen Bedrohungen und Anforderungen entsprechen.

Normreferenzen
Abschn. 7.5, 27001:2022, bzw. ISO/IEC 27002:2022 [7, 8].

 ISMS.1 IT-Grundschutz-Kompendium [9].

Bezeichnung
Aufbau und Etablierung eines detektierenden Meldeweges und -verfahrens zur Erfassung und Meldung von Informationssicherheitsvorfällen.

Maßnahme

Festlegung klarer Richtlinien und Prozesse, um Sicherheitsvorfälle zu erkennen, zu analysieren, zu dokumentieren und angemessen darauf zu reagieren.

Etablierung von Meldestrukturen, die eine schnelle und effektive Kommunikation von Sicherheitsvorfällen ermöglichen, um die Reaktionszeit zu minimieren.

Aufbau von Fähigkeiten zur Echtzeitreaktion sowie Aufbau von Fähigkeiten zur digitalen Forensik zur Minimierung, Isolierung der infiltrierten Bereiche sowie zur Rekonstruktion des digitalen Angriffspfades.

Anwendung

Einrichtung eines detektierenden Meldeweges innerhalb der Organisation, der es Mitarbeitern ermöglicht, verdächtige Aktivitäten oder Sicherheitsvorfälle zu melden.

Integration von Technologien zur automatisierten Erkennung von Sicherheitsvorfällen, um den Meldeweg zu unterstützen und die Effizienz bei der Identifizierung von Bedrohungen zu verbessern.

Regelmäßige Schulungen und Sensibilisierung der Mitarbeiter, um sicherzustellen, dass sie mit dem detektierenden Meldeweg vertraut sind und im Falle von Sicherheitsvorfällen angemessen reagieren können.

Überprüfung und Aktualisierung des Meldeweges im Einklang mit sich ändernden Sicherheitsanforderungen und Bedrohungen.

Normreferenzen

C. 6.8, C. 5.24. ISO/EC 27001:2022, bzw. ISO/IEC 27002:2022 [7, 8].

DER.2.1 IT-Grundschutz-Kompendium [9].

Bezeichnung

Aufbau und Etablierung von reaktiven und korrektiven Fähigkeiten zur Echtzeitreaktion sowie Recovery-Prozessen.

Maßnahme

Entwicklung und Implementierung reaktiver und korrektiver Fähigkeiten zur Echtzeitreaktion auf Sicherheitsvorfälle sowie entsprechender Recovery-Prozesse.

Erstellung von klaren Richtlinien und Prozeduren für die Echtzeitreaktion auf Sicherheitsvorfälle, um eine schnelle Identifizierung und Eindämmung zu gewährleisten.

Aufbau von Expertenteams und Ressourcen, die für die unmittelbare Reaktion auf Sicherheitsvorfälle geschult und verfügbar sind.

Implementierung von Recovery-Prozessen, um den normalen Betrieb nach einem Sicherheitsvorfall so schnell und effizient wie möglich wiederherzustellen.

Regelmäßige Schulungen und Simulationen, um die Reaktionsfähigkeiten der Sicherheitsteams zu verbessern.

Anwendung

Einrichtung eines Security Operations Center (SOC) oder eines ähnlichen Mechanismus zur Überwachung von Sicherheitsereignissen und zur Echtzeitreaktion.

Implementierung von Technologien zur automatisierten Erkennung von Anomalien und Bedrohungen, um die Reaktionszeit zu verkürzen.

Durchführung von regelmäßigen Notfallübungen, um die Wirksamkeit der reaktiven und korrektiven Fähigkeiten zu überprüfen und zu optimieren.

Integration von Feedbackschleifen, um nach einem Vorfall eine detaillierte Analyse durchzuführen und Verbesserungen an den Prozessen vorzunehmen.

Normreferenzen

C. 6.8, C. 5.24. ISO/EC 27001:2022, bzw. ISO/IEC 27002:2022 [7, 8].
DER.2.1 IT-Grundschutz-Kompendium [9].

Bezeichnung

Definition und Integration eines Sicherheitszonenkonzepts mit dem Schwerpunkt auf physischen und umgebungsbezogenen Sicherheitsperimetern.

Maßnahme

Analyse und Identifikation kritischer physischer und umgebungsbezogener Sicherheitsperimeter.

Definition und Einführung von klaren Richtlinien und Prozeduren zur Einrichtung von Sicherheitszonen basierend auf den identifizierten Kriterien und Implementierung von Zugangskontrollen und Überwachungssystemen an den physischen Sicherheitsperimetern.

Entwicklung von Mechanismen zur Erkennung und Reaktion auf unautorisierte physische Zugriffe oder Umweltbedrohungen sowie regelmäßige Schulungen und Sensibilisierung der Mitarbeiter für die Einhaltung der Sicherheitszonenrichtlinien.

Anwendung

Etablierung verschiedener Sicherheitszonen in physischen Umgebungen wie Rechenzentren, Serverräumen oder anderen kritischen Infrastrukturen. Dabei werden die verschiedenen Areale eines Unternehmens in unterschiedliche Kategorien eingeteilt. Die sogenannten Kronjuwelen werden in die höchste Sicherheitszone mit den umfassendsten Sicherheitsvorkehrungen eingebettet. Dies gewährleistet, dass ein Angreifer, der sich in einer öffentlichen Zone (= Sicherheitszone 1) befindet, erhebliche sicherheitstechnische Barrieren überwinden muss, bevor er Zugang zur höchsten Sicherheitszone (Sicherheitszone 4) erlangt.

Einsatz von Technologien wie Zugangskarten, biometrischen Systemen und Videoüberwachung zur Sicherung der physischen Sicherheitsperimeter.

Integration von Überwachungssystemen, um auf Bedrohungen wie Brände, Wasserschäden oder Temperaturabweichungen reagieren zu können.

Durchführung von regelmäßigen physischen Audits und Inspektionen, um sicherzustellen, dass die Sicherheitszonenkonzepte effektiv umgesetzt werden.

Normreferenzen

C. 7.1 ISO/EC 27001:2022 bzw. ISO/IEC 27002:2022 [7, 8].

INF.1, INF.2 IT-Grundschutz-Kompendium [9].

Bezeichnung

Regulierung des Arbeitens in Hochsicherheitsbereichen sowie Besuchermanagement.

Maßnahme

Implementierung von klaren Richtlinien und Verfahren für den Zugang und das Arbeiten in Hochsicherheitsbereichen sowie die Durchführung eines effektiven Besuchermanagements.

Dies beinhaltet auch die Regulierung des Arbeitens mit externen Einsatzorganisationen, die Klärung von Besuchermanagementrichtlinien, die Ausstattung von Besuchern mit speziellen Besucherausweisen und die Regulierung ihrer Bewegungen innerhalb der Organisation.

Zusätzlich werden Arbeitsaktivitäten in Hochsicherheitsbereichen unter Aufsicht durchgeführt, während in kritischen Bereichen das Arbeiten unter Genehmigung steht.

Anwendung

Implementierung von Sicherheitszonen in physischen Umgebungen wie Rechenzentren, Serverräumen oder anderen kritischen Infrastrukturen.

Strukturierte Kategorisierung der Sicherheitszonen von öffentlichen Bereichen bis zu höchsten Sicherheitszonen.

Sicherstellung, dass der direkte Zugang von einer niedrigeren Sicherheitszone zur höchsten Sicherheitszone unmöglich ist, um eine schichtweise Verteidigung zu gewährleisten.

Verwendung von physischen Barrieren wie verschlossenen Türen, Schleusen oder Sicherheitsschleusen, um den Zugang zu den verschiedenen Sicherheitszonen zu steuern.

Normreferenzen

C. 7.6 ISO/EC 27001:2022 bzw. ISO/IEC 27002:2022 [7, 8].

INF.1, INF.2 IT-Grundschutz-Kompendium [9].

Bezeichnung

Information Security Awareness, Training und Education.

Maßnahme

Entwicklung eines ganzheitlichen Schulungskonzepts mit verschiedenen Elementen zur Berücksichtigung unterschiedlicher Lernstile und Präferenzen.

Integration von homogenen Schulungsinhalten, die auf spezifische Zielgruppen und Bedürfnisse zugeschnitten sind.

Schaffung von diversen Schulungsumgebungen, einschließlich Präsenzveranstaltungen, digitaler Lernplattformen und Gamification-Elemente.

Implementierung von Übungen und Trainingseinheiten, um die Verteidigungsfähigkeiten der Mitarbeiter zu stärken.

Anwendung von realistischen Simulationsszenarien, die den Mitarbeitern ermöglichen, den Ernstfall zu trainieren und angemessen zu reagieren.

Anwendung
Regelmäßige Durchführung von Schulungen in verschiedenen Formaten, um eine kontinuierliche Schulung und Wissensaufbau zu gewährleisten.

Homogene Schulungsinhalte an spezifische Zielgruppen anpassen, wie z. B. Führungskräfte und Fi-Bu-Mitarbeiter, die einem erhöhten Risiko, wie bei CEO-Fraud, ausgesetzt sind.

Integration von wiederholtem Training und Übungen wie Phishing- und Vishing-Kampagnen, um eine langfristige und nachhaltige Verbesserung der Sicherheitskenntnisse zu erreichen.

Orientiert an der Konzeption der Pilotenausbildung werden verschiedene Simulationsszenarien konstruiert, die eine breite Palette von realitätsnahen Angriffssituationen abdecken. Dabei werden sogar Worst-Case-Szenarien, wie beispielsweise Flugzeugabstürze, berücksichtigt. Das grundlegende Ziel solcher Trainingseinheiten besteht darin, nicht nur die Umsetzbarkeit definierter Protokolle zu untersuchen, sondern auch die individuellen Fähigkeiten der Teilnehmenden zu optimieren. Hierbei strebt man an, dass die Reaktion auf Angriffe zu einem konditionierten Verhalten wird, bei dem die Mitarbeiter rasch, effizient und beinahe intuitiv die erforderlichen Maßnahmen und Abwehrmechanismen umsetzen können.

Spezifische Weiterbildung für Mitarbeiter, die besonders hohen Angriffsrisiken ausgesetzt sind, um deren Widerstandsfähigkeit zu stärken.

Normreferenzen
Abschn. 7.2, ISO/IEC 27001:2022 [7].

C. 6.3 ISO/EC 27001:2022, bzw. ISO/IEC 27002:2022 [7, 8].

ORP. 3 IT-Grundschutz-Kompendium [9].

Nach der Darlegung des organisatorischen Basisverteidigungskonzepts widmen wir uns nun spezifischen organisatorischen Verteidigungskonzepten, die auf bestimmte Angriffsarten zugeschnitten sind.

Literatur

1. ISO/IEC 27005:2011-06-01, Information technology – Security techniques – Information security risk management.
2. Deutsches Institut für Normung (DIN), Sicherheit und Resilienz – Business Continuity Management System – Anforderungen (ISO 22301:2019).
3. Bundesamt für Sicherheit in der Informationstechnik (BSI), Business Continuity Management, BSI-Standard 200-4, Reguvis Fachmedien GmbH, 2023.
4. International Organization for Standardisation, Electrotechnical Commission (ISO/IEC) 27035-3:2020-09, Informationstechnik – Informationssicherheit Vorfallmanagement – Teil 3: Leitlinien für IKT-Vorfallsreaktionsmaßnahmen.
5. International Organization for Standardisation, Electrotechnical Commission (ISO/IEC) 27035-2:2016-11, Informationstechnik – IT Sicherheitsverfahren – Informationssicherheit Störfallmanagement – Teil 2: Leitfaden zur Planung und Vorbereitung der Incident-Response, (ISO/IEC 27035:2011-09).
6. International Organization for Standardisation, Electrotechnical Commission (ISO/IEC) 27035-1:2016-11, Information technology – Security techniques – Information security incident management, Part 1: Principles of incident management (ISO/IEC 27035:2011-09).
7. Deutsches Institut für Normung (DIN), Informationssicherheit, Cybersicherheit und Datenschutz – Informationssicherheitsmanagementsysteme – Anforderungen (ISO/IEC 27001:2022).
8. Deutsches Institut für Normung (DIN), Informationssicherheit, Cybersicherheit und Schutz der Privatsphäre – Informationssicherheitsmaßnahmen (ISO/IEC 27002:2022).
9. Bundesamt für Sicherheit in der Informationstechnik (BSI), IT-Grundschutz-Kompendium, 2023.

Organisatorische Abwehrtechniken 21

21.1 Organisatorische Abwehrtaktiken gegen BEC und Phishingarten

In diesem Kapitel werden wir uns mit organisatorischen Abwehrtaktiken gegen verschiedene Täuschungsversuche befassen, darunter Vishing, Phishing, Smishing und BEC. Diese Angriffsarten mögen in ihren spezifischen Ausprägungen Unterschiede aufweisen, jedoch teilen sie einen fundamentalen taktischen Nenner. Dieser besteht darin, elektronische Datenübertragungstechnologien zu nutzen, um die Zielperson zur Durchführung von Handlungen zu veranlassen, die unter normalen Umständen vermieden werden sollten. Die Verzahnung dieser Angriffsarten aufgrund dieses gemeinsamen taktischen Elements ermöglicht eine kohärente und umfassende Betrachtung der Abwehrtaktiken. Indem wir uns auf die zugrunde liegende Strategie konzentrieren, können organisationsweite Verteidigungsmaßnahmen effektiver gestaltet werden. Unser Ansatz konzentriert sich darauf, effektive Verteidigungsmaßnahmen zu entwickeln, die auf dieses grundlegende taktische Element abzielen. Durch die Zusammenfassung dieser Bedrohungen ermöglichen wir eine ganzheitliche Betrachtung von Abwehrtaktiken, die die Sicherheitslage umfassend stärken und gleichzeitig einen klaren Überblick über die Schutzmaßnahmen gegenüber elektronisch basierten Täuschungsversuchen bieten.

Im Kontext der Organisationssicherheit, insbesondere bei den oben aufgeführten Angriffsarten, spielen die folgenden organisatorischen Abwehrstrategien eine entscheidende Rolle.

E. Koza et al., *Social Engineering und Human Hacking*, https://doi.org/10.1007/978-3-662-69388-9_21

21.1.1 Konzeption und Integration eines Verifizierungsprozesses (Vishing)

Die Implementierung von Verifizierungsprozessen in Unternehmen erfordert eine strukturierte und präzise Vorgehensweise, um sicherzustellen, dass sensible Informationen ausschließlich an legitime Anfragen weitergegeben werden. Der Verifizierungsprozess soll sicherstellen, dass die Identität des Anrufers verlässlich überprüft wird, insbesondere bei Anrufen, die sensible oder vertrauliche Informationen betreffen. Im Folgenden werden die Schritte dieses Prozesses näher erläutert.

Identifikation des Anrufers
Der Mitarbeiter sollte zu Beginn des Anrufs den Anrufer identifizieren und die vermeintliche Identität überprüfen. Hierbei ist es wichtig, Namen, Organisation und Position des Anrufers zu erfragen.

Verwendung von Authentifizierungsmethoden
Zusätzlich zur Identifikation kann eine Authentifizierungsmethode verwendet werden, um die Legitimität des Anrufers sicherzustellen. Dies kann beispielsweise die Anforderung von vorab festgelegten Informationen sein, die nur legitime Benutzer kennen sollten.

Rückrufbestätigung
Bei Unsicherheiten bezüglich der Authentizität des Anrufers sollte der Mitarbeiter einen Rückruf initiieren. Hierbei ist wichtig, dass der Rückruf über eine offizielle, verifizierte Telefonnummer erfolgt, um sicherzustellen, dass die Kommunikation mit einer legitimen Partei stattfindet.

Zusätzliche Schritte bei Unsicherheiten
Bei anhaltenden Unsicherheiten bezüglich der Legitimität des Anrufers sollten zusätzliche Schritte zur Bestätigung eingeleitet werden. Dies könnte die Kontaktaufnahme mit internen Verantwortlichen oder die Überprüfung von Sicherheitsprotokollen beinhalten.

Dokumentation des Verifizierungsprozesses
Der gesamte Verifizierungsprozess sollte dokumentiert werden, um eine lückenlose Nachverfolgbarkeit zu gewährleisten. Dies beinhaltet die ergriffenen Maßnahmen, die überprüften Informationen und das Ergebnis der Verifizierung.

Dabei ist es grundsätzlich möglich, die gleiche Prozesskette für die Konzeption und Integration von Verifizierungsprozessen auch auf andere Arten von Phishingangriffen anzuwenden. Die Metaebene der Verifizierungsprozesse, die darauf abzielt, die Legitimität von Anfragen und Kommunikationen zu überprüfen, bleibt in vielen Phishingszenarien konsistent. Die spezifischen Details und Maßnahmen können je nach Phishingart variieren, aber die grundlegende Strategie zur Identifikation, Überprüfung und Reaktion bleibt ähnlich.

Beispielsweise könnten ähnliche Verifizierungsprozesse für verschiedene Phishingformen wie Spear Phishing, Clone Phishing oder Link Manipulation entwickelt werden. Dabei wäre es wichtig, die spezifischen Charakteristika und Taktiken jeder Phishingart zu berücksichtigen, um effektivere Verifizierungsmaßnahmen zu implementieren.

Die Metaebene der Verifizierung beinhaltet weiterhin die Schulung der Mitarbeiter, Implementierung klarer Richtlinien, automatisierte Überprüfungswerkzeuge, Rückrufprotokolle und einen Rückmeldeprozess. Diese Elemente können als Grundbausteine dienen, die je nach Phishingart modifiziert und angepasst werden, um den spezifischen Anforderungen gerecht zu werden.

Die Flexibilität dieser Metaebene ermöglicht es Unternehmen, eine konsistente und effektive Verteidigungsstrategie gegenüber einer Vielzahl von Phishingangriffen zu entwickeln.

Nachfolgend präsentieren wir zwei Verifikationsketten, anhand derer Sie die Möglichkeit erhalten, die Prozessschritte zur Anfrageverifikation besser zu verstehen. Wir verwenden hierzu zwei konkrete Phishing- und Vishing-Angriffsarten.

Die strikte Umsetzung dieser Verifizierungsprozesse trägt dazu bei, dass sensible Informationen nur an berechtigte Parteien weitergegeben werden. Durch die Kombination von Identifikation, Authentifizierung und Rückrufmechanismen wird eine robuste Sicherheitslage geschaffen, die die Organisation vor den Risiken von Vishing-Angriffen schützt.

21.2 Organisatorische Abwehrtaktiken gegen Shoulder Surfing

Organisatorische Abwehrtaktiken gegen Shoulder Surfing, insbesondere in öffentlichen Bereichen, können folgende Maßnahmen umfassen.

21.2.1 Telearbeitrichtlinien

Klare Festlegung von Leitlinien, die den Umgang mit sensiblen Informationen in öffentlichen Umgebungen während der Telearbeit regeln. Mitarbeiter werden aufgefordert, vertrauliche Aufgaben zu vermeiden und besondere Vorsichtsmaßnahmen zu ergreifen, um die Sicherheit und Integrität der übertragenen Daten zu gewährleisten. Diese Richtlinien umfassen präzise Anweisungen zur Nutzung von sicheren Netzwerkverbindungen, verschlüsselten Kommunikationskanälen und die Vermeidung von öffentlichen Computern oder ungesicherten Netzwerken. Darüber hinaus sollen die Mitarbeiter über die potenziellen Risiken aufgeklärt werden und sensibilisiert sein, wie sie proaktiv dazu beitragen können, die Vertraulichkeit der Unternehmensinformationen während der Telearbeit zu wahren.

Telearbeit bezieht sich auf eine Arbeitsform, bei der Mitarbeiter ihre beruflichen Aufgaben außerhalb des traditionellen Büroumfelds erledigen. Dies kann in verschiedenen Formen erfolgen, darunter Heimarbeit, dezentrales Arbeiten oder virtuelle Arbeit von entfernten Standorten aus. Telearbeit ermöglicht es den Beschäftigten, flexibler zu arbeiten und ihre Aufgaben von verschiedenen Orten aus zu erledigen, häufig unter Verwendung von IT und digitalen Kommunikationsmitteln. Es kann sowohl zeitlich als auch räumlich logische flexiblere Arbeitsmöglichkeiten bieten, was insbesondere in Situationen wie globalen Pandemien, Mobilitätseinschränkungen oder anderen besonderen Umständen von Vorteil sein kann.

21.2.2 Sichtschutzfilter für Bildschirme

Sichtschutzfilter (**Privacy Screens**) für Bildschirme sind Vorrichtungen, die an Computern verwendet werden, um sicherzustellen, dass die auf dem Bildschirm angezeigten Inhalte nur für die Person direkt vor dem Bildschirm sichtbar sind.

Diese Filter dienen dazu, ungewollte Einblicke und das sogenannte Shoulder Surfing zu verhindern, indem sie den Blickwinkel einschränken und die Sichtbarkeit der Bildschirminhalte von der Seite oder anderen Blickrichtungen begrenzen. Der Einsatz solcher Sichtschutzfilter trägt dazu bei, die Vertraulichkeit von Informationen zu wahren und sensible Daten vor neugierigen Blicken zu schützen.

21.2.3 Schulungen und Training

Mitarbeiterschulungen mit dem Fokus auf der Sensibilisierung für die Risiken von Shoulder Surfing, insbesondere in Umgebungen wie öffentlichen Verkehrsmitteln oder stark frequentierten öffentlichen Plätzen. Schulungen sollen darauf abzielen, das Bewusstsein der Mitarbeiter für potenzielle Gefahren zu schärfen und sie dazu zu befähigen, angemessene Schutzmaßnahmen zu ergreifen. Insbesondere in öffentlichen Bereichen, wo die Gefahr des Shoulder Surfing erhöht ist, sollten Schulungen klare Verhaltensrichtlinien und Schutzmaßnahmen vermitteln.

Hierbei sollte ebenfalls der Fokus auf Training, insbesondere durch die Simulation von Angriffen, liegen. Das Instrument des „Social-Engineering-Pentests", das bereits im Kapitel White Chapter vorgestellt wurde, kann hierbei effektiv unterstützen.

21.2.4 Regelungen zum Umgang mit IT-Assets

Festlegung klarer Richtlinien bezüglich des Umgangs mit IT-Geräten und Assets, insbesondere in öffentlichen Bereichen. Mitarbeiter sollten dazu angehalten werden, ihre Geräte sicher zu verwenden und sensible Informationen angemessen zu schützen.

21.2.5 Clear-Screen-Richtlinien

Festlegung eindeutiger Richtlinien für das Clear-Screen-Verfahren, um sicherzustellen, dass Mitarbeiter ihre Bildschirme regelmäßig leeren, insbesondere in öffentlichen Bereichen oder wenn unautorisierte Betrachter anwesend sein könnten.

Diese Richtlinien sollen sicherstellen, dass keine sensiblen Informationen auf den Bildschirmen verbleiben und somit das Risiko von unbefugtem Einblick minimiert wird. Mitarbeiter sollten sensibilisiert werden, diese Clear-Screen-Richtlinien konsequent zu befolgen, um die Integrität und Vertraulichkeit der dargestellten Informationen zu wahren.

Diese organisatorischen Maßnahmen sollen sicherstellen, dass Mitarbeiter auch in öffentlichen Bereichen bewusst mit sensiblen Informationen umgehen und die Gefahren von Shoulder Surfing minimieren.

21.3   Organisatorische Abwehrtaktiken gegen Dumpster Diving

Organisatorische Abwehrtaktiken gegen Dumpster Diving umfassen verschiedene Maßnahmen, die darauf abzielen, sensible Informationen vor unbefugtem Zugriff durch das Durchsuchen von Müllcontainern zu schützen. Hier sind einige organisatorische Abwehrtaktiken:

21.3.1   Richtlinie zur sicheren Entsorgung von Wechseldatenträgern

Die Definition klarer Richtlinien und Verfahren zur sicheren Entsorgung von Unternehmensdokumenten und -materialien umfasst die systematische Festlegung strukturierter Protokolle für den Umgang mit Wechseldatenträgern. Mitarbeiter werden instruiert, im Rahmen dieses Prozesses sensible Informationen durch nachweisbare Methoden wie effektive Vernichtungstechniken oder Schwärzungsverfahren vor der finalen Entsorgung zu eliminieren. Diese Maßnahmen dienen dazu, die Integrität vertraulicher Unternehmensdaten zu wahren und potenzielle Risiken der unautorisierten Offenlegung zu minimieren.

Die Umsetzung dieser Richtlinie orientiert sich an den Standards der *DIN 66399* zur sicheren Entsorgung. Die DIN 66399 [1] definiert spezifische Klassifizierungen und Anforderungen für die Vernichtung von Datenträgern und dokumentiert somit bewährte Praktiken im Bereich der Datensicherheit.

Die Einbindung dieser Norm in die Richtlinie gewährleistet eine konforme und effektive Umsetzung der Sicherheitsmaßnahmen im Rahmen der Wechseldatenträgerentsorgung und trägt dazu bei, die Sicherheit sensibler Informationen gemäß anerkanntem Standard zu gewährleisten.

21.3.2   Schulungen und Training

Regelmäßige Schulungen und Trainingsmaßnahmen für Mitarbeiter dienen dazu, sie über die potenziellen Risiken von Dumpster Diving aufzuklären. Innerhalb dieses Rahmens erhalten die Mitarbeiter klare Anweisungen, die betonen, wie wichtig es ist, sensible Informationen ordnungsgemäß zu entsorgen. Es wird empfohlen, die Belegschaft über die Gefahren von Dumpster Diving zu informieren und sie darauf zu schulen, wie vertrauliche Informationen sicher entsorgt werden können – sowohl innerhalb der Unternehmensräumlichkeiten als auch im Kontext des Homeoffice.

Die Mitarbeiter sollten darüber hinaus darauf vorbereitet werden, die potenzielle Bedrohung des Dumpster Diving im täglichen Geschäft zu erkennen. Beobachtungen aus physischen Social-Engineering-Pentests verdeutlichen, dass in größeren Unternehmen und Konzernen oft geringe Aufmerksamkeit auf unbekannte Personen gerichtet wird. Dies erhöht das Risiko, dass eine externe Person eine Datenschutztonne, wie sie typischerweise in Bürofluren zu finden ist, unbemerkt entwendet, in einen leeren Raum oder ein WC bringt, die Tonne aufbricht und sensible Papierdaten extrahiert.

Die erfolgreiche Inszenierung eines Sicherheitsvorfalls kann dabei erfolgen, ohne dass die Tonne physisch aus dem Unternehmensgebäude entfernt wird. Daher ist es von entscheidender Bedeutung, die Mitarbeiter global für die Gefahren des Dumpster Diving zu sensibilisieren und sie in angemessenen Sicherheitspraktiken zu schulen.

21.3.3 Nutzung von Aktenvernichtern

Die Bereitstellung von Aktenvernichtern an strategischen Standorten im Unternehmen, insbesondere in unmittelbarer Nähe von Bürobereichen, in denen regelmäßig vertrauliche Dokumente verwendet werden, dient der Sicherung sensibler Informationen. Mitarbeiter werden dazu ermutigt, nicht mehr benötigte Papiere unverzüglich zu vernichten, um die Vertraulichkeit und Integrität unternehmenskritischer Daten zu gewährleisten.

Diese Maßnahme basiert auf der strategischen Platzierung von Aktenvernichtern anhand einer risikobasierten Analyse der Arbeitsbereiche, in denen sensible Informationen verarbeitet werden. Die gezielte Anordnung an strategischen Standorten erleichtert den Mitarbeitern den Zugang zu den Aktenvernichtern und fördert somit eine zeitnahe und effiziente Entsorgung nicht mehr benötigter Dokumente.

Die Empfehlung zur unverzüglichen Vernichtung nicht mehr benötigter Papiere entspricht einer proaktiven Vorgehensweise, um potenzielle Sicherheitslücken zu minimieren.

Dieser Handlungsaufruf basiert auf der Erkenntnis, dass unmittelbare Maßnahmen zur Entfernung sensibler Informationen das Risiko der unbeabsichtigten Freigabe minimieren und somit der Sicherheit der Unternehmensdaten dienlich sind.

Die Integration dieser präventiven Maßnahmen zur Aktenvernichtung in die täglichen Arbeitsabläufe trägt dazu bei, die Sensibilität der Mitarbeiter gegenüber Datenschutzfragen zu schärfen und einen proaktiven Ansatz im Umgang mit vertraulichen Dokumenten zu fördern.

21.3.4 Zutrittskontrolle zu Müllbereichen

Die Beschränkung des Zugangs zu den Müllbereichen des Unternehmens ist von essenzieller Bedeutung für die Sicherheit vertraulicher Informationen. Diese Restriktion kann durch den Einsatz von gezielten Sicherheitsmaßnahmen wie hochwertigen Schlössern, Zugangskarten oder Überwachungskameras umgesetzt werden. Ziel ist es, unbefugten Zugriff zu verhindern und somit potenzielle Sicherheitsrisiken im Zusammenhang mit der Entsorgung vertraulicher Dokumente zu minimieren.

Die Implementierung solcher Sicherheitsvorkehrungen erfordert eine gezielte Analyse der Müllbereiche und ihrer potenziellen Anfälligkeiten für unautorisierten Zugang. Die Auswahl von adäquaten Zugangskontrollmechanismen, wie beispielsweise elektronischen Zugangskarten oder biometrischen Identifikationsmethoden, trägt dazu bei, eine präzise und effektive Zutrittskontrolle zu gewährleisten.

Die Integration von Überwachungskameras bietet nicht nur eine zusätzliche Sicherheitsebene, sondern ermöglicht auch eine lückenlose Überwachung des Zugangs zu den Müllbereichen. Dies unterstützt die Identifikation und Nachverfolgung von Personen, die versuchen könnten, unbefugten Zugriff zu erlangen.

21.3.5 Einsatz von Sicherheitsbehältern

Die Bereitstellung von sicheren Müllbehältern, die geschlossen und abschließbar sind, stellt eine grundlegende Maßnahme dar, um den Schutz sensibler Informationen während des Entsorgungsprozesses zu gewährleisten. Durch diese gezielte Sicherheitsvorkehrung wird das Durchsuchen von Müllcontainern erschwert und somit wird die Wahrscheinlichkeit der unbefugten Offenlegung vertraulicher Daten minimiert.

Die Verwendung von geschlossenen und abschließbaren Müllbehältern bildet eine physische Barriere gegen den unbefugten Zugriff auf entsorgte Dokumente. Dies erhöht die Sicherheit der Müllbereiche und verringert das Risiko von Informationslecks erheblich. Die Abschließbarkeit der Behälter gewährleistet, dass nur befugtes Personal Zugang zu den entsorgten Materialien hat.

Die gezielte Platzierung dieser Sicherheitsbehälter in strategischen Müllbereichen des Unternehmens unterstützt eine effektive Integration in die täglichen Arbeitsabläufe. Dadurch wird eine nahtlose Entsorgung vertraulicher Dokumente ermöglicht, ohne dabei die Sicherheit der Unternehmensdaten zu vernachlässigen.

Insgesamt trägt der Einsatz von geschlossenen und abschließbaren Sicherheitsbehältern dazu bei, eine umfassende Sicherheitsstrategie im Umgang mit sensiblen Informationen zu realisieren und potenzielle Sicherheitsrisiken während des Entsorgungsprozesses zu minimieren.

21.3.6 Kennzeichnung und Klassifizierung

Die deutliche Kennzeichnung von Dokumenten und Materialien zur Anzeige ihrer Sensibilität ist eine grundlegende Sicherheitsmaßnahme, um Mitarbeitern die einfache Identifikation von Informationen zu ermöglichen, die vor der Entsorgung besonders geschützt werden müssen. Diese präzise Kennzeichnung und Klassifizierung schaffen Transparenz über den Schutzbedarf von Unternehmensdaten und fördern ein bewusstes Handeln der Mitarbeiter im Umgang mit sensiblen Informationen.

Die Kennzeichnung erfolgt durch ein klar strukturiertes Klassifizierungssystem, das die Sensibilität und Vertraulichkeit von Dokumenten eindeutig definiert. Durch diese visuelle Markierung erhalten Mitarbeiter klare Hinweise darauf, welche Schutzmaßnahmen vor der Entsorgung ergriffen werden müssen. Dies trägt dazu bei, menschliche Fehler zu minimieren und das Bewusstsein für die Bedeutung der Sicherheit bei der Entsorgung zu schärfen.

Die Implementierung eines einheitlichen Kennzeichnungs- und Klassifizierungssystems ermöglicht es zudem, den Umgang mit vertraulichen Informationen unternehmensweit zu standardisieren. Dadurch wird eine konsistente und effektive Umsetzung von Sicherheitsrichtlinien gewährleistet.

Insgesamt fördert die deutliche Kennzeichnung von Dokumenten und Materialien nicht nur die Sicherheit im Entsorgungsprozess, sondern stärkt auch das Sicherheitsbewusstsein der Mitarbeiter, was zu einer proaktiven Haltung im Schutz vertraulicher Unternehmensdaten führt.

21.3.7 Vertragspartnermanagement und Lieferantensicherheit

Die Implementierung von Sicherheitsstandards für externe Dienstleister, die für die Entsorgung von Unternehmensmaterialien verantwortlich sind, ist ein wesentlicher Bestandteil effektiven Vertragspartnermanagements. Hierbei sollten vertraglich definierte Sicherheitsanforderungen festgelegt werden, um sicherzustellen, dass Dritte angemessene Schutzmaßnahmen ergreifen.

Diese Sicherheitsstandards für externe Dienstleister sind darauf ausgerichtet, sicherzustellen, dass sämtliche Parteien, die in den Entsorgungsprozess involviert sind, einheitliche Sicherheitsrichtlinien befolgen. Vertragspartner werden dazu verpflichtet, im Rahmen ihrer Tätigkeiten angemessene technische, physische und organisatorische Maßnahmen zu implementieren, um die Vertraulichkeit und Integrität der entsorgten Unternehmensmaterialien zu gewährleisten.

Die vertragliche Festlegung von Sicherheitsanforderungen ermöglicht eine klare Kommunikation der Erwartungen an externe Dienstleister hinsichtlich der Datensicherheit.

Dies beinhaltet beispielsweise die Verschlüsselung von Daten, sichere Transportmethoden und eine sichere Entsorgung am Ende des Lebenszyklus von Materialien.

Insgesamt trägt die Integration von Sicherheitsstandards in das Vertragspartnermanagement dazu bei, das Risiko von Sicherheitsverletzungen im Zusammenhang mit der Entsorgung von Unternehmensmaterialien zu minimieren. Dies fördert nicht nur die Sicherheit der Daten, sondern stärkt auch das Vertrauen in die Gesamtsicherheit der Geschäftsabläufe.

Innerhalb des Kontexts der Informationssicherheit ist es essenziell zu unterstreichen, dass der Begriff Datenträger nicht ausschließlich auf physische Papierdokumente beschränkt ist. Dies schließt vielmehr logische und elektronische Wechseldatenträger mit ein, darunter Festplatten, Computer sowie USB-Sticks. Daher müssen die Sicherheitsrichtlinien und -maßnahmen nicht nur auf herkömmliche Papiere abzielen, sondern gleichermaßen für digitale und elektronische Speichermedien gelten. Die umfassende Berücksichtigung dieser verschiedenen Datenträgerformen ist von entscheidender Bedeutung, um einen ganzheitlichen Schutz vertraulicher Informationen zu gewährleisten.

21.4 Organisatorische Abwehrtaktiken gegen Tailgating

Im Kampf gegen das unautorisierte Betreten von Sicherheitsbereichen mittels Tailgating, also des unbefugten Nachfolgens von berechtigten Personen, sind effektive organisatorische Abwehrtaktiken von entscheidender Bedeutung. Die Implementierung solcher Maßnahmen trägt dazu bei, die physische Sicherheit von Zugangspunkten zu gewährleisten und das Risiko von nicht autorisierten Zutritten zu minimieren. Im Folgenden werden einige bewährte organisatorische Taktiken erläutert.

21.4.1 Einsatz von Sicherheitspersonal

Die Anwesenheit von qualifiziertem Sicherheitspersonal an Zugangspunkten stellt eine effektive Abwehrmaßnahme gegen Tailgating dar. Das Personal sollte einer spezifischen Schulung unterzogen werden, die darauf abzielt, verdächtiges Verhalten zu identifizieren und adäquate Gegenmaßnahmen zu ergreifen. Diese Sicherheitskräfte spielen eine entscheidende Rolle bei der Gewährleistung der physischen Sicherheit, indem sie nicht nur den legitimierten Zutritt überwachen, sondern auch bei unbefugtem Zugang unverzüglich eingreifen, um mögliche Schäden zu verhindern.

Die Kompetenz des Sicherheitspersonals erstreckt sich über die gezielte Kontrolle berechtigter Zugangsberechtigungen hinaus.

Durch die Fähigkeit, verdächtige Verhaltensweisen zu erkennen, tragen sie aktiv dazu bei, unautorisierte Zutritte zu unterbinden. Ihre Schulung beinhaltet dabei auch die Anwendung angemessener Sicherheitsprotokolle, um auf potenzielle Sicherheitsbedrohungen zu reagieren.

Darüber hinaus fungiert qualifiziertes und aufmerksames Sicherheitspersonal als Abschreckungsfaktor, indem allein die Anwesenheit bereits eine präventive

Wirkung entfaltet. Dies schafft eine Sicherheitsatmosphäre, die potenzielle Eindringlinge von illegitimen Versuchen abhalten kann.

Die ganzheitliche Rolle des Sicherheitspersonals an Zugangspunkten gewährleistet nicht nur eine reaktive Verteidigung gegen Tailgating, sondern unterstützt auch proaktiv durch präventive Maßnahmen und eine fortwährende Überwachung der Sicherheitslage.

21.4.2 Sensibilisierung, Schulung und Training der Mitarbeiter

Es ist von entscheidender Bedeutung, die Mitarbeiter über die potenziellen Gefahren von Tailgating aufzuklären. Schulungen dienen dazu, das Bewusstsein der Mitarbeiter für die Anzeichen von Tailgating zu schärfen und ihnen die angemessene Reaktion darauf zu vermitteln. Hierbei ist insbesondere die strikte Einhaltung der Sicherheitsrichtlinien von essenzieller Relevanz, ebenso wie das unverzügliche Melden verdächtiger Personen oder Vorfälle. Dabei gilt der Grundsatz: „Besonders befugtes Personal benötigt eine besondere Sensibilisierung." Personen mit spezieller Autorisierung zum Zugang zu besonders geschützten Bereichen tragen ein zusätzliches Maß an Verantwortung. Daher bedarf es einer intensiven Schulung für diese Gruppe, um sicherzustellen, dass ihre Befugnisse nicht von unberechtigten Personen ausgenutzt werden können.

Die Schulungen sollten gezielt auf die Identifikation von Tailgating-Situationen abzielen und die Mitarbeiter in die Lage versetzen, proaktiv zur Sicherheit des Zugangs beizutragen. Dies umfasst nicht nur die Erkennung verdächtiger Verhaltensweisen, sondern auch das Verständnis für die Bedeutung der sofortigen Meldung solcher Vorfälle.

Die zusätzliche Sensibilisierung und Schulung von besonders autorisierten Personen gewährleisten, dass diese sich ihrer Verantwortung bewusst sind und die erforderlichen Maßnahmen ergreifen können, um eine unbefugte Nutzung ihrer Autorisierung zu verhindern. Dies trägt zur Integrität des Zugangssystems und zur Minimierung von Sicherheitsrisiken durch Tailgating bei.

Die Kombination dieser organisatorischen Abwehrtaktiken schafft eine robuste Verteidigung gegen Tailgating und trägt dazu bei, die Integrität von Sicherheitsbereichen in Unternehmen zu wahren.

Literatur

1. Deutsches Institut für Normung (DIN), DIN 66399-1:2012-10 Büro- und Datentechnik – Vernichten von Datenträgern – Teil 1: Grundlagen und Begriffe, S. 1–8.

Human-based Basisverteidigungskonzept 22

Ein humanbasiertes Basisverteidigungskonzept gegen Social Engineering erfordert eine mehrstufige, ganzheitliche Definition, Planung und Umsetzung [1].

22.1 Sicherheits- und Fehlerkultur

Hierbei spielen verschiedene Merkmale eine entscheidende Rolle, wobei das grundlegende Element im Verständnis der Leitung liegt. Die Aufgaben der Leitung einer Organisation im Sinne der Sicherheitstechnik definieren sich nicht nur durch die Integration ausreichender Ressourcen und Unterstützung, sondern vor allem durch das Beharren auf einem Zustand, in dem eine Sicherheitskultur gedeihen kann. Dies schließt auch eine offene Fehlerkultur ein.

In einer gesunden Sicherheitskultur werden Fehler nicht als Anlass für Sanktionen betrachtet, sondern als Chance zur Identifikation, Analyse und Implementierung von Maßnahmen zur Schließung von Lücken und zur Steigerung der Resilienz. Dies erfordert vorbildliches Verhalten der Leitung, die eine Sicherheitskultur etabliert, welche der Sicherheit der Organisation wirklich zuträglich ist.

Die Implementierung dieses Paradigmas erfordert langfristige Anstrengungen, da eine menschenorientierte Sicherheitskultur Zeit benötigt, um integriert, verinnerlicht und schließlich gelebt zu werden. Dabei sind psychologische Aspekte von zentraler Bedeutung und sollten besonders berücksichtigt werden. In einem späteren Verlauf zeigen wir Ihnen beispielsweise, wie Placebo- und Noceboeffekte auf Ihre Mitarbeiter wirken können [2].

Nach erfolgreicher Implementierung dieses Paradigmas wird jeder Mitarbeiter zu einem aktiven Sensor, vergleichbar mit dem Militärkonzept „every soldier is a sensor". Die Mitarbeiter agieren dabei als unverzichtbare Detektive im Sicherheitskonzept, indem sie sich aktiv beteiligen, proaktiv Sicherheitslücken aufdecken und konstruktiv zur Einhaltung der Sicherheitsmaßnahmen beitragen.

E. Koza et al., *Social Engineering und Human Hacking,*
https://doi.org/10.1007/978-3-662-69388-9_22

Diese aktive Mitarbeit führt zu einer erhöhten Resilienz auf operativer Ebene, in der ersten Verteidigungslinie, da keine rein technische oder physische Lösung allein in der Lage ist, einzelne Verdächtige zu identifizieren, die möglicherweise durch das Unternehmen streifen, um Sabotageakte zu planen. Die Analogie, dass Mitarbeiter zu Sensoren werden, verdeutlicht, dass sie Infiltrationen, Schwachstellen und Anomalien aufdecken. Es ist vergleichbar mit einem Netzwerk von aufmerksamen Teilnehmern, die frühzeitig potenzielle Gefahren erkennen und melden können.

In einer empirischen Studie, die die Effektivität von menschlichen Detektionsfähigkeiten im Vergleich zu technologischen Lösungen in der Informationssicherheit untersuchte, führten Forscher ein Simulationsverfahren durch. Dabei wurden Angriffsszenarien simuliert, die auf Social Engineering, Spear Phishing und falschen Facebook-Accounts basierten. Das Ziel war, die Leistungsfähigkeit von menschlichen Anwendern und technischen Überwachungssystemen zu bewerten.

Die Ergebnisse waren bemerkenswert. Von den simulierten Angriffen wurde nur von 10 % der Anwender nichts erkannt.

Im Gegensatz dazu lösten technische Sensoren und Früherkennungssysteme bei über 81 % der simulierten Angriffe keinen Alarm aus [3]. Dies unterstreicht, dass menschliche Intuition und Wachsamkeit bei der Identifizierung subtiler Angriffsmethoden, die auf sozialer Manipulation beruhen, eine kritische Rolle spielen.

Die Schlussfolgerung aus dieser Studie stellt die Notwendigkeit einer ausgewogenen Sicherheitsstrategie, die nicht nur auf technologischen Lösungen basiert, sondern auch menschlich zentrierte Sicherheit stärkt. Die Erkenntnis, dass technologische Systeme Schwierigkeiten haben können, bestimmte Social-Engineering-manipulative Angriffsmethoden zu erfassen, betont die Bedeutung einer ganzheitlichen Sicherheitskultur.

Dieser partizipative Ansatz stärkt nicht nur die Sicherheitskultur, sondern schafft auch eine dynamische, lernende Organisation, die sich kontinuierlich verbessert. Es wird eine Kultur der Wachsamkeit etabliert, in der Fehler nicht sanktioniert, sondern als Gelegenheit zur Verbesserung betrachtet werden. Durch diese Art der Mitwirkung entsteht eine resilientere und widerstandsfähigere Organisation, die sich proaktiv den Herausforderungen der Informationssicherheit stellt und auf Veränderungen im Bedrohungsumfeld flexibel reagieren kann.

Insgesamt betrachten wir die Etablierung und nachhaltige Integration einer Sicherheitskultur als essenzielles Basisverteidigungskonzept gegen Social Engineering. Die metaphorische Verwendung der First Line of Defense verdeutlicht die Rolle der Mitarbeiter als erste Verteidigungslinie gegen Sicherheitsbedrohungen.

22.2 Sicherheitstraining und -übung

In unserem humanbasierten Basisverteidigungskonzept setzen wir zusätzlich auf das umfassende Thema der Awareness, Training und Education [4]. Hierbei geht es nicht nur um die Sensibilisierung der Mitarbeiter, sondern um ein ganzheitliches Konzept, das die drei zentralen Faktoren „Wissen, Wollen und Können" adressiert und in die Praxis umsetzt.

Es ist entscheidend, diese Aspekte nicht nur theoretisch zu vermitteln, sondern auch in konkreten Übungen und Schulungen zu operationalisieren. Ein zielführendes Argument für diese Herangehensweise lässt sich aus dem Bereich der Notfallübungen ableiten. Warum führen Militär, Sicherheitsorgane und Feuerwehr regelmäßig Übungen durch? Der Sinn dahinter liegt in der Vorbereitung auf potenzielle Szenarien.

Durch wiederholte Übungen wird nicht nur das Wissen der Teilnehmer geschärft, sondern auch ihre Fähigkeiten trainiert und der Wille gestärkt, in kritischen Situationen angemessen zu handeln. Die Sinnhaftigkeit von Übungen manifestiert sich in einer verbesserten Reaktionsfähigkeit, einer beschleunigten Entscheidungsfindung und einer gesteigerten Effektivität bei realen Gefahrensituationen.

Zusätzlich ermöglichen Sicherheitsübungen eine praktische Überprüfung theoretisch entwickelter Vorgehensweisen, Verteidigungskonzepte, Kommunikationspläne und Alarmierungspläne auf ihre Machbarkeit. Jede Durchführung offenbart neue Erkenntnisse, die allmählich zu einer Optimierung und tatsächlichen praktischen Umsetzbarkeit der Notfallpläne und Verhaltensprotokolle führen.

Neben der Validierung der Notfallpläne können auch Kommunikationsstrukturen und Verantwortlichkeiten gezielt trainiert werden. Darüber hinaus dienen die Wiederholungen der Sicherheitsübungen dem Training und der Optimierung von Reaktionen, insbesondere der Geschwindigkeit der Handlungsabläufe.

Diese Vorgehensweise ist nicht nur darauf ausgerichtet, dass Mitarbeiter im Falle eines Vorfalls bereits mit der Situation vertraut sind, sondern sie ermöglicht auch eine selbstbewusste und aktive Handlungsbeteiligung. Durch die Übungen erhalten die Mitarbeiter die Möglichkeit, ihre eigenen Fähigkeiten zu testen und sich im Verlauf der Zeit sicher zu fühlen, auch wenn es darum geht, praktische Abwehrmaßnahmen effektiv umzusetzen. Damit treten sie nicht passiv, sondern aktiv und selbstsicher im Umgang mit potenziellen Sicherheitsbedrohungen in Erscheinung.

Betrachten wir nun unsere Argumentation anhand eines praxisnahen Beispiels genauer. Die Implementierung von Vishing-Trainings als Teil eines umfassenden Sicherheitsschulungsprogramms birgt mehrere signifikante Vorteile, die auf den zuvor erläuterten Argumenten bezüglich der Sinnhaftigkeit von Übungen und Training basieren.

Erstens ermöglichen Vishing-Trainings eine gezielte Sensibilisierung der Mitarbeiter für eine oft übersehene Bedrohung, nämlich die Gefahr am Telefon. Durch die fokussierte Schulung werden Mitarbeiter dazu befähigt, potenzielle Angriffe zu erkennen und darauf angemessen zu reagieren, wodurch die allgemeine Sicherheitskompetenz gesteigert wird.

Zweitens tragen derartige Trainingseinheiten zur Stärkung der Sicherheitskultur im Unternehmen bei. Mitarbeiter, die durch Vishing-Trainings geschult wurden, entwickeln nicht nur ein Bewusstsein für potenzielle Gefahren, sondern werden auch zu aktiven Akteuren, die zur kollektiven Sicherheitsresilienz beitragen.

Drittens ermöglichen Vishing-Trainings das Trainieren der Mitarbeiter im Umgang mit Social-Engineering-Taktiken, die bei Voice-Phishing-Angriffen eingesetzt werden. Dieses Wissen befähigt die Mitarbeiter, geschickt durchgeführte Manipulationen zu erkennen und entsprechende Gegenmaßnahmen zu ergreifen.

Viertens wird durch Vishing-Trainings die Fähigkeit der Mitarbeiter gestärkt, als menschliche Firewall zu agieren. Diese menschliche Komponente in der Sicherheitsstrategie trägt dazu bei, nicht nur technologische Sicherheitslücken zu schließen, sondern auch menschliche Schwachstellen zu minimieren.

Fünftens tragen Vishing-Trainings dazu bei, Sicherheitsrisiken zu reduzieren, indem sie die definierten Verifikationsketten in der Praxis auf die Probe stellen. Dies gewährleistet, dass sowohl die organisatorischen als auch die technischen Verifikationsprozesse evaluiert und optimiert werden. Sechstens vermitteln derartige Schulungen sowohl operativen Mitarbeitern als auch Personen in taktischen und strategischen Rollen eine gewisse Zuversicht und tragen somit zum sogenannten Placeboeffekt bei.

Insgesamt fördern Vishing-Trainings eine kulturübergreifende Vorbereitung auf reale Szenarien, indem sie realistische Simulationen von Angriffsszenarien bieten.

Diese Trainings optimieren nicht nur die Reaktionsfähigkeit der Mitarbeiter, sondern ermöglichen es auch, die Wirksamkeit von Abwehrmaßnahmen und Verhaltensprotokollen zu überprüfen und zu verbessern.

Durch die Integration von Vishing-Trainings in das Schulungs- und Trainingsprogramm wird somit nicht nur das Bewusstsein für Voice Phishing geschärft, sondern es werden auch die praktischen Fähigkeiten der Mitarbeiter gestärkt, um in kritischen Situationen angemessen zu handeln.

22.3   Mensch als Stütze der Informationssicherheit

Informationssicherheit ist ein kollektives Unterfangen, das von allen Beteiligten erfordert, dieses sicherzustellen und aufrechtzuerhalten: von der Leitung bis hin zu operativen Einheiten. Während Informationssicherheit traditionell als multidisziplinäres Fach betrachtet wird, wird zunehmend die Rolle des Menschen als zentraler Akteur in diesem Sicherheitsparadigma anerkannt. Die menschenzentrierte Sicherheit adressiert den „Faktor Mensch" nicht als Schwachstelle, sondern betrachtet die Mitarbeiter als entscheidende Stütze [5] der Informationssicherheit. Nachfolgend führen wir für Sie auf, warum Sie diese Sichtweise als Sicherheitstechniker nicht nur verstehen, sondern auch wahrhaftig praktizieren sollten [6].

Die menschliche Verhaltensweise in Bezug auf Informationssicherheit wird maßgeblich von psychologischen Faktoren beeinflusst. Die Betrachtung der Placebo- und Noceboeffekte eröffnet dabei interessante Perspektiven. Beim Placeboeffekt entsteht eine positive Veränderung einer Person aufgrund Erwartungen, selbst wenn keine aktive therapeutische Maßnahme da ist. Im Kontext der Informationssicherheit bedeutet dies, dass positive Erwartungen und

Überzeugungen der Mitarbeiter ihre Sicherheitswahrnehmung und -handlungen beeinflussen können.

Im Gegensatz dazu beschreibt der Noceboeffekt die negative Veränderung des Zustands aufgrund negativer Erwartungen, ohne dass eine tatsächliche Gefahr besteht. Dieser Effekt kann auftreten, wenn Mitarbeiter mit übermäßig negativen Szenarien und Bedrohungen konfrontiert werden.

Im Kontext der Informationssicherheit besteht demzufolge die Gefahr darin, dass Mitarbeiter durch eine übermäßige Betonung von Risiken und Bedrohungen in eine defensive oder ängstliche Haltung versetzt werden. Dies kann zu mehreren problematischen Konsequenzen führen.

Erstens könnten Mitarbeiter sich von der Menge der Informationen über Gefährdungen überwältigt fühlen und glauben, dass sie nicht alle potenziellen Risiken bewältigen, was zu Angst und Panik führen könnte.

Zweitens könnten Mitarbeiter das Interesse an sicherem Verhalten verlieren, wenn sie das Gefühl haben, dass ihre Bemühungen zur Informationssicherheit ohnehin irrelevant sind angesichts vermeintlich unüberwindbarer Bedrohungen.

Drittens könnte der Noceboeffekt [2] die Absicht des Verhaltens beeinträchtigen, da Mitarbeiter aufgrund möglicher negativer Erwartungen weniger motiviert sind, sicherheitsbewusstes Verhalten zu zeigen. Insgesamt kann der Noceboeffekt dazu führen, dass Mitarbeiter sich machtlos gegenüber den Bedrohungen fühlen und ihre Handlungen in Bezug auf Informationssicherheit als irrelevant erachten. Daher ist es entscheidend, Strategien zu entwickeln, um den Noceboeffekt zu reduzieren und eine positive Sicht zu verstärken.

Dies kann durch die Betonung positiver Aspekte, Empowerment und Schulungen, die Anwendung von Gamification sowie eine positive Kommunikation erreicht werden.

Indem positive Erwartungen und Überzeugungen aufgezeigt werden, können Mitarbeiter animiert werden, sich eigenständig zur Informationssicherheit zu beteiligen. Der Glaube an die Wirksamkeit von Sicherheitsmaßnahmen, kombiniert mit einem positiven Sicherheitsumfeld, kann eine erhebliche Auswirkung auf das tatsächliche Verhalten der Mitarbeiter haben.

Erstens können positive Erwartungen und Überzeugungen dazu beitragen, dass Mitarbeiter ihre Rolle als aktive Stützen der Informationssicherheit verstehen. Wenn sie davon überzeugt sind, dass ihre Sicherheitskenntnisse und -fähigkeiten einen entscheidenden Beitrag zur Sicherheit der Organisation leisten, werden sie eher motivierter sein.

Zweitens fördert der Placeboeffekt eine positive Sicherheitskultur, indem er Mitarbeiter als wertvolle Teilnehmer an der Stärkung der Informationssicherheit anerkennt. Positive Erwartungen können die Bereitschaft erhöhen, sich auf Sicherheitsinitiativen einzulassen, und die Wahrnehmung von Sicherheitsmaßnahmen als sinnvoll und effektiv beeinflussen [2].

Drittens können positive Überzeugungen dazu beitragen, dass Mitarbeiter sich als selbstbewusste und handlungsfähige Akteure in Bezug auf Informationssicherheit sehen. Der Glaube daran, dass ihre Anstrengungen tatsächlich zur

Risikoreduzierung und Stärkung der Informationssicherheit beitragen, führt zu einer höheren Verhaltensabsicht, sicherheitsbewusstes Verhalten zu zeigen.

Insgesamt ermöglicht es der Placeboeffekt, eine Umgebung zu schaffen, in der Mitarbeiter ihre Sicherheitsbemühungen als wirksam und bedeutsam empfinden. Dies kann zu langfristigem Engagement, aktiver Beteiligung an Sicherheitsaktivitäten und einer positiven Veränderung des Sicherheitsbewusstseins führen. Daher ist die Integration des Placeboeffekts in Sicherheitsschulungen und -strategien eine sinnvolle Maßnahme, um die Rolle des Menschen als Stütze der Informationssicherheit zu stärken.

Die Förderung sicherheitskonformen Verhaltens erfordert allerdings die Berücksichtigung des dogmatischen Dreiecks aus „Wissen", „Wollen" und „Können" [7].

Das Wissen um Sicherheitspraktiken bildet das Fundament, auf dem Sicherheitsexperten aufbauen können. Die Vermittlung von Wissen allein reicht jedoch nicht aus. Die Überzeugungen und Einstellungen der Mitarbeiter, ihr „Wollen", sind entscheidend. Hier kommt der Placeboeffekt zum Tragen. Durch positive Betonung der Sicherheitspraktiken können positive Erwartungen geschaffen werden, die das Verhalten beeinflussen [2].

Die Verbindung von Placeboeffekt mit Wissen, Fähigkeiten und Verhaltensabsicht unterstreicht die Wichtigkeit, Mitarbeiter als Stützen der Informationssicherheit zu betrachten. Positive Kommunikation, Empowerment durch Schulungen und Gamification sind wirksame Strategien, um sicherheitsbewusstes Verhalten zu fördern. Die positive Kommunikation betont die positiven Aspekte sicherheitskonformen Verhaltens und stärkt so die Überzeugungen der Mitarbeiter.

Schulungen und Empowerment befähigen die Mitarbeiter, ihre Fähigkeiten zu entwickeln und anzuwenden. Gamification nutzt spielerische Elemente, um das Engagement der Mitarbeiter zu steigern und langfristige Lerneffekte zu erzielen.

Nach der Darstellung des globalen Basisverteidigungskonzepts mit dem Schwerpunkt auf dem „Faktor Mensch" initiieren wir in den nachfolgenden Kapiteln dieses Buches die Vorstellung individueller Praktiken, Instrumente und Methoden gegen Social Engineering spezifischer Angriffsarten. Diese sollen Ihnen dazu dienen, sich sowohl in persönlicher als auch beruflicher Hinsicht wirkungsvoll vor Social-Engineering-Angriffen zu schützen. Es ist zu betonen, dass eine aktive und nachhaltige Abwehrstrategie kontinuierlich „trainiert" werden muss.

Literatur

1. Rohani Rohan, Suree Funilkul, Debajyoti Pal, Wichian Chutimaskul, Understanding of Human Factors in Cybersecurity: A Systematic Literature Review, in: International Conference on Computational Performance Evaluation (ComPE), Shillong, Indien, 2021, S. 133–140.
2. Erfan Koza, Placebo- versus Nocebo-Effekt. Die Psychologie hinter der Security Awareness, unter: https://www.csoonline.com/de/a/die-psychologie-hinter-der-security-awareness,3681104 (Zugriff: 06.01.2024).

3. Ryan Heartfield, George Loukas, Detecting semantic social engineering attacks with the weakest link: Implementation and empirical evaluation of a human-as-a-security-sensor framework, in Computers & Security, Vol. 76, 2018, pp. 101–127.
4. Hussain Aldawood and Geoffrey Skinner, Educating and Raising Awareness on Cyber Security Social Engineering: A Literature Review, IEEE International Conference on Teaching, Assessment, and Learning for Engineering (TALE), Wollongong, NSW, Australien, 2018, S. 62–68.
5. Esmeralda Kadena, Marsidi Gupi, Human Factors in Cybersecurity: Risks and impacts, Vol. 2. No 2. 2021.
6. Alessandro Pollini, Tiziana C. Callari, Alessandra Tedeschi, Daniele Ruscio, Luca Save, Franco Chiarugi & Davide Guerri, Leveraging human factors in cybersecurity: an integrated methodological approach. Cogn Tech Work 24, 2022, S. 371–390.
7. Daniel Montaño, Danuta, Kasprzyk, Theory of Reasoned Action, Theory of Planned Behavior, and the Integrated Behavioral Model, im Buch: Health Behavior: Theory, Research, and Practice, 2008.

Im Rahmen dieses Kapitels laden wir Sie zu einer aufschlussreichen Reise ein, bei der Sie die Gelegenheit erhalten, sich selbst zu schulen oder auch möglicherweise besser kennenzulernen. Ziel dieser Aufführung ist es, Red Flags zu identifizieren, Anomalien zu erkennen, Abwehrmöglichkeiten zu erfahren und somit angemessen auf mögliche Angriffsarten zu reagieren.

Indem Sie sich in die Welt der Erkennung und Reaktion begeben, werden Sie befähigt, potenzielle Bedrohungen frühzeitig zu verstehen und effektive Maßnahmen zu ergreifen.

23.1 Anti-Social-Engineering-Mindset

Um sich persönlich, aber auch beruflich vor Social Engineering, also Manipulation zu schützen, ist es zunächst sinnvoll, den Begriff Manipulation zu definieren:

Manipulation kann allgemein als die absichtliche Beeinflussung oder Steuerung des Verhaltens, der Meinungen oder der Emotionen von anderen Menschen betrachtet werden, oft zum eigenen Vorteil oder zum Nachteil der manipulierten Person. Diese Beeinflussung kann auf unterschiedliche Weise erfolgen und in verschiedenen Kontexten auftreten, sei es in zwischenmenschlichen Beziehungen, in der Politik, in der Werbung oder im Bereich der Informationssicherheit. Es ist wichtig zu beachten, dass nicht alle Formen der Beeinflussung negativ sind. In vielen Fällen versuchen Menschen, andere zu beeinflussen, um positive Veränderungen herbeizuführen. Als Beispiel lässt sich in der Verhaltenspsychologie sowie in der Medizinpsychologie beobachten, dass die konsequente Anwendung der positiven Manipulation fest verankert ist. Dies geschieht insbesondere, wenn es darum geht, Patienten von schädlichen Verhaltensweisen wie Rauchen und übermäßigem Essen abzubringen und auf ein gesünderes Verhalten hinzuleiten.

Der Begriff „Manipulation" wird jedoch oft dann verwendet, wenn die Beeinflussung auf unethische oder irreführende Weise erfolgt, zum Nachteil der manipulierten Person. Für den Schutz vor Manipulationen ist es hilfreich, ein Antimanipulations-Mindset zu kultivieren. Warum ein Mindset?

Das Konzept des „Mindsets" bezieht sich auf die grundlegenden Überzeugungen, Einstellungen und Denkmuster, die eine Person in Bezug auf ihre Fähigkeiten, Intelligenz, Qualitäten und Möglichkeiten hat. Das Mindset beeinflusst, wie Menschen Herausforderungen angehen, mit Erfolg und Misserfolg umgehen und sich in verschiedenen Situationen verhalten.

Warum also nicht an einem Antimanipulations-Mindset oder, um im Kontext zu bleiben, an einem Anti-Social-Engineering-Mindset arbeiten? Unser Ansatz besteht darin, nicht nur an den Symptomen (z. B. dem Erkennen von Red Flags in einer Phishing-Mail) zu arbeiten, sondern auch an der Ursache. Es geht darum zu verstehen, was einen manipuliert und warum.

23.1.1 Mindset-Typen

Es existieren zwei Haupttypen von Mindsets, die von der Psychologin Carol Dweck (2009) geprägt wurden [1]:

Festes (Fixed) Mindset
Individuen mit einem festen Mindset sind der Überzeugung, dass ihre Fähigkeiten und Intelligenz festgelegt sind. Sie neigen dazu zu glauben, dass sie entweder „gut" oder „schlecht" in etwas sind, und betrachten Veränderungen als schwer erreichbar. Dieses Mindset kann dazu führen, dass Menschen Herausforderungen vermeiden, um ihre bestehenden Fähigkeiten nicht infrage zu stellen.

Wachstums-(Growth-)Mindset
Im Gegensatz dazu glauben Menschen mit einem Wachstums-Mindset, dass ihre Fähigkeiten und Intelligenz durch Anstrengung, Lernen und Ausdauer verbessert werden können. Sie betrachten Herausforderungen als Chancen zum persönlichen Wachstum, während Misserfolg als Gelegenheit zum Lernen gesehen wird. Individuen mit einem Wachstums-Mindset sind bereit, sich neuen Herausforderungen zu stellen, da sie Anstrengung als einen Weg zum Erfolg begreifen.

Das Mindset beeinflusst nicht nur die individuelle Wahrnehmung der eigenen Fähigkeiten, sondern auch die Interaktion mit anderen, den Umgang mit Rückschlägen und die Verfolgung von Zielen. Es spielt eine entscheidende Rolle in verschiedenen Lebensbereichen wie Bildung, Beruf, Sport und persönlicher Entwicklung.

Es ist wichtig zu unterstreichen, dass das Mindset nicht statisch ist und sich im Laufe der Zeit verändern kann. Durch Erfahrungen, bewusste Anstrengungen und Selbstreflexion können Menschen ihr Mindset beeinflussen und sich hin zu einem Wachstums-Mindset entwickeln, was positive Auswirkungen auf ihre Fähigkeiten und Leistungen haben kann.

Wenn wir ein Anti-Social-Engineering-Mindset entwickeln möchten, ist es hilfreich, sich zunächst mit den wesentlichen Aspekten der Social-Engineering-Manipulation auseinanderzusetzen.

23.1.2 Persönlichkeitsmerkmale

Ein Human Hacker wird versuchen, unser Verhalten in seinem Sinne zu beeinflussen, indem er uns mit verschiedenen äußeren Reizen konfrontiert. Diese Reize können auf unterschiedliche Weise übermittelt werden:

Verbal: durch mündliche Kommunikation oder Präsentation
Nonverbal: durch Mimik, Gestik und Körpersprache
Paraverbal: in Bezug darauf, wie das gesprochene Wort betont wird und welche Klangfarbe es hat (Intonation)
Schriftlich: zum Beispiel durch analogen/digitalen Brief, Aushänge, Flyer, Zeitungen

Unabhängig von der Art des Kommunikationskanals ist entscheidend, welche Reaktion dieser Reiz in uns auslöst. Um dies vorhersehen zu können, benötigt der Human Hacker Informationen über seine Zielperson (vgl. Abschn. 6.4 im White Chapter).

Es gibt jedoch auch Reize, die universell funktionieren. Oft glauben wir, dass jeder von uns einzigartig und individuell ist, und das ist natürlich auch in gewisser Weise richtig. Dennoch ist aus der Typologie von Menschen und Persönlichkeitsmerkmalen bekannt, dass wir auch über Verhaltensweisen verfügen, die vergleichbar mit anderen Menschen sein können. Wie lässt sich diese Sichtweise noch genauer erklären?

Die universelle Funktionalität bestimmter Reize lässt sich durch evolutionäre und neurokognitive Mechanismen erklären.

In der Evolution haben sich bestimmte Verhaltensweisen und Reaktionen entwickelt, die für das Überleben und die Fortpflanzung vorteilhaft waren. Diese können als Grundlage für universell wirkende Reize dienen.

Ein Beispiel hierfür ist die angeborene Reaktion auf Gesichter. Schon bei Neugeborenen ist eine Vorliebe für Gesichtsreize feststellbar. Dies ist evolutionär sinnvoll, da die Fähigkeit, Gesichter zu erkennen und emotionale Ausdrücke zu interpretieren, für soziale Interaktionen und Bindungen entscheidend ist. Ein Social Engineer bzw. ein Human Hacker könnte dieses universelle Prinzip ausnutzen, indem er sich bestimmter Gesichtsreize bedient, um Vertrauen oder Sympathie zu erwecken.

Des Weiteren zeigt die Forschung in der Psychologie, dass Menschen dazu neigen, sich in bestimmten Situationen ähnlich zu verhalten. So gibt es beispielsweise sozial akzeptierte Verhaltensnormen in unterschiedlichen Kulturen. Ein geschickter Social Engineer könnte dieses Wissen nutzen, um Verhaltensweisen gezielt anzusprechen, die in der jeweiligen sozialen Gruppe als positiv oder wünschenswert gelten.

Die Verankerung von Persönlichkeitsmerkmalen und Verhaltensweisen in Typologien ermöglicht es, gewisse Muster zu erkennen. Selbst wenn jeder Mensch individuell ist, können Gemeinsamkeiten und Ähnlichkeiten in Verhaltensweisen aufgrund von Persönlichkeitsmerkmalen existieren.

Hierbei spielen psychologische Modelle, die Persönlichkeitsdimensionen beschreiben, eine Rolle. Ein Beispiel wäre das Fünf-Faktoren-Modell (Big-Five-Modell), das Persönlichkeitsmerkmale wie Offenheit, Gewissenhaftigkeit, Extraversion, Verträglichkeit und Neurotizismus identifiziert.

Zusammenfassend zeigen evolutionäre Mechanismen, soziale Normen und psychologische Modelle, warum bestimmte Reize und Verhaltensweisen universell funktionieren können. Dieses Verständnis ist für die Erklärung der sozialen Dynamik und möglicher Einflussfaktoren durch Social Engineering von großer Bedeutung.

Dahin gehend existieren verschiedene Modelle zur Typologisierung. Nachfolgend sind einige aufgeführt, wobei anzumerken ist, dass diese Liste keinen Anspruch auf Vollständigkeit erhebt und die Reihenfolge willkürlich gewählt ist. Abhängig von der Zielgruppe und dem Kontext können spezifische Modelle eingefügt werden, um den Lernprozess zu unterstützen. Diese Modelle bieten eine Grundlage, um unterschiedliche Verhaltensmuster und Persönlichkeitsmerkmale zu verstehen und in den Kontext von Social Engineering zu setzen.

Myers-Briggs Type Indicator (MBTI)
Der Myers-Briggs Type Indicator (MBTI) ist ein weitverbreitetes Persönlichkeitsinstrument, das auf vier dichotomen Dimensionen basiert: Extraversion vs. Introversion, Sensing vs. Intuition, Thinking vs. Feeling und Judging vs. Perceiving [2]. Die Kombination dieser Dimensionen ergibt 16 verschiedene Persönlichkeitstypen.

Big-Five-Persönlichkeitsmerkmale
Das Big-Five-Modell (auch als OCEAN-Modell bekannt) basiert auf fünf grundlegenden Persönlichkeitsmerkmalen: Offenheit, Gewissenhaftigkeit, Extraversion, Verträglichkeit und Neurotizismus. Diese Merkmale bieten eine breitere und umfassendere Sicht auf die Persönlichkeit im Vergleich zu anderen Modellen [3].

DISC-Modell
Das DISC- oder DISG-Modell teilt die Persönlichkeit in vier Haupttypen auf: Dominanz (D), Einfluss (I), Stetigkeit (S) und Gewissenhaftigkeit (C). Es wird häufig in beruflichen Kontexten für Teammanagement und Kommunikation verwendet [4].

Enneagramm
Das Enneagramm ist ein Symbol mit neun Punkten, die neun verschiedene Persönlichkeitstypen repräsentieren. Jeder Typ wird durch eine spezifische Reihe von Eigenschaften beschrieben und ermöglicht eine tiefere Analyse der individuellen Persönlichkeitsstruktur [5].

Persönlichkeitsmodelle nach Carl Gustav Jung

Carl Jung [6], ein Pionier der Psychologie, prägte grundlegende Konzepte wie Extraversion und Introversion, die später in Modelle wie den MBTI integriert wurden.

Seine wegweisenden Ideen haben einen weitreichenden Einfluss auf die Entwicklung verschiedener Persönlichkeitsmodelle genommen und tragen dazu bei, ein tieferes Verständnis der menschlichen Persönlichkeit zu fördern.

Diese Modelle bieten verschiedene Ansätze zur Kategorisierung und Beschreibung von Persönlichkeitsmerkmalen. Jedes Modell hat seine eigenen Vor- und Nachteile und die Anwendung kann je nach Kontext variieren, sei es in der persönlichen Entwicklung, im beruflichen Umfeld, in der Teamarbeit oder in anderen sozialen Kontexten.

Die Effektivität und Anwendbarkeit von Persönlichkeitsmodellen zeigen jedoch eine Varianz. Infolgedessen besteht kein allgemeiner Konsens darüber, welches Modell als überlegen betrachtet wird bzw. betrachtet werden soll. Die Auswahl eines geeigneten Modells ist stark von den spezifischen Anforderungen des Anwendungskontexts abhängig.

Wenn wir die Tatsache anerkennen, dass Menschen über vergleichbare Verhaltensweisen verfügen, ergibt sich für den Social Engineer die logische Schlussfolgerung, dass Themen wie „Typologie", „Menschenkenntnis", „Verhaltenspsychologie" und ähnliche Aspekte, einschließlich der bereits erwähnten OSINT (Abschn. 6.5 des White Chapter), zum grundlegenden Repertoire gehören müssen, um professionelle Social-Engineering-Angriffe durchzuführen. Gleichzeitig wird deutlich, dass wir diese Kenntnisse und Fähigkeiten ebenfalls beherrschen müssen, um wirksame Verteidigungsstrategien gegenüber den Vorhaben von Human Hackers zu entwickeln.

23.1.3 Emotionale Reiz-Reaktions-Kette in der Praxis

Erinnern Sie sich noch an unsere Ausführungen zur emotionalen Reiz-Reaktions-Kette in Abschn. 4.7 im White Chapter? Wir wissen nun, dass Reize bewusst oder auch unterbewusst über jeden unserer Sinne wahrgenommen werden können.

Diese Reize lösen Assoziationen in unserer Erinnerung aus, selbst wenn wir diesen Reiz vermeintlich das erste Mal bewusst wahrnehmen. Es sei vorweggenommen, dass jeder wahrgenommene Reiz während der Deutung in unserem Gehirn auch mit einer Emotion verknüpft wird.

Das Modell der emotionalen Reiz-Reaktions-Kette bietet nicht nur eine Erklärung oder Anleitung für den Social Engineer, wie er durch geschickte Reize das Verhalten seiner Opfer beeinflussen kann, sondern liefert gleichzeitig auch die Lösung, um sich vor Social-Engineering-Manipulationen und grundsätzlich vor Manipulationen erfolgreich zu schützen (Abb. 23.1).

Folgendes Gedankenspiel: Sie werden einem Reiz ausgesetzt, der durch einen konditionierten Reflex eine emotionale Reaktion in Ihnen auslöst. Abhängig von der Art des Reizes kann dies zu Stress führen, wodurch Stresshormone freigesetzt werden und Ihre Wahrnehmung eingeschränkt wird. In diesem emotionalen Zustand treffen Sie dann eine Entscheidung und reagieren.

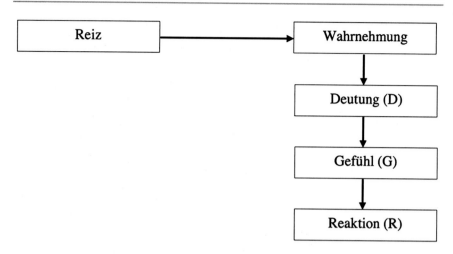

Abb. 23.1 Emotionale Reiz-Reaktions-Kette

Es ist jedoch ersichtlich, dass nicht immer die erste Reaktion unter Stress angemessen oder passend ist. Dieser Umstand wird von Angreifern ausgenutzt. Abseits von Social-Engineering-Manipulationen kann es auch in Gesprächen und Verhandlungen vorkommen, dass Ihr Gesprächspartner bewusst oder unbewusst versucht, Sie aus dem sachlich-rationalen Konzept zu bringen, um das Gespräch für sich zu entscheiden.

In solchen Situationen neigen wir dazu, auf den Reiz, beispielsweise einen verbalen Angriff, auf eine Weise zu reagieren, die oft durch unsere Erfahrungen, auch aus der Kindheit, geprägt und bekannt ist (Mindset).

Gehen wir nun einen Schritt weiter und schauen wir uns diese aus Sicht eines Angreifers an:

Eine Taktik des Social Engineer bzw. des Human Hacker besteht darin, seine Zielperson in eine hohe „emotionale Aufladung" zu versetzen, um das sachliche, rationale und analytische Denken zu erschweren, wenn nicht sogar zu verhindern.

Externe Reize, die Stress in uns auslösen, führen zur Produktion von sogenannten Stresshormonen in unserem Gehirn, darunter Adrenalin, Noradrenalin und Cortisol. Diese Hormone beeinflussen nicht nur unsere körperlichen Reaktionen, wie das Herz-Kreislauf-System für Flucht- oder Kampfbereitschaft, sondern auch unsere Wahrnehmung. Mit zunehmendem Stresslevel verengt sich unser Wahrnehmungsspektrum, was zu einem Tunnelblick führen kann, bei dem wir unsere Umwelt nur noch wie durch einen Tunnel sehen. Der Tunnelblick ist ein entscheidendes Werkzeug für einen Social Engineer, da er durch ihn den Fokus gezielt auf den Blickwinkel lenken kann, der ihm hilft, seinen Angriff zu unterstützen und seine Opfer zu täuschen. Er lenkt folglich unsere Aufmerksamkeit und Wahrnehmung auf das, was wir sehen sollen.

Wie sieht der Tunnelblick in der Praxis aus? Hier einige Beispiele aus der Praxis:

Angriffsart 1: Vishing

Angreifer:

Hallo, hier ist Thomas aus der **IT**. Wir haben **Probleme** mit einem wichtigen **Sicherheitsupdate,** leider bekomme ich das bei Ihnen **nicht remote installiert, weshalb** wir beide das gemeinsam kurz machen müssen.

Solange dieses Update nicht **auf Ihrem PC** installiert ist, haben wir im gesamten System eine **gravierende Sicherheitslücke** und ich muss dieses **Problem** jetzt beheben, **bevor es zu spät ist.**

Zielperson

Ok, klar. Aber können wir das bitte jetzt schnell durchführen?

Angriffsart 2: Spear Phishing

Die blau markierten Textpassagen dienen dem Social Engineer dazu, Emotionen auszulösen und unsere persönlichen menschlichen Eigenschaften anzusprechen. Hierbei werden insbesondere zwei grundlegende Emotionen anvisiert (Abb. 23.2).

Neugier

Durch gezielte Reize oder Informationen wird die Neugier der Zielperson geweckt, um sie dazu zu verleiten, weiterführende Schritte zu unternehmen.

> **Betreff:** -WICHTIGE INFORMATION-
>
> Lieber Herr Müller,
>
> wir möchten Sie darüber informieren, dass gestern ein Beitrag des **WDR veröffentlicht** wurde, in dem wir als Unternehmen/Verein etc. leider eine **unangenehme Nebenrolle** erhalten haben.
>
> Link zur Mediathek: www.mediathek.com
>
> Selbstverständlich sind alle **Anschuldigungen** gegen unser Unternehmen gegenstandslos und die **rechtlichen Schritte** sind bereits veranlasst.
>
> Ich möchte Sie alle bitten, sollten Sie diesbezüglich von der Presse oder anderen Personen angesprochen werden, die **Stellungnahme unbedingt zu verweigern.**
>
> Bitte lassen Sie sich nicht **verunsichern,** wir machen weiter, wie gehabt.
>
> Mit freundlichen Grüßen
>
> Name der Geschäftsleitung
>
> *Signatur*

Abb. 23.2 Spear-Phishing-Link

Angst/Schadenfreude

Der Social Engineer zielt darauf ab, Angst zu erzeugen oder Schadenfreude auszu-lösen. Diese Emotionen sollen die Zielperson dazu veranlassen, auf einen bereit-gestellten Link zu klicken. Um die erlebte Angst abzubauen oder die Schaden-freude auszuleben, ist nun nur noch erforderlich, auf den bereitgestellten Link zu klicken.

Um im Bereich des Human Hacking sicherer zu agieren und Manipulationen zu verhindern, ist es notwendig, sich vor emotionalen Reaktionen durch konditio-nierte Reflexe zu schützen, um auch nicht fremdgesteuert zu werden.

Es ist nicht empfehlenswert, diesen Reflex einfach abzuschalten, da er uns seit Menschengedenken begleitet und uns vor Gefahren schützt, beispielsweise indem wir reflexartig vor Säbelzahntigern flohen oder uns verteidigten.

Dieser überlebenswichtige Reflex ist auch heute noch präsent, auch wenn die Gefahren sich gewandelt haben und nun eher in Form von Vorgesetzten, unan-genehmen Nachbarn oder aufgebrachten Kunden auftreten.

Dennoch gibt es zwei wirksame Strategien, um sich erfolgreich zu schützen:

a) *Kennen Sie Ihre Stärken, Schwächen und persönlichen Eigenschaften sowie die Reize, die Sie triggern und somit fremdsteuern könnten.*

b) *Trainieren Sie sich darauf, die ausgelöste emotionale Reizkettenreaktion be-wusst wahrzunehmen und kontern Sie es mit einer Gegenstrategie.*

Wie diese bewusste Wahrnehmung aussieht, können wir anhand der nach-kommenden Strategien ausüben und erreichen.

23.1.4 Strategie 1: Kennen und Reagieren auf Stressoren

Im Kontext des Abschnitts über die Typologie von Persönlichkeitsmodellen in Abschn. 23.1.2 des Yellow Chapter erweist sich dieser Ansatz als vielversprechend für den Schutz vor Manipulationen. Die Erkenntnis über individuelle Stärken, Schwächen, persönliche Motive und dominante Charaktereigenschaften könnte als eine Art Frühwarnsystem gegenüber Social Engineering dienen. Der Schlüs-sel hierzu liegt in der Selbstreflexion, die einen regelmäßigen Abgleich zwischen Selbst- und Fremdwahrnehmung erfordert. Ebenso bedeutsam ist die Fähigkeit zur aktiven Beobachtung und Zuhörbereitschaft sowie die Fähigkeit, das eigene **Ego** auf ein Minimum zu reduzieren. Die Bedeutung dieses Ansatzes liegt in der verbesserten Fähigkeit, Risikosituationen in der Kommunikation frühzeitig zu erkennen und angemessen darauf zu reagieren, basierend auf einem vertieften Selbstverständnis. Durch die Kenntnis individueller, ausgeprägter Eigenschaften können potenzielle Schwachstellen für Social-Engineering-Manipulationen identi-fiziert werden.

Im Allgemeinen sind viele unserer Eigenschaften positiv zu bewerten, da sie oft grundlegend für das (Über-)Leben in einer Gesellschaft sind. Unter Stress be-steht jedoch die Gefahr, dass positive Eigenschaften in negative Eigenschaften umschlagen. Es ist ersichtlich, dass in entspannten Situationen sowohl wir als auch andere unsere Eigenschaften positiv bewerten würden, während unter Stress schnell negative Ausprägungen entstehen können.

Beispiele für Überkompensationen sind
Sparsamkeit
Die proaktive Verwaltung finanzieller Ressourcen unter normalen Umständen zeugt von der Sparsamkeit einer Person. Unter Stress besteht jedoch die Neigung, die finanzielle Zurückhaltung zu verstärken, was potenziell als Geiz wahrgenommen werden kann.

Zielstrebigkeit
In Zeiten von Stress neigen hoch zielstrebige Individuen dazu, ihre Ambitionen übermäßig zu intensivieren. Diese Intensivierung kann bis zu dem Punkt führen, an dem sie andere in ihrem Team oder Umfeld überfordern.

Dominanz
Dominante Persönlichkeiten könnten unter Stress dazu neigen, autoritärer zu agieren und verstärkt Kontrolle auszuüben. Diese Tendenz kann bis zu dem Punkt führen, an dem sie als übermäßig herrschsüchtig wahrgenommen werden.

Stetigkeit
Personen, die sich normalerweise durch Ruhe und Ausgeglichenheit auszeichnen, könnten unter Stress dazu neigen, sich zurückzuziehen oder passiv-aggressiv zu reagieren, anstatt ihre Meinung offen auszusprechen.

Gewissenhaftigkeit
Unter Stress könnten Menschen mit hoher Gewissenhaftigkeit dazu neigen, übermäßig perfektionistisch zu handeln und ihre Standards zu erhöhen. Diese Verhaltensweise kann zu gesteigertem Stress für sich selbst und ihr Umfeld führen und gleichzeitig die Fähigkeit zur schnellen Entscheidungsfindung beeinträchtigen.

Überkompensationen können in variierendem Ausmaß auftreten und sind häufig situationsabhängig. **Stress** wirkt unterschiedlich auf verschiedene Individuen, selbst wenn sie ähnliche Persönlichkeitsmerkmale aufweisen. Die vorherigen Beispiele verdeutlichen, wie bestimmte Persönlichkeitsmerkmale in stressigen Situationen überkompensiert werden können. Dabei können generelle Tendenzen und individuelle Reaktionen auf Stress von zahlreichen Faktoren beeinflusst werden. Die Fähigkeit zur Anpassung von Verhaltensweisen in verschiedenen Situationen ist dem Menschen eigen, sofern er nicht im „Autopilotmodus" agiert, sondern achtsam und selbstreflektierend ist. Hierbei kommt es auf das Anti-Social-Engineering-Mindset an.

Im Bestreben, im Rahmen unseres Social-Engineering-Frühwarnsystems unsere persönlichen Eigenschaften und Verhaltensweisen bewusst wahrzunehmen, ist Selbstreflexion von entscheidender Bedeutung. Es genügt, in uns zu gehen und zu überlegen, was uns in einen Zustand erhöhter emotionaler Reaktivität bringt – konkret gesagt, welche Reize den konditionierten Reflex in uns auslösen.

Wenn wir beispielsweise unter Druck oder Stress gesetzt werden und daraufhin mit Ausweichen und Vermeiden reagieren, kann dies eine wichtige Erkenntnis sein. Es ermöglicht uns, herauszufinden, was das Wesentliche an diesem Reiz (Stressor) ist und warum dieser überhaupt Stress bei uns auslöst.

Eine gründliche Analyse des Wesens des Reizes zeigt oft, dass es unabhängig von der Situation und dem Kontext häufig immer dieselben Reize sind, auf die wir reagieren. Auf diese Weise identifizieren wir unsere individuellen Stressoren.

Ein Stressor ist eine externe oder interne Situation, die Stress verursacht oder auslöst. Stressoren können in verschiedenen Lebensbereichen auftreten, darunter Arbeit, Beziehungen, Finanzen, Gesundheit oder anderen persönlichen Herausforderungen. Diese Faktoren können von Person zu Person unterschiedlich sein, da jeder Mensch unterschiedlich auf bestimmte Situationen oder Umstände reagiert.

Um besser mit Stressoren umzugehen, ist es wichtig, effektive Bewältigungsstrategien zu entwickeln. Dies kann Selbstpflege, soziale Unterstützung, Zeitmanagement, Problemlösungsfähigkeiten und die Fähigkeit zur Anpassung an Veränderungen umfassen.

Der Umgang mit Stress erfordert oft eine Kombination aus verschiedenen Strategien, die auf die spezifischen Anforderungen und Ursachen des individuellen Stressors abgestimmt sind.

Personen, die ihre Stressoren kennen, haben die Möglichkeit, diese mit entsprechendem Training rechtzeitig in der Kommunikation wahrzunehmen und sich nicht von ihnen überraschen zu lassen.

23.1.5 Strategie 2: Achtsamkeit durch Innehalten

Die zweite Strategie bezieht sich maßgeblich auf die **Achtsamkeit.** Hierbei liegt der Fokus jedoch auf der bewussten Wahrnehmung des Gefühls der erhöhten emotionalen Reaktivität und des konditionierten Reflexes. Dies beinhaltet ein vertieftes Hineinfühlen in das gerade durch den erlebten Reiz ausgelöste Gefühl.

Das Ziel besteht darin, dem ersten Impuls zu widerstehen und eine Gegenstrategie zu entwickeln. Eine solche Gegenstrategie kann beispielsweise wie folgt gestaltet werden:

Beispiel

Angenommen, Sie begeben sich in eine Fußgängerzone und entdecken etwa 50 m vor sich einen Freund, mit dem Sie seit drei Wochen keinen Kontakt hatten. Bei Ihrem vorherigen Treffen hatte dieser Freund 200 € von Ihnen für ein Paar Schuhe geliehen, jedoch das Geld bis zum heutigen Tag nicht zurückgezahlt. In dem Augenblick, in dem Sie den Arm zur Begrüßung heben, tief Luft holen und versuchen, Ihren Freund von Weitem zu begrüßen, biegt dieser plötzlich in eine Seitenstraße ab und verschwindet.

Schauen wir uns nun gemeinsam an, wie dieser kognitive Prozess in Ihrem Gehirn abläuft:

Wahrnehmung des Reizes

Über die Sinnesorgane nehmen Sie den Reiz wahr, der durch das Verhalten Ihres Freundes ausgelöst wurde.

Kognitive Verarbeitung

Der wahrgenommene Reiz wird in Ihrer „Wissens- und Erfahrungsbibliothek" im Gehirn auf die Erwartungen, Erinnerungen und Erfahrungen abgeglichen. Die Situation wird somit interpretiert und gedeutet.

Emotionale Reaktion

Aufgrund dieses Abgleichs entsteht ein Gefühl, in diesem Beispiel vermutlich eher negativer Natur.

Handlungsreaktion

Erst nach dieser emotionalen Bewertung erfolgt die Reaktion auf das Erlebte.

Durch Achtsamkeit und entsprechendes Training kann es gelingen, bewusst wahrzunehmen, dass der konditionierte Reflex eingetreten ist und eine äußere Handlung uns emotionalisiert hat. Dies ermöglicht es, die Gegenstrategie zu initiieren, den ersten Impuls des Handelns zu unterbrechen, innezuhalten und die erlebte Situation bewusst zu reflektieren. In diesem Kontext stellt sich die Frage, was genau in diesem Beispiel wahrgenommen wurde und inwiefern wir uns sicher sein können, dass unsere Wahrnehmung möglicherweise nicht fehlerhaft oder getrübt ist. Die Antwort auf diese Frage lautet: **Achtsamkeit durch Innehalten** (Abb. 23.3).

Dabei setzen wir bewusst darauf, einen Moment innezuhalten, um aus diesem Innehalten heraus eine oder, im Idealfall, mehrere alternative Deutungen zuzulassen. Auf dieser Grundlage entwickelt sich unsere Strategie zur Abwehr sozialer Manipulation (Social Engineering).

Im vorliegenden Beispiel könnten alternative Deutungen wie folgt betrachtet werden:

erste Deutung (D_1): Er verschwindet und gibt mir mein Geld nicht zurück,
Gefühl (G_1): negativ,
vermutliche Reaktion (R_1): negativ,
zweite Deutung (D_2): Vielleicht war er das ja überhaupt nicht?
Gefühl (G_2): Unsicherheit,
vermutliche Reaktion (R_2): Vorsicht und Zurückhaltung,
dritte Deutung (D_3): Vielleicht hat er mich gar nicht gesehen?
Gefühl (G3): neutrales bis positives Gefühl,
vermutliche Reaktion (R3): erwartungsvolle Offenheit,
vierte Deutung (D4): Möglicherweise befindet sich in der Nebenstraße ein Geldautomat?

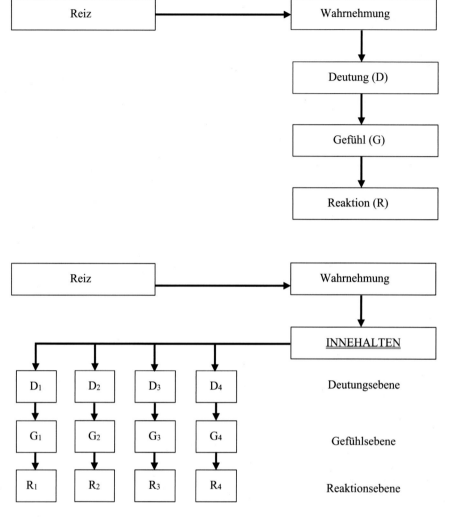

Abb. 23.3 Emotionale Reiz-Reaktions-Kette mit Alternativen

Gefühl (G4): Hoffnung oder Neugier,
vermutliche Reaktion (R4): Erkundigung nach möglichen Geldautomaten.

Durch das Eröffnen verschiedener Deutungsmöglichkeiten erweitern wir unsere Perspektiven und schaffen Raum für alternative Reaktionen, die nicht ausschließlich von der initialen negativen Deutung geprägt sind. Dies unterstützt eine flexible und situationsadäquate Social-Engineering-Abwehrstrategie.

Wer den konditionierten Reflex der erhöhten emotionalen Reaktivität bewusst wahrnimmt, widersteht der ersten Deutung und somit dem initialen Impuls des Handelns. In diesem Prozess verlässt die Person ihren „Autopiloten", übernimmt wieder die Kontrolle über ihre Reaktionen und wird befähigt, bewusstere Entscheidungen zu treffen. Durch diese Bewusstheit entgeht die Person möglichen Manipulationsversuchen.

23.1.6 Strategie 3: Reflexion

Im Prozess des Trainings, um dem konditionierten Reflex zu widerstehen, stehen verschiedene Übungen und Reflexionsmethoden zur Verfügung, die dabei helfen können, eigene Stressoren im Umgang mit anderen Menschen zu identifizieren. Im Folgenden sind einige Ansätze aufgeführt, die sich für diese Art der Selbstschulung eignen:

Selbstreflexion
Regelmäßige Selbstreflexion ermöglicht es, vergangene Stresssituationen zu analysieren und die spezifischen Elemente der Interaktion zu identifizieren, die den Stress ausgelöst haben könnten.

Tagebuchführung
Das Führen eines Tagebuchs über zwischenmenschliche Beziehungen bietet die Möglichkeit, stressige Situationen zu notieren und Gefühle sowie Gedanken dazu zu beschreiben.

Feedback einholen
Das Einholen von Feedback von vertrauenswürdigen Freunden, Familienmitgliedern oder Kollegen ermöglicht externe Perspektiven, um Muster oder Stressoren zu erkennen, die einem selbst möglicherweise nicht bewusst sind.

Emotionale Intelligenz
Die Beschäftigung mit dem Konzept der emotionalen Intelligenz fördert das Verständnis eigener Emotionen, was wiederum hilfreich ist, Stressoren besser zu erkennen.

Stressmanagementtechniken
Die Erlernung verschiedener Stressmanagementtechniken wie Atemübungen, Meditation, Neuroathletik oder Achtsamkeit tragen dazu bei, Stress abzubauen und das allgemeine Wohlbefinden zu verbessern.

Szenarien visualisieren
Die bewusste Visualisierung verschiedener sozialer Szenarien ermöglicht die Antizipation potenzieller Stressoren und die Entwicklung von Bewältigungsstrategien.

Berufliche Selbstanalyse
Die Reflexion über das eigene Verhalten in beruflichen Situationen hilft, bestimmte Muster oder Beziehungen zu identifizieren, die wiederholt Stress verursachen könnten.

Selbstbewusstsein stärken
Die Entwicklung eines starken Selbstbewusstseins durch die Auseinandersetzung
mit Stärken, Schwächen, Werten und Überzeugungen unterstützt ein tieferes Verständnis der eigenen Identität und trägt dazu bei, Reaktionen in zwischenmenschlichen Situationen besser zu verstehen.

Kommunikation verbessern
Die Reflexion über Kommunikationsgewohnheiten hilft dabei, wie Gedanken und
Gefühle ausgedrückt werden, und ermöglicht die Überprüfung auf mögliche Miss-
verständnisse oder Konflikte.

Grenzen setzen
Die Überlegung, ob es Schwierigkeiten gibt, klare Grenzen zu setzen, ermöglicht
die Identifikation von Stressoren, die durch das Überschreiten persönlicher Grenzen entstehen können.

Gewohnheiten beobachten
Die Beobachtung wiederkehrender Verhaltensmuster in zwischenmenschlichen Situationen unterstützt die Erkennung von Gewohnheiten, die zu Konflikten führen
könnten, und die Entwicklung von Modifikationsstrategien.

Ursachen erforschen Das Tiefgreifen, um die zugrunde liegenden Ursachen für
Stressoren zu erforschen, eröffnet die Möglichkeit, vergangene Erfahrungen oder
unbewusste Überzeugungen zu identifizieren, die zu bestimmten Reaktionen führen könnten.

Rückmeldungen nutzen Die konstruktive Nutzung von Rückmeldungen von anderen Menschen, insbesondere in Bezug auf zwischenmenschliche Fähigkeiten,
dient als Gelegenheit zur Selbstreflexion.
Die Umsetzung eines Trainingsprozesses zur Stärkung der Fähigkeit, dem konditionierten Reflex zu widerstehen, erfordert einen strukturierten Ansatz.
Hier sind einige Leitlinien und Einleitungsschritte für die Durchführung eines
solchen Trainings:

Einleitung
Bewusstsein schaffen. Beginnen Sie mit einer Einführung in die Bedeutung der
Achtsamkeit im zwischenmenschlichen Kontext. Betonen Sie die Rolle des kondi-
tionierten Reflexes und wie er in sozialen Interaktionen wirkt.
Ziele klären. Definieren Sie klare Ziele für das Training. Möchten Sie die
Fähigkeit zur Selbstreflexion stärken, spezifische Stressoren identifizieren oder
alternative Reaktionsstrategien entwickeln?

Trainingsphasen
Selbstreflexion einleiten. Fördern Sie die Selbstreflexion, indem Sie sich dazu er-
mutigen, über vergangene stressige Situationen nachzudenken. Präzisieren Sie die
Analyse der Elemente, die den Stress ausgelöst haben könnten.

Tagebuchführung einführen. Verinnerlichen Sie die Bedeutung eines Tagebuchs für zwischenmenschliche Beziehungen. Sie sollten Situationen notieren, in denen Sie sich gestresst fühlten, sowie Ihre Gefühle und Gedanken dazu.

Feedbackmechanismen aufzeigen. Verdeutlichen Sie die Rolle von externem Feedback. Bitten Sie Ihre Mitmenschen, vertrauenswürdige Personen um Rückmeldung zu Ihrem Verhalten in sozialen Situationen.

Emotionale Intelligenz verstehen. Setzen Sie sich mit dem Konzept der emotionalen Intelligenz auseinander. Die Identifizierung und das Verständnis eigener Emotionen sind Schlüsselelemente, um Stressoren besser zu erkennen.

Stressmanagementtechniken trainieren. Wählen Sie zwischen verschiedenen Stressmanagementtechniken wie Atemübungen, Meditation und Achtsamkeit den passenden Mix.

Szenarien visualisieren. Praktizieren Sie Übungen, bei denen Sie soziale Szenarien gedanklich durchspielen und auf ihre Reaktionen achten. Ziel ist es, potenzielle Stressoren zu antizipieren und Bewältigungsstrategien zu entwickeln.

Berufliche Selbstanalyse anregen. Ermutigen Sie sich, sich in beruflichen Situationen zu reflektieren und Muster oder Beziehungen zu identifizieren, die wiederholt Stress verursacht haben könnten.

Selbstbewusstsein fördern. Stärken Sie Ihr Selbstbewusstsein, indem Sie auf eigene Stärken, Schwächen, Werte und Überzeugungen eingehen. Ein tieferes Verständnis der eigenen Identität hilft, Reaktionen in zwischenmenschlichen Situationen zu begreifen.

Kommunikation und Grenzen thematisieren. Reflektieren Sie Kommunikationsgewohnheiten und die Fähigkeit, klare Grenzen zu setzen. Finden Sie heraus, wie dies Stress in sozialen Interaktionen beeinflussen kann.

Gewohnheiten und Ursachen erkunden. Achten Sie darauf, wiederkehrende Verhaltensmuster in sozialen Situationen zu beobachten, und ermutigen Sie sich dazu, die zugrunde liegenden Ursachen für Stressoren zu erforschen.

Rückmeldungen integrieren. Beachten Sie die Bedeutung konstruktiver Nutzung von Rückmeldungen. Diese bieten Ihnen Chancen zur Selbstreflexion, insbesondere in Bezug auf zwischenmenschliche Fähigkeiten.

Abschluss
Zusammenfassung und Ausblick. Schließen Sie das Training mit einer Zusammenfassung der erworbenen Erkenntnisse und einem Ausblick auf die fortlaufende Entwicklung der erlernten Fähigkeiten. Ermutigen Sie sich zu kontinuierlicher Selbstreflexion und Achtsamkeit im Umgang mit sozialen Stressoren.

Bevor wir jedoch mit weiteren Strategien unsere Reise fortsetzen, möchten wir Ihnen auch Folgendes mitgeben: In diesem Abschnitt vertiefen wir unser Verständnis und erweitern unsere Werkzeuge, um den konditionierten Reflex im Kontext sozialer Interaktionen zu überwinden. Durch gezielte Methoden und Übungen werden wir dazu beitragen, Ihre Fähigkeiten zur Selbstreflexion und Stressbewältigung weiter zu schärfen.

Selbstreflexion ist jedoch ein kraftvoller Prozess, der oft mit Erleuchtung und persönlichem Wachstum in Verbindung gebracht wird. Es ist jedoch wichtig zu verstehen, dass dieser Weg auch mit **unangenehmen Phasen** einhergehen kann. Tatsächlich kann nichts schmerzhafter sein als die echte Selbsterkenntnis, die uns mit den ungeschönten Facetten unserer eigenen Persönlichkeit konfrontiert.

Erleuchtende Phase
Die Selbstreflexion ermöglicht tiefe Einblicke in unser Verhalten, unsere Motive und unsere zwischenmenschlichen Beziehungen. In dieser erleuchtenden Phase erkennen wir unsere Stärken, Schwächen und Werte klarer. Dieses Verständnis kann als Katalysator für persönliches Wachstum dienen und uns befähigen, bewusstere Entscheidungen zu treffen.

Die Herausforderungen der Selbsterkenntnis
Jedoch geht mit der Selbsterkenntnis oft auch eine Phase der Unbehaglichkeit einher. Das Erkennen von Gewohnheiten, die wir vielleicht lieber verdrängt hätten, und die Auseinandersetzung mit Aspekten unserer Persönlichkeit, die wir als weniger positiv empfinden, kann schmerzhaft sein. Es erfordert Mut, sich den eigenen Schattenseiten zu stellen.

Die Überwindung von Widerständen
Selbstreflexion kann Widerstände und innere Konflikte hervorrufen. Es ist wichtig zu verstehen, dass diese Herausforderungen Teil des Prozesses sind. Der Weg zur Selbsterkenntnis ist keine lineare Reise, sondern ein zyklischer Prozess des Wachsens und Lernens. Die Unannehmlichkeiten, die mit der Selbsterkenntnis einhergehen, sind oft Vorboten für persönliche Transformation.

Der Wert des Unangenehmen
Obwohl es zunächst schmerzhaft sein mag, das Unangenehme anzuerkennen, liegt darin auch eine große Chance. Die Bereitschaft, uns unseren Schwächen zu stellen, ermöglicht es uns, an ihnen zu arbeiten und uns weiterzuentwickeln. Es eröffnet die Tür zu tiefer Selbstakzeptanz und einem authentischeren Lebensweg.

Selbstreflexion, selbst wenn sie mit vorübergehendem Unbehagen einhergeht, ist ein Schlüssel zum persönlichen Wachstum. Durch die Überwindung der Herausforderungen und das Eintauchen in die Erleuchtung, die aus der Selbsterkenntnis erwächst, können wir eine tiefere Verbindung zu uns selbst herstellen und ein erfüllteres Leben führen. Als Nebenprodukt können wir uns auch effektiver gegen Social Engineering verteidigen.

23.1.7 Strategie 4: Soziale Auslöser identifizieren

In Anbetracht des Fokus auf soziale Manipulation in diesem Buch über Social Engineering erweist sich dieser Unterpunkt als besonders bedeutend. Es geht darum, die spezifischen sozialen Auslöser zu identifizieren, die auf individueller Ebene Stress verursachen können. In ruhigen Momenten sollten Leserinnen und Leser in sich hineinhören, um soziale Situationen oder Verhaltensweisen anderer Menschen zu erkennen, die potenziell Stress auslösen könnten, und dabei nach wiederkehrenden Mustern suchen.

Das gedankliche Durchspielen erlebter Situationen und das Festhalten von Gedanken und Gefühlen können dabei helfen, eine tiefergehende persönliche Reflexion zu ermöglichen. Im Kontext von sozialen Auslösern könnten folgende Punkte von Relevanz sein:

Mangelnde Anerkennung
Das Gefühl, nicht angemessen anerkannt oder geschätzt zu werden, kann Stress verursachen.

Konflikte und Streitigkeiten
Konflikte auf beruflicher oder persönlicher Ebene können Stress auslösen, da sie das Bedürfnis nach Harmonie stören.

Ungerechtigkeit
Das Bezeugen oder Erfahren von als ungerecht empfundenen Handlungen kann Stress hervorrufen.

Fehlende Kommunikation
Unklare oder ineffektive Kommunikation kann Unsicherheit und Stress verursachen.

Mangelnde Autonomie
Das Gefühl, dass die persönliche Entscheidungsfreiheit eingeschränkt ist, kann belastend sein.

Negative Bewertung oder Kritik
Kritik oder negative Bewertungen können Stress oder Unsicherheit auslösen.

Unsicherheit über Erwartungen
Das Fehlen klarer Erwartungen oder unklarer Rollen in sozialen Interaktionen kann Unsicherheit verursachen.

Soziale Ablehnung oder Isolation
Das Gefühl der Ablehnung oder sozialen Isolation kann starke emotionale Reaktionen und Stress hervorrufen.

Verletzung von persönlichen Grenzen
Das Überschreiten persönlicher Grenzen kann Stress verursachen.

Mangelnde Kooperation
Schwierigkeiten in der Zusammenarbeit mit anderen, sei es im beruflichen oder persönlichen Umfeld, könnten Stress auslösen.

Die in diesem Kapitel dargestellten Übungen sind als fortlaufender Prozess zu verstehen, der entscheidend für persönliches Wachstum, die Entwicklung gesunder zwischenmenschlicher Beziehungen und die Gestaltung eines wirksamen Anti-Social-Engineering-Mindsets ist.

Für die Umsetzung dieser Übungen sind Zeit, Geduld und vor allem Ehrlichkeit gegenüber sich selbst vonnöten. Die Möglichkeit, professionelle Unterstützung in Anspruch zu nehmen, sei es durch Coaching oder Beratung, kann dabei helfen, tiefer in die persönlichen Stressoren einzutauchen und konkrete Bewältigungsstrategien zu entwickeln.

Diese Herangehensweise ist entscheidend, um das volle Potenzial der Selbstreflexion zu entfalten und nachhaltige Veränderungen im Denken und Handeln zu bewirken.

23.1.8 Strategie 5: Trainiere „Neinsagen"

Social Engineers sind oft in der Lage, potenzielle Schwachstellen ihrer Opfer zu identifizieren, sei es durch OSINT oder durch die schrittweise Annäherung an die Zielperson.

Gelegentlich haben Social Engineers Glück, wenn ihr Angriffsszenario das Opfer überrascht oder wenn der gewählte Ansatz einfach zum Kontext passt.

Trotz Selbstreflexion, Persönlichkeitsentwicklung und kontinuierlichen Trainings des Anti-Social-Engineering-Mindsets gibt es bestimmte Eigenschaften und Verhaltensweisen, die schwer zu ändern oder gar unveränderbar sind.

Ein besonders erfolgreicher Ansatz im Bereich Social Engineering ist die Ausnutzung von Hilfsbereitschaft. Hilfsbereitschaft ist eine wichtige soziale Eigenschaft. Dieses Buch zielt jedoch nicht darauf ab, die Leserschaft dazu zu veranlassen, ihre Hilfsbereitschaft zu unterdrücken, nur um sich vor Manipulationen zu schützen. Das Mindset kann auch hier unterstützen. Wenn Sie wissen, dass es Ihnen schwerfällt, eine Bitte um Hilfe abzulehnen, können Sie sich fragen, ob die Person wirklich hilfsbedürftig ist und ob Sie die richtige Person für die Hilfe sind. **Überlegen Sie, ob Sie Hilfe zur Selbsthilfe leisten können.**

Ein weiterer Aspekt ist das Training des Neinsagens.

Sie können im Alltag einfache Situationen nutzen, um sich im Neinsagen zu üben. Lernen Sie aus positiven Erfahrungen, dass ein Nein keine negativen Konsequenzen haben muss. Trainieren Sie sich darin, klare Grenzen zu setzen, indem Sie beispielsweise bei Verkaufsgesprächen für Produkte, die Sie nicht interessieren, höflich, aber bestimmt ablehnen. Begegnen Sie Spendensammlern mit Aufmerksamkeit, hören Sie sich ihre Argumente an und lernen Sie, in solchen Situationen adäquat Nein zu sagen – eine nützliche Fähigkeit, besonders in Bezug auf potenzielle soziale Manipulationen.

Beim Training des Neinsagens ist es essenziell, bewusst zu erleben, wie sich das möglicherweise negative Gefühl beim Aussprechen des Neins entwickelt. Regen Sie sich an, sich selbst zu beobachten und zu prüfen, wie sich Ihre Empfindungen verändern, wenn Sie diese Fähigkeit häufiger anwenden.

Setzen Sie sich bewusst mit den tatsächlichen Konsequenzen auseinander, die das Neinsagen für Sie hatte.

Reflektieren Sie, ob die erwarteten negativen Folgen eingetreten sind oder ob sich Ihr Wohlbefinden und Selbstbewusstsein durch das Setzen von klaren Grenzen eher verbessert haben. Diese reflektierte Betrachtung ist entscheidend für die persönliche Entwicklung und die Stärkung Ihrer Fähigkeit, angemessen Nein zu sagen.

Es zeigt sich nicht nur bei unseren Muskeln, sondern auch bei unserem Gehirn, dass Training durch Wiederholung eine entscheidende Rolle spielt.

Jeder von uns ist mit individuellen Programmen und Routinen ausgestattet, die nicht ohne Weiteres auf Knopfdruck verändert werden können – insbesondere nicht unter dem Einfluss von Stress.

Die Neuroplastizität, die Fähigkeit des Gehirns, sich anzupassen und zu verändern, ist ein zentraler Aspekt, den es zu berücksichtigen gilt. Die etablierten neuronalen Bahnen und Denkmuster können durch kontinuierliches Training modifiziert werden. Diese Modifikation erfordert jedoch Zeit und Beharrlichkeit.

In stressigen Situationen greifen wir oft auf automatisierte Denk- und Verhaltensmuster zurück, die tief in unserem neuronalen Netzwerk verankert sind. Daher ist es entscheidend, durch gezieltes mentales Training eine Veränderung dieser Muster zu initiieren.

Verschiedene Methoden, wie kognitive Übungen, Achtsamkeitstraining oder mentales Coaching, können dazu beitragen, neue neuronale Verbindungen zu schaffen und bestehende Muster zu überwinden. Ein bewusster Umgang mit der Neuroplastizität ermöglicht es, auch unter Stress neue Denk- und Handlungsoptionen zu entwickeln.

23.1.9 Strategie 6: Kontinuität durch Training

Die Effektivität der zuvor dargestellten Ansätze geht oft mit regelmäßigem Training und Wiederholung einher. Durch kontinuierliche Schulungen können erworbene Fähigkeiten aktiv und wirksam bleiben, auch über längere Zeiträume hinweg.

Die Praxis regelmäßiger Schulungen und Trainings dient nicht nur der Initiierung von Veränderungen, sondern auch der Verankerung neuer Denkweisen und Verhaltensmuster im Gehirn. Ähnlich wie körperliche Fitness erfordert auch die geistige Beweglichkeit kontinuierliche Pflege und Anstrengung. Die Integration von neu erworbenem Wissen in den Alltag und die regelmäßige Anwendung ermöglichen eine nachhaltige Veränderung.

Die Erkenntnisse aus der Neuroplastizität unterstreichen somit die Bedeutung eines systematischen und wiederholten Trainings, um geistige Flexibilität und Anpassungsfähigkeit zu fördern. Dies ist besonders relevant im Kontext von Social Engineering, da es dabei um die Resistenz gegenüber Manipulation und die Entwicklung eines starken Anti-Social-Engineering-Mindsets geht.

23.1.10   Strategie 7: Reziprozität verstehen

Zusätzlich zur weitverbreiteten Hilfsbereitschaft können Social Engineers auf weitere allgemeingültige Ansätze zurückgreifen, wobei das psychologische Prinzip der Reziprozität (Abschn. 4.14 im White Chapter) eine herausragende Rolle spielt.

Reziprozität, als Prinzip der Gegenseitigkeit, beschreibt die Tendenz von Menschen, auf erhaltene Handlungen oder Gesten ähnlich zu reagieren. Wenn jemand uns Gutes tut, fühlen wir uns verpflichtet, Gutes im Gegenzug zu tun. Dieses Prinzip ist kulturell tief verwurzelt und spielt eine entscheidende Rolle in sozialen Beziehungen, da es den Austausch von Ressourcen, Hilfe und Unterstützung fördert.

Im Kontext des Social Engineering kann ein Angreifer Reziprozität ausnutzen, beispielsweise durch das Anbieten von Geschenken oder Gefälligkeiten.

Kleine Handlungen können dazu führen, dass sich das Opfer verpflichtet fühlt, im Gegenzug etwas zu tun. Der Angreifer kann Informationen teilen, um Vertrauen aufzubauen und das Opfer dazu zu bringen, ebenfalls Informationen preiszugeben. Kooperatives Verhalten kann die Reziprozität auslösen, indem das Opfer dazu bewegt wird, ebenfalls kooperativ zu handeln.

Um sich vor diesen Angriffen zu schützen, ist es notwendig, eine gesunde Skepsis gegenüber unbekannten Personen oder Anfragen zu bewahren.

Unerwartete Geschenke, Gefälligkeiten oder Informationen sollten kritisch hinterfragt werden. Freundlichkeit ist wichtig, aber Skepsis bewahrt vor potenziellen Risiken. Es ist entscheidend, klare persönliche und berufliche Grenzen zu setzen und bereit zu sein, „Nein" zu sagen, wenn etwas als bedenklich erscheint.

Die Überprüfung von Informationen aus unbekannten Quellen vor einer Reaktion oder Antwort ist ebenfalls eine effektive Schutzmaßnahme. Bei Behauptungen über eine Organisation ist eine unabhängige Überprüfung besonders wichtig.

23.1.11   Strategie 8: Haloeffekt vermeiden

Der Haloeffekt beschreibt die Neigung, dass positive Bewertungen oder Eindrücke in einem bestimmten Bereich zu einer generellen positiven Wahrnehmung einer Person führen. Dies bedeutet, dass Menschen dazu tendieren, von bekannten positiven Eigenschaften einer Person auf weitere, noch unbekannte Aspekte zu schließen.

Beispielsweise könnte die äußere Attraktivität einer Person dazu führen, dass auch andere Eigenschaften wie Intelligenz oder soziale Kompetenzen positiv eingeschätzt werden, obwohl hier keine direkte Verbindung besteht.

Ein möglicher Angriffsweg eines Social Engineer besteht darin, den Haloeffekt gezielt zu nutzen, um Vertrauen und Kooperation zu gewinnen. Dies kann durch das Vortäuschen von Expertise in einem bestimmten Bereich oder das Behaupten einer hohen Position erreicht werden, wodurch automatisch Vertrauen geschaffen wird. Indem positive Emotionen wie Freundlichkeit und Hilfsbereitschaft gezeigt werden, kann der Social Engineer diese auf andere Aspekte seiner Persönlichkeit oder Absichten übertragen.

Ein professionelles äußeres Erscheinungsbild verstärkt den Haloeffekt weiter, da Menschen dazu neigen, von äußerer Attraktivität oder Professionalität auf andere positive Eigenschaften zu schließen. Durch das Vortäuschen gemeinsamer Interessen oder Werte kann der Social Engineer eine Verbindung herstellen und den Haloeffekt nutzen, um positive Assoziationen zu schaffen.

Um sich vor diesen Angriffen zu schützen, ist es relevant, positive Eindrücke zu hinterfragen und nachprüfbare Fakten zu überprüfen. Die Überprüfung von Hintergrundinformationen und Referenzen von vermeintlichen Experten ist entscheidend. Klare persönliche und professionelle Grenzen zu setzen und sich nicht von äußeren Erscheinungsbildern oder freundlichem Verhalten täuschen zu lassen, sind ebenfalls kritische Schutzmaßnahmen.

Es unterstreicht die Bedeutung von Achtsamkeit, kritischem Denken und dem Bewusstsein darüber, dass der Haloeffekt von Social Engineers genutzt werden kann, um eine vertrauenswürdige Fassade zu schaffen. Regelmäßige Schulungen und die Wiederholung erworbenen Wissens tragen dazu bei, dass dieses Bewusstsein aktiv und wirksam bleibt, auch über längere Zeiträume hinweg.

Um sich gegen den Haloeffekt im Kontext des Social Engineering zu schützen, können folgende Maßnahmen ergriffen werden:

Hinterfragen von Eindrücken

Es ist entscheidend, positive Eindrücke zu hinterfragen und nicht automatisch von bekannten positiven Eigenschaften auf alle anderen Bereiche einer Person zu schließen. Ein bewusstes Infragestellen von Annahmen hilft, realistischere Einschätzungen zu treffen.

Überprüfung von Hintergrundinformationen

Verifizieren Sie Hintergrundinformationen und Referenzen von Personen, die sich als Experten oder Autoritäten ausgeben. Dieser Faktor ist besonders wichtig, um sicherzustellen, dass positive Assoziationen auf nachprüfbaren Fakten basieren.

Klare persönliche und berufliche Grenzen setzen

Es ist ratsam, klare Grenzen in persönlichen und beruflichen Beziehungen zu setzen. Seien Sie bereit, „Nein" zu sagen, wenn Ihnen etwas nicht richtig erscheint, und lassen Sie sich nicht von äußeren Erscheinungsbildern oder freundlichem Verhalten täuschen.

Achtsamkeit und kritisches Denken

Kultivieren Sie Achtsamkeit und kritisches Denken in sozialen Interaktionen. Dies beinhaltet die bewusste Überprüfung von Emotionen, Gedanken und Annahmen, um sich vor unbewussten Einflüssen zu schützen.

Selbstreflexion

Reflektieren Sie regelmäßig Ihre eigenen Denkmuster und Annahmen. Das Bewusstsein für persönliche Vorurteile und Tendenzen unterstützt dabei, den Halo-effekt zu erkennen und aktiv dagegen vorzugehen.

Eigene Überzeugungen und Werte hinterfragen

Nehmen Sie sich Zeit, um Ihre eigenen Überzeugungen und Werte zu überprüfen. Eine bewusste Selbstreflexion ermöglicht es, Einflüssen von außen besser zu widerstehen.

Durch die Anwendung dieser Maßnahmen können Organisationen und Einzelpersonen wirksame Strategien entwickeln, um sich gegen die potenziell irreführenden Auswirkungen des Haloeffekts zu verteidigen und ein höheres Maß an Sicherheit in sozialen Interaktionen zu gewährleisten.

Nachdem wir die Basisverteidigungskonzepte sowie individuelle Strategien zur Abwehr von Social-Engineering-Angriffen vorgestellt haben, widmen wir uns nun den einzelnen Angriffsarten. Hierbei präsentieren wir effektive menschenzentrierte Verteidigungslinien, die Ihnen helfen, Ihre menschliche Firewall angriffsspezifisch zu aktivieren.

23.2   Human-based Abwehrtaktiken gegen BEC und Phishingarten

Die Identifikation von BEC, CEO-Fraud und Phishingmails erfordert eine grundsätzliche Vorsicht im Umgang mit E-Mails und anderen Kommunikationskanälen. Bei der Analyse einer E-Mail ist es ratsam, sich in Ruhe die folgenden Fragen zu stellen:

Anomalieerkennung 1: Red Flag „Druck – Dringlichkeit – Abweichung"

Versucht der Inhalt der E-Mail, insbesondere durch Formulierungen, einen Handlungsbedarf zu suggerieren, möglicherweise sogar einen dringenden und unbedingten? Baut die E-Mail durch bestimmte Formulierungen Druck auf, wie beispielsweise:

„Wenn Sie jetzt nicht handeln/XY tun, dann …"?

Anomalieerkennung 2: Red Flag „Linkzwang"

Enthält die E-Mail Links oder angehängte Dateien, die Sie öffnen „müssen"?

Fahren Sie mit dem Mauszeiger über den Link – **ohne darauf zu klicken.** *Dieses Vorgehen wird auch als hovern oder Mouseover bezeichnet.*

Der Begriff hovern oder Hovering stammt aus dem Englischen und bedeutet so viel wie schweben. Im Kontext von Computern und Benutzeroberflächen bezieht sich hovern darauf, mit dem Mauszeiger über einem Element, wie beispielsweise einem Link, zu verweilen, ohne es anzuklicken. Diese Aktion löst oft eine bestimmte Reaktion aus, wie das Anzeigen eines Tooltipps mit zusätzlichen

Informationen oder, im Fall von Links, das Anzeigen der Zieladresse in der Status-leiste des Browsers. In Bezug auf Phishingmails wird der Ausdruck verwendet, um darauf hinzuweisen, dass durch das Überfahren eines Links mit dem Mauszeiger, ohne ihn zu klicken, möglicherweise eine andere Website angezeigt wird, als es der sichtbare Linktext suggeriert. Dies kann ein Anzeichen für betrügerische Absichten sein.

Anomalieerkennung 3: Red Flag „Eingabezwang"

Werden Sie dazu aufgefordert, vertrauliche Informationen wie PINs, TANs, Pass-wörter oder Bankdaten preiszugeben oder sensible Handlungen auszuführen, bei-spielsweise Überweisungen zu tätigen?

Anomalieerkennung 4: Red Flag „Fehlerabweichung"

Enthält die E-Mail Rechtschreibfehler oder sprachliche Unstimmigkeiten?

Beispielsweise könnte ein unpassender Förmlichkeitsgrad (zu distanziert und förmlich/zu locker) oder eine unpersönliche Anrede wie „Sehr geehrte/r Kunde/in …" vorhanden sein.

Anomalieerkennung 5: Red Flag „Uhrzeitabweichung"

Ist die Uhrzeit des Mailempfangs auffällig?

Anomalieerkennung 6: Red Flag „Absenderabweichung"

Welche Mailadresse verbirgt sich hinter dem Absendernamen? Steht diese in einem Zusammenhang mit dem Mailkontext und dem Absendernamen?

Oft wird bei Betrugsmails in der Standardansicht einer Mail nur ein Absender-name statt der tatsächlichen E-Mail-Adresse angezeigt – wie z. B. auch bei Kon-takten, die Sie bereits in Ihrem Mailprogramm als solche unter einem bestimmten Namen abgespeichert haben.

Beispiel

Als Absendernamen sehen Sie zunächst nur „Amazon Kundenservice". Klicken Sie jedoch auf den Namen in der Kopfzeile des Mailprogramms oder lassen sich mehr Details dazu anzeigen, dann sehen Sie, dass sich hinter dem Namen „Amazon Kundenservice" zum Beispiel die Mailadresse „oix902bjk@gmail.com" verbirgt. Diese Inkongruenz ist ein starker Hinweis darauf, dass es sich um eine Betrugs-mail handelt.

Hierfür ist es hilfreich, die Absenderadresse per Copy-Paste-Funktion in eine Word-Datei einzubinden. Sie werden sehen, dass der E-Mail-Identifikator bzw. der E-Mail-Alias „Amazon Kundenservice" sich auflöst und die Paste-Funktion in der Regel dann die richtige bzw. wahrhaftige Absenderadresse anzeigt: „oix902bjk@gmail.com".

Wichtig ist auch zu beachten, dass diese Deutungskette nicht umgekehrt an-gewendet werden darf. Das bedeutet, dass eine auf den ersten Blick plausibel aus-sehende Absendermailadresse wie „kundenservice@amazon.de" kein Ausschluss-kriterium für eine Phishingmail ist.

Der Angreifer könnte immer noch E-Mail-Spoofing genutzt haben oder eine Domain registriert haben, die der Originaldomain zum Verwechseln ähnlich ist:

z. B.

„service@beispielunternehmen-gmbh.de"

statt

service@beispielunternehmen.de.

Anomalieerkennung 7: Red Flag „Prozedurabweichung"

Wird versucht, geläufige Prozesse, gängige Abläufe oder sogar erforderliche Genehmigungen zu umgehen?

Zum Beispiel könnte ein Kunde versuchen, persönliche Daten per E-Mail zu erfragen, anstatt das dafür vorgesehene Kundenportal zu nutzen. Ebenso könnte ein Bankangestellter Sie auffordern, sich unter einem bestimmten Link in einem Online-Banking-Portal anzumelden, anstatt die vertraute Anmeldeseite selbst im Browser aufzurufen.

Anomalieerkennung 8: Red Flag „Kontextanomalie"

Gibt es Unstimmigkeiten im Kontext der E-Mail oder weicht der Inhalt von der Norm ab?

Oder weicht der Nachrichteninhalt signifikant von den standardmäßigen oder erwarteten Parametern ab?

Ein Beispiel für Unstimmigkeiten im Kontext einer E-Mail könnte sein, wenn Sie eine vermeintliche Rechnung von einem Unternehmen erhalten, mit dem Sie jedoch keine Geschäftsbeziehung haben. In diesem Fall könnte der Kontext der E-Mail nicht stimmig sein, da keine vorherige Transaktion oder Interaktion mit dem genannten Unternehmen stattgefunden hat.

Ein Beispiel für Abweichungen vom Inhalt der Norm könnte sein, wenn Sie eine E-Mail von Ihrer Bank erhalten, die Sie auffordert, dringend vertrauliche Informationen preiszugeben, obwohl Ihre Bank üblicherweise solche Anfragen nicht per E-Mail stellt. Hier weicht der Inhalt von den üblichen Verfahren der Bank ab und könnte auf eine betrügerische Absicht hinweisen.

Wenn Ihnen abseits der aufgeführten Punkte etwas ein ungutes Bauchgefühl hervorruft, ist es wichtig, auf diese Instinkte zu hören. Selbst wenn Sie möglicherweise nicht genau feststellen können, was an einer E-Mail Ihnen seltsam erscheint, sollten Sie dennoch auf Ihr Bauchgefühl vertrauen und mit Vorsicht handeln.

Nachdem Sie eine E-Mail als prinzipiell verdächtig eingestuft haben, können Sie folgende Schritte unternehmen:

Verteidigungsstrategie 1: Innehalten

Grundsätzlich gilt: Vermeiden Sie jegliche Handlung oder die Preisgabe von Informationen, selbst wenn in der Mail Zeitdruck aufgebaut wird. Sicherheit hat die oberste Priorität. Nehmen Sie sich einen Moment, atmen Sie tief durch und lassen Sie sich nicht durch emotionale Druckmittel beeinflussen. Denken Sie an die emotionale Reiz-Reaktions-Kette und versuchen Sie durch Innehalten auf mögliche Deutungen und Handlungen zu kommen. Vermeiden Sie impulsive Reaktionen und nehmen Sie sich Zeit, um rationale Entscheidungen zu treffen.

Verteidigungsstrategie 2: Ergebnisse der Klärungsphase abwarten

Stattdessen ist es ratsam, sich zunächst über einen anderen Weg in Bezug auf die Richtigkeit der Mail und des Absenders rückzuversichern, bevor Sie irgendeine Handlung vornehmen. Vermeiden Sie das Klicken auf Links, das Öffnen von Anhängen oder das Preisgeben von Informationen, bevor Sie sicherstellen, dass der Absender der Mail existiert und die erhaltene Mail tatsächlich von diesem stammt. Beachten Sie dabei, dass selbst bei einer scheinbar legitim wirkenden E-Mail Vorsicht geboten ist und im Zweifelsfall keine sensiblen Informationen preisgegeben werden sollten.

Hier sind einige konkrete Vorschläge dazu, wie Sie sich rückversichern können:

Rückversicherungstaktik 1: Rückrufmethode

Handelt es sich um einen bereits bekannten Absender, versuchen Sie, diesen über einen anderen, Ihnen bereits vertrauten Kommunikationskanal zu erreichen, beispielsweise durch einen Anruf.

Rückversicherungstaktik 2: Point-of-Contact -Methode

Handelt es sich zum Beispiel um einen vermeintlich neuen Mitarbeiter eines Kunden, eines Kooperationspartners, Ihrer Bank oder der IT Ihres Unternehmens, könnten Sie zunächst erneut Kontakt mit Ihrem bisherigen Ansprechpartner in der Organisation aufnehmen.

Rückversicherungstaktik 3: Manuelle Methode

Wenn kein weiterer Ansprechpartner verfügbar ist, versuchen Sie, über die offizielle Anlaufstelle des Unternehmens zu gehen. Sie können dies erreichen, indem Sie manuell das Unternehmen des Absenders über eine Suchmaschine aufrufen und sich über die dort angegebenen Kontaktdaten an das Unternehmen wenden. Beziehen Sie sich dabei auf die erhaltene E-Mail und den Absender.

Gut zu wissen: E-Mail-Spoofing funktioniert nur in eine Richtung. Das bedeutet, wenn ein Angreifer E-Mail-Spoofing verwendet, um beispielsweise die E-Mail-Adresse eines bekannten Absenders zu simulieren, wird Ihre Antwortmail an die vom Angreifer gespoofte E-Mail-Adresse geschickt, also an den tatsächlichen Inhaber der manipulierten Adresse.

Beispiel

Angreifer (A) schickt an die Zielperson (B) eine Spear-Phishing-Mail und gibt sich dabei unter Anwendung von E-Mail-Spoofing als Person (C) aus.

Wenn Person (B) nun auf diese Mail antwortet, wird die Antwortmail an die tatsächliche Mailadresse von Person (C) geschickt.

Das funktioniert allerdings nur bei Spoofing.

Denn, wenn ein Angreifer (A) eine Spear-Phishing-Mail sendet und dabei E-Mail-Spoofing verwendet, um sich als eine vertrauenswürdige Person (C) auszugeben, und das Opfer (B) auf diese Mail antwortet, wird die Antwortmail tatsächlich an die echte Mailadresse von Person C geschickt. Dies liegt daran, dass E-Mail-Spoofing die Absenderidentität in dieser speziellen Situation vortäuscht. Es sollte jedoch beachtet werden, dass dies nur für den Fall von Spoofing gilt.

Gegenbeispiel
Wenn der Angreifer (A) seine eigene Domain registriert hat und nicht auf tech-
nisches Spoofing zurückgreift, sondern auf Layout-Spoofing, landen die Antwort-
mails auch beim Angreifer, da er der Eigentümer der Mailadresse ist.
  Daher ist es entscheidend, nicht nur auf den Spoofing-Status zu achten, sondern
auch andere Überprüfungen vorzunehmen, um die Legitimität einer E-Mail zu ge-
währleisten.

Rückversicherungstaktik 4: IT-Methode
Wenn Sie eine als verdächtig eingestufte E-Mail im geschäftlichen Kontext erhalten, ist es ratsam, unverzüglich die IT-Abteilung zu kontaktieren und die verdächtige E-Mail zu melden. Insbesondere wenn Sie Dateianhänge erhalten, sollten Sie diese der IT zur Überprüfung vorlegen und erst nach Bestätigung der
Korrektheit und Unverfälschtheit durch die IT-Abteilung die Datei für weitere Be-
arbeitung freigeben. Es ist grundlegend, stets mit der Haltung „Vorsicht ist besser
als Nachsicht" zu agieren.

Rückversicherungstaktik 5: Sicherheitsfragemethode
Um Redundanzen zu vermeiden, verweisen wir an dieser Stelle auf Abschn. 19.1.5
des Yellow Chapter, in dem wir Ihnen die Verifikationskette über Sicherheitsabfragen vorgestellt haben.
  Alle in diesem Abschnitt erwähnten Taktiken und Strategien zur Identifikation
und Abwehr von Phishingarten können nahtlos auf die Angriffsart Vishing angewendet werden. Die Prinzipien der Achtsamkeit, kritischen Überprüfung und
Vorsicht gelten gleichermaßen, wenn Sie mit verdächtigen Anrufen konfrontiert
werden. Achten Sie darauf, unerwartete Anrufe zu hinterfragen, Informationen zu
verifizieren und bei Unsicherheiten zusätzliche Sicherheitsabfragen zu stellen, um
sich vor potenziellen Vishing-Angriffen zu schützen.

23.3 Human-based Abwehrtaktiken gegen Shoulder Surfing

Das Erkennen oder Identifizieren von Shoulder Surfing erfordert Aufmerksamkeit und Sensibilität für ungewöhnliches Verhalten in der Umgebung. Die Erkennung wird weiter erschwert, wenn die Angreifer aus der Ferne agieren und
dabei technische Hilfsmittel wie hochauflösende Kameras einsetzen. Zudem haben
die Angreifer die Fähigkeit, sich zu bewegen, was die Identifizierung zusätzlich
erschwert, da sie im Prinzip ein „bewegliches Ziel" also ein Moving Target darstellen. Hier sind doch einige Anzeichen, die auf mögliche Angriffe durch Shoulder Surfing hinweisen könnten:

Anomalieerkennung 1: Red Flag „Verhaltensauffälligkeit"
Beobachten Sie Menschen in Ihrer Nähe. Achten Sie auf Personen, die sich möglicherweise länger als üblich in Ihrer unmittelbaren Umgebung aufhalten, ohne einen offensichtlichen Grund.

Hierfür können Sie auch auf die Erkenntnisse aus der Proxemik zurückgreifen.

Proxemik bezieht sich auf die Erforschung der räumlichen Distanz zwischen Individuen in verschiedenen sozialen Kontexten und wie diese Distanzen kulturell und individuell variieren können. Der Begriff wurde vom Anthropologen Edward T. Hall [7] geprägt und hilft zu verstehen, wie Menschen den Raum um sich herum wahrnehmen und nutzen.

In Bezug auf Shoulder Surfing und die Anbahnung solcher Aktivitäten könnte die Proxemik folgendermaßen präzisiert werden:

Intime Zone (0–45 cm) In dieser Zone, die normalerweise für sehr enge Beziehungen reserviert ist, würde das unerwünschte Eindringen eines Fremden als äußerst auffällig gelten. Wenn jemand versucht, sich in dieser intimen Zone zu nähern, um Informationen von einem Bildschirm abzulesen, wird nicht nur die Proxemik, sondern auch die Privatsphäre verletzt.

Persönliche Zone (45 cm–1,2 m) Innerhalb dieser Distanz können bereits normale soziale Interaktionen stattfinden. Wenn jedoch eine Person in einer Situation, die keine engere Interaktion erfordert, unangemessen nahekommt, könnte dies darauf hinweisen, dass sie versucht, in den Bildschirmbereich einzusehen.

Soziale Zone (1,2–3,6 m) Selbst in einer sozialen Distanz kann auffälliges Verhalten auftreten. Wenn sich jemand in einem öffentlichen Raum absichtlich nahe an eine andere Person heranbewegt, um deren Aktivitäten zu beobachten, wird dies nicht nur durch Proxemik, sondern auch durch normale soziale Erwartungen als störend empfunden.

Die **Proxemik** bietet somit einen Rahmen, um das angemessene Verhalten in verschiedenen räumlichen Kontexten zu verstehen. Abweichungen von diesen Erwartungen können als Warnsignal für mögliche Shoulder-Surfing-Aktivitäten dienen.

Anomalieerkennung 2: Red Flag „Wiederholungsauffälligkeit"
Wenn Sie das Gefühl haben, dass jemand wiederholt auf Ihren Bildschirm oder Ihre Eingaben starrt, könnte dies ein Hinweis auf Shoulder Surfing sein. Insbesondere wenn diese Person kein offensichtliches Interesse an anderen Aktivitäten in der Umgebung zeigt.

Anomalieerkennung 3: Red Flag „Blickauffälligkeit"
Personen, die Shoulder Surfing betreiben, neigen dazu, ihre Blickrichtung absichtlich auf den Bildschirm oder die Eingabetastatur zu lenken. Achten Sie auf verdächtige Kopfbewegungen oder eine unnatürliche Körperhaltung.

Anomalieerkennung 4: Red Flag „Bewegungsauffälligkeit"
Wenn Sie feststellen, dass jemand schnell auf Ihre Bewegungen reagiert, insbesondere wenn Sie sensible Informationen eingeben, könnte dies darauf hindeuten, dass er versucht, Ihre Eingaben zu beobachten.

Anomalieerkennung 5: Red Flag „Interessenauffälligkeit"
Personen, die sich unverhältnismäßig für Ihre Bildschirminhalte oder Tastatureingaben interessieren, könnten versuchen, Informationen abzufangen.

Neben der Möglichkeit zur Anomalieerkennung existieren auch Abwehrstrategien, die wie folgt definiert werden können:

Verteidigungsstrategie 1: Entwicklung eines Sicherheits-Mindsets
Es ist entscheidend, kontinuierlich an der Entwicklung eines Sicherheitsbewusstseins zu arbeiten. Insbesondere in öffentlichen Umgebungen sollte man sich der potenziellen Gefahr bewusst sein, Opfer von Shoulder Surfing zu werden. Das Bewusstsein für die Umgebung und die Wachsamkeit gegenüber möglichen Bedrohungen sind Schlüsselaspekte dieses Mindsets. Hier bietet es sich an, sich mit den Grundzügen und Schritten des OODA-Loop aus Abschn. 8.1 des White Chapter vertraut zu machen. Dies ermöglicht es, den Angreifern sowohl kognitiv als auch körperlich einen Schritt voraus zu sein.

Verteidigungsstrategie 2: Bewusstes Stressmanagement
Das Bewusstsein für das eigene Stresslevel spielt eine zentrale Rolle im Schutz vor Shoulder Surfing. Indem man aktiv darauf achtet, wie Stress die Wahrnehmung beeinflussen kann, kann man besser einschätzen, wann man besonders anfällig für Ablenkungen oder unaufmerksames Verhalten ist. Eine bewusste Stressreflexion hilft, das Sicherheitsniveau zu erhöhen.

Ein weiterer bedeutender Aspekt liegt in der effektiven Bewältigung von Arbeitsstress oder hoher Arbeitsbelastung. Hierbei spielt die Fähigkeit zur Stressregulation eine zentrale Rolle.

Es ist nun auch bekannt, dass Stress die Wahrnehmung trüben oder sogar beeinträchtigen kann. Eine beeinträchtigte Wahrnehmung erhöht die Gefahr von Sicherheitsrisiken, insbesondere in öffentlichen Umgebungen. Daher ist es von entscheidender Bedeutung, Maßnahmen zu ergreifen, um effektiv mit Stress umzugehen. Resilienztraining kann dazu beitragen, Stress besser zu bewältigen und eine innere Stabilität zu entwickeln.

Gleichzeitig sind die Identifizierung und Beseitigung der Ursachen von Stress eine wirksame Strategie, um langfristig eine nachhaltige Strategie im Sinne eines Anti-Social-Engineering-Mindsets zu schaffen. Eine ausgewogene Kombination beider Ansätze könnte sich als besonders zielführend erweisen.

Diese zweifache Strategie integriert psychologische Aspekte, die kombiniert mit den organisatorischen und technischen Aspekten in der Lage sind, einen umfassenden Schutz vor Shoulder Surfing zu gewährleisten.

23.4 Human-based Abwehrtaktiken gegen Tailgating

Beginnen wir diesen Abschnitt mit einem plakativen Satz:

Rauchen kann Ihre Informationssicherheit gefährden.

Stellen Sie sich vor, Sie genießen eine kurze Raucherpause draußen vor Ihrem Gebäude. Plötzlich gesellt sich eine gut aussehende und auf den ersten Blick sympathische Person zu Ihnen – scheinbar harmlos. Doch hier lauert eine unterschätzte Gefahr für die Informationssicherheit: Tailgating. Die scheinbar ungefährliche Zigarettenpause könnte ungebetene Gäste einladen, den unberechtigten Zutritt zu sensiblen Bereichen zu suchen. Rauchen stellt nicht nur ein gesundheitliches Risiko dar, sondern kann auch die Sicherheit Ihrer Informationen gefährden. Im folgenden Abschnitt werden wir diese scheinbar unbedeutende Bedrohung genauer beleuchten und Möglichkeiten besprechen, wie Sie sich davor schützen können. Das Erkennen oder Identifizieren von Tailgating ist eine Herausforderung. Nachfolgend führen wir einige Anzeichen auf, die auf mögliche Angriffe durch Tailgating hinweisen könnten:

Anomalieerkennung 1: Red Flag „Begleitauffälligkeit"
Das plötzliche Auftreten einer unbekannten Person, die versucht, Ihnen oder einen autorisierten Mitarbeiter zu begleiten, kann auf Tailgating hinweisen. Diese Begleitung erfolgt meistens nonverbal, da eine verbale Kommunikation möglicherweise zur Aufdeckung der eigentlichen Identität des Angreifers führen würde.

Anomalieerkennung 2: Red Flag „versuchte Höflichkeitseintritte"
Tailgater könnten versuchen, das Verhalten von berechtigten Mitarbeitern auszunutzen, indem sie sich als Kollegen oder Lieferanten ausgeben. Unbefugte „Höflichkeitseintritte" sollten als Warnsignal dienen.

Anomalieerkennung 3: Red Flag „unerwarteter Druck"
Unbefugte könnten versuchen, durch Ausüben von Druck, beispielsweise Zeitdruck, einen autorisierten Mitarbeiter dazu zu bringen, sie durch Sicherheitspunkte zu begleiten. Ein exemplarisches Szenario könnte wie folgt aussehen:
Ein Unbefugter gibt sich als Mitarbeiter eines TÜV-Teams aus und behauptet, dringende Wartungsarbeiten aufgrund registrierter kritischer Fehlermeldungen an der Klimaanlage durchführen zu müssen. Um den Mitarbeiter unter Druck zu setzen, weist der Unbefugte auf mögliche schwerwiegende Folgen wie Gebäudeschäden und erhebliche finanzielle Verluste hin. Mit der Begründung, dass sofortiges Handeln unumgänglich ist, versucht er, den Mitarbeiter dazu zu bewegen, ihn ohne die üblichen Sicherheitsprüfungen durch die Zugangskontrollpunkte zu begleiten.

Anomalieerkennung 4: Red Flag „Verantwortungsfalle"

In diesem raffinierten Szenario treten zwei Tailgater auf, die als Team arbeiten, um Zugang zu einem Gebäude zu erlangen. Tailgater 1 tarnt sich als Service-personal der Deutschen Telekom und gibt vor, einen Termin zur Wartung der Kommunikationstechnik zu haben. Der zuständige Sicherheitsdienst verweigert aufgrund fehlender Überprüfungen den Zutritt. Geschickt tritt Tailgater 2 in Er-scheinung, gekleidet wie das hauseigene Sicherheitspersonal (Falls Sie sich fra-gen, wie er in der Lage ist, das hauseigene Personal zu imitieren: Die Antwort ist sehr einfach – über OSINT).

Tailgater 2 ruft von Weitem und gibt vor, den vermeintlichen Telekom-Mit-arbeiter zu erwarten, und erklärt, dass es lediglich ein internes Versäumnis bei der Anmeldung des Termins gab. Tailgater 2 gibt weiter an:

Ich werde den Telekom-Kollegen durch das Haus begleiten – das ist kein Prob-lem.

Die Legende geht auf und führt dazu, dass das Sicherheitspersonal nachgibt und Tailgater 1 mit Tailgater 2 ungehindert in das Gebäude eindringen kann.

Dies verdeutlicht die effektive Strategie des Verantwortlichkeitabgebens seitens der Sicherheitskräfte. In diesem raffinierten Szenario treten zwei Tailgater auf, die als Team arbeiten, um Zutritt zu einem Gebäude zu erlangen. Tailgater 1 tarnt sich als Servicepersonal der Deutschen Telekom und gibt vor, einen Termin zur War-tung der Kommunikationstechnik zu haben. Aufgrund fehlender Überprüfungen wird der Zutritt verweigert. Hier wird die geschickte Taktik des Verantwortlich-keitabgebens seitens des Sicherheitspersonals verdeutlicht. Tailgater 2 übernimmt die Rolle eines internen Kollegen und erzeugt Vertrauen, indem er behauptet, auf ihn gewartet zu haben, und auf ein internes Versäumnis hinweist. Das Sicher-heitspersonal gibt nach, indem es die Verantwortung für die Entscheidung auf den vermeintlichen internen Kollegen überträgt. Durch dieses geschickte Lenken der Verantwortung wird die Wachsamkeit des Sicherheitspersonals umgangen und die Tailgater können erfolgreich ihren Zutritt zum Gebäude erlangen.

Verteidigungsstrategie: „Zero-Trust-Strategie"

Eine eindrückliche Social-Engineering-Weisheit, die sich in dieser Sphäre be-sonders bewährt:

> *Jeder Mitarbeiter kann ein Tailgater sein, aber nicht jeder Tailgater ist ein Mitarbeiter.*

Die Zero-Trust-Philosophie im Umgang mit Tailgating beruht auf einem grund-sätzlichen Misstrauen gegenüber jedem, unabhängig von der vermeintlichen Ver-trauenswürdigkeit. Diese Strategie, die darauf abzielt, unbefugten Zugriff zu mini-mieren, kann auch auf menschliche Interaktionen ausgeweitet werden:

Innehalten und Überprüfen

Mitarbeiter sollten in jedem Fall innehalten, wenn ihnen unbekannte Personen folgen oder versuchen, gemeinsam mit ihnen in sicherheitsrelevante Bereiche zu gelangen. Die Grundannahme lautet: Jeder muss sich legitimieren, bevor das Vertrauen gewährt wird.

Zeit nehmen für Verifikation

Der Zero-Trust-Ansatz erfordert eine gründliche Überprüfung der Identität, unabhängig von behaupteten Terminen oder Aufgaben. Nehmen Sie sich die Zeit, um sicherzustellen, dass die Person tatsächlich die ist, die sie vorgibt zu sein.

Niemandem bedingungslos vertrauen

Jeder, der Zugang zu sensiblen Bereichen beantragt, muss sich ausweisen und sollte nicht bedingungslos als vertrauenswürdig angesehen werden. Das Vertrauen wird nicht automatisch aufgrund von Uniformen, Ausweisen oder anderer äußerlichen Merkmalen erteilt. Dies betrifft insbesondere Partnerunternehmen wie Reinigungsunternehmen oder ähnliche Firmen, deren Personaleinsatz von Volatilität und hohen Änderungsfrequenzen geprägt ist.

Pessimistische Brille aufsetzen

Mitarbeiter sollten sich bewusst sein, dass Tailgater verschiedene Taktiken verwenden können, um Vertrauen zu gewinnen. Betonen Sie die Idee, dass jeder Mitarbeiter potenziell einen Sensor darstellen kann, und ermutigen Sie zu einem gesunden Maß an Skepsis.

Schulung für Zero-Trust-Verhalten

Implementieren Sie Schulungen, die das Zero-Trust-Verhalten fördern und Mitarbeiter darauf vorbereiten, unbefugten Zugang zu erkennen.

Sensibilisieren Sie für die Tatsache, dass nicht jeder, der Zugang wünscht, die besten Absichten hat.

Förderung einer Kultur des gesunden Misstrauens

Eine Kultur des gesunden Misstrauens bedeutet nicht, dass ein negatives Arbeitsumfeld geschaffen wird, sondern dass Mitarbeiter dazu ermutigt werden, proaktiv zu überprüfen und zu hinterfragen, um die Sicherheit zu gewährleisten.

Die Förderung einer Kultur des gesunden Misstrauens ist von zentraler Bedeutung für die Stärkung der physischen Sicherheit in einem organisatorischen Kontext. Diese Kultur beinhaltet die proaktive Analyse von Situationen und das Erkennen potenzieller Unregelmäßigkeiten durch die Mitarbeiter. Durch die Ermutigung zum kritischen Hinterfragen von unbekannten Personen oder verdächtigen Aktivitäten tragen die Mitarbeiter aktiv zur Sicherheit bei, ohne dabei ein negatives Arbeitsumfeld zu schaffen. Das Hinterfragen sollte als Stärke betrachtet werden und Mitarbeiter sollten dazu angehalten werden, in Situationen mit intuitiven oder wahrgenommenen Unregelmäßigkeiten aktiv nachzufragen. Diese Kultur beruht auf dem Prinzip der gegenseitigen Verantwortung, wodurch

Mitarbeiter erkennen, dass ihre Beteiligung an der Sicherheit des gesamten Unternehmens entscheidend ist. Schulungen und Sensibilisierung sind wesentliche Elemente, um Mitarbeiter für die Bedeutung ihrer Rolle bei der physischen Sicherheit zu sensibilisieren und ihnen die Fähigkeiten zu vermitteln, verdächtige Aktivitäten zu erkennen und angemessen zu reagieren. Dieser Ansatz fördert nicht nur die Sicherheit, sondern schafft auch eine positive und gemeinschaftliche Atmosphäre im Unternehmen.

Literatur

1. Carol Dweck, Selbstbild: Wie unser Denken Erfolge oder Niederlagen bewirkt, 2009.
2. Isabell Briggs Myers, Peter, B. Myers Gifts, Differing: Understanding Personality Type – The original book behind the Myers-Briggs Type Indicator (MBTI) test, Davies-Black, Neue Ausgabe der 2. Edition, 2010.
3. Robert R. McCrae, Paul T. Costa Ir., Personality in Adulthood. A Five-Factor Theory Perspective, The Guilford Press, 2. Auflage, 2003.
4. William Moulton Marston, Emotions of Normal People, Read & Co. Science, (Original 1928), 2014.
5. Wolfgang W. Liebelt, Enneas: Das Enneagramm Gurdjieffs, BoD, Books on Demand, 2017.
6. Carl Gustav Jung, Psychologische Typen, 1921, im Archiv 2020: https://archive.org/details/Psychologische_Typen (Zugriff: 03.01.2024).
7. Edward T. Hall, 1976, Beyond Culture, unter: https://monoskop.org/images/6/60/Hall_Edward_T_Beyond_Culture.pdf (Zugriff 03.01.2024).

Teil IV

Red Chapter: Design an Attack

In Sun Tzus Werk „Die Kunst des Krieges" werden zahlreiche Weisheiten und Prinzipien dargelegt, die auf verschiedene Aspekte des Krieges und strategischen Denkens anwendbar sind [1]. In Bezug auf den Satz: „Du musst deinen Feind kennen", gibt es mehrere relevante Weisheiten, die wir Ihnen vorstellen möchten, bevor wir mit dem eigentlichen Inhalt dieses Kapitels beginnen werden.

„Wenn du dich selbst kennst und deinen Feind kennst, brauchst du den Ausgang von hundert Schlachten nicht zu fürchten" (Sun Tzu).

Diese Aussage betont die Bedeutung des Wissens sowohl über sich selbst als auch über den Feind. Indem man sich selbst und seine eigenen Stärken und Schwächen kennt, kann man sich auf das Wesentliche konzentrieren und die richtigen Entscheidungen treffen. Gleichzeitig ermöglicht es das Verständnis des Feindes, seine Absichten, Fähigkeiten und Schwachstellen zu erkennen und strategisch darauf zu reagieren.

Es ist demzufolge gleichermaßen wichtig, den Feind und sich selbst zu kennen. Indem man den Feind genau studiert und analysiert, kann man seine Absichten und Handlungen besser antizipieren und sich darauf vorbereiten. Gleichzeitig hilft ein umfassendes Verständnis der eigenen Fähigkeiten und Grenzen dabei, die eigenen Handlungen und Strategien effektiv anzupassen und zu optimieren.

Indem man sich selbst und den Feind gründlich analysiert und versteht, kann man strategische Entscheidungen treffen, die auf einem fundierten und umfassenden Wissen basieren. Dieser Ansatz ermöglicht es, die eigenen Stärken zu nutzen und die Schwächen des Gegners auszunutzen, um den Sieg zu erringen.

Die Weisheiten von Sun Tzu betonen also die Wichtigkeit, den Feind genau zu kennen, um im strategischen Denken und Handeln erfolgreich zu sein. Durch das Studium des Feindes und das Verständnis seiner Motivationen, Absichten und Fähigkeiten kann man effektive Gegenstrategien entwickeln und seine eigenen Erfolgsaussichten erhöhen.

Mit dieser Weisheit als Leitfaden übertragen wir diesen Gedankengang auf den gegenwärtigen „Cyberwar", der zwischen den Cyberkriminellen und den Verteidigern von Systemen stattfindet. Aus diesem Kontext leiten wir ab, dass es für einen erfolgreichen Systemverteidiger von entscheidender Bedeutung ist, seine Feinde – in unserem Fall die Cyberkriminellen – gründlich zu verstehen. Dies umfasst ihr Denken, ihre Motive und ihre Vorgehensweisen bei Angriffen.

Durch dieses umfassende Wissen sind wir in der Lage, gezielte Gegenmaßnahmen zu ergreifen und präventive Strategien zu entwickeln, um auf Angriffssituationen effektiv zu reagieren.

So teilen auch Gamification-Aspekte und die Aufklärungsmission im Militär eine gemeinsame Philosophie, bei der das Verstehen des Gegners eine zentrale Rolle spielt, um effektive Handlungsstrategien zu entwickeln. In der militärischen Aufklärung werden Informationen über den Gegner gesammelt, analysiert und ausgewertet, um ein umfassendes Bild seiner Absichten, Fähigkeiten und Schwächen zu erhalten. Dieses Vorgehen ermöglicht es den eigenen Streitkräften, informierte Entscheidungen zu treffen und geeignete Maßnahmen zu ergreifen. Ähnlich verhält es sich mit den Gamification-Aspekten bei der Simulation von Angriffsszenarien. Hier geht es darum, sich in die Rolle des Angreifers zu versetzen und seine Denkweise zu verstehen. Durch das Erkennen der möglichen Handlungsmuster, Taktiken und Angriffsvektoren des Gegners können geeignete Abwehrstrategien entwickelt werden. Es ist ein proaktiver Ansatz, bei dem man den Angreifer genau analysiert, um seine Schwachstellen zu identifizieren und Gegenmaßnahmen zu planen.

Die Parallele zwischen der Aufklärungsmission im Militär und der Gamification im Kontext von Angriffssimulationen liegt darin, dass beide Ansätze auf fundierten Informationen und einer gründlichen Analyse basieren. Beide Strategien dienen dazu, einen Wissensvorsprung zu erlangen und dadurch das eigene Handeln zu bestimmen. Indem man den Gegner besser kennt und versteht, kann man seine Absichten antizipieren und gezielt darauf reagieren.

Sowohl im militärischen Kontext als auch bei der Gamification von Angriffsszenarien geht es darum, durch die Erforschung und das Verständnis des Gegners einen taktischen Vorteil zu erlangen. Dies ermöglicht es, sich auf mögliche Bedrohungen vorzubereiten, Strategien anzupassen und die eigenen Ziele effektiver zu verfolgen. Letztendlich geht es darum, durch umfassende Informationen und das Verständnis des Gegners die bestmögliche Handlungsweise zu wählen und erfolgreich zu sein. Insofern sind Gamification-Aspekte von großer Bedeutung, wenn es darum geht, sich in die Rolle eines Angreifers zu versetzen und das Denken eines Kriminellen zu erleben. Durch den Einsatz von Spielideen und gamifizierten Ansätzen werden das Lernen und Verstehen der Angriffsmechanismen und -strategien auf eine interaktive und unterhaltsame Weise ermöglicht. Diese spielerische Herangehensweise bietet zahlreiche Vorteile:

Förderung von intrinsischen Motiven *Dies steigert die Bereitschaft, sich intensiver mit den Inhalten auseinanderzusetzen.*

Emotionale Verbindung Durch das Eintauchen in die Rolle eines Angreifers entsteht eine emotionale Verbindung zu den aufkommenden Herausforderungen und

Entscheidungen. Dies ermöglicht ein tieferes Verständnis für die Denkweise und Motive der Kriminellen.

Praxisorientiertes Lernen Gamification ermöglicht es, theoretische Konzepte in einer simulierten Umgebung anzuwenden. Spielerische Szenarien bieten die Möglichkeit, realistische Angriffssituationen nachzuempfinden und die erlernten Kenntnisse praktisch anzuwenden.

Fehlerfreundlichkeit Beim Lernen durch Gamification werden Fehler als Teil des Prozesses akzeptiert und als Lernchancen betrachtet. Spieler haben die Möglichkeit, aus ihren Fehlern zu lernen, ohne reale Auswirkungen oder Schäden zu erleiden.

Teamarbeit und Wettbewerb Gamifizierte Ansätze können auch den Teamgeist fördern und den Wettbewerb unter den Teilnehmern anregen. Dies ermöglicht den Austausch von Erfahrungen und das gemeinsame Lernen im Team.

Literatur

1. Sun Tzu, Die Kunst des Krieges, Nikol, 2008.

Szenariobasiertes Red Teaming

Durch die Gamifizierung des Lernprozesses, insbesondere beim Verstehen der Denkweise eines Angreifers, wird ein effizienter und effektiver Ansatz gewählt. Indem man den Gegner besser kennenlernt, kann man gezielt gegen ihn vorgehen und Schutzmechanismen entwickeln, um mögliche Angriffe abzuwehren. Die spielerische Herangehensweise ermöglicht es, komplexe Themen auf anschauliche Weise zu vermitteln und eine tiefgreifende Auseinandersetzung mit den Inhalten zu erreichen.

Nun kommen wir zu unserer eigentlichen Spielidee.

Wir versetzen uns auf spielerische Weise in die Rolle eines Angreifers, um ein fiktives Unternehmen mithilfe von Manipulationstechniken und Social-Engineering-Methoden, die wir zuvor gelernt haben, anzugreifen. Unser Ziel ist es, in das Unternehmen einzudringen, es zu infiltrieren und schließlich zu kompromittieren, indem wir eine sogenannte Ransomnote hinterlassen. Dabei setzen wir gezielt auf bestimmte Taktiken und Strategien, um die Schwachstellen des Unternehmens auszunutzen und uns Zugang zu sensiblen Informationen oder Systemen zu verschaffen.

Eine Ransomnote (auch Erpresserbrief genannt) ist eine Mitteilung oder Nachricht, die von Cyberkriminellen an ihre Opfer gesendet wird, nachdem sie deren Systeme oder Daten kompromittiert haben. In der Regel wird diese Nachricht verwendet, um das Opfer über die erfolgreiche Verschlüsselung oder den Diebstahl seiner Daten zu informieren und eine Lösegeldzahlung zu fordern, um die Freigabe der Daten oder die Wiederherstellung des Systems zu ermöglichen. Die Ransomnote enthält normalerweise Anweisungen und Informationen darüber, wie das Opfer das geforderte Lösegeld zahlen kann, oft in Form von Kryptowährungen wie Bitcoin. Die Note kann auch Drohungen enthalten, sodass bei Nichtzahlung das Opfer den Zugriff auf seine Daten dauerhaft verliert oder die gestohlenen Informationen veröffentlicht werden.

Um unsere spielerische Idee zum Leben zu erwecken, haben wir für Sie das Red-Teaming-Spiel „Design an Attack" entwickelt. „Design an Attack" ermöglicht es Ihnen, das bisher Gelernte besser zu verstehen und direkt anzuwenden. Sie werden in die spannende Rolle des Angreifers versetzt und haben die Gelegenheit, das Motto „know your enemy" hautnah zu erleben. Sie lernen dabei, wie Ihre potenziellen Angreifer denken, handeln und agieren.

Das Spiel bietet Ihnen wertvolle Einblicke, wie die Gegenseite agiert, und hilft Ihnen, Ihr Wissen und Ihre Fähigkeiten weiter zu vertiefen. Durch das Eintauchen in die Denkweise des Angreifers gewinnen Sie wertvolle Erkenntnisse, die Ihnen dabei helfen, Ihre Verteidigungsstrategien zu stärken und Ihre Systeme besser zu schützen.

„Design an Attack" ist eine einfache Möglichkeit, Ihr Verständnis auf spielerische Weise zu erweitern und Ihre Fähigkeiten im Bereich der Informationssicherheit zu verbessern.

Bevor Sie jedoch richtig loslegen können, führen wir für Sie einen Probedurchlauf durch, damit Sie sich mit den Spielregeln vertraut machen können. Nachdem Sie diesen Probedurchlauf erfolgreich absolviert haben, erhalten Sie Ihr eigenes individuelles Szenario und können sofort richtig durchstarten.

24.1 Testszenario

Folgende Spielziele sollten erreicht werden:

Kombinieren Sie die angegebenen Informationen und Karten miteinander. Gehen Sie dabei in einer zweistufigen Angriffswelle wie folgt vor:

Lesen Sie das Profil der Mitarbeiter und versuchen Sie über einen bestimmten und nicht gefährlichen Kommunikationskanal geheime Authentifizierungsinformationen (Benutzername + Passwort) zu gewinnen.

Nachdem Sie diese Informationen bekommen haben, versuchen Sie über die zweite physische Angriffswelle den Zutritt in das Unternehmen zu erhalten, um den Schadcode unbemerkt hochzuladen und zu aktivieren.

Die Ergebnisdarstellung bietet Ihnen also eine wertvolle Gelegenheit, kreativ und frei zu sein. Es ist der Moment, in dem Sie Ihre Erkenntnisse, Lernergebnisse oder Erfahrungen zusammentragen. Dabei sind der künstlerischen Gestaltung und der individuellen Ausdrucksweise selbstverständlich keine Grenzen gesetzt.

Nun kommen wir zu unserer ersten Spielidee.

Unser fiktives Unternehmen, das wir als Angreifer mit einem kombinatorischen Einsatz von technischen und menschlich zentrierten Techniken kompromittieren möchten, heißt *Victory Line GmbH.* Die nachfolgende Skizze illustriert das der Victory Line zugehörige Organisationsdiagramm (Abb. 24.1) und auch gleichzeitig den Tatort.

Durch das Organisationsdiagramm erhalten wir zunächst wertvolle Einblicke in die Zusammensetzung der physischen und räumlichen Einheiten sowie die Sicherheitsbarrieren, die im Unternehmen implementiert sind. Bei genauerer Betrachtung sind wir sogar in der Lage, die verwundbaren Stellen zu identifizieren,

Organisationsdiagramm des Unternehmens Victory Line:

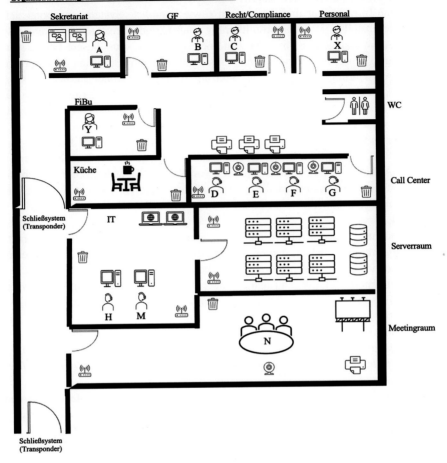

Abb. 24.1 Organisationsdiagramm Victory Line

also die Schwachstellen, um eine mögliche Sabotage vor Ort zu planen. Doch lassen Sie uns Schritt für Schritt vorgehen und die Dinge der Reihe nach angehen.

Victory Line GmbH *ist ein Cloud-Dienstanbieter.*

Ein Cloud-Dienstanbieter ist ein Unternehmen, das Cloud-Computing-Services bereitstellt. Cloud-Computing ermöglicht es Unternehmen und Einzelpersonen, Ressourcen wie Rechenleistung, Speicherplatz, Anwendungen und Dienste über das Internet zu nutzen, anstatt sie lokal auf eigenen Computern oder Servern zu betreiben.

Ein Cloud-Dienstanbieter stellt die erforderliche Infrastruktur, Plattformen und Software bereit, um den Kunden den Zugriff auf Cloud-Services zu ermöglichen.

Cloud-Dienstanbieter sind attraktive Ziele für Cyberangriffe aus den folgenden Gründen: Sie verwalten wertvolle Daten, haben eine große Anzahl von

Kunden, bieten potenziellen Zugriff auf viele Unternehmen, verfügen über umfangreiche Infrastruktur und Ressourcen sowie komplexe Systeme mit potenziellen Schwachstellen. Die Kompromittierung eines Cloud-Dienstanbieters kann also direkte Auswirkungen auf mehrere Unternehmen haben. Aus diesem Grund werden Cloud-Dienstanbieter zunehmend zum Hauptziel von Angriffen, da die potenziellen Auswirkungen aufgrund der Vielzahl betroffener Kunden erheblich sind. Zudem können höhere Erpressungssummen gefordert werden, da die Folgen für mehrere Unternehmen gleichzeitig spürbar wären. Dadurch rücken Cloud-Dienstanbieter verstärkt ins Zentrum von bspw. Ransomware-Attacken.

Unser fiktiver Cloud-Dienstanbieter spielt also eine bedeutende Rolle für insgesamt 75 Unternehmen in der Logistikbranche. Unter diesen Kunden befinden sich 25 A-Kunden und 50 B-Kunden, die von Victory Lines logischer und physischer Infrastruktur in verschiedenen Ausmaßen profitieren. Mit einem Team von 11 Mitarbeitern erwirtschaftet Victory Line einen Jahresumsatz von 3 Mio. € (Tab. 24.1).

Nachdem wir die Hintergrundinformationen über das anzugreifende Unternehmen gesammelt haben, darunter seine Branche, die Anzahl der Mitarbeiter in verschiedenen Abteilungen sowie die Sicherheitsmaßnahmen in den physischen Räumlichkeiten und die Zutrittsmethoden, richten wir unsere Aufmerksamkeit auf die Person von Frau A, die wir als Angreifer infiltrieren müssen. Durch diese Informationen können wir gezielt vorgehen und unsere Angriffsstrategie auf die Schwachstellen und potenziellen Eintrittspunkte dieser Person ausrichten.

Ein genaues Verständnis ihrer Rolle, ihrer Aktivitäten und ihrer Verbindungen innerhalb des Unternehmens ermöglicht es uns, unsere Angriffsziele präzise festzulegen und effektive Taktiken einzusetzen.

Um dies zu erreichen, haben wir Frau A als unsere Zielperson identifiziert und ein umfassendes Profil über sie erstellt. Dieses Profil bietet detaillierte Informationen über Frau A, ihre Position im Unternehmen, ihre Aufgaben und Verantwortlichkeiten sowie ihre Beziehungen zu anderen Mitarbeitern. Darüber hinaus haben wir Informationen über ihre persönlichen Vorlieben, Hobbys und Interessen gesammelt, um ein umfassendes Bild von ihr zu bekommen.

Durch die Erstellung dieses detaillierten Profils (Tab. 24.2) sind wir also in der Lage, gezielt auf Frau A zugeschnittene Angriffstechniken und Manipulationsstrategien zu entwickeln. Wir können ihre Verhaltensweisen, Schwachstellen und potenziellen Angriffspunkte analysieren, um unsere Chancen auf eine erfolgreiche Infiltration und Kompromittierung zu maximieren. Indem wir uns intensiv mit

Tab. 24.1 Victory-Line-Unternehmensprofil

Anzahl der Mitarbeiter	11
Business Unit	Cloud-Computing-Anbieter
Jahresumsatz	3 Mio. €
Anzahl der Kunden	25 A-Kunden sowie 50 B-Kunden
Segment	Logistikbranche als primäre Zielgruppe

Tab. 24.2 Victory-Line-Profil von Frau A

Name	A
Tätigkeitsbereich	Organisation
Rolle	Executive Assistant
Verantwortlichkeiten	Backoffice – Organisation Ad-hoc-Anfragen Besuchermanagement und Single Point of Contact (SPOC)
Spezifisches IT-Know-how	Keines
Alter	36
Lehre/Ausbildung	Kaufmännische Lehre
Zutrittsrechte	Überall
Zugangsrechte	Terminal-PC im Sekretariat
Zugriffsrechte	Auf die für A von der IT freigegebenen Applikationen (Outlook, MS Office, Personal und Recht)
Allgemeine Informationen	A kennt sich mit den einzelnen Anwendungen und Applikationen, die ihr ihre IT-Abteilung zur Verfügung gestellt hat, sehr gut aus. Sie ist verantwortlich für die organisatorischen Abläufe und fungiert als Assistentin der Geschäftsführung und kümmert sich in dieser Position um die einzelnen Terminierungen, Präsentationen, Akquisevorbereitungen und regelt das Besuchermanagement. Die Mitarbeiter betrachten A als gute Seele des Büros und versuchen sowohl private als auch berufliche Angelegenheiten mit ihr zu besprechen A ist in Social-Media-Kanälen aktiv und postet regelmäßig über die privaten und beruflichen Situationen, schöne und teilweise informative Anekdoten. So auch letztens, als sie postete, dass sie sich mit der besten Kundin der Welt Frau K von der „Firma LoGO" privat getroffen hat. Frau K ist ebenfalls auf den Fotos verlinkt. Ihrem Instagram-Account entnommen, ist sie 40 Jahre alt, arbeitet als Sekretärin für die Firma „LoGO" und dient als SPOC (Single Point of Contact) für ihre Organisation. Da jedoch Frau K in letzter Zeit zunehmend gesundheitliche Problem bekommen hat, wird sie von Herrn Q und Frau W intern bei LoGO unterstützt Anmerkung: Ein bestimmter Bereich wird im Unternehmen „Victory Line" nicht überwacht

Frau A befassen, können wir ihre Denkweise und Verhaltensmuster besser verstehen und unsere Angriffe entsprechend anpassen.

Es ist wichtig zu betonen, dass dieser Ansatz ausschließlich zu Lernzwecken und im Rahmen eines simulierten Szenarios verwendet wird. Die ethischen Aspekte und rechtlichen Grenzen des „Design-an-Attack"-Konzepts müssen stets beachtet werden, um sicherzustellen, dass die Privatsphäre und die Rechte der beteiligten Personen respektiert werden.

Im weiteren Spielverlauf erhalten wir nun die sogenannten Angriffskarten, die uns vorgeben, welche Manipulationstechniken, Methoden des Social Engineering und Angriffsvektoren eingesetzt werden müssen, um den Angriff auf *Frau A und Victory Line* zu gestalten.

Die Angriffskarten bieten uns eine strukturierte Anleitung, um gezielte Taktiken und Strategien zu entwickeln. Sie geben uns konkrete Handlungsanweisungen und helfen uns, den Angriff präzise zu planen und umzusetzen. Jede Angriffskarte stellt eine bestimmte Technik, Methode oder einen Angriffsvektor dar, die wir verwenden können, um die Zielperson zu manipulieren, Informationen zu gewinnen oder Schwachstellen im System auszunutzen.

Indem wir uns an die Angriffskarten halten, gewährleisten wir, dass wir systematisch vorgehen und keine wichtigen Aspekte des Angriffs übersehen. Sie dienen als Leitfaden, um den Ablauf und die Schritte des Angriffs zu strukturieren und sicherzustellen, dass wir effektiv vorgehen.

Zu Beginn identifizieren wir gezielt die emotionalen und persönlichen Charaktereigenschaften der Zielperson **Frau A** in der **Principle Card,** die wir für unseren Angriff nutzen möchten.

Unser Ziel ist es, die spezifischen Eigenschaften der Zielperson, in diesem Szenario die **Hilfsbereitschaft,** in Verbindung mit den Detailinformationen aus dem Profil (Abb. 24.2) zu kombinieren und zu analysieren, um eine effektive Vorgehensweise zu entwickeln. Wir berücksichtigen dabei ihre Emotionen, persönlichen Vorlieben, Ängste oder Interessen, um einen Angriffsansatz zu finden, der auf ihre individuellen Reaktionen und Verhaltensweisen abzielt.

Indem wir uns auf die emotionale und persönliche **Ebene (Profil + Principle Card)** der Zielperson konzentrieren, können wir gezielt auf ihre Motivationen und Bedürfnisse eingehen. Dies ermöglicht es uns, eine Verbindung zu ihr herzustellen und das Vertrauen zu gewinnen, das für einen erfolgreichen Angriff notwendig ist.

Jetzt kommen die **Attack Cards** ins Spiel, die uns die Angriffstechniken und -vektoren vorgeben, die wir zur Durchführung des Angriffs verwenden dürfen und müssen. Hier sind einige Beispiele der verfügbaren Attack Cards (Abb. 24.3).

Abschließend müssen wir lediglich wissen, welche Angriffstypen wir verwenden müssen. Diese Informationen erhalten wir durch die **Attack Type Cards.** Diese Karten geben uns eine klare Anleitung, welche spezifischen Angriffstypen wir einsetzen sollen und welche Vorgehensweise dabei empfohlen wird. Indem wir uns an die Attack Type Cards halten, stellen wir sicher, dass unsere Angriffe über definierte und geplante Typen und Vektoren definiert werden (Abb. 24.4).

Abb. 24.2 Principle Card
„hilfsbereit"

Abb. 24.3 Attack Cards „Impersonation", „Tailgating", „physischer Angriff"

*Ein Rootkit ist eine Art von Software, die darauf abzielt, nicht berechtigten und oft heimlichen Zugriff auf ein IT-System zu erhalten. Es handelt sich um eine Sammlung von Programmen oder Skripten, die darauf ausgelegt sind, sich tief in das Betriebssystem zu integrieren und privilegierten Zugriff auf alle Funktionen des Systems zu erlangen. Rootkits werden häufig von bösartiger Software wie Viren, Trojanern oder Malware genutzt, um unbemerkt auf einem Computer oder Netzwerk zu agieren.

Abb. 24.4 Attack Type Card
„externer Angreifer"

24.2 Probelauf

Um Ihr Vorgehen einfacher und effizienter zu gestalten, erhalten Sie eine universelle Spielanleitung, die Ihnen dabei hilft, das Spiel **Design an Attack – Red Teaming** einfacher zu verstehen:

1. **Es gibt kein richtig oder falsch. Es geht vielmehr um die Plausibilität und die Machbarkeit Ihres Szenarios.** Studieren Sie also das Organisationsdiagramm der Victory Line GmbH im Detail, um die physischen Schwachstellen und verwundbaren Bereiche genauer zu definieren. Durch eine gründliche Analyse können Sie potenzielle Schwachstellen identifizieren und gezielte physische Angriffsziele festlegen.
2. Lesen Sie das **Profil von Frau A** sorgfältig durch und versuchen Sie, eine Verbindung zwischen den Profilinformationen und den persönlichen Eigenschaften von Frau A herzustellen. Nutzen Sie diese Informationen, um ein besseres Verständnis für ihre Motivationen, Vorlieben oder Schwächen zu entwickeln.
3. Die Profilbeschreibung liefert wertvolle Informationen, die Sie möglicherweise durch die Nutzung von **OSINT und SOCMINT** gewonnen haben. Nutzen Sie diese Informationen, um gezielt auf die Zielperson einzugehen und ihre

Reaktionen vorherzusagen. Sie dürfen auch eigene Postulierungen treffen, sofern Sie diese für Ihre Angriffskonzeption benötigen.

4. Verknüpfen Sie die gewonnenen Informationen mit den **Attack Cards** und den **Attack Type Cards.** Überlegen Sie, ob es sinnvolle Möglichkeiten gibt, die Karten miteinander zu kombinieren, um einen effektiven Angriffsplan zu entwickeln.

5. **Beachten Sie das Gelernte.** Überlegen Sie, ob Sie möglicherweise einen Täuschungsmechanismus, Wahrnehmungskiller, einen Zeitfaktor und eine oder mehrere Legenden in Ihren Angriffsplan integrieren können, um Ihre Chancen auf Erfolg zu erhöhen.

6. Arbeiten Sie mit der erforderlichen Granularität und gehen Sie tief in die Details. Konzentrieren Sie sich auf die Ihnen zur Verfügung stehenden Informationen und entwickeln Sie Ihren Angriffsplan auf dieser Basis. Je genauer und präziser Sie vorgehen, desto größer sind Ihre Erfolgsaussichten.

Indem Sie diese Anleitung befolgen, sind Sie gut gerüstet, um Ihren Angriff zu planen und durchzuführen. Denken Sie jedoch stets daran, dass der Einsatz von Angriffstechniken und -methoden ethischen Grundsätzen und gesetzlichen Bestimmungen entsprechen muss.

Um Ihnen ein besseres Verständnis für das Spiel zu vermitteln, möchten wir Ihnen nun einen möglichen Lösungsweg darstellen, bevor Sie selbst in das Spiel eintauchen. Dieser Lösungsweg dient als Beispiel und soll Ihnen dabei helfen, die verschiedenen Spielmechaniken und -elemente besser zu verstehen.

Bitte beachten Sie jedoch, dass es viele verschiedene Herangehensweisen und Lösungsansätze gibt und Sie ermutigt werden, Ihre eigene (reelle) Strategie zu entwickeln und kreativ zu sein. Lassen Sie uns nun gemeinsam einen möglichen Lösungsweg erkunden, bevor Sie Ihre eigene Reise in das Spiel antreten.

Lösungsansatz
Zu Beginn führen wir eine gründliche physische Schwachstellenanalyse durch, bei der wir die physischen und umgebungsbezogenen Perimeter genau untersuchen. Dabei legen wir den Fokus auf potenzielle Schwachstellen und Sicherheitslücken in der physischen Infrastruktur. Wir analysieren die einzelnen Einheiten und deren Zusammenspiel sorgfältig, um mögliche Schwachstellen zu identifizieren und die physische Sicherheit des Unternehmens zu bewerten. Diese detaillierte Analyse ermöglicht es uns, ein umfassendes Bild der physischen Schwachstellen zu erhalten und darauf aufbauend weitere geeignete Schritte zur Angriffsplanung abzuleiten. In der ersten Vorbereitungsphase und bei der Schwachstellenanalyse fallen uns insgesamt vier vulnerable (*V*) Stellen auf, die wir für uns nutzen können (Abb. 24.5 und 24.6).

Als Nächstes versuchen wir, die Profilinformationen mit den menschlichen Eigenschaften von Frau A zu verknüpfen. Durch diese Verbindung können wir möglicherweise weitere Informationen sammeln, die für die Ausführung des Angriffs von Bedeutung sein könnten. Darüber hinaus besteht auch die Möglichkeit, diese Informationen mit der verbleibenden Karte „Impersonation" zu kombinie-

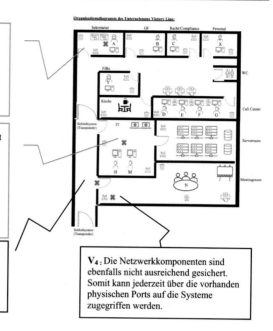

V₁: Frau A ist für das Besuchermanagement verantwortlich. Diese hat aber keinen direkten Augenkontakt auf die physischen Access Points. Es werden auch keine visuellen Überwachungstechnologien eingesetzt

V₂: Die IT-Prozessabläufe scheinen nicht nach dem Stand der Technik definiert werden. Z. B. kann Frau A fast auf alle Applikationen zugreifen. Also wird hier das Prinzip „Rechte nach Bedarf" verletzt. Fehlende standardisierte IT-Prozessgestaltung kann hier als eine effiziente Schwachstelle definiert werden.

V₃: Der Meetingraum ist jederzeit offen. Es fehlen physische Zutrittskontrollen, um die Zutritte zu regulieren und entsprechend zu überwachen.

V₄: Die Netzwerkkomponenten sind ebenfalls nicht ausreichend gesichert. Somit kann jederzeit über die vorhanden physischen Ports auf die Systeme zugegriffen werden.

Abb. 24.5 Lösungsansatz V₁–V₄

Diese Informationen liefern uns letztlich Anhaltspunkte, wie wir den erforderlichen physischen Vor-ort-Angriff planen können. Wir wissen nun, dass wir eine gute Legende benötigen, um die identifizierten Schwachstellen zu unserem Vorteil einsetzen zu können. Diese Informationen können wir nun mit den identifizierten V₁ bis V₄ kombinieren.

Nun müssen wir noch in Erfahrung bringen, mit welcher Methode wir unsere Legende nutzen können, um Zutritt in das Gebäude der Victory Line zu erhalten.

Wir benötigen also eine Legende, die uns über Tailgating einen physischen Zutritt und Zugang auf die Systeme ermöglicht. Dabei können die obigen definierten Schwachstellen eigentlich gut gebraucht werden.

Abb. 24.6 Lösungsansatz „physischer Angriff und Tailgating"

ren. Durch die geschickte Verbindung der Profilinformationen und menschlichen Eigenschaften von Frau A mit den Inhalten der noch vorhandenen Angriffskarte eröffnen sich uns neue Wege, um unseren Angriffsplan weiter zu verfeinern (Abb. 24.7).

So nutzen wir zunächst die Social Engineering-Methode „Impersonation", wobei das Hauptziel die Assistentin der Geschäftsführung „Frau A" ist. In dieser Vorbereitungsphase werden persönliche und private Informationen über die Zielperson durch eine Open-Source-Recherche erlangt. Hierbei werden die Social-Media-Kanäle und Online-Präsenzen der Zielperson untersucht, um detaillierte Einblicke zu gewinnen. Aus diesen Recherchen ergeben sich wertvolle Informationen über die beruflichen Beziehungen der Zielperson.

Beispielsweise wurde durch den Instagram-Account der Zielperson festgestellt, dass es **eine geschäftliche und teilweise private** Verbindung zwischen der Zielperson und einer **anderen Kundin namens Frau K von der Firma „LoGO"** gibt. Diese Erkenntnisse dienen als wichtige Grundlage für den weiteren Verlauf des Angriffs.

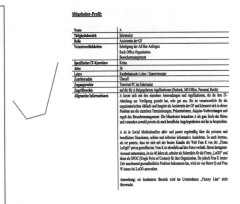

Abb. 24.7 Lösungsansatz Mitarbeiterprofil

Durch eine weitere umfassende Recherche werden die verlinkten Personen, einschließlich **Frau K,** genauer analysiert. Dabei werden auch die Webseiten der beiden Unternehmen eingehend untersucht, um weitere Informationen über die jeweiligen Tätigkeitsbereiche der beiden Personen zu erlangen.

Das Ergebnis dieser Recherchephase zeigt eine enge Verbindung zwischen **Frau A und Frau K** auf. Die verwendeten Organisationseinheiten haben direkten Kommunikationskontakt und können als Single Point of Contact (SPOC) definiert werden.

Dies bedeutet, dass die beiden Personen eng zusammenarbeiten und eine zentrale Schnittstelle zwischen den Unternehmen darstellen. Es wird weiterhin ersichtlich, dass **Frau K** derzeit intern von zwei weiteren Mitarbeitern unterstützt wird.

Frau Q und Herr W werden als Stellvertreter für **Frau K** angegeben.

Aus den gewonnenen Informationen konzipieren wir als externer Angreifer (unser zugewiesener Attack Type) folgendes Angriffsszenario:

Wir wenden die Social-Engineering-Methode **Impersonation an, um an die Zugangsdaten von Frau K zu gelangen.** Der Angriff wird wie folgt ausgeführt:

i) Frau A wird über die angegebene Rufnummer auf der Webseite des Unternehmens Victory Line GmbH angerufen.

ii) Der Zeitpunkt des Anrufs wird auf **einen Dienstag im Dezember auf 08:05 Uhr** gelegt.

iii) Wir geben uns als **Herr W** von der Firma „LoGO" aus. In diesem Fall wird die Methode „Impersonation" in einen Vishing-Angriff eingebettet und ausgeführt (Abb. 24.8, Abb. 24.9, Abb. 24.10, Abb. 24.11, Abb. 24.12, Abb. 24.13 und Abb. 24.14).

iv) Herr W bedankt sich für die schnelle Erledigung und bezeichnet Frau A als **Retterin in Not.**

Damit haben wir mit der Anwendung der Social-Engineering-Methode Impersonation unser erstes Angriffsergebnis, die Zugangsdaten von Frau K zu bekommen, erfolgreich abgeschlossen.

Im nächsten Schritt observieren wir das Firmengelände der Victory Line, um die regulären und irregulären physischen Zutrittsmöglichkeiten zu bestimmen. Es besteht für uns als Angreifer lediglich die Möglichkeit, über die zentrale Eingangstür, physischen Zutritt in das Gebäude zu erhalten.

Als Angriffsart wird hier die Methode „Tailgating" angewendet. Da die Eingangstür mit einem elektrischen Schließsystem geschützt wird, müssen wir mit einem plausiblen Vorwand uns zunächst einen regulären Zutritt in das Gebäude verschaffen. Hierfür verkleiden wir uns als **DHL-Postbote.**

Aus der betrieblichen Aufgabenstellung im Profil von Frau A gelangen wir zu der Erkenntnis, dass Frau A ebenfalls für das Besuchermanagement zuständig ist. So gehen wir zunächst davon aus, dass wir Frau A in unserem bevorstehenden Angriff doch gezielt ausnutzen können.

Sie merken, wir haben für unsere Legende sogar die passende Jahreszeit und Uhrzeit ausgewählt. Denn ein guter Social Engineer überlässt nichts dem Zufall. Ein sehr guter kontrolliert sogar jeden Schritt.

Abb. 24.8 Dialog Frau A und Herr W – Teil 1

Abb. 24.9 Dialog Frau A und Herr W – Teil 2

Unser Angriffsplan basiert auf der Kombination der Angriffsart „Tailgating" mit dem Angriffsvektor „physischer Angriff" und wird wie folgt ausgeführt:

i) *Der angebliche DHL-Postbote klingelt um 14 Uhr an einem Freitag über die zentrale Eingangstür bei der Firma Victory Line.*

ii) Frau A nimmt die Anfrage entgegen.

iii) Als Vorwand wird das Empfangen eines Pakets für die Firma Victory Line angegeben.

iv) **Frau A** öffnet die Eingangstür über die elektrische Schließanlage.

v) Der Angreifer erhält somit Zutritt zu den Büroräumlichkeiten der Victory Line. Beim Eintritt bemerkt der Angreifer, dass der Meetingraum für sämtliche Personen ohne weitere Zutrittsmechanismen begehbar ist.

Ja, das tut mir auch sehr leid, dass ich Sie damit nerve, aber scheinbar sind Sie meine einzige HOFFNUNG. Ich habe bereits alle unsere internen Kanäle aktiviert, um an die notwendigen Unterlagen zu kommen. Leider sind aber einige der wichtigsten Unterlagen nur der Frau K zugänglich gewesen.

In meiner Verzweiflung habe ich sogar versucht die Frau K telefonisch zu erreichen. Das war bis jetzt erfolgslos. Ich möchte aber auch Frau K nicht weiterhin stören und belasten. Immerhin geht die Gesundheit vor.

Oh jeee, das ist alles natürlich sehr ärgerlich. Bis wann sagten Sie nochmal, muss der Vertrag abgeschickt worden sein?

Unser Wahrnehmungskiller „Krankheit, Mitgefühl und Empathie" fängt an zu funktionieren. Frau A ist sichtlich von der durch die „last minute" Krankheit von Frau K und hierdurch ausgelösten misslichen Lage von Herrn W betroffen.

Nun können wir die eigentliche Frage definieren, für die wir eigentlich angerufen haben.

Abb. 24.10   Dialog Frau A und Herr W – Teil 3

Also in 45 Minuten muss ich alles beisammenhaben. Die Unterlagen müssen um 09:00 Uhr beim Kunden elektronisch angekommen sein.

Ok, das ist jetzt sehr sportlich jetzt. Wie kann ich Ihnen nun helfen, lieber Herr W.

Hier bauen wir sehr bewusst den Zeitfaktor ein. Der Zeitfaktor soll hier einen zusätzlichen unterschwelligen Druck darstellen – Dieser wirkt aber im Wesentlichen indirekt für Frau A, denn der eigentliche Zeitdruck zur Erledigung der Arbeit wirkt ausschließlich auf Herrn W.

Nichtsdestotrotz erzeugt dieser indirekte Zeitfaktor ein Stressgefühl aus, welches auch im Unterbewusstsein bei Frau A wahrgenommen wird. Unser zweiter Wahrnehmungskiller „Stress" ist nun auch unterwegs.

Abb. 24.11   Dialog Frau A und Herr W – Teil 4

Abb. 24.12 Dialog Frau A und Herr W – Teil 5

vi) Um keine unnötige Aufmerksamkeit zu erwecken, geht der Angreifer zunächst zu Frau A. Dabei muss er die zweite Zutrittsbarriere überwinden. So klingelt er erneut und die Anfrage landet wie gewohnt bei Frau A, die auch den DHL-Postboten erwartet. Frau A gewährt dem Angreifer den Einlass. Der Angreifer geht in das Büro von Frau A und überreicht ihr das angebliche Paket.

vii) Dabei wird das Paket als persönliches Gut für die Geschäftsführung „z. H. Herrn B" ausgegeben. Eine persönliche Quittierung seitens Frau A ist aufgrund der neuen Modalitäten der Covid-19-Pandemie nicht vonnöten.

viii) Frau A nimmt das Paket entgegen und verabschiedet sich im Anschluss vom DHL-Postboten.

ix) Beim Rausgehen bittet der Postbote Frau A ruhig sitzen zu bleiben, da er den Weg bereits kennt. „Es ist kein Labyrinth, Frau A, ich muss nur geradeaus wieder rausgehen. Ich finde selber raus. Vielen Dank für Ihre Hilfsbereitschaft, das Paket entgegenzunehmen."

Der Erfolg eines Cyberangriffs hängt selten von einer einzigen Schwachstelle ab. Vielmehr benötigt es eine sorgfältige Verkettung mehrerer Schwachstellen, um einen Angriff erfolgreich durchzuführen. Diese Erkenntnis wird auch hier deutlich: Es ist das Zusammenspiel verschiedener Sicherheitslücken, die letztendlich zu einem erfolgreichen menschen-basierten Cyberangriff führt.

Unsere Zutaten hierfür: Frau A ist als gute Seele des Büros zu bezeichnen, womit sie intern bei den Mitarbeitenden eine angesehene Stellung (informell) genießt. So sind auch die Mitarbeiter der IT-Abteilung gewollt den Anforderungen von Frau A schnell entgegenzukommen. Diese informelle Beziehung mit unserer definierten V_4 führen uns zum Erfolg.

Hinweis: Wollen wir später die sogenannten Kill-Chains für dieses Szenario definieren, so sollten wir genau diese Schwachstellen (V_1 bis V_4) zur Definition und Implementierung von Abwehrmaßnahmen nutzen.

Abb. 24.13 Dialog Frau A und Herr M

Hier zeigt sich deutlich, dass wir als Angreifer eine strategische Dynamik und Flexibilität in unseren Angriff eingebunden haben. Genau diese dynamische und agile Vorgehensweise ist der Schlüssel zum Erfolg eines professionellen Human Hackers. Ein solcher Hacker verfügt über eine fundierte Hauptstrategie sowie mehrere alternative Strategien. Zudem hat er stets eine oder mehrere passende Exit-Strategien parat, um das Gespräch unauffällig zu beenden und den Angriff ohne Verdacht abzuschließen.

Abb. 24.14 Dialog Frau A und Herr W – Teil 6

x)   Beim Rausgehen kann der Angreifer unbemerkt und ohne Kenntnisnahme der Mitarbeiter in den Meetingraum gehen.

xi)   Im Meetingraum befindet sich ein Netzwerkgerät, das ebenfalls unbewacht und frei zugänglich ist.

xii) Über den physischen Zutritt und Zugang zu der Netzwerkkomponente (unbewachte physische Ports der Netzwerkkomponenten) schließt sich der Angreifer unbemerkt an das interne IT-Netz der Victory Line an.

xiii) Hierfür benutzt er über die Authentifizierungsmaske die Zugangsdaten von Frau K und verifiziert und autorisiert sich als externer Endanwender auf Systemebene.

xiv) Er lädt die Schadsoftware anschließend hoch und installiert das „User-Mode-Rootkit". Einmal im System integriert, verschafft sich das Rootkit über „Stealth" (Tarnung) die Möglichkeit, seine Existenz zu verschleiern. Auf diese Weise erhalten die Virenprogramme beim Scannen lediglich gefälschte Informationen, aus denen die hierfür notwendigen Informationen und Hinweise auf das Rootkit herausgefiltert werden. Nach der erfolgreichen Installation des Rootkits, richtet das Rootkit ein weiteres Schadprogramm „Backdoor" (Hintertür) ein, um zukünftig per Remote-Access-Zugriff auf den Rechner zuzugreifen.

xv)   Über das integrierte Backdoor-Programm wird ein weiteres Schadprogramm „Ransomware" installiert, welches die Datensätze willkürlich verschlüsselt und somit für den regulären Gebrauch verschlüsselt.

xvi) Und im Anschluss kommt nun unsere Ransomnote (Abb. 24.15).

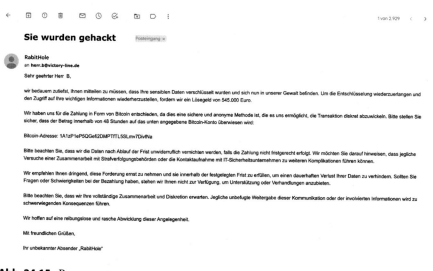

Sie wurden gehackt   Posteingang ×

RabitHole
an herr.b@victory-line.de

Sehr geehrter Herr B,

wir bedauern zutiefst, Ihnen mitteilen zu müssen, dass Ihre sensiblen Daten verschlüsselt wurden und sich nun in unserer Gewalt befinden. Um die Entschlüsselung wiederzuerlangen und den Zugriff auf Ihre wichtigen Informationen wiederherzustellen, fordern wir ein Lösegeld von 545.000 Euro.

Wir haben uns für die Zahlung in Form von Bitcoin entschieden, da dies eine sichere und anonyme Methode ist, die es uns ermöglicht, die Transaktion diskret abzuwickeln. Bitte stellen Sie sicher, dass der Betrag innerhalb von 48 Stunden auf das unten angegebene Bitcoin-Konto überwiesen wird:

Bitcoin-Adresse: 1A1zP1eP5QGefi2DMPTfTL5SLmv7DivfNa

Bitte beachten Sie, dass wir die Daten nach Ablauf der Frist unwiderruflich vernichten werden, falls die Zahlung nicht fristgerecht erfolgt. Wir möchten Sie darauf hinweisen, dass jegliche Versuche einer Zusammenarbeit mit Strafverfolgungsbehörden oder die Kontaktaufnahme mit IT-Sicherheitsunternehmen zu weiteren Komplikationen führen können.

Wir empfehlen Ihnen dringend, diese Forderung ernst zu nehmen und sie innerhalb der festgelegten Frist zu erfüllen, um einen dauerhaften Verlust Ihrer Daten zu verhindern. Sollten Sie Fragen oder Schwierigkeiten bei der Bezahlung haben, stehen wir Ihnen nicht zur Verfügung, um Unterstützung oder Verhandlungen anzubieten.

Bitte beachten Sie, dass wir Ihre vollständige Zusammenarbeit und Diskretion erwarten. Jegliche unbefugte Weitergabe dieser Kommunikation oder der involvierten Informationen wird zu schwerwiegenden Konsequenzen führen.

Wir hoffen auf eine reibungslose und rasche Abwicklung dieser Angelegenheit.

Mit freundlichen Grüßen,

Ihr unbekannter Absender „RabitHole"

Abb. 24.15 Ransomnote

24.3   Design an Attack

Nun, da wir Ihnen einen detaillierten Einblick in das Durchspielen eines fiktiven Szenarios gegeben haben, liegt es an Ihnen, sich einzubringen und das nächste Angriffsszenario eigenständig zu gestalten. Sie sind nun an der Reihe, Ihre Fähigkeiten zu nutzen und Ihre Kreativität einzusetzen, um ein eigenes Szenario zu entwickeln. Nutzen Sie diese Gelegenheit, um Ihr Wissen weiter zu vertiefen und Ihre Fähigkeiten im Bereich der Angriffssimulation zu stärken. Wir sind gespannt auf Ihre Ideen und wünschen Ihnen viel Erfolg bei der Gestaltung des nächsten Szenarios (Abb. 24.16, Tab. 24.3, und 24.4).

Vorgehensweise
i) Versetzen Sie sich in die Lage des Angreifers (Angreifertyp).
ii) Kombinieren Sie die angegebenen menschlichen Verhaltensweisen mit den zwei vorgegebenen Angriffsmethoden und Angriffsvektoren. Gehen Sie dabei wie folgt vor:

a) Lesen Sie das Profil der Mitarbeiter und versuchen Sie über die vorgegebene Angriffsart den Angriff durchzuführen. Nutzen Sie hierfür die **Attack Card Baiting.** Wichtiger Hinweis: Sorgen Sie dafür, dass der Angriff technisch durchgeführt werden kann.
b) Nachdem Sie den Angriff durchgeführt haben, initiieren Sie eine unbekannte Mail und fordern Sie eine bestimmte Summe an Lösegeld.
c) In Ihrer Forderung sollte als Androhung die Tatsache aufgeführt werden, dass bei dem Ausbleiben des Lösegeldes, Sie die Vorkommnisse an die Presse weitergeben würden.

Szenario:

Bitte konzipieren Sie ein dediziertes Angriffsszenario, in dem die nachfolgenden Merkmale integriert und beschrieben sind:

Organisationsdiagramm des Unternehmens Victory Line:

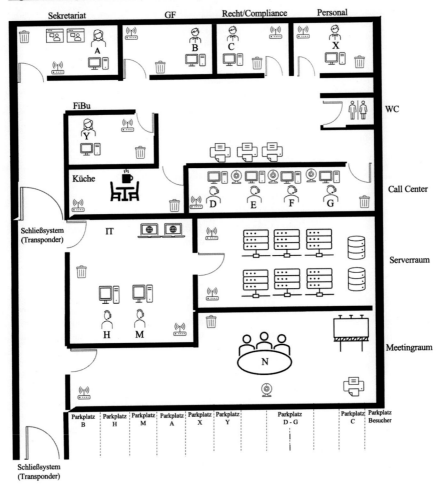

Abb. 24.16 Organisationsdiagramm „Design an Attack"

Tab. 24.3 Fiktives Unternehmensprofil

Anzahl der Mitarbeiter	11
Business Unit	Cloud-Computing-Anbieter
Jahresumsatz	3 Mio. €
Anzahl der Kunden	25 A-Kunden sowie 50 B-Kunden
Segment	Logistikbranche als primäre Zielgruppe

Tab. 24.4 Profil von Herrn H

Name	H
Tätigkeitsbereich	IT-Abteilung
Rolle	IT-Admin
Verantwortlichkeiten	Systemadministration Softwarepflege und Konfiguration Identity Access Management Network Access Control IT-Support (1. bis 3. Level) Rechenzentrumsbetrieb
Spezifisches IT-Know-how	Ja
Alter	45
Lehre/Ausbildung	Fachinformatiker
Zutrittsrechte	Überall
Zugangsrechte	System- und Anwendungsebene (überall)
Zugriffsrechte	System- und Anwendungsebene (überall)
Allgemeine Informationen	H kennt sich mit den einzelnen Anwendungen und Applikationen und IT-Systemen, die in der IT-Abteilung den Mitarbeitern der Victory Line zur Verfügung gestellt werden, sehr gut aus. Zudem ist H auch verantwortlich für den Rechenzentrumsbetrieb und administriert sowohl die logischen Softwarekomponenten als auch die Hardwarekomponenten der Victory Line H ist auch für die Prozesse des IT-Störungsmanagements verantwortlich und fungiert in diesem Zusammenhang im 1., 2. und 3. Level der Supportprozesse. Er nimmt die Störungen über die Hotline entgegen, initiiert die Sofortbehandlung und übernimmt bei Bedarf auch die Vor-Ort-Supportprozesse, um die Systeme der Kunden zu administrieren Obwohl H und M dieselben Aufgabenfelder und dasselbe Pensum aufweisen, verdient H deutlich weniger als M. Das stellt für H auf Dauer eine unzufriedene Situation dar. Nach einem internen Gespräch mit der Geschäftsführung, Herrn B, wird sein Wunsch auf eine Gehaltserhöhung abgelehnt. H findet diese Verhaltensweise unfair. Da H und M kollegial sehr gut miteinander auskommen, versucht H seine Sichtweise bei M zu thematisieren. M findet die Sichtweise von H nicht in Ordnung und behauptet, dass er viel mehr als H leisten würde, was H sehr ärgert H kann durch seine Beobachtungen erkennen, dass Victory Line in den vergangen 2 Jahren mehr als 20 A-Kunden gewonnen hat und damit seine Umsätze um 40 % steigern konnte. Zunehmend entwickelt H eine starke Unzufriedenheit am Arbeitsplatz gegenüber dem Vorgesetzten Herrn B und seinen langjährigen Kollegen Herrn M. Er sieht eine deutliche Diskrepanz in seinem beruflichen Werdegang, und dies insbesondere, wenn er sich mit Herrn M vergleicht Im Rahmen der Konzeption und Integration der IT-Systemlandschaft haben sich die beiden Administratoren gegen eine dezentrale Systemprotokollierung ausgesprochen. Die Systemprotokollierung und damit auch die einzelnen Systembefehle (z. B. System Event Manager) werden daher zentral gespeichert und aufbewahrt

Menschliche Verhaltensweise M bekommt eine dedizierte menschliche Verhaltensweise (Abb. 24.17).

<u>**Angriffsmethoden**</u> Um M als Schwachstelle ausnutzen zu können, müssen Sie die zwei angegebenen Szenarien (Angriffsarten als Social-Engineering-Methoden) in einem zweistufigen Angriffsvektor (physischer Angriff) einsetzen (Abb. 24.18).

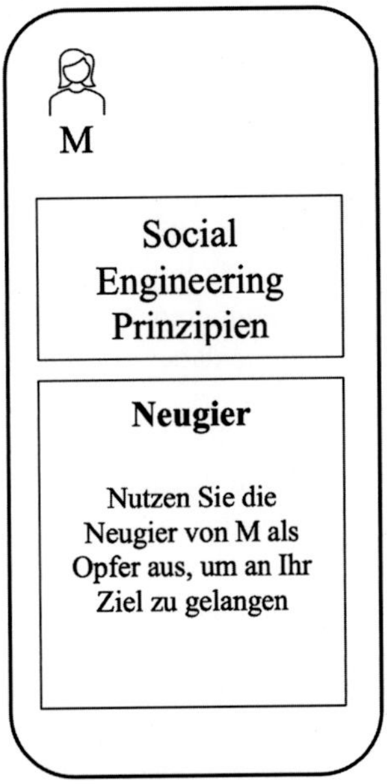

Abb. 24.17 Principle Card „Neugier"

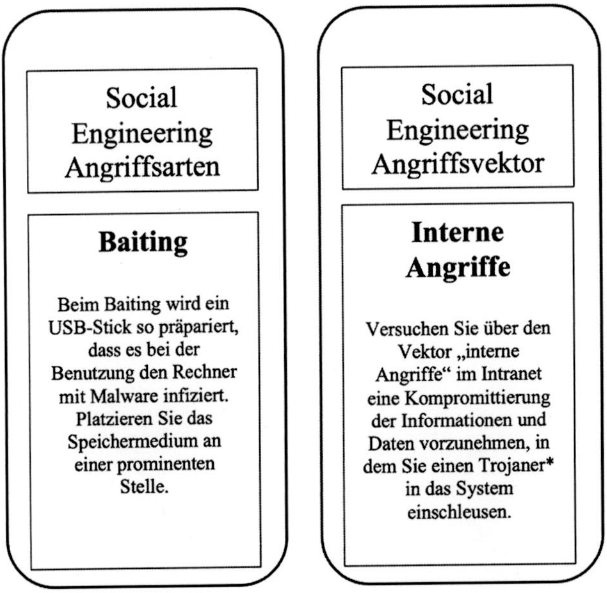

M

Social
Engineering
Prinzipien

Neugier

Nutzen Sie die
Neugier von M als
Opfer aus, um an Ihr
Ziel zu gelangen

Social
Engineering
Angriffsarten

Baiting

Beim Baiting wird ein
USB-Stick so präpariert,
dass es bei der
Benutzung den Rechner
mit Malware infiziert.
Platzieren Sie das
Speichermedium an
einer prominenten
Stelle.

Social
Engineering
Angriffsvektor

**Interne
Angriffe**

Versuchen Sie über den
Vektor „interne
Angriffe" im Intranet
eine Kompromittierung
der Informationen und
Daten vorzunehmen, in
dem Sie einen Trojaner*
in das System
einschleusen.

Abb. 24.18 Attack Cards „Baiting" und „interne Angriffe"

*Der Trojaner, oder auch das trojanische Pferd genannt, hat seinen Namen aus der griechischen Mythologie. Gemeint ist eine Anwendung bzw. eine versteckte Schadfunktion, welche sich als nützliches Programm ausgibt. Neben den bekannten Funktionen, die als Tarnung dienen, gibt es Funktionen, die ohne das Wissen des Anwenders ausgeführt werden. Das trojanische Pferd breitet sich nicht selbst aus, sondern wird von dem Anwender selber installiert. Diese Art der Malware kann nur von Trojaner-Scannern entdeckt werden, da die versteckten Programme im Code verborgen sind. Viele Trojaner verstecken sich hinter einem sehr guten Softwareangebot. So wird die Software unbedacht von einer unbekannten Quelle geladen.

Angreifertyp
Nachfolgend die Attack Type Card zum internen Angreifer (Abb. 24.19).
Folgende Spielziele sollten erreicht werden:
Kombinieren Sie die angegebenen Informationen und Karten miteinander. Gehen Sie dabei in einer einzigen Angriffswelle wie folgt vor:

a) Lesen Sie das Profil der Mitarbeiter und versuchen Sie über eine bestimmte und nicht gefährliche Kontaktmöglichkeit den vorpräparierten USB-Stick so zu platzieren, dass dieser vom Opfer gefunden wird.
b) Beachten Sie dabei, dass die kleinen Nuancen hier, wie das Aussehen des USB-Sticks, der Zeitpunkt des Angriffs, die Art der Angriffsmethode sorgfältig geplant und durchgeführt werden müssen.
c) Bei der Rekonstruktion des Angriffs dürfen keine Anhaltspunkte auf Sie als Angreifer zurückgeführt werden können. Also denken Sie darüber nach, wie Sie Ihre physischen und logischen Spuren verwischen wollen.

Abb. 24.19 Attack Type
Card „interner Angreifer"

Social Engineering Angreifer

Interner Angreifer

Ein interner Angreifer ist ein
bekanntes Mitglied der
Organisation, welchem bereits
vertraut wird.

Teil V
Green Chapter: Die Kunst der holistischen Verteidigung

Im Schlusskapitel unseres Werkes möchten wir die herausgearbeiteten menschenzentrierten Methoden, Strategien und Taktiken nicht bloß als Abwehrmechanismen gegen Social-Engineering-Angriffe darstellen, sondern vielmehr als universelle Instrumente, die es Individuen ermöglichen, ein tieferes Verständnis für sich selbst und ihre Umgebung zu entwickeln. Die im humanisierten Ansatz definierten Maßnahmen gehen über den reinen Schutz hinaus; sie bieten eine Möglichkeit zur Verbesserung zwischenmenschlicher Interaktionen und können sogar für das persönliche Wohlbefinden und die Zufriedenheit von Nutzen sein.

Die Wechselwirkungen zwischen Menschen sind komplex und unsere Ansätze können möglicherweise dazu beitragen, dieses Geflecht besser zu verstehen und konstruktiv damit umzugehen. Indem wir die Dynamik sozialer Interaktionen erkunden, können wir positive Wege finden, um mit anderen in Beziehung zu treten, ohne dabei unsere eigene Integrität zu beeinträchtigen. Diese Erkenntnisse ermöglichen nicht nur einen effektiven Schutz vor sozialen Manipulationsversuchen, sondern fördern auch eine tiefere Selbstreflexion und zwischenmenschliche Kompetenz.

Die Hölle, das Sind die anderen…

Die berühmte Aussage: „Die Hölle, das sind die anderen", stammt von Jean-Paul Sartre und findet sich in seinem Theaterstück „Geschlossene Gesellschaft" („Huis clos"). In diesem Werk, das 1944 veröffentlicht wurde, entwirft Sartre eine düstere Vision der Hölle, die nicht etwa von physischen Qualen geprägt ist, sondern von der unablässigen Überwachung, dem Urteil und der Konfrontation mit anderen Menschen.

In „Geschlossene Gesellschaft" werden drei Charaktere nach dem Tod in einen fensterlosen Raum versetzt, wo sie feststellen, dass sie nicht von Dämonen gefoltert werden, sondern dass sie selbst die Peiniger und Richter füreinander sind. Die Hölle besteht darin, dass die Charaktere gezwungen sind, für immer in der Gesellschaft der anderen zu verweilen, ohne die Möglichkeit der Flucht oder Privatsphäre.

Sartres Aussage betont die Schwierigkeiten und Qualen, die aus sozialen Beziehungen und der permanenten Präsenz anderer Menschen resultieren können. Die Hölle wird nicht von äußeren Kräften geschaffen, sondern von den zwischenmenschlichen Dynamiken und Konflikten. Jeder Charakter ist gleichzeitig Opfer und Täter und die Unausweichlichkeit der sozialen Interaktionen wird als quälend dargestellt.

Diese philosophische Perspektive lässt sich in unserem Kontext nutzen, um die Bedeutung der von uns präsentierten Methoden, Strategien und Taktiken zu unterstreichen. Indem wir Wege aufzeigen, wie man sich vor sozialen Manipulationen schützen kann, bieten wir gleichzeitig eine Antwort auf die potenzielle „Hölle", die aus den zwischenmenschlichen Beziehungen entstehen kann. Unsere Arbeit dient dazu, eine positive Veränderung im sozialen Gefüge zu ermöglichen und eine „Hölle" der Manipulation und Täuschung zu vermeiden.

Durch die Förderung einer Kultur des gesunden Misstrauens und das Bewusstsein für verschiedene soziale Manipulationsstrategien ermöglichen die vorgestellten Techniken den Menschen, ihre zwischenmenschlichen Beziehungen

E. Koza et al., *Social Engineering und Human Hacking*, https://doi.org/10.1007/978-3-662-69388-9_25

kritisch zu hinterfragen. Dieses kritische Bewusstsein trägt nicht nur zu einer erhöhten Sicherheit bei, sondern fördert auch die Selbstkenntnis und das Verständnis für die eigenen Handlungen und Reaktionen in sozialen Situationen.

Selbstreflexion, Achtsamkeit und das bewusste Innehalten werden zu Schlüsselkomponenten, um sich nicht nur vor möglichen Angriffen zu schützen, sondern auch möglicherweise ein angenehmeres Leben zu führen. Indem Menschen lernen, ihre Emotionen, Gedanken und Handlungen zu hinterfragen, können sie eine tiefere Verbindung zu sich selbst, aber auch zu anderen herstellen und sich von den negativen Einflüssen sozialer Manipulation weitestgehend befreien.

Jemand, der sich bewusst mit den Techniken der Selbstreflexion auseinandersetzt, ist nicht nur in der Lage, potenziell gefährliche Situationen zu erkennen und zu meiden, sondern auch besser in der Lage, authentische und bedeutungsvolle Beziehungen aufzubauen. Die Fähigkeit zur Selbstreflexion fördert nicht nur die Sicherheit, sondern auch ein erfüllteres Leben, indem sie zu einer tieferen Selbstakzeptanz und einem bewussteren Umgang mit anderen führt.

Die von uns präsentierten Abwehrstrategien betonen nicht nur die Bedeutung der verbalen Kommunikation, sondern auch die der nonverbalen und paraverbalen Kommunikation und der zwischenmenschlichen Dynamik. In einem sozialen Kontext, in dem jede Handlung, jedes Wort und jede Geste als Kommunikation betrachtet werden kann, wird deutlich, dass die vorgestellten Ansätze nicht nur auf der Vermeidung von Angriffen basieren, sondern auch darauf, bewusst und effektiv zu kommunizieren.

Das Prinzip: „Man kann nicht nicht kommunizieren", das von Paul Watzlawick formuliert wurde, hebt hervor, dass jede Form von Verhalten eine Botschaft übermittelt, selbst das Schweigen. Im Zusammenhang mit unseren Schutzmaßnahmen bedeutet dies, dass das Bewusstsein für die eigene Kommunikation und die Fähigkeit, die Signale anderer zu interpretieren, wesentlich sind, um sich nicht nur vor Manipulation zu schützen, sondern auch um authentische und klare Beziehungen aufzubauen.

Durch die Integration von Kommunikationskompetenzen in die Abwehrstrategien können Menschen nicht nur potenzielle Gefahren erkennen, sondern auch aktiv dazu beitragen, positive soziale Interaktionen zu fördern. Eine bewusste und klare Kommunikation wird so zu einem weiteren Schutzmittel gegen Manipulation, während gleichzeitig der Grundstein für eine gelungene zwischenmenschliche Kommunikation gelegt wird.

CISOs und ISBs müssen Kommunikation können ...

26

CISOs (Chief Information Security Officers) und ISBs (Informationssicherheitsbeauftragte) spielen eine entscheidende Rolle in der Sicherheitsarchitektur eines Unternehmens [1]. Ihre Fähigkeiten in der Kommunikation sind von entscheidender Bedeutung, da sie nicht nur technische und organisatorische Expertise, sondern auch die Fähigkeit benötigen, komplexe Sicherheitskonzepte effektiv zu vermitteln und mit verschiedenen Interessengruppen zu kommunizieren.

Die interne Kommunikation erfordert die Fähigkeit, komplexe Sicherheitskonzepte für unterschiedliche Zielgruppen innerhalb des Unternehmens verständlich zu vermitteln. Dies kann die Vorstandsebene, IT-Teams, Mitarbeiter und andere Abteilungen umfassen. Die Fähigkeit, sicherheitstechnische Details in verständliche Sprache zu übersetzen, ist entscheidend, um Sicherheitsstrategien erfolgreich und praxisnah zu implementieren.

Die Kommunikation mit dem Vorstand erfordert eine klare Darstellung der Sicherheitsstrategie im Kontext der Unternehmensziele. CISOs müssen in der Lage sein, Sicherheitsrisiken und Maßnahmen in finanziellen und geschäftlichen Begriffen zu präsentieren, um die Unterstützung und Ressourcen des Vorstands zu gewinnen.

Die externe Kommunikation mit Partnern, Aufsichtsbehörden oder der Öffentlichkeit ist ebenfalls von Bedeutung. CISOs müssen in der Lage sein, Sicherheitspraktiken und -maßnahmen effektiv zu erklären, um das Vertrauen von Kunden, Partnern und der Öffentlichkeit zu stärken.

Im Falle von Sicherheitsvorfällen müssen CISOs und ISBs in der Lage sein, eine klare und umfassende Kommunikationsstrategie zu implementieren. Dies umfasst die Zusammenarbeit mit PR-Teams, rechtlichen Abteilungen und anderen relevanten Parteien, um den Ruf des Unternehmens zu schützen.

Die Fähigkeit, Schulungen und Sensibilisierungsprogramme zu entwickeln und durchzuführen, ist ebenfalls entscheidend. CISOs müssen in der Lage sein,

Mitarbeitern auf allen Ebenen die Bedeutung von Sicherheit zu vermitteln und bewusstseinsfördernde Maßnahmen zu implementieren.

Um die Umsetzung von Sicherheitskonzepten erfolgreich zu gestalten, ist es für CISOs und ISBs unerlässlich, nicht nur als Technologieexperten, sondern auch als effektive Kommunikatoren zu agieren. Sie stehen vor der Herausforderung, nicht nur die technischen Aspekte von Sicherheitsrichtlinien zu erklären, sondern auch eine breitere Perspektive zu vermitteln. Dies schließt die Auswirkungen auf die tägliche Arbeit der Mitarbeiter, die Schaffung einer sicherheitsbewussten Kultur und die Förderung einer kollektiven Verantwortung für Sicherheitsfragen ein.

Eine Schlüsselrolle spielt hierbei die Überzeugungsarbeit. CISOs müssen die Kunst der Überzeugung beherrschen, indem sie nicht nur logisch und fachlich argumentieren, sondern auch auf die emotionalen Aspekte der Mitarbeiter wie Ängste eingehen. Zum Beispiel: Was passiert mit mir, wenn ich Fehler gemacht habe? Oder was geschieht, wenn ich einen Fehler melde? Wird dann gegen mich vorgegangen?

Hier kommen verschiedene Kommunikations- und Verhandlungsstrategien zum Einsatz, die darauf abzielen, Verständnis zu schaffen und die Mitarbeiter in den Sicherheitsprozess einzubinden.

Die Transformation von Sicherheitskonzepten in greifbare Handlungen erfordert demzufolge eine klare und präzise Kommunikation. CISOs sollten in der Lage sein, komplexe technische Konzepte in allgemein verständliche Botschaften zu übersetzen. Diese Botschaften müssen nicht nur die Notwendigkeit von Sicherheitsmaßnahmen betonen, sondern auch die Vorteile für die Mitarbeiter aufzeigen.

Die Implementierung von Sicherheitskonzepten sollte nicht als reine Anweisung verstanden werden, sondern als Dialog zwischen CISOs und Mitarbeitern. Offene Kommunikationskanäle ermöglichen es Mitarbeitern, Bedenken zu äußern, Fragen zu stellen und sich aktiv am Sicherheitsprozess zu beteiligen. Dies fördert eine Kultur des gemeinsamen Verständnisses und der Zusammenarbeit.

An dieser Stelle tragen unsere vorgestellten Methoden maßgeblich dazu bei, eine effektivere Gesprächsstrategie zu entwickeln. Durch die Förderung von Empathie für die Mitarbeiter und das Verständnis für die Funktionsweise von Social Engineering können Verantwortliche die Kommunikation im Kollektiv gezielt initiieren und leiten. Dies ermöglicht eine ganzheitliche Vorbereitung der Organisation auf die bevorstehenden Gefahrensituationen.

Insgesamt geht es darum, eine Sicherheitskultur zu schaffen, in der die Mitarbeiter nicht nur als Empfänger von Anweisungen fungieren, sondern als aktive Teilnehmer an der Sicherheitsgestaltung ihres Arbeitsumfelds. CISOs spielen eine entscheidende Rolle bei der Schaffung dieser Kultur und müssen ihre Fähigkeiten als Kommunikatoren ständig weiterentwickeln, um den dynamischen Anforderungen der digitalen Sicherheit gerecht zu werden.

Literatur

1. Erfan Koza, Information Security Awareness and Training as a Holistic Key Factor – How Can a Human Firewall Take on a Complementary Role in Information Security? In: *13th International Conference on Applied Human Factors and Ergonomics (AHFE 2022), Human Factors in Cybersecurity*, Vol. 53, New York, USA, S. 49–57.

Erfolgsschlüssel 1: „Sicherheitskultur"

Die Implementierung und Pflege einer robusten Sicherheitskultur innerhalb einer Organisation erweist sich als essenziell für den effektiven Schutz vor Cyberbedrohungen. Technische Schutzmechanismen können nahezu sofort in Betrieb genommen werden, um das System zu sichern.

Im Gegensatz dazu erfordert die Stärkung der menschlichen Firewall, die auf Bewusstsein, Training und Kultur basiert, eine kontinuierliche und langfristige Investition.

Ein konkretes Beispiel in diesem Kontext ist der Einsatz eines Intrusion Detection System (IDS) oder die Implementierung einer Sicherheitstür. Diese technologischen Maßnahmen weisen eine schnelle Einsatzbereitschaft auf und tragen unmittelbar zur Sicherheit der Organisation bei. Hingegen erfordern die Sensibilisierung und Schulung der Mitarbeiter für Sicherheitsaspekte, die Förderung von Verständnis und effektive Abwehrmechanismen gegenüber Bedrohungen eine längere zeitliche Perspektive.

Das Aktivieren der technischen Firewall geschieht von jetzt auf gleich – im Gegensatz dazu erfordert das Aktivieren der menschlichen Firewall Zeit, Kontinuität und Training.

Die Analogie zwischen technischen Maßnahmen wie dem raschen Aktivieren einer Firewall und der Entwicklung einer menschlichen Firewall verdeutlicht den zeitlichen Unterschied im Wirksamkeitsbeginn.

Haben Sie sich jemals gefragt, warum Coca-Cola weiterhin Millionen in Marketing und Werbung investiert, obwohl die Marke „Coca-Cola" weltweit einen beispiellosen Bekanntheitsgrad genießt und praktisch überall auf der Welt bekannt ist?

Die Antwort liegt in der Volatilität der Umstände und Umgebungen, in denen sich Coca-Cola bewegt. Diese Marktvolatilität ergibt sich aus aufstrebenden Konkurrenten, Veränderungen in den Strategien der Mitbewerber, sich wandelndem Konsumverhalten und anderen Faktoren. Die Marketingstrategie von Coca-Cola

E. Koza et al., *Social Engineering und Human Hacking*, https://doi.org/10.1007/978-3-662-69388-9_27

zielt letztendlich darauf ab, durch Kontinuität und Wiederholung die bereits erreichte Marktposition weiter zu festigen. Das Motto lautet hierbei: Einmal im Langzeitgedächtnis verankert, gilt es, auch dort präsent zu bleiben.

In derselben Analogie verhält es sich mit der Volatilität in der Informationssicherheit. Angriffsarten, Angriffsvektoren und die Taktiken der menschlichen Hacker ändern sich, KI wird für OSINT herangezogen. Oder es entstehen neue Geschäftsprozesse, wie plötzliches Homeoffice aufgrund der Corona-Pandemie, und virtuelle Meetings gewinnen zunehmend an Relevanz. So passen Menschen, wie auch Hacker, ihre Strategien an neue Gegebenheiten an. Die sich ständig wandelnde Bedrohungslandschaft erfordert eine kontinuierliche Anpassung von Sicherheitsmaßnahmen.

Daher wird die Sicherheitslage in der Welt der Informationssicherheit kontinuierlich durch Anpassungen an neue Herausforderungen und Entwicklungen geprägt. Dieser Ansatz untermauert die Bedeutung der Kontinuität in der Informationssicherheit, um langfristig effektiv gegen sich wandelnde Bedrohungen gewappnet zu sein.

Es gilt demzufolge zu berücksichtigen, dass die Entwicklung einer nachhaltigen Sicherheitskultur zeitintensiv ist und eine anhaltende Investition erfordert. Im Gegensatz zu technischen und organisatorischen Ansätzen, die kurzfristige Ergebnisse liefern können, gestaltet sich die Integration von Sicherheitspraktiken bei Mitarbeitern als individueller und kollektiver Prozess, der Monate bis Jahre in Anspruch nehmen kann.

Kontinuität und Schulungs- und Trainingsinitiativen spielen hierbei eine entscheidende Rolle bei der Konsolidierung einer Sicherheitskultur. Die Betonung der Kontinuität gewährleistet, dass Sicherheitsbewusstsein und -praktiken nicht nur vorübergehend, sondern nachhaltig in der Organisationsstruktur verankert werden. Dieses Verständnis ist von zentraler Bedeutung, um die erforderlichen Grundlagen für eine wirksame Sicherheitskultur zu schaffen, die sich dynamisch an sich wandelnde Bedrohungsszenarien anpassen kann.

Bei Betrachtung des digitalen Schlachtfelds zwischen den Verteidigern der Systeme und den Angreifern der Systeme wird deutlich, dass wir uns innerhalb eines soziotechnischen Systems im Rahmen einer Organisation bewegen, in dem sämtliche Elemente der Triangulation aufeinandertreffen. Es wäre daher irreführend zu glauben, dass eine isolierte technische Sicherheitsstrategie genügt, um unsere Netzwerke, Applikationen und Daten angemessen zu schützen.

Vielmehr liegt der Schlüssel zum Erfolg in der Fähigkeit, diese Ebenen aufeinander abzustimmen und ein Verteidigungskonzept zu entwickeln, das in der Lage ist, alle drei Aspekte sowohl in der Tiefe als auch in der Breite zu implementieren.

Die effektive Konzeption eines solchen Verteidigungskonzepts erfordert eine ganzheitliche Betrachtung, bei der alle Sicherheitsaspekte koordiniert werden. Die Abstimmung der IT-Sicherheit, Organisationssicherheit und menschlichen Sicherheitspraktiken gewährleistet nicht nur eine umfassende und ganzheitliche Sicherheit, sondern schafft auch eine adäquate Verteidigungslinie. Eine erfolgreiche Triangulation, bei der die technischen, organisatorischen und menschlichen Aspekte harmonisch ineinandergreifen, bildet somit das Fundament für eine wirksame Abwehr von Bedrohungen.

Ein gut orchestriertes Konzert aus verschiedenen Verteidigungsmechanismen stellt sicher, dass Ihre Organisation angemessen gegen diverse Angriffsvektoren gewappnet ist.

Diese Herangehensweise reflektiert die Erkenntnis, dass die Sicherung unserer digitalen Ressourcen nicht nur von technischen Lösungen abhängt, sondern auch von einer durchdachten Integration organisatorischer Prozesse und menschlicher Verteidigungspraktiken. Durch die gezielte Koordination dieser Elemente schaffen wir eine widerstandsfähige Verteidigungslinie gegen die vielschichtigen Herausforderungen im Bereich der Informationssicherheit.

A Day in the Life of a Hacker

Design an Attack oder auch anders ausgedrückt „a day in the life of a hacker" ist eine faszinierende Perspektive, die tiefe Einblicke in die Denkweise und Methoden von Angreifern gewährt. Das Prinzip, einen Angriff zu gestalten, indem man sich in die Lage des Angreifers versetzt, ist von grundlegender Bedeutung für die Entwicklung nachhaltiger Verteidigungsstrategien im Bereich der Informationssicherheit.

Die Fähigkeit, die Perspektive eines Hackers einzunehmen, ermöglicht es Sicherheitsfachleuten und -experten, aber auch einfachen Systemnutzern und Anwendern, die Schwachstellen und potenziellen Angriffsvektoren aus der Sicht eines Angreifers zu sehen und zu verstehen. Dieser Ansatz geht über traditionelle Sicherheitskonzepte hinaus und erfordert ein tiefes Verständnis für die Methoden, Motivationen und Techniken, die Hacker verwenden.

Indem man sich in die Lage des Angreifers versetzt, kann man besser nachvollziehen, wie ein potenzieller Angreifer denkt und handelt. Dies ermöglicht es, Sicherheitspraktiken besser zu verstehen, mögliche Anomalien schneller zu erkennen und präventive Maßnahmen zu entwickeln, um potenzielle Angriffe abzuwehren.

Die Auseinandersetzung mit dem Tag im Leben eines Hackers in diesem Buch, was wir mit unserem Gamification-Ansatz definiert haben, bietet wertvolle Einblicke in die unterschiedlichen Phasen eines Angriffs, angefangen von der Informationsbeschaffung über die Planung bis hin zur Durchführung. Dieses Verständnis ist entscheidend, um angemessene Gegenmaßnahmen zu entwickeln und die Verteidigungslinien zu stärken.

Insgesamt verdeutlicht das Prinzip des „Design an Attack", dass eine effektive Verteidigung gegen Cyberangriffe ein proaktives und ganzheitliches Verständnis der Angriffsmethoden erfordert. Indem Anwender und Sicherheitsexperten sich in die Lage des Angreifers versetzen, schaffen sie eine solide Grundlage für die Entwicklung und Implementierung von robusten Sicherheitsstrategien, die den ständig wandelnden Bedrohungen standhalten können.

© Der/die Autor(en), exklusiv lizenziert an Springer-Verlag GmbH, DE, ein Teil von Springer Nature 2024
E. Koza et al., *Social Engineering und Human Hacking*,
https://doi.org/10.1007/978-3-662-69388-9_29

In einem umfassenden Überblick über die Welt des „Social Engineering und Human Hacking" haben wir in diesem Buch nicht nur die Taktiken und Techniken analysiert, sondern auch einen tieferen Einblick in die Verbindung zwischen Menschen und Sicherheit gewonnen. Das Leitmotiv, dass Informationssicherheit ohne die Berücksichtigung der ganzheitlichen Triangulation bestehend aus menschlichen, technischen sowie organisatorischen Faktoren, erfolgt, stellt einen Schlüsselaspekt dar.

Die Vielfalt der beleuchteten Angriffstechniken, basierend auf Erkenntnissen aus Kommunikations- und Sprachwissenschaften, Psychologie, Sicherheitstechnik, Wirtschaftswissenschaften und anderen Disziplinen, schafft eine ganzheitliche Grundlage für das Verständnis von Social Engineering.

Dieses Buch lädt nicht nur dazu ein, sich vor den Gefahren des Social Engineering zu schützen, sondern auch die erworbenen Kenntnisse als Werkzeuge für verbesserte zwischenmenschliche Beziehungen zu nutzen. Es öffnet Türen zu einem tieferen Verständnis für die Fallstricke, bietet Abwehrmittel und inspiriert gleichzeitig zu einer bewussteren und bereichernden Kommunikation.

Die Reise durch die Vielschichtigkeit des „Social Engineering und Human Hacking" endet nicht nur mit einem erweiterten Verständnis der digitalen Sicherheit, sondern auch mit einem reicheren Fundus an Instrumenten zur Vertiefung zwischenmenschlicher Beziehungen. Möge dieses Buch nicht nur die Augen für die Komplexität digitaler Bedrohungen öffnen, sondern auch die Türen zu einer tieferen und erfüllenden menschlichen Interaktion aufstoßen.

Abschließend möchten wir Ihnen Folgendes mitteilen und Sie gleichzeitig um etwas bitten: Wie Sie bemerkt haben, haben wir den Versuch unternommen, die teilweise theorielastigen Themen mit anschaulichen und praxisnahen Beispielen zu veranschaulichen. Unsere Beispiele besitzen, sofern uns dies gelungen ist, gemäß Klafki eine exemplarische, gegenwärtige und zukunftsweisende Bedeutung. Mit ihrer Hilfe möchten wir verschiedene Dimensionen und Facetten des Social Engineering und Human Hacking aufzeigen.

© Der/die Autor(en), exklusiv lizenziert an Springer-Verlag GmbH, DE, ein Teil von Springer Nature 2024
E. Koza et al., *Social Engineering und Human Hacking*,
https://doi.org/10.1007/978-3-662-69388-9_30

In diesem Zusammenhang möchten wir auch betonen, dass Wissen nur dann als gut und sinnvoll erachtet werden kann, wenn es geteilt wird. Daher möchten wir als Autoren diese Brücke zu Ihnen schlagen, um weiterhin voneinander lernen zu können. Über die folgende E-Mail-Adresse haben Sie die Möglichkeit, a) falls Sie Interesse haben, uns Ihre Ergebnisse der Gamification zuzusenden und nach Feedback zu fragen, und b) gleichzeitig die Gelegenheit zu nutzen, uns Ihre Meinungen und Verbesserungsvorschläge zukommen zu lassen sowie vielleicht auch Ihre Geschichte zum Thema Social Engineering zu erzählen. Denn Wissen wird durch Austausch bereichert.

Wir freuen uns auf Ihre Resonanz und wünschen Ihnen viel Erfolg.

E-Mail: socialengineeringfeedback@gmail.com

Stichwortverzeichnis

Triangulation, 26, 30–32, 151, 155, 197, 319, 323
Trojaner, 4

U
Überwachungstechnologie, 67, 215
Unachtsamkeit, 6, 190
Unternehmensdaten, 237
Ursache-Wirkungs-Prinzip, VI

V
Verfahrensschritt, 111
Verfügbarkeit, VII
Verhaltensabsicht, 43, 44
Verhaltensmodell, 47
Verhaltenspsychologie, 62
Verifikationskette, 233
Verifizierungsprozess, 233
Vernetzung, 3, 14
Verschlüsselungsalgorithmus, 209
Verteidigungskonzept, 103, 104, 151, 222
Verteidigungsmaßnahme, 108, 231
Verteidigungsstrategie, 89, 253, 286, 321
Vertraulichkeit, VII, 211, 221, 233–236, 238
Vieraugenprinzip, 67
Virtuelle kollaborative Software, 115
Virus, 62
Vishing, 15, 166
Voice Phishing, 15
Volatilität, 106

Vorgehensweise, 15
VPN-Zugang, 115
VUKA-Umgebung, 107
Vulnerabilität, 26, 157
Vulnerability Management, 107

W
Wachstums-Mindset, 250
Wahrnehmung, 6
Wahrnehmungsfähigkeiten, 117
Wahrnehmungskiller, 58, 147
Wahrnehmungsprozess, 6
Wahrnehmungspsychologie, 6
Wahrnehmungstäuschung, 6
Wechseldatenträger, 125
Wechselwirkung, 32
Wirksamkeit, 21, 159, 166, 226
Wissenschaft, 20

Z
Zugangsberechtigung, 146, 148, 214, 239
Zugangsdaten, 124, 131, 145, 148, 187, 296, 301
Zugriff, 211–213, 216, 217, 221, 226, 235, 237, 285, 287
Zutritt, 4, 216, 239, 277, 278, 296, 297, 301
Zutrittskontrolle, 237
Zutrittskontrollsystem, 86, 215
Zutrittsmechanismus, 297